ABHANDLUNGEN

AUS DEM

STAATSWISSENSCHAFTLICHEN SEMINAR

ZU

STRASSBURG i. E.

HERAUSGEGEBEN

VON

G. F. KNAPP UND W. WITTICH.

HEFT XX.

FRANZ GUTMANN:
DIE SOZIALE GLIEDERUNG DER BAYERN
ZUR ZEIT DES VOLKSRECHTES.

STRASSBURG
VERLAG VON KARL J. TRÜBNER
1906

DIE

SOZIALE GLIEDERUNG DER BAYERN

ZUR ZEIT DES VOLKSRECHTES

VON

FRANZ GUTMANN

DR. RER. POL.

STRASSBURG

VERLAG VON KARL J. TRÜBNER

1906

Druck von M. DuMont Schauberg, Straßburg.

HERRN PROFESSOR DR.

WERNER WITTICH.

VORWORT.

Vorliegende Arbeit stellt einen Versuch dar, einen Einblick in die älteste soziale Vergangenheit des seßhaften bayerischen Volkes zu gewinnen. Es wird hierzu der Zeitpunkt gewählt, von dem an durch dauernde Niederlassung des Stammes auf eigentlich altbayerischem Boden die wirtschaftliche Entwicklung desselben in feste Bahnen gelenkt wird. Sichtbar werden diese Zustände in den Dokumenten der rechtlichen Veränderung und Konsolidierung des Besitzes. Um ein möglichst geschlossenes Bild dieser Verhältnisse zu erhalten, wurde die Untersuchung der einschlägigen Quellenliteratur bis zu Beginn des 10. Jahrhunderts ausgedehnt.

Der Brennpunkt für eine plastische begriffliche Charakteristik der sozialen Struktur liegt in der Fixierung des sozialen Ranges der volkbildenden Klasse. Dies ist die Klasse der Freien. Die entscheidende Frage geht hier dahin: Ist der freie Bayer im Durchschnitt seiner Klasse Bauer und zwar Freibauer oder Grundherr? Der Bauer erschöpft seine wirtschaftliche Arbeitskraft in der Bestellung seines sich selbst genügenden Eigenbetriebes. Der Grundherr steht als nutznießender „Herr“ über mehreren bäuerlichen Einzelwirtschaften. Diese sind seiner Bedürfnisbefriedigung dienstbar.

So bedeutet das Ziel der Arbeit nur ein Fortschreiten auf dem von Wittich gewiesenen Wege. Die Wittichsche Theorie hinsichtlich der altsächsischen Wirtschaftszustände hat ihre Fassung im Exkurs seiner „Grundherrschaft in Nordwestdeutschland“ und noch präziser in der „Frage der Freibauern“ erhalten. Gleichzeitig sagt sie ihre Geltung für den Westen und Süden des Ostfrankenreiches voraus. Stimmen die Folgerungen aus der Durchforschung unseres Quellenkreises mit den Anschauungen Wittichs überein, so bestätigen sie nur die Richtigkeit einer früher geäußerten Wittichschen Ansicht.

Zur Erreichung eines schlüssigen Resultates schien vor allem eine scharfe begriffliche Formulierung und Sonderung der quellenmäßigen Terminologie nach ihrer rechtlichen, sozialen und wirtschaftlichen Seite nötig zu sein. Den Stoff hierzu lieferten in der Hauptsache die bei Meichelbeck gesammelten traditiones Frisingenses,[1]) der indiculus Arnonis, die breves notitiae Salzburgenses, die Codices von Regensburg, Passau und Mondsee, sowie das Volksrecht selbst.

Unter den einzelnen terminologischen Stichwörtern wurden nun alle in Betracht kommenden Stellen des Quellenmaterials gesammelt. Nur weniges konnte einem so engmaschigen Netze entschlüpfen. Dann wurden die Zitate einander zur Vergleichung gegenübergestellt. Auf diese Weise konnte sich fast jeder der sich öfter wiederholenden Ausdrücke mit einem bestimmten Begriffe verbinden. Damit stand das Material zu einer methodischen Interpretation der Urkunden unter dem angegebenen Gesichtspunkte bereit. Die Zeilen der Dokumente wurden lebendig. Ihr Inhalt erfüllte sich mit gegenständlicher Anschaulichkeit.

Zuerst wird nun die rechtsständische Gliederung des Volkes und die wirtschaftstechnische Organisation der Sachgüter im Produktionsprozeß untersucht. Dann werden die rechtlichen und wirtschaftlichen Beziehungen der juristisch definierten Klassen zu den in bestimmten Formen genutzten Vermögensobjekten festgestellt. Hieraus ergibt sich der soziale Charakter der rechtlich qualifizierten Typen. Zugleich erwächst hieraus eine zweite, auf die soziale Differenzierung der Rechtsstände gegründete Terminologie des Personenstandes. Der nicht vollfreie Bauer scheidet sich reinlich vom vollfreien Grundherrn. Eine derartig deutliche Sprache der Terminologie gestattet ohne

---

[1]) Die von Bitterauf besorgte Neuedition der Freisinger Traditionen war bei Fertigstellung dieser Arbeit noch nicht erschienen. — Vgl. hierzu pag. 286. Anm. 2.

weiteres die soziale Klassifizierung der Individuen. Hieran anknüpfend wird die Möglichkeit einer sozialen Gruppierung der Rechtssubjekte auch da gezeigt, wo ein terminologischer Schlüssel fehlt. Auf der Zusammenfassung dieser Kriterien basiert eine Zählung der Personen nach ihrer sozialen Stellung. Die Schlüsse der Statistik beschränken sich auf Kennzeichen, die nach den Ergebnissen der vorausgehenden Teile keinen Zweifel über ihren Inhalt übrig lassen. Sie helfen in letzter Linie, den Streit um die Vorherrschaft des grundherrschaftlichen Betriebssystems im Wirtschaftsleben der Vollfreien entscheiden. Eine positive Ergänzung findet die Zählung in statistisch nicht faßbaren, außerhalb der Traditionen liegenden Tatsachen. —

Auch an dieser Stelle sei es mir gestattet, meinen hochverehrten Lehrern, den Herren Prof. Dr. Knapp und Wittich, aufrichtigen Dank zu sagen für die teilnehmende Unterstützung, mit der sie diese Arbeit unausgesetzt begleitet haben. Die Anregung ihrer Entstehung verdankt die Untersuchung Herrn Prof. Dr. Wittich.

INHALT.

Erstes Kapitel.

DIE RECHTSSTÄNDISCHE GLIEDERUNG DES VOLKES.

Zweites Kapitel.

DIE GEGENSTÄNDE DER WIRTSCHAFT UND DAS PRINZIP IHRER TECHNISCHEN ORGANISATION.

Drittes Kapitel.

RECHTSSTÄNDISCHE GLIEDERUNG UND SOZIALE KLASSENBILDUNG.

Viertes Kapitel.

DER VOLLFREIE GRUNDHERR.

Exkurs I.

DIE FASTLINGERSCHE HYPOTHESE VOM RECHTSSTANDE DER TRADENTEN UND IHRE KRITIK.

Exkurs II.

ERSTES KAPITEL.

DIE RECHTSSTÄNDISCHE GLIEDERUNG DES VOLKES.

§ 1. DER ADEL.

An der Spitze des bajuwarischen Volksstammes steht das Haus der Agilulfinger.[1]) Diesem Geschlechte, dessen Angehörige im Wergeld den vierfachen Schutz des Vollfreien genießen,[2]) hat immer der wieder durch besonders hohe Bußsätze[3]) ausgezeichnete Herzog zu entstammen. An die herzogliche Familie schließen sich dem Range nach fünf genealogiae an: die Huosi, Drozza, Fagana, Hahiligga, Anniona.[4]) Nach Riezler[5]) stellen sie, auf diese fünf Sippen beschränkt, den Rest altgermanischen Adels oder die Nachkommenschaft altsuebischer Königsfamilien dar, deren Volksgenossen im bayrischen Stamm aufgegangen sind. Auch ihnen gebührt erhöhtes Ansehen. Demgemäß findet der Mord an den Mitgliedern einer genealogia erst mit dem Doppelten des Freienwergeldes seine Sühne. Diese Sonderbehandlung bei der Bemessung des Wergeldes ist aber im öffentlichrechtlichen Leben das einzige Unterscheidungsmerkmal des Adeligen vom vollfreien Mann. Alle übrigen Bestimmungen der lex Bajuwariorum, die sich auf den Freien beziehen, gelten ganz gleichmäßig auch für ihn. Eine rechtstechnische Sonderbenennung fehlt dem Sprossen einer genealogia. Er ist ein durch das Wergeldprivileg in diesem Einzelfall besonders zu beurteilender Vollfreier.

---

[1]) L. Baj. III. Monum. Germ. Hist. Leg. T. III. 1863. [2]) Ibid. III. 1.
[3]) Ibid. III. 2. [4]) Ibid. III. 1. [5]) Geschichte Bayerns I, 1878. pag. 122.

§ 2. DER VOLLFREIE.

Der Vollfreie der lex heißt gewöhnlich: liber,[1]) liber homo,[2]) liber Bajuvarius.[3]) Sein Wergeld beträgt 160 solidi.[4]) Diese Klasse bildet das Volk im eigentlichen Sinne, den populus, die plebs.[5]) Das Volk wählt Herzog, Bischof und Priester, überwacht im publicum placitum den inneren Frieden der Grafschaft,[6]) entscheidet den Ausgang des gerichtlichen Zweikampfes.[7]) Die Befugnisse des liber sind der Inbegriff ungeschmälerter Ehre und politischer Rechtsfähigkeit. Er trägt die Waffen und erscheint in der Volksversammlung, die das wehrhafte Volk umfaßt und damit das Heer vereinigt.[8]) Innerhalb des gesamten Vollfreienstandes herrscht ungehindertes conubium, sodaß auch zwischen Angehörigen der adeligen Geschlechter und gewöhnlichen Vollfreien gültige Ehen ohne Rechtsnachteile geschlossen werden können.[9]) Die libertas ist dem freien Manne das höchste Gut. Sein Stolz und Wert ruhen in ihr. Nur durch ein todeswürdiges Vergehen, crimen mortale,[10]) kann er sie verlieren. Verrät er sein Land und seinen Herzog,[11]) so verscherzt er mit ihr Eigen und Leben. Andere, nicht als capitale crimen geltende Gesetzesverletzungen sühnt er durch Bußen in Geld oder Geldeswert nach den genau fixierten Sätzen der lex. Besitzt er die hierzu notwendige Summe nicht, so tritt er in gewissen Fällen[12]) so lange in die Schuldknechtschaft seines Gläubigers, bis er sich und seine Familie durch Kauf aus derselben lösen kann.

Die Gesamtheit der vollfreien Bayern hat das Gebiet südlich der Donau bis weit hinein ins Gebirge okkupiert, östlich bis zur Enns, im Westen bis zum Lech. In ihren Händen hat sich vor allem das Eigentum an Grund und Boden gesammelt. Aber auch die Verleihung von Immobiliarbesitz zu reinem Lehen ohne Zins scheint den Stand der vollen Freiheit nicht beeinträchtigt

[1]) L. Baj. IV, 1. [2]) Ibid. IV, 28. [3]) Ibid. II, 1. [4]) Ibid. IV, 28.
[5]) Ibid. I, 9; I, 10; II, 1. [6]) Ibid. II, 14. [7]) Ibid. II, 1.
[8]) Vgl. Waitz, Deutsche Verfassungsgeschichte I, pag. 403.
[9]) Vgl. Luschin von Ebengreuth, Österreichische Reichsgeschichte (Lehrbuch), pag. 68.
[10]) L. Baj. VII, 4. [11]) Ibid. II, 1. [12]) Ibid. I, 10.

zu haben. Im indiculus Arnonis tradieren liberi Baioarii umfangreiche Landgüter, quod fuit eis ex causa dominica beneficiatum.[1]) Nach der lex soll das Wergeld des Freien, wenn er keine Verwandten hat, denen dasselbe zukommt, an den Herzog gezahlt werden vel cui commendatus fuit.[2])

§ 3. DIE UMFASSENDERE BEDEUTUNG DES „LIBER“-BEGRIFFES. — DER MINDERFREIE.

Der Terminus liber hat noch einen umfassenderen Inhalt als den eben angegebenen. Er umschließt unter Umständen neben dem rechtlich vollkommenen Freien auch die tiefer stehende Schicht der Minderfreien, den Freigelassenen.[3])

An einer einzigen Stelle der lex — auch hier handelt es sich wieder um Schutz von Leib und Leben dieser liberi, qui per manum dimissi sunt liberi, quod frilaz vocant[4]) — tritt der Minderfreie in augenfälligen Gegensatz zum vollfreien liber. Insofern ihm das auf 40 solidi herabgesetzte Wergeld und ein eigenes Bußenschema für Verstümmelungen seines Körpers zusteht, repräsentiert er einen für sich abgeschlossenen rechtlichen Stand. Das Wergeld ist dem dominus zu entrichten. Dieser führt über ihn eine Vormundschaft.

Der Frilaz bildet somit in der Begrenzung der umfangreichen Liberi-Klasse nach unten ein Analogon zu den fünf adeligen genealogiae, die sich, ebenfalls nur hinsichtlich der Bewertung der Persönlichkeit, über die normale Linie der Vollfreiheit emporheben.

Das Wort liber kann demnach einen vierfachen Sinn bergen. Es kann, dies ist jedoch die Ausnahme, nur den Freien in engster Bedeutung, den Vollfreien, bezeichnen wollen, mit Ausschluß des Adels und der Freigelassenen. Beispielsweise ist dies der Fall bei Festsetzung des Vollfreienwergeldes gleich

---

[1]) Ind. Arn. VI, 1. [2]) L. Baj. IV, 28.

[3]) Vgl. Heck, Die Gemeinfreien der karolingischen Volksrechte. 1900. pag. 62.

[4]) L. Baj. V.

160 solidi.[1]) Unter liber kann ferner die Stufe der Freien im engeren Sinn zu verstehen sein. Liber geht dann auf die durch die genealogiae verstärkte Masse aller volles Recht genießenden Freien.[2]) In einer dritten, besonders umfassenden Bedeutung sind unter liberi alle diejenigen Elemente inbegriffen, die Rechtssubjekte, also nicht unfrei sind: Adel, Voll- und Minderfreie. Ein viertes Mal ist liber wiederum restriktiv gemeint und bezieht sich einzig und allein auf den minderfreien Frilaz.

Die Ursache dieser vielgestaltigen Biegsamkeit des Liber-Begriffes ist in der Art zu suchen, wie das Volksrecht in seiner letzten Gestalt entstanden ist. Der Vollfreie, noch an der gesetzgeberischen Tätigkeit der tassilonischen Landtage beteiligt, hat das Recht für sich selbst aufgestellt. Das Nebeneinanderleben vollberechtigter Genossen soll durch Bindung der Willkür geordnet werden. Die Strafen werden dem Freien angedroht, ne praesumptio crescat in plebe.[3]) Er selbst ist im Gericht der lebendige Träger des Gewohnheitsrechtes. Dann wird das Gesetz auch schriftlich niedergelegt, aber nicht in der germanischen Muttersprache, sondern im gelehrten Latein der Kirche und Kanzlei. Diesem fehlen die entsprechenden prägnanten Bezeichnungen für die der germanischen Standesgliederung eigenen Schattierungen. So kommen die rechtlichen Klassengegensätze gewöhnlich nur in grober Scheidung zum Ausdruck. Uns ist damit die unfehlbare Bestimmtheit des im Einzelfall durch den liber gegebenen Begriffes innerhalb der lex überhaupt verloren gegangen. Den Zeitgenossen blieb sie durch die tätige Überlieferung der gerichtlichen Praxis von selbst erhalten.

Wir müssen uns daher nach einem Mittel umsehen, das uns das Wesen des lateinischen Terminus jeweils erkennen läßt. Ein solches scheint in der Vergleichung der auf die Delikte gelegten Strafarten, sowie in der besonderen Natur der den Gesetzesbestimmungen innewohnenden Tatbestände zu liegen.

[1]) L. Baj. IV, 28.

[2]) Vgl. Rudhardt, Älteste Geschichte Bayerns. 1841. pag. 487.

[3]) L. Baj. I, 9.

Der Satz, in welchem die Tatbestandsmerkmale für ein Vergehen oder einen anderen rechtserheblichen Vorgang aufgestellt werden, wird in der lex gewöhnlich mit den Worten und der Konstruktion: si quis ... eingeleitet. Zunächst wird dabei überhaupt keine oder wenigstens scheinbar keine Rücksicht genommen auf den juristischen Rang derjenigen Personen, für welche die Rechtsfolgen des gegebenen Tatbestandes eintreten. Die Definition der rechtlichen Voraussetzungen ist eine Tätigkeit für sich, eine abstrahierende Zusammenfassung der Rechtsbegriffe, ihrer Kennzeichen und ihres Inhalts. Was jedoch die Bezeichnung der verschiedenen Personenkategorien angeht, die durch die gesetzlichen Wirkungen der im Vordersatze statuierten Rechtsmerkmale betroffen werden, so wird hierbei in wechselnder Weise verfahren. Es kann eine Zweiteilung eintreten: Je nach der juristischen Beschaffenheit der delinquierenden Person soll eine differenzierte Form der Strafe in Anwendung kommen. Dabei wird aber immer nur zwischen Freien und Unfreien schlechthin, zwischen liber und servus unterschieden. Z. B. si quis res ecclesiae igne cremaverit ...: ... si servus est, tollatur manus eius et oculos eius, ... Et si liber homo hoc praesumpserit facere, ... inprimis donet XL solidos ...[1]). — si quis in exercitu aliquid furaverit, ...: si servus est, perdat manus suas, ...: si autem liber homo hoc fecerit, cum XL solidis redimat manus suas ...[2]) — si quis in curte ducis scandalum commiserit, ...: ... in publico conponat solidos XL; si servus alicui est, qui haec commiserit, manus perdat ....[3]) —

Das zuletzt angeführte Beispiel erinnert in seiner Konstruktion an einen anderen, den am öftesten vorkommenden Fall. Auf den Vordersatz mit si quis folgt die Normierung einer einzigen, immer gleichen Buße. Nichts weist auf eine verschiedenartige Behandlung von Subjekten einander fremder Rechtssphären hin. — Die dritte Möglichkeit ist die, daß schon im Vordersatz als wesentliches Moment für die Rechtswirkung die Standesqualität der als handelnd angenommenen Person be-

[1]) L. Baj. I, 6. [2]) Ibid. II, 6.

[3]) Ibid. II, 10; vgl. ferner ibid. II, 5; II, 11; II, 12; XII, 1, 2.

stimmt bezeichnet wird. Die Art der Buße ist notwendig eine einheitliche. Auch hier stehen sich nur liber und servus gegenüber: ... si quis liber persona voluerit et dederit res suas ...[1]) — si quis liber liberam uxorem suam ... dimiserit, ...[2]) — si servus cum libera fornicaverit, ...[3])

Es bleibt demnach ein Doppeltes zweifelhaft. Auf welche Rechtsklassen beziehen sich die nur mit si quis eingeführten Voraussetzungen und deren rechtliche Konsequenzen? Zielen diese auf alle Personen der Rechtsgliederung ab oder nur auf einzelne Teile derselben, und wenn letzteres zutrifft, auf welche? Die zweite Frage geht dahin, ob der Minderfreie, für den nur hinsichtlich der für seine Verletzung zu zahlenden Strafgelder eine qualifizierte Behandlung vorliegt, zum Stande des liber oder zu dem des servus zu rechnen ist? Denn es wird regelmäßig nur zwischen diesen beiden Klassen eine Unterscheidung gemacht.

Knüpft sich an einen nur mit si quis eingeleiteten Tatbestand eine einzige Rechtsfolge, so kann diese auf sämtliche Subjekte der Rechtsgliederung Bezug haben. In den meisten Fällen wird aber doch nur der liber zu berücksichtigen sein. Aus den Stellen der lex nämlich, an denen sich eine differentielle Art der Sühnung für liber und servus durchgeführt zeigt, ist ersichtlich, daß für jede der beiden Klassen ein prinzipiell verschiedenes Strafensystem Anwendung findet. Der Freie zahlt seine Bußen in solidi. Der Sklave erleidet Verstümmelungen und Züchtigungen an seinem Körper.[4]) Der Vollfreie ist nur ausnahmsweise in seiner Freiheit antastbar, unter Bedingungen, die sich selten genug erfüllen mochten. Entstellungen seines Leibes braucht er nicht zu ertragen.[5]) Es ist daher anzunehmen, daß alle jene Verbrechen, die nur eine Geldbuße nach sich ziehen, in ihrer Wirkung nicht auf den servus gehen.

---

[1]) Ibid. I, 1. [2]) Ibid. VIII, 14; vgl. VIII, 15; IX, 4; XII, 6.

[3]) Ibid. VIII, 9; vgl. VIII, 2; XII, 7; XVIII, 2.

[4]) Vgl. L. Baj. I, 6; II, 5; II, 6; II, 10; II, 11; II, 12; VIII, 18; XII, 1, 2; Text. leg. prim. append. I.

[5]) Bezl. L. Baj. II, 4; VII, 3; VIII, 18; text. leg. prim. append. I. an anderem Orte.

Umgekehrt wird dann da, wo nur einseitig eine Leibesstrafe vorgesehen ist, allein der servus von ihr betroffen.

Der Dieb, der Gold, Silber, Zug- oder Kleinvieh oder andere Gegenstände bis zum Werte von zehn solidi und darüber hinaus entwendet, soll erst dann zum Tode verurteilt werden, wenn er dem Bestohlenen den einfachen Schaden ersetzt hat.[1]) Wie erwähnt, darf der Vollfreie nur im Falle eines Kapitalverbrechens seines Lebens beraubt werden. Ein solches ist der Diebstahl nicht. Der genannte Strafansatz kann also nicht für einen Freien gelten. Von dem Diebe, der juristisch liber ist, und von seiner Bestrafung ist auch tatsächlich schon in den ersten Kapiteln des gleichen Titels die Rede: si quis liber aliquid furaverit, qualecumque re, niungeldo conponat . . .[2]) Aber auch wenn der Wert der heimlich genommenen Gegenstände zehn solidi übersteigt, trifft den Freien lediglich die ebengenannte Vergeltungspflicht. Sollte der Dieb nämlich die Tat leugnen, so bestimmt das Gesetz die Zahl der Eideshelfer auch für den Fall, si maiorem pecuniam furatus fuerit, hoc est 12 solidorum valentem vel amplius. . .[3])

In Handschrift B 1. 3. 6. wird der sub XVI, 7 aufgestellte Rechtssatz lediglich durch si quis eingeleitet. Da hier aber Bestimmungen über den unregelmäßig bewirkten Loskauf des servus gegeben werden, so ist unter quis zweifellos eben nur ein servus gemeint. Der nur auf die eine Klasse passende Tatbestand übernimmt die Deutung des scheinbar neutralen quis.

Dieser Gesichtspunkt eignet sich auch zur Prüfung der Annahme, daß bei einseitiger Festsetzung einer Geldbuße der unbestimmte „jemand" nur mit dem liber identisch sei: Die hinter quis verborgene Person hat gesetzlich anerkannte Rechte: Eigentum,[4]) Erbrecht,[5]) Anspruch auf Eideshelfer[6]) oder Zweikampf,[7]) Sitz in der Volksversammlung[8]). Sie qualifiziert sich als Standesgenosse einer Person, die solche Rechte aus-

[1]) Ibid. IX, 8. [2]) Ibid. IX, 1. [3]) Ibid. IX, 3.
[4]) Ibid. I, 1; I, 4; I, 5; I, 7; VII, 2. [5]) Ibid. I, 2.
[6]) Ibid. I. 3; IX. 2; IX, 3; X, 19. [7]) Ibid. II, 1. [8]) Ibid. II, 14.

übt[1]) oder sogar direkt als liber bezeichnet wird.[2]) Es ist dann klar, daß sie nie ein servus sein kann.

Für die nämliche Auffassung des quis spricht auch L. Baj. X, 15: si curtem dissipaverit aut inrumperit liber liberi, cum 3 conponat et restituet damnum. Auch hier wieder keine Trennung der Strafart und nur eine Fixierung der Straftaxe in Schillingen. Statt des si quis wird aber, jedenfalls ganz unabsichtlich, dieses Mal eine unzweideutige Ausdrucksweise gewählt und der liber allein zur Verantwortung gezogen für eine Tat, die man ohne genauere Kenntnis der sozialen Verhältnisse vielleicht auch einem servus zutrauen würde. — L. Baj. VIII, 2 handelt vom Ehebruch des servus mit einer Vollfreien. Das vorausgehende Kapitel entscheidet den Fall, daß ein Freier sich desselben Deliktes schuldig gemacht hat. Der zwischen den beiden Tätern herrschende rechtliche Standesgegensatz wird nun nicht durch die Gegenüberstellung von liber—servus vermittelt. Der fürs erste indifferent erscheinende quis des ersten Kapitels, mit dem ausschließlich ein Freier gemeint ist, erhält eine einfache Deutung durch den servus des zweiten Kapitels.

Es wäre von besonderem Werte für die soziale Seite unserer Theorie, könnte man die Frage, welcher Rechtsstufe der in L. Baj. XII, 3 mit quis bezeichnete Täter angehört, durch eine bündige Textkritik beantworten. Es heißt hier: si quis dum arat vel plantat vineam, terminum casu non voluntate evellerit, vicinis praesentibus restituat terminum, et nullum damnum patiatur. Die fahrlässigerweise begangene Grenzverletzung wird nicht geahndet, sondern einfach rückgängig gemacht. Mithin fehlt der die Rechtspersönlichkeit bestimmende Faktor der Strafform. Da auch sonst kein Hinweis auf die juristische Eigenschaft des Täters quis gegeben wird, so kann dieser dem strengen Wortlaut des Textes nach sowohl Freier wie Leibeigener sein. —

Zur Entscheidung des Bedenkens, in welcher der beiden großen ständischen Gruppen der manumissus liber[3]) inbegriffen ist, muß vor allem die Stelle II, 3 der lex herangezogen werden.

[1]) Ibid. VI, 1; VIII, 12. [2]) Ibid. VIII, 1; VIII, 3; VIII, 17.

[3]) Vgl. Pez. Thes. anecdot. T. 1. P. 3 pag. 275, 284.

Steht er nach dem Willen des Gesetzes unter dem Rechte des liber oder des servus? Si quis seditionem suscitaverit contra ducem suum, quod Baiuvarii carmulum dicunt: per quem inprimis fuerit levatum, conponat duci 600 solidos; alii homines, qui eum secuti sunt, illi similes, et consilium cum ipso habuerunt, unusquisque cum 200 solidis conponat; minor populus, qui eum secuti sunt et liberi sunt, cum 40 solidis conponant; ut tale scandalum non nascatur in provincia.

v. Luschin[1]) sieht im minor populus die „gewöhnlichen Freien“ zusammengefaßt, die sich von den adeligen Geschlechtern abheben sollen. Die Konsequenz wäre, daß der vollfreie liber in die Lage eines unansehnlichen Gemeinfreien herabgedrückt würde, der innerhalb der liberi-Klasse eine dem Adel gegenüber prinzipiell minderwertige Stellung als „gewöhnlicher Freier“ einnimmt. Seine soziale Geltung würde sich unter diesen Umständen mehr auf die große Zahl der Standesgenossen als auf persönliche Wertschätzung stützen. Die das Recht erzeugende Volksversammlung betrachtete sich in ihrer Mehrheit selbst als minor populus. Für den Minderfreien aber, der doch Rechtssubjekt ist, wäre nicht einmal in den untersten Schichten des Volkes, im minor populus, Platz und jede Berührung mit dem liber wäre ausgeschlossen. Nun ist aber der Vollfreie nach Wert und Einfluß gerade das Element, das den populus bildet. Es muß demnach im minor populus ein unter ihm befindlicher Bestandteil der rechtlichen Gliederung gesucht werden. Dieser ist der liber qui per manum dimissus est.

Diese Interpretation bedeutet keinen Widerspruch mit der Entstehung und dem Verlauf der Revolte. Der Anstifter derselben verfällt der härtesten Strafe. Die anderen homines, die ihn mit Rat und Tat unterstützten, werden milder behandelt. Ob der Rädelsführer und seine Helfer nur Adelige oder auch andere wehrhafte Vollfreie sind, darüber ist nichts ausgesagt. Der Ausdruck homines ist, an der Höhe der Bußsumme gemessen, auf alle Vollfreien anwendbar. Die Androhung der

---

[1]) Lehrbuch pag. 68.

Strafe wird demgemäß auch allen Vollfreien gelten[1]). Sie sind, wie sich aus ähnlichen Bestimmungen der lex ergibt, in der Lage solch eigenmächtige Störungen des Friedens zu verüben, um wieviel eher, wenn viele ihrer Genossen zusammen den gleichen Plan betreiben. Minderfreie sind weder durch den Besitz von Streitmitteln, noch durch gesellschaftliches Ansehen zu Führern einer derartigen Erhebung befähigt. Dagegen können sie in ihrer Masse als minor populus zu gefährlichen Gefolgstruppen werden. Es ist sogar nicht ausgeschlossen, daß bei einem weitgreifenden Aufstand auch servi als Mitläufer eine Rolle spielen. Diesen wird dann in einer für sie angemesseneren Weise der Prozeß gemacht. Denn es wird ausdrücklich betont, daß nicht der ganze minor populus qui eum secuti sunt, sondern nur soweit er aus liberi besteht, zur Zahlung von 40 solidi verurteilt werden solle.[2]) [3])

Als minores sind auch an anderen Stellen des Rechtsbuches stets Leute bezeichnet, die in ihrem juristischen Range tiefer stehen als die vollkommen rechtsfähigen Personen.

Nach L. Baj. X, 4 z. B. wird der Brandstifter, wenn er ein servus ist, im Gegensatz zum liber mit Abhauen der Hände bedroht: de servorum vero firstfalli uniuscuiusque, ut manus recisa conponat. Der textus legis secundus[4]) ersetzt diese Fassung am korrespondierenden Orte durch die Lesart: de m i n o r u m vero firstfalli uniuscuiusque, ut manus recisa conponat. —

---

[1]) Die Angehörigen eines Rechtsstandes scheinen in der Hauptsache das Wergeld ihrer Klasse zahlen zu müssen. Nur der Anstifter hat eine potenzierte Buße zu entrichten. Similis scheint sich ebenfalls auf die Rechtsqualität der Person zu beziehen. Es geht auf den Vollfreien und ist offenbar in Gegensatz gebracht zum liber des minor populus. —

[2]) Ähnlich aufzufassen ist L. Baj. II, 4. Die minores, die in Feindesland ein scandalum erregen, unterstehen beliebiger Bestrafung durch den Herzog. Ein solcher Aufruhr pflegt besonders zu entstehen beim Requirieren von Fourage und Holz durch die als Bedienungsmannschaft mit ausrückenden Minderfreien und servi. Vgl. ibid. II, 5, 6. —

[3]) Im Edictus Rothari c. 279 (Mon. Germ. Tom. IV. pag. 67) wird der Tatbestand eines Aufstandes geschildert, in dem ein liber die Führung, diesmal über servi, hat. Der liber muß 900, jeder servus 40 solidi Buße leisten.

[4]) L. Baj. XXXVIII, 2.

Das Dingolfinger Dekret[1]) rechnet unter die minores die adalscalhae und Leute ihres Standes.

Der Begriff der minor persona wird besonders verständlich im siebenten Titel der lex. Im ersten Kapitel werden allgemein die ehelichen Verbindungen aufgezählt, die als blutschänderisch verboten sind. Wer (si quis) gegen diese Vorschrift sich verfehlt, geht seines Vermögens verlustig. (2. Kapitel.) Das dritte Kapitel wendet sich mit der Festsetzung einer härteren Strafe an einen neuen Rechtsstand: si minores personas sunt, quae se inlicita coniunctione polluerunt, careant libertatem, servis fiscalibus adgregentur. Die Glieder dieser Klasse sind im Besitze der libertas, der sie durch ihr Verbrechen nicht mehr würdig sind. Außer dem frilaz kennt das Volksrecht kein Rechtssubjekt, das neben dem Vollfreien, und doch im Rang ihm nachstehend, als liber betitelt wird und demgemäß zur Preisgabe der libertas gezwungen werden könnte. Die minor persona ist also hier der Minderfreie. Über Heiraten der servi entscheidet das Belieben ihrer Herren. Das vierte Kapitel: ut nullum liberum sine mortali crimine liceat inservire. . ., enthält die Erklärung, weshalb nicht alle Angehörigen der großen Liberi-Klasse einer einheitlichen Vergeltung unterworfen sind, — zugleich ein instruktives Beispiel für den Fall, daß sich liber nur auf Adel und Vollfreie bezieht. Nun wird auch klar, daß mit dem quis des zweiten Kapitels allein der Vollfreie gemeint ist. — Die Auffassung, die im minor populus qui. . . et liberi sunt, ähnlich wie dies eben für die minor persona bewiesen wurde, den Minderfreien erblickt, wird bekräftigt durch die entsprechende Lesart zweier Manuskripte der lex. Cod. A. 2. setzt an der bewußten Stelle minor populus qui eum secuti sunt et liberi sunt für liberi das Wort liberati ein. Handschrift G. 2. des text. leg. tert. enthält die offenbar teilweise korrumpierte, aber nichtdestoweniger klärende Fassung: . . . . minores populi, qui non secuti sunt ei et liberti . . .[2]) Dieser libertus ist niemand anderer als der frilaz, der liber qui per

[1]) L. Baj. Add. V. I, 7. Mon. Germ. Tom. III. p. 460.

[2]) Mon. Germ. Tom. III. pag. 387. —

manum dimissus est des ersten Textes der lex, der in Cod. G. 1. und 2. des text. leg. tert. den terminus libertus führt; z. B. IV, 1. si quis libertum percusserit.[1]) — 9. De interfectione liberti hominis.[2])

In den Begriff liber kann somit auch der Minderfreie einbezogen sein. Es kann darunter auch nur der Minderfreie verstanden sein. Das Gleiche gilt für die Interpretation der mit si quis konstruierten, nur die Freien betreffenden Sätze der lex.

Der Minderfreie ist eigentumsfähig; der Priesterstand steht ihm wie dem Vollfreien offen.[3]) Manche der rechtlichen Bestimmungen, in denen Vermögensbesitz vorausgesetzt wird, werden daher auch auf ihn anwendbar sein. Öfters wird dann wieder die Höhe der Straftaxe oder der Charakter eines Tatbestandes, der der öffentlichrechtlichen und sozialen Stellung des Minderfreien widerspricht, seinen Ausschluß wahrscheinlich machen. Andererseits kann gerade der letzterwähnte Punkt eine Auslegung verlangen, die im liber bezw. in dem diesen vertretenden abstrakten quis nur den Minderfreien sieht.[4]) Im Diplom Ludwigs des Frommen an den Erzbischof von Salzburg vom Jahre 823 wird ein freigelassener Unfreier, der durch die Priesterweihe in den Stand eines civis Romanus liberae potestatis aufgerückt ist, liber genannt.[5]) Ohne Vollfreier zu sein, figuriert er doch unter der eigentlich dieser Klasse eigenen Bezeichnung, die in diesem Fall ausschließlich seinen Rechtsstand terminiert.

Mit der Kenntnis der sozialen Struktur des bajuwarischen Volksstammes bietet sich reiche Gelegenheit, diese wechselnde Bedeutung des Liber-Begriffes zu beobachten. Der liber, der für ein Vergehen körperliche Mißhandlung erdulden muß,[6]) wird sich, — eine derartige Form der Vergeltung ist ja eines Vollfreien unwürdig, — als Minderfreier erkennen lassen.

---

[1]) Mon. Germ. Tom. III. pag. 362. — [2]) ibid. 363. —

[3]) Vgl. Pez, Thes. anecdot. T. 1. P. 3. pag. 275. 284.

[4]) Vgl. L. Baj. IX, 4. [5]) Vgl. Oberbair. Archiv I. pag. 374. Anm. 2.

[6]) L. Baj. Text. leg. prim. Append. I.

Damit werden die innerhalb der Freienklasse existenten sozialen und rechtlichen Gegensätze in scharfe Beleuchtung gerückt. Der Minderfreie, mit dem seinem Berufe entnommenen sozialen Terminus ausgestattet, steht bald dem mit liber homo bezeichneten Vollfreien gegenüber,[1]) bald trägt er selbst den Titel eines liber homo,[2]) dessen Geltung dann auf ihn selbst beschränkt ist.

An den dem Westgotenrecht entlehnten Stellen der lex wird liber durch den ihm synonymen Ausdruck ingenuus[3]) abgelöst.[4]) Auch in anderem Zusammenhang ist zur rechtsständischen Charakterisierung ein und derselben Person abwechselnd liber und ingenuus im Gebrauch.[5]) Alles, was vom liber und seiner Universalität gesagt wurde, trifft daher in analoger Weise auch auf den ingenuus zu. —[6])

§ 4. DER UNFREIE.

Servus[7]) und mancipium sind Objekte im Vermögen ihres dominus. Sie gehören zu dessen res propriae.[8]) Der Unfreie ist vom juristischen Standpunkt aus ohne Recht, eine tote, willenlose Sache. Er ist ein bewegliches Gut, das wie irgend ein anderes Ding im Verkehr zirkuliert. Deshalb knüpfen sich Rechtssätze an seine Person. si quis vendiderit res alienas... aut servum aut ancillam aut qualemcumque rem:...[9]) Das alemannische Gesetzbuch stellt ihn in dieser Hinsicht dem Vieh gleich.[10]) Bei Aufzählung der Pertinenzen ländlicher Wirtschaften werden mancipia mitten unter den tradierten Viehbeständen aufgeführt.[11]) Wie ein Pferd oder ein anderes Tier kann der Leibeigene körperliche Mängel haben, die seinen

---

[1]) Meichelbeck. Hist. Frising. 1724. P. J. (= Mb.) 120.
[2]) Mb. 481. [3]) Vgl. L. Baj. VIII, 18; XII, 1; XVI, 5.
[4]) Vgl. v. Luschin. Lehrbuch pag. 68. [5]) Z. B. Mb. 1003.
[6]) Vgl. Heck, Gemeinfreie, pag. 62.
[7]) Vgl. v. Luschin, l. c. pag. 70. [8]) Mb. 122. [9]) L. Baj. XVI, 1.
[10]) L. Alam. Hloth. lib. sec. XC. Mon. Germ. Leg. Tom 3. pag. 77; vgl. L. Baj. XVI, 9.
[11]) Urkundenbuch des Landes ob der Enns (= Urk. o. E.) I. Cod. trad. ant. Eccl. Pat. 12.

Wert mindern. Werden bei Abschluß eines Kaufes derartige Fehler absichtlich verheimlicht, so ist der Vertrag null und nichtig.[1])

Da der servus kein Rechtssubjekt ist, so steht ihm auch kein Wergeld zu. Die Buße von 20 solidi[2]) für Ermordung eines servus sowie die Strafgelder für Verstümmelungen seines Leibes sollen nicht seinen persönlichen Schutz bewirken oder einen Vergeltungsakt darstellen. Dadurch soll vielmehr der dominus entschädigt werden, dem ein bestimmtes Vermögensstück abhanden gekommen oder in seinem Wert beeinträchtigt worden ist. Für dieses hat sich der marktartige Durchschnittspreis von der angegebenen Höhe herausgebildet. Das mancipium kann so, als Tauschgut von gesetzlich normiertem Werte, wie Vieh oder Kleider an Stelle des gemünzten Geldes als Zahlungsmittel benutzt werden.[3]) Mag auch der einzelne servus in der individuellen Schätzung seines Herrn höher veranschlagt werden, der Allgemeinheit gilt er als vertretbare Sache von gesetzlich tarifiertem Werte. Die auf dem Unfreien lastende Zwangsgewalt vermag ein durchschnittliches Quantum erreichbarer Leistungen aus ihm zu ziehen. Diese im Leibeigenen erfahrungsgemäß dargebotene mittlere Arbeitskraft wird in der Technik des Wirtschaftsbetriebes eine praktisch sehr bedeutsame Rolle spielen. Auf ihr basiert das Organisationsprinzip der Grundherrschaft.

Der Stand der Unfreiheit kann angeboren sein — die Rechtsqualität der Eltern oder der ärgeren Hand vererbt sich auf die Kinder — oder durch Kriegsgefangenschaft, Heirat, strafweise Verknechtung erworben werden.

Der servus ist dem Belieben seines dominus schrankenlos preisgegeben. Er muß unter allen Umständen gehorchen. Selbstständige Handlungen kann er nur mit Erlaubnis seines Herrn vollbringen.[4]) Was er erwirbt, gehört diesem. Was und wieviel er zu leisten hat, liegt im Befehl, den ihm der Herr erteilt. Dessen Willkür reguliert sich durch Zweckmäßigkeitsbedenken von

---

[1]) L. Baj. XVI, 9. [2]) Ibid. VI, 12. [3]) Vgl. Mb. 711.
[4]) Vgl. L. Baj. XVI, 3.

selbst. Der Leibeigene besitzt kein Eigentum, kein Erbrecht, keine Ehefreiheit, keinen Platz im Heer und Volk. Seine Wehrlosigkeit wird wieder gutgemacht durch den Schutz, den ihm sein Herr im Eigeninteresse gewährt; sichert dieser damit doch seiner Wirtschaft die wichtigste Produktionskraft.

Häufig wird der servus, das mancipium freigelassen, namentlich, wenn durch eine Vermögenstradition ein Wechsel in der Person des dominus bedingt ist.[1]) Er bleibt dann in der muntpurt seines früheren Herrn, sofern ihn dieser nicht der Vormundschaft eines beliebigen Dritten, z. B. einer Kirche, überweist.[2])

§ 5. DIE EINGLIEDERUNG DES „NOBILIS“ IN DIE KLASSE DER VOLLFREIEN.

Als die typischen Repräsentanten des in bestimmter Form genutzten Bodenkapitals haben die in den Quellen auftretenden Tradenten und Commutanten zu gelten. Für die rechtsständische Qualifizierung dieser gesellschaftlichen Gruppe ist die juristische Definition des ebendort dotierenden vir nobilis von weittragendem Einfluß. Die Ansichten divergieren in der Richtung, daß die einen im nobilis einen Angehörigen des Adels sehen, während andere diesen Begriff auf alle Mitglieder der Vollfreienklasse ausdehnen.[3])

Die Persönlichkeit der schenkenden und tauschenden Grundeigentümer pflegt im Texte der traditiones Frisingenses, die uns die größte Zahl kontinuierlich fortlaufender Urkunden liefern, in wechselnder Form eingeführt zu werden. Der Wechsel findet aber nicht innerhalb einer Periode in beliebiger Wahl statt, vielmehr hat man es dabei offenbar mit einer zeitlich gebundenen Gewohnheit des solennen Kanzleistiles zu tun.

In den gegen fünfhundert ältesten Dokumenten der Freisinger Sammlung herrscht die Sitte, den Tradenten ohne weiteres mit seinem Rufnamen zu bezeichnen. Die Hinzufügung etwaiger Berufs- oder Amtstitel, wie comes, presbyter, diaconus

---

[1]) Z. B. Mb. 19. 38. 607. [2]) Vgl. Mb. 19.

[3]) Vgl. Wittich, Die Frage der Freibauern 1901. pag. 23 ff.

u. dgl. durchbricht dieses von alters überkommene Prinzip nicht. Auch Zusätze wie quidam, quidam homo oder quidam laicus sind üblich. Später aber trägt mit langsam steigender Häufigkeit der dotierende Laie und Kleriker das Epitheton eines vir nobilis. In den ersten Jahrzehnten des 9. Jahrhunderts ist dieser Brauch feststehende Übung.

Der erste Tradent, der als vir nobilis bezeichnet ist, findet sich schon in einer Urkunde vom Jahre 765.[1]) Dann zeigt sich eine Lücke bis 811,[2]) erst wieder a. 817 das dritte Beispiel,[3]) nach einer weiteren Pause von 818[4]) bis 824[5]) wird die Ausstattung des Tradenten mit diesem Titel endlich zur Regel, sein Fehlen zur Ausnahme. In den breves notitiae Salzburgenses ist der vir nobilis, homo nobilis, die nobilis femina ebenfalls etwas Gewöhnliches.[6])

Wollte man in den auf verschiedene Weise benannten Schenkergruppen Leute verschiedener Rechtsstände erkennen, so käme man logischerweise zu dem Schlusse, dass sich zwei einander gegensätzliche rechtliche Kategorien in historischer Folge in der Errichtung von Stiftungen abgelöst haben. Dabei ginge der Vollfreie dem Adel in der Betätigung religiösen Eifers voraus. Eine derartig äußerliche, formale Scheidung ist mit dem realen Verlaufe der Tatsachen nicht vereinbar.

Es ist also auch für die juristische Charakterisierung des ohne Zusatz eingeführten Tradenten von ausschlaggebender Bedeutung, an welcher Stelle der vir nobilis dem rechtsständischen Schema eingegliedert wird.

Schon Westenrieder[7]) sagt, daß die „freyen Landeigentümer oder Grundherrn . . . . .; weil sie freye Männer waren, im Grunde . . . . . in einem gleichen Grade Ethelinge (Edle) . . . . . waren". Heck[8]) erklärt mit Waitz und Sohm die nobiles als

[1]) Mb. 13. [2]) Mb. 284. [3]) Mb. 357. [4]) Mb. 374. [5]) Mb. 467.

[6]) Vgl. Brev. not. XIV. X.

[7]) Abriß der bairischen Geschichte 1822. pag. 35.

[8]) Die Gemeinfreien. pag. 77 ff. — Vgl. auch Huschberg, Älteste Geschichte des Hauses Scheyern-Wittelsbach. 1834. pag. 102. — Vinogradoff, Wergeld und Stand i. Ztschr. f. Rechtsgeschichte; germ. Abt. Bd. 23, pag. 179.

die in ihrem Recht vollkommenen Leute, die Vollfreien. Einen besonderen Hinweis auf den Besitz von freiem Grund und Boden leugnet er. Auch für Bayern spricht sich Heck mit voller Bestimmtheit für die Identität des nobilis mit dem vollfreien liber Baioarius aus, indem er sich neben rechtlichen Gründen auch auf das dominierende Auftreten der nobiles in den Urkunden beruft.[1]) — v. Luschin[2]) stimmt dieser Auffassung wenigstens für die Zeit vom 8. Jahrhundert an bei. Nobilis ändere seinen Sinn und weise im 8. Jahrhundert nur mehr hin auf die „volle mit freiem Grundbesitz verbundene Freiheit“. Nicht einmal Beiwörter wie vir illustris, pernobilis, nobilissimus müßten der Ausdruck adeliger Abstammung sein, sondern könnten ebensogut dem durch Amt und Reichtum vermittelten besondern Ansehen entspringen. — Graf Hundt[3]) bestätigt, daß im 10. und 11. Jahrhundert nobilis mit dem „ursprünglich Freien“, der „einzeln vorkommende homo liber“ mit dem freigelassenen libertus zu identifizieren sei.

Rudhardt[4]) hält nobilis für ein Prädikat des Adels. Er sieht jedoch die Menge der tradierenden viri nobiles im Widerspruch mit der Beschränkung des altbajuwarischen Adels auf fünf Geschlechter und konstruiert deshalb einen ebenfalls durch nobilis bezeichneten minderen Adel als Zwischenstufe zwischen den genealogiae und den Freien. Die Existenz dieses Adels wird durch nichts bewiesen. Wie Rudhardt selbst richtig bemerkt, ist es unmöglich, aus der großen Zahl der nobiles diejenigen auszulesen, die tatsächlich einer der genealogiae zuzurechnen wären. Wenn nun nicht alle viri nobiles Geschlechtsangehörige der genealogiae sein können, ein niederer Adel aber fehlt, so bleibt nur der eine Ausweg offen, unter die nobiles die den Edlen folgende Klasse der Vollfreien einzubeziehen.

Das terminologische Verhältnis stellt sich also folgendermaßen dar: Personen ohne jeden oder ohne rechtsständischen Zusatz, Personen, die als liberi und solche, die als

[1]) Vgl. Heck, l. c. pag. 81. [2]) Lehrbuch pag. 78.
[3]) Oberbair. Archiv, Bd. 34. pag. 255.
[4]) Älteste Geschichte Bayerns pag. 477.

nobiles näher bezeichnet sind, gehören in der Regel[1]) ein und derselben rechtsständischen Schicht an. Die Person ohne juristisches Prädikat zeigt sich sowohl mit dem liber als auch mit dem nobilis identisch. Sie qualifiziert sich als Vollfreier im weiteren Sinne des Wortes. Alle Nichtfreien tragen gewöhnlich neben ihrem Rufnamen den Terminus ihres Rechtsstandes. Hieraus folgt nach dem Satze: sind zwei Größen einer dritten gleich, so sind sie unter sich gleich, die gleichmäßige Zugehörigkeit des liber und nobilis zur Klasse der Vollfreien. Nur der Vollfreie im weiteren Sinne besitzt in jener Zeit Grundeigentum, das sich in seiner Familie in dem in Betracht kommenden Umfang vererbt hat. — Mittelbar läßt die Beifügung des sozialen Attributes unter Umständen auf den Mangel der rechtlich vollkommenen Freiheit oder andererseits auf adelige Abstammung einer Person schließen.

Sitil homo liber,[2]) der sich und all sein Gut zu Holzhausen dem Salzburger Bistum überliefert, ist zweifellos identisch mit dem Dotator von brev. not. XIX, 2; von diesem heißt es einfach: Sitil tradidit semetipsum cum omnibus, quae habuit ad Holzhus. Ebenso verhält es sich mit Boso liber qui et presbyter et Johannes frater eius[3]) und dem mit ihm korrespondierenden Boso presbyter et Johannes frater eius.[4]) — Der im indiculus[5]) juristisch nicht charakterisierte Dignolus trägt bei der in den breves notitiae[6]) wiederholten Schenkung den Zusatz: Dignolus quidam vir nobilis. Das Analoge ist der Fall bei Hrodkaer, Gotscalk, Eparacher.[7]) — Adalker, Vater des Alpuni, tradiert als vir nobilis;[8]) in einer anderen Urkunde[9]) wird er mit seinem bloßen Zunamen Adalker genannt. — Mezzi und Piligrim werden bald ohne Bestimmung ihrer rechtlichen Eigenschaft,[10]) bald als viri nobiles[11]) aufgeführt. — Die Söhne des mit ego quidem Kiso bezeichneten Tradenten,[12]) Wichelm

[1]) Ausgenommen z. B. liber in der Bedeutung „Minderfreier".
[2]) Brev. not. XIV, 48. [3]) Ibid. XIV, 2. [4]) Ind. Arn. VI, 2.
[5]) Ibid. VI, 10. [6]) Brev. not. XIV, 9.
[7]) Ind. Arn. VI, 5. — Brev. not. XIV, 5. [8]) Mb. 613; 643.
[9]) Mb. 691. [10]) Mb. 315; 510. [11]) Mb. 357; 627. [12]) Mb. 509.

und Eigil, sind nobiles,[1]) die Verwandten des Tradenten Isancrim multi nobiles parentes.[2]) — Die Erben von reichlich ausgestatteten res ecclesiasticae überlassen die ihnen zufallenden Teile gemeinschaftlich der Kirche.[3]) Bei vier Gruppen derselben fehlt bei ihren Namen der bezügliche juristische Terminus. Die Schenkung der fünften Gruppe aber wird folgendermaßen eingeleitet: postmodum hoc audientes nobiles viri qui in ipsa ecclesia coheredes erunt ..... firmiter tradiderunt.

Ähnliche Beweise sprechen für die Identität von ingenuus[4]) und liber mit dem nobilis-Begriff. Tisa quaedam nobilis femina[5]) fällt so zusammen mit der Tisa libera des indiculus.[6])

Nach der Vorschrift des Volksrechtes[7]) müssen sich alle Vollfreien, omnes liberi, zum Termin der placita einfinden ad causas inquirendas. Keiner darf fehlen. In den Urkunden sind die Besucher des condictum oder legitimum placitum pro quam plurimis causis derimendis[8]) viri nobiles.[9]) Die viri nobiles entscheiden im Immobiliarprozeß;[10]) denn sie bilden den populus, die aus multi nobiles homines bestehende multitudo.[11]) So deckt sich die öffentlich-rechtliche Tätigkeit der nobiles vollständig mit den Pflichten des vollfreien liber. Besonders deutlich wird dies durch den Bericht einer Freisinger Urkunde:[12]) convenientibus venerabilibus viris ad publico placito Lauppach Hitto Episcopus et Heimo Comis et alii multi nobiles iudicia recta dirimanda ..... Post sacramento iuramenti diiudicaverunt populi et scabini constituti .....[13])

Vor dem placitum des Bischofs Erchanbert spielt eine Besitzklage:[14]) ... contigit... Episcopum placitum suum condixisse in loco qui dicitur Tanara ubi plurimi de Hosis vel alii quam plurimi viri nobiles insimul convenerunt... Das placitum vereinigt die Anwohner eines bestimmten räumlichen Bezirkes. Nur bei zwei der genealogiae läßt sich die Lage ihres Grund-

---

[1]) Mb. 610. [2]) Mb. 580; vgl. auch Mb. 308 und 312.
[3]) Mb. 510. [4]) Pez, Thes. anecdot. T. 1. P. 3. pag. 212.
[5]) Brev. not. XII. [6]) Ind. Arn. VI, 13. [7]) L. Baj. II, 14.
[8]) Mb. 655. [9]) Mb. 487; 655; 661; Cod. Rat. I, 36. [10]) Mb. 601.
[11]) Mb. 304; 330. [12]) Mb. 487. [13]) Vgl. Mb. 368. [14]) Mb. 661.

eigentums und damit ihr Wohnsitz nachweisen. Sicher ist jedoch, daß sie auf verschiedene Gaue des Ansiedelungsgebietes verstreut waren. Es ist also unwahrscheinlich, daß mehrere genealogiae an ein und derselben Grafschaftsversammlung teilgenommen haben. Bedeutet de Hosis nun tatsächlich die besonders erwähnenswerten Edlen der Huosifamilie, so muß man aus der zitierten Stelle folgern, daß außer den adeligen Huosi auch alle anderen, die Sitz und Stimme im Gerichte haben, viri nobiles sind. Dies ist aber ein mit der Vollfreieneigenschaft untrennbar verknüpftes Recht. Sind unter de Hosis dagegen die vollgültigen Einwohner des Huosigaus zusammengefaßt, so besagt die Stelle, daß alle Teilnehmer am placitum, gleichviel woher sie zum Sendgrafengericht aufgeboten sind, in ihrer Standesqualität als Vollfreie viri nobiles sind. —

Diese quam plurimi nobiles viri, multi eiusdem provinciae nobiles viri[1]) sind, als einheitliche Masse betrachtet, die an die Beamtenschaft sich anschließende cetera plebis non modica turba.[2])

Die politisch berechtigte Klasse wird durch die Vollfreien gebildet. Die am öffentlichen Leben des Gaues beteiligten Vollfreien sind unter sich pagenses.[3]) Auch der dem Gau vorstehende Graf ist ihr pagensis. In seinem Rechtsstande wird der pagensis aber auch als vir nobilis betitelt. Die viri nobiles einer Gegend sind gegenseitig pagenses: nur sie sind pagenses.[4]) Am Corbinianstag finden sich nobiles viri tam comites quam alii pagenses in Freising zum Gebet zusammen.[5]) — Um in einer strittigen Immobiliarsache Beweis zu erheben, erscheint der comes cum omnibus pagensis. Zu Pferde umreiten sie die Grenzen. Zeugen sind im ganzen 66 viri nobiles. Ebendies sind die zu diesem Zwecke versammelten pagenses, die Grundeigentümer des Gaues. An sie richtet daher der Graf die nur für die berechtigten Ansässigen wertvolle Frage: si aliquis in ipsa silva aliquam potestatem habuisset.[6]) —

[1]) Pez, l. c. T. 1. P. 3. pag. 231. [2]) Mb. 908.
[3]) Vgl. Waitz, l. c. II, 1. pag. 273.
[4]) Vgl. Heck, l. c. pag. 91 und Brev. not. XIV, 54. [5]) Mb. 683.
[6]) Pez, l. c. T. 6. P. pag. 55.; ebenso Cod. Rat. I, 36.

Die Publikation der Schenkungen richtet sich an einen stets homogenen Personenkreis. Es ist dies die Gesamtheit derjenigen, die als Rechtsgenossen der Tradenten auf der sozial gleichen Stufe stehen wie diese und an den durch die Besitzveränderungen hervorgerufenen rechtlichen und gesellschaftlichen Vorgängen interessiert sind. Bei ihnen verspricht das Beispiel reicher Dotationen Erfolg für die materielle Betätigung ihres religiösen Feuers. Vor allem aber müssen in ihnen diejenigen orientiert werden, die bei Streitigkeiten über Grund und Boden im Gericht das Urteil fällen. So wird ein Rechtsakt bekannt gemacht für die secularia iudicia decernentes.[1]) Die richterliche Entscheidung ist aber kein Privileg der genealogiae, sondern der Beruf aller vollberechtigten Freien.

Nun leidet zwar die Art, mit der sich die Urkunden an diesen Personenkreis wenden, an der starren Solennität des Formelhaften. Dennoch gibt die wechselnde Gestaltung der Eingangsformeln Aufschluß über den synonymen Inhalt der rechtstechnischen Terminologie. Einige der stereotypen Einleitungsformeln lauten: noverint quidem pagenses atque istius provinciae seu sedis fideles. . .[2]); — notum sit cunctis istius provinciae nobilibus atque fidelibus viris. . .;[3]) — pateat cunctis fidelibus in ista provincia nobilibus viris manentibus. . .;[4]) — pateat auribus nobilium virorum. . .;[5]) — notum sit cunctis fidelibus veracisque viris Baiovaria manentibus. . . .[6])

Pagenses, viri nobiles und alle treuen, wahrhaftigen Bajuwaren sind identische Begriffe. Nicht der liber als Vollfreier kann zum nobilis in Gegensatz gebracht werden sondern der Unfreie. Der degener deserviens unterscheidet sich in gleicher Weise vom ingenuus wie vom nobilis, wie sich aus der Gegenüberstellung folgender Einleitungsformeln ergibt: nunc quoque ac deinceps universis facientibus nec non exercentibus verum

---

[1]) Mb. 411. [2]) Mb. 625.

[3]) Mb. 431; 458; 488; 528; ähnlich: Mb. 613; 617; 655: notum sit cunctis fidelibus Baiuvariae provinciae constitutis nobilibus viris veracibusque. . . [4]) Mb. 511; ähnl. Mb. 331; 332.

[5]) Mb. 614; 706; ähnl. Mb. 713. [6]) Mb. 484; 492; ähnl. Mb. 338; 518.

etiam iustitiam consentientibus immo volentibus per cuncta Baiovaria nobilibus ac degeneris perspicue sit dilucidatum ...[1]) — pateat omnibus in Baiovaria manentibus tam ingenuis quam et deservientibus. ...[2])

Man hat es hier mit Subjekten konträrer Rechtsstände und nicht mit bedeutungslosen Epitheta zu tun. Nobilis ist ein Rechtstitel. Sein Gegenstück ist der der vollen Freiheit entbehrende ignobilis.[3]) Der Umstand bei öffentlichen Gerichtsverhandlungen setzt sich möglicherweise aus beiden Klassen zusammen,[4]) da der Freie eben von Dienern auf seinen Reisen begleitet wird. Berechtigtes Mitglied der Versammlung ist aber nur der Vollfreie.

Heck[5]) hat zum Beweise für die juristische Grundlage der beiden Begriffe bereits eine Stelle aus den capitula e conciliis excerpta zitiert. Noch im 10. Jahrhundert sind nobilis und ignobilis Angehörige je einer geschlossenen conditio. Der Erzbischof von Salzburg vollzieht Tauschakte cum consultu fidelium suorum clericorum scilicet et laicorum nobilium et ignobilium.[6]) Die Mitwirkung der letzteren wird zusammengefaßt in dem Ausdruck: secundum consilium suorum fidelium clericorum ac laicorum utriusque conditionis. . .[7])

Für alle förmlich abgeschlossenen Rechtsgeschäfte ist die Heranziehung von Zeugen erheblich. Diese werden, damit ihnen der Hergang leichter im Gedächtnis bleibt, an den Ohren gezupft: testes per aures tracti.[8]) Die libera persona, die Gegenstände ihres Vermögens der Kirche schenkt, muß den Besitzwechsel durch mindestens sechs Zeugen bestätigen lassen.[9]) Diese Urkundspersonen können natürlich selbst wieder nur Vollfreie sein. Die Traditionsinstrumente führen am Ende des Textes gewöhnlich die testes oder einen Teil derselben namentlich auf. Diese tragen neben ihrem Namen meist keinen

---

[1]) Mb. 408. [2]) Mb. 401. [3]) Vgl. Heck, l. c. pag. 106.
[4]) Vgl. Cod. Pat. 48. — Urk. o. E. I. cod. trad. ant. eccl. Pat. 40.
[5]) l. c. pag. 106.
[6]) Hauthaler, Salzburger Urkundenb. 1898. Cod. Fridar. 13.
[7]) Cod. Fridar. 8. [8]) Vgl. L. Baj. XVI, 2; XVII, 3. [9]) Ibid. I, 1.

weiteren Zusatz rechtlicher Natur; doch kommt es auch vor, daß sie als viri nobiles,[1]) nobiles laici,[2]) nobiles pagenses[3]) bezeichnet werden. Ein rechtlich unterscheidender Wert wird durch diese Prädikate im Vergleich zu den erstgenannten testes nicht begründet. Entweder alle testes tragen den Rechtstitel oder keiner.

Zu Beginn des Textes erwähnt eine Urkunde[4]) die Erfüllung der gesetzlichen Solennitätsvorschriften mit den Worten: ... cum testibus nobilium virorum confirmavi more solito Baiovariorum.... An entsprechender Stelle werden die Zeugen ohne Kennzeichen ihrer juristischen Zugehörigkeit aufgezählt, et isti testes per aures tracti ... — Ein anderes Mal[5]) wird nach der Bemerkung: isti sunt testimoniales audientes... fortgefahren: actum ad Ismanningun coram multis nobilibus... — Milo und Kerpald, zwei ohne nähere ständische Qualifizierung eingeführte Vollfreie, übermitteln einen Teil ihres Eigentums der Kirche: ego Milo et filius meus Kerpald tradimus partem hereditatis meae... Bei Notierung der Zeugen heißt es: ... manibus meis et aliis nobilis hominibus manibus roborata ...[6])

Nobilität und ungeminderte Libertät sind inhaltlich gleichwertige Begriffe. Die Nobilität umschließt den ehrenvollen Stand der volles Recht genießenden Freien. Wer vollkommene libertas besitzt, gehört zur nobilitas der Volksgesamtheit. Der ehemalige Status zweier freier Frauen, die sich in die Wachszinsigkeit begeben, wird deshalb sehr richtig mit nobilitas libertatis charakterisiert.[7]) In den marculfischen Formeln wechseln die Ausdrücke nobilitatis ordo[8]) und ingenuetas nationis[9]) als gleichbedeutend miteinander ab. Da das Volksrecht, die Bewertung des Lebens ausgenommen, besondere für den Adel geprägte Rechtssätze nicht kennt, so enthält das ius nobilitatis die

[1]) Pez, l. c. T. 1, P. 3, pag. 81; ibid. T. 6, P. 1, pag. 55. — Urk. o. E. I. cod. trad. mon. Lun. 98. — Cod. Rat. I, 2. — Mb. 371; 387; 539; 610.
[2]) Cod. Pat. 35. [3]) Brev. not. XIV, 54.
[4]) Mb. 539. [5]) Mb. 657. [6]) Urk. o. E. I. cod. trad. mon. Lun. 64. —
[7]) Urk. o. E. I. cod. trad. mon. Lun. 179.
[8]) Marc. Form. lib. I, 5. Mon. Germ. Leg. Sect. V. Form.
[9]) Ibid. I, 7.

Befugnisse der Vollfreiheit. Nicht ein ius libertatis, sondern das ius servile[1]) ist demnach derjenigen Kategorie eigen, die im Vergleich zu dem nobilitatis iuris inserviens[2]) minderes Recht genießt.

Heiratet eine mulier nobilis in Unkenntnis des inferioren Status ihres Mannes einen servus, trennt sich aber rechtzeitig von ihm, so soll sie nicht ins servitium sinken, sed esset libera.[3]) Riezler[4]) hält die mulier nobilis für eine adelige Frau und deutet die Aufnahme dieses Satzes als Symptom des Verfalles der adeligen Geschlechter.

Die lex selbst regelt derartige Konflikte in ihren Bestimmungen nicht. In dem eben skizzierten Gelegenheitsfalle wird sich diese Lücke fühlbar gemacht und die Aufstellung dieser Norm bewirkt haben. Diese bezieht sich aber auf alle Vollfreien, die hier dem zeitlichen Sprachgebrauche entsprechend mit nobiles terminiert werden. Auch der Vollfreie hat kein conubium mit dem servus. Gälte der neugeschaffene Rechtssatz nur für den Adel, so läge die gewiß eigentümliche Erscheinung vor, daß nach strengem Recht der Standesehre des Vollfreien ein intensiverer Schutz verliehen wäre als derjenigen der im Wergeld doppeltes Ansehen genießenden genealogiae. Die libertas, deren Besitz verbürgt wird, macht aber auch hier wieder das Wesen der nobilitas aus und ist, wie wir wissen, der Lebensnerv aller im vollen Rechte stehenden Vollfreien.

Das Dingolfinger Dekret[5]) bestimmt in seinem 12. Kapitel: wenn einer de nobili genere eines Kapitalverbrechens schuldig ist, so soll die Vermögenskonfiskation nur an der ihm persönlich eigenen portio vollzogen werden. Die Rechte seiner Gattin bleiben unversehrt. Diese Entscheidung ist weiter nichts als eine Interpretation von L. Baj. II, 1. Hier werden die mit den schwersten Strafen belegten Verbrechen aufgezählt, die im 9. Kapitel der Dingolfinger Synodalbeschlüsse noch um eines (homicidium) bereichert werden. Sie treffen speziell den auch den Adel einschließenden liber Baiuvarius. Es ist nun offenbar der Zweifel

[1]) Hauthaler, l. c. Trad. v. St. Peter 4; 6. [2]) Ibid. 20.
[3]) L. Baj. Add. V. I, 10. [4]) l. c. I, pag. 160.
[5]) L. Baj. Add. V. I.

aufgetaucht, ob die im Volksrecht befohlene Vermögenseinziehung sich auf das Totalallod des Beklagten erstrecken oder die portio der Ehefrau davon ausgenommen sein solle. Diese Frage wird in dem angegebenen Sinne beantwortet. Nur darum handelt es sich an dieser Stelle, nicht aber um die plötzliche Schaffung eines Ausnahmegesetzes für den unter nobile genus allein verstandenen Adel.

In ganz analoger Weise ist nobilis im sechsten Satze der Dingolfinger Dekrete aufzufassen. Es wird hier nicht, wie Riezler glaubt,[1]) für den Adel der Weg zu beliebigen Traditionen an die Kirche geebnet. Eine solche Erlaubnis käme viel zu spät. Im Volksrecht selbst[2]) ist ja schon der libera persona, also der gesamten Vollfreienklasse, die Verfügungsfreiheit über ihr Vermögen zu frommen Stiftungen zugestanden worden. Sie braucht also nicht erst für den Adel begründet zu werden. Warum sollte den genealogiae vorenthalten gewesen sein, was den übrigen freien Leuten schon längst gestattet ist? Gerade auch die umfassenden Traditionsakte der ältesten Zeit sprechen gegen den Bestand eines solchen Verbotes, von dem nirgends eine Spur zu finden ist. Das Dekret wiederholt nur eine Bestimmung der lex. Der Gebrauch zweier verschieden lautender Termini adäquaten Inhalts beruht auf der zeitlichen Entfernung der Quellen. Der Grund für diese Rekapitulation mag ein doppelter gewesen sein: auf der einen Seite eine leise Mahnung an die besitzenden Freien, ein ihnen zustehendes Recht auch anzuwenden, auf der anderen eine Ermahnung an Bischöfe und Äbte, von ungerechtfertigten Angriffen auf Freiengut abzustehen.

Die Warnung an die geistlichen Würdenträger auf der Reisbacher Synode,[3]) sich nicht aus Habsucht an den res nobilium zu vergreifen, gilt demnach für den Privatbesitz der ganzen Vollfreienklasse. Der Adel kann sich derartiger Überfälle aus eigener Kraft leichter erwehren als der wirtschaftlich immerhin weniger starke Vollfreie. Es wäre daher ebenso ungerecht wie zwecklos, dem Adel eine verstärkte staatliche Siche-

---

[1]) L. c. I, pag. 160. [2]) L. Baj. I, 1. [3]) L. Baj. Add. VI, 11.

rung seines Eigentums zuzusprechen, die für die Erhaltung des Volkstums besonders wertvolle Mehrheit der Vollfreien dagegen einfach aufzugeben. — Zur Vermeidung solcher Eigentumsprozesse ist gerade die dem liber in der lex vorgeschriebene Formalität der Schenkungsbeurkundung eingeführt worden. Sie drohen natürlich nur jenen Personen, deren Kreisen auch die freiwilligen Gaben an die Kirche kraft des in ihren Händen konzentrierten Bodeneigentums entstammen. Dies sind die viri potestativi; denn sie sind homines qui potente manu tradere possunt propriam hereditatem. Ihr negatives Gegenstück bilden die homines potestatem non habentes de se.[1]) Die Geschlechter sind zwar, mit reicherem Grundbesitz ausgestattet, ganz besonders in der Lage, der Kirche Freigebigkeiten zu erweisen. Allein bei der beschränkten Zahl ihrer Angehörigen können sie immer nur einen Bruchteil der Tradenten ausmachen. Sie können sich nicht in ewigen Schenkungen erschöpfen und müssen sich allodiale Reste reserviert haben. Wie nun schon die lex jede libera persona für schenkungsfähig erachtet, und die rechtlich nicht charakterisierten Tradentennamen ihre Träger eben nur als Vollfreie im weiteren Sinne qualifizieren, so zeigt sich auch in den Traditionsinstrumenten der liber homo als Dotator seiner freieigenen proprietas.[2]) Damit stellt sich der liber Baiovarius ebenso sehr in Gegensatz zu den potestatem non habentes de se,[3]) wie der im Handeln unbeschränkte vollfreie nobilis vir ac potestativus[4]) oder nobilis ac potestativus homo.[5]) Der erste Teil des Attributes hebt die rechtsständische Beschaffenheit der betreffenden Subjekte hervor, der zweite betont ihre juristische Stellung zu den Sachgütern. De facto ist letztere immer nur das Korrelat ihrer ständischen Freiheit.

Der Freibrief, worin König Ludwig dem Erzbischof Luipram von Salzburg und seinen Nachfolgern den Austausch von Kirchengut gegen Grundstücke und Unfreie der viri nobiles

---

[1]) Vgl. Heck, l. c. pag. 81.

[2]) Ind. Arn. VI, 2; VI, 20; brev. not. XIV; XIX; XX.

[3]) Ind. Arn. VI. [4]) Brev. not. XIV, 2; XIV, 14.

[5]) ibid. XIV, 4.

gestattet,[1]) läßt somit allgemein zwischen Stift und Vollfreien Kommutationsverträge zu.

Der Herzog verspricht zu Dingolfing den Nachkommen jener nobiles intra Baiuvarios, denen von seinen Ahnen Güter verliehen worden waren, den Besitz derselben auch für die Zukunft. Dafür müssen sie ihrem Fürsten Treue bewahren.[2]) Im indiculus finden sich zahlreiche viri nobiles als Träger herzoglicher Lehen. Ihre Identität mit Genossen der genealogiae kann nicht bewiesen werden. Deren Allode werden in teilweise ganz anderen Gegenden vermutet. Auch die lex[3]) kennt, wie gesagt, ein Kommendationsverhältnis zwischen dem liber und seinem dux. Dasselbe beruht auf der Hingabe von Lehensgut seitens des Herrn. Sollte durch dieses Dekret wirklich nur der Adelige für Erfüllung einer allen heiligen Pflicht belohnt, der liber aber übergangen werden?

Gerade in der Zeit der tassilonischen Landtage und in noch weiter zurückliegenden Urkunden häufen sich die Beispiele, in denen konsequent durch nobilis die Bezeichnung des vollfreien liber erfolgt. Es gewinnt so den Anschein, als ob durch nobilis immer mehr der Begriff der rechtlich fehlerlosen Freiheit definiert worden sei. Tritt dann nobilis in Kontrast zu liber, so ist letzteres der Ausdruck für den Minderfreien. Im Dingolfinger Dekret[4]) zeigt sich diese Terminologie schon so weit befestigt, daß die drei Stände der lex: liber, frilaz, servus vor den parallelen Titeln eines nobilis, liber und servus gewichen sind.[5])

Die lex Baiuwariorum selbst kennt nur an zwei Stellen das Wort nobilis. Das eine Mal[6]) erzählt sie, daß die Vögel des Waldes, zahm gemacht, ihr Lied singen per curtes nobilium. Damit soll nun ganz gewiß kein prinzipieller Vorzug der adeligen Niederlassungen hervorgehoben werden. Die curtis

---

[1]) Diplom. Anhang zu „Nachrichten vom Zustand der Gegenden und Stadt Juvavia". 1784. pag. 91. — Vgl. Mon. Boic. XI. Mon. Nideralt. Dipl. Misc. 10.

[2]) L. Baj. Add. V, I, 8. [3]) L. Baj. IV, 18. [4]) L. Baj. Add. V, I, 5.

[5]) Vgl. Heck, l. c. pag. 63. [6]) L. Baj. XXI, 6.

ist nicht etwa der pivilegierte Sitz von Leuten, die nobiles genannt werden. Es stimmt aber zu der ganzen Lebensführung des vollfreien Bayern, der an Falken und Hunden seine Freude hat, wenn er sich nach der Jagd derlei spielenden Liebhabereien ergibt.

Das zweite Mal wird nobilis erwähnt im Zusammenhang mit den Regeln de campionibus et causis, quae ad eos pertinent.[1]) Wer im gerichtlichen Zweikampf fällt, soll nur mit zwölf solidi gesühnt werden, quamvis nobilis sit persona. Die gleiche Vergeltungssumme wird dem servus zugebilligt, der mit Zustimmung seines Herrn in den Zweikampf gegangen ist. Außer nobilis und servus wird ein weiterer Rechtsstand nicht genannt. Nobilis vermittelt hier den sonst durch liber bewirkten Gegensatz zwischen Freien und Unfreien. Quamvis... will sagen, daß sogar der Freie, diese nobilis persona, in diesem Ausnahmefalle der gleichen Wertschätzung unterliegt wie der servus. So wird im voraus die Freienbuße zu der im zweiten Kapitel für den servus fixierten Bußsumme in reflektierenden Vergleich gebracht. Wer auf diese Weise sein Leben verliert, wird ein für allemal auf diese Weise gerächt, Unfreier oder Minderfreier, und selbst wenn der Getötete ein Vollfreier, ein nobilis ist.

Den Tradenten werden nun in den Urkunden noch eine Reihe weiterer Prädikate beigefügt. Eine juristische Differenzierung bezwecken dieselben nicht. Sie sind reine epitheta ornantia, Ehrentitel, die die Kirche aus Dankbarkeit ihren Gönnern beilegt. Zu dieser Auszeichnung kommen natürlich in der Regel auch wieder nur Vollfreie,[2]) die den Preis dafür bezahlen können. In diese Kategorie gehören Bezeichnungen wie vir clarissimus,[3]) vir venerabilis,[4]) homo venerandus,[5]) vir fidelis,[6]) vir honorabilis.[7]) Da der vir nobilis schon den höchsten Grad der nobilitas, die rechtlich unbeschränkte Freiheit, erreicht hat, so ist auch das Attribut eines vir nobilissimus[8]) juristisch

[1]) L. Baj. XVIII. [2]) Vgl. Waitz, l. c. II, 1 pag. 273.

[3]) Brev. not. XIV, 23. — Urk. o. E. I. cod. trad. ant. eccl. Pat. 7. — Pez. l. c. T. 6. P. 1. pag. 23.

[4]) Mb. 378. [5]) Mb. 488.

[6]) Brev. not. XIII. [7]) Mb. 904. [8]) Mb. 121.

ohne Bedeutung. — Ähnlich scheint es sich, namentlich in späterer Zeit, mit dem Beiwort eines vir illuster zu verhalten. Vir illuster ist das Rangzeichen des vornehmen römischen Beamten und wird regelmäßig der Königswürde der Merowinger beigesetzt.[1]) In bayrischen Dokumenten ist unter anderen der Herzog ein vir illuster.[2]) Rudhardt[3]) rechnet alle mit diesem Titel Bedachten zum agilulfingischen Hause. Allein im Salzburg-, Uff- und Hartingau gewinnt er so achtzehn Personen für das herzogliche Geschlecht. Aber auch in Regensburger[4]) undFreisinger[5]) Urkunden des 9. Jahrhunderts ist dieser Ausdruck üblich. Die durch den vir illuster veranlaßten Schenkungen überragen an äußerlich sichtbarer Munifizenz andere Traditionen nicht.

Die boni Baiouuarii homines sind die Vollfreien als die zur Zeugschaft zugelassenen Volksgenossen.[6]) — Die proceres Baioarii,[7]) primates Baiuvariorum,[8]) optimates Baiouarorum[9]) rekrutieren sich nicht aus einer rechtlich begrenzten Personenklasse, etwa der adeligen Geschlechter. Wer sich durch Tüchtigkeit im Amt oder hervorragenden Reichtum an Grund und Boden Ansehen erwirbt, gelangt in die Umgebung des Herzogs oder Königs und damit zu bevorzugtem Einfluß, der vollfreie Laie oder Kleriker geradesogut wie der durch seine Geburt schon begünstigte Sproß einer adeligen Sippe.

Die in den Schenkungsurkunden auftretenden Tradenten gehören so im Durchschnitt der Klasse der Vollfreien an. Sie erscheinen daher ohne Rücksicht auf rechtstechnische Benennungen geeignet zur Rekonstruktion des sozialen Typus des vollfreien Bayern.

Zu dem Versuche, die Landschenkungen der Kirche vor allem aus dem Güterbestande der adeligen Geschlechter herzuleiten, soll der Übersichtlichkeit halber erst am Schlusse unserer Untersuchungen in einem besonderen Exkurse Stellung genommen werden.

---

[1]) Waitz, l. c. II, 1. pag. 187. [2]) Mb. 22; 69. [3]) l. c. pag. 476.
[4]) Cod. Rat. I, 34; 35. [5]) Mb. 325. [6]) Cod. Pat. 15. [7]) Brev. not. I.
[8]) Mb. 718; 892. [9]) Mb. 22.

ZWEITES KAPITEL.

DIE GEGENSTÄNDE DER WIRTSCHAFT UND DAS PRINZIP IHRER TECHNISCHEN ORGANISATION.

§ 6. DIE MARK.

In seiner Lebensbeschreibung des hl. Emmeram[1]) schildert Bischof Aribo mit leuchtenden Farben die Vorzüge seiner Heimat. Reiche Fluren, fruchtbare Getreidefelder, stattliche Herden ernähren ein kerniges Volk. An Wein und Honig ist kein Mangel. Ausgedehnte Waldungen ziehen sich über das Land hin. Auf den Bergen üppige Weiden; Hirsch, Gemse und Steinbock die Lust für den Jäger; Schätze an Eisen, Gold, Silber und Purpur im Überfluß. Die legendenhafte Übertreibung gibt natürlich kein der Wirklichkeit entsprechendes Bild.

Unsere Kenntnis vom Bestande der wirtschaftlichen Güter stützt sich im wesentlichen auf die Pertinenzformeln der Traditionsurkunden. In ihnen werden die für eine Wirtschaft nötigen Produktionselemente nebeneinander aufgezählt. Das wichtigste Objekt ist der ländliche Grund und Boden in den verschiedenen Formen technischer und juristischer Nutzung. Beide Kategorien sind als Korrelate oft schon durch die Terminologie zu einem einheitlichen Begriffe verschmolzen.

Für den Fall des Wechsels rechtlicher Besitztitel hat sich im Kanzleistil eine Reihe formelhafter typischer Gutsbeschreibungen herausentwickelt. Die Anschauung eines bestimmten

---

[1]) Vita s. Emmer. c. 1. § 6. Vgl. Wittmann, Die Baiovarier und ihr Volksrecht 1837. pag. 144.

Güterkomplexes wird nach einem einheitlichen Schema vermittelt. Man glaubt den zu einem wirtschaftlichen Ganzen vereinigten Grund und Boden einer bestimmten Richtung folgend zu durchmessen. Die Vollständigkeit einer Wirtschaftseinheit setzt das Vorhandensein einer genau geregelten Gliederung des Besitzes voraus. Die Pertinenzformel zerfällt so gewöhnlich in drei Teile.[1]) Diese entsprechen drei verschiedenen Zonen ökonomischer Nutzungen. Ihr Gebiet, vom Mittelpunkte der Niederlassung in immer wachsendem Radius entfernt, umfaßt zugleich die Abschnitte, innerhalb deren sich zeitlich fortschreitende Entwicklungsstufen des Rechtes am Boden äußern. Der innerste Kreis enthält die Siedelung, die Häuser auf den Höfen mit ihrem Zubehör an Wirtschaftsgebäuden und gärtnerischen Spezialkulturen. Diese Gegenstände eröffnen in den Formeln die Aufzählung der Pertinenzstücke. Daran schließt sich die Feldflur, gemessenes Acker- und Wiesenland. Sie steht in Sondereigentum und Sondernutzung. Die Autorität der Siedelungsgenossenschaft hält die in der ökonomischen Entwicklung liegenden Gesetze der Gemenglage, des Flurzwangs, der Wege- und Weideservituten aufrecht. Der äußerste Ring, die letzten Stücke der aufgezählten Kompetenzen umfassend, gehört als gemeine Mark der Gesamtheit der innerhalb eines gewissen Bezirkes ansässigen Vollberechtigten des Volkes. Der einzelne Vollfreie ist nach einem für alle einheitlichen Modus anteilsberechtigt. Er übt an Wald, Weide, Unland, fließendem und ruhigem Gewässer die ihn treffende Nutzung, die in ihrer Größe nur ideell zu definieren und zu berechnen ist.

Wenn man sich von auswärts der Siedelung näherte, betrat man zuerst den Boden der gemeinen Mark. Die marca umschließt als weitgespannter Gürtel ein vom Zentrum aus genau bestimmtes Territorium. Sie grenzt also einen von den Einzelwirtschaften zu ihren wirtschaftlichen Sonderzwecken okkupierten gemeinsamen Herrschaftsbezirk nach außen ab. Hoc

---

[1]) Vgl. Caro, Die Grundbesitzverteilung in der Nordostschweiz i. Jahrb. f. Nat. u. Stat. 3. F. Bd. 21. pag. 485.

est in ipsa marca ... quicquid ibi inter est.[1]) Marca und terminus fallen nach dieser Richtung begrifflich zusammen. In der lex[2]) findet dies einmal seinen unzweideutigen Ausdruck: si quis servum alienum ad fugiendum suaderit, et foras terminum eum duxerit, hoc est foras marca ... Aus diesem Grunde heißt die äußerste Zone des andere Volksgenossen ausschließenden Siedelungsbereiches auch sein confinium.[3]) Das confinium erhält seine individuelle Bezeichnung vom Kerne der Niederlassung;[4]) so weit der Boden den Namen des confinium trägt, reicht die Wirkungssphäre des politischen Bezirkes und der Wirtschaftsrechte der Gemeinde. Marca ist dann alles Land innerhalb allgemein bestimmbarer termini, das den gesamten Wirtschaftskomplex einer Siedelungsgemeinschaft ohne Rücksicht auf seine rechtliche oder technische Natur darstellt und als solches einen unterscheidenden Namen führt. Sie begreift also neben anderen Bestandteilen auch das Ackerland in sich: ... de terra arabili ... in termino quod dicitur Tannaromarcha ....[5])

Die Mark als Grenze ist aber keine schmale Linie, sondern eine breite, ausgedehnte Fläche. Sie setzt dort an, wo die Sonderrechte der Flur ein Ende nehmen, und strömt nun nach allen Richtungen aus, bis sie mit der marca einer anderen Siedelung Fühlung gewinnt. Jenseits der noch ungenutzten Markländereien zweier Nachbarsiedelungen liegt so ein Gebiet ohne rechtliche Grenzfixierung, auf welchem die beiderseits vordringenden Interessen einmal aufeinandertreffen müssen. Die Mark ist also nicht nur Merkzeichen, sondern auch Nutzungsobjekt der Gesamtheit. Auch als Gegenstand der Ausbeute berechtigter Genossen wird sie deshalb als marca[6]) und confinium[7]) bezeichnet. Confinium silvae[8]) ist der der Gemeinnutzung unterworfene Wald jenseits der inneren Flur, die schon dem Privateigentum gewonnen ist. Wenn in den Pertinenzformeln silva neben pascua, aquae, aquarum decursus aufgeführt wird, so bedeutet

[1]) Mb. 981. — Pez, l. c. T. 6. P. 1. pag. 17. [2]) L. Baj. XIII, 9.
[3]) Mb. 637; 641. [4]) Vgl. Mb. I. pag. 54; Mb. 20; 596. [5]) Mb. 837.
[6]) Mb. 661; 691. [7]) Brev. not. II.; Mb. 111; 601; 635. [8]) Mb. 709.

dies nicht ein konkretes Stück Waldfläche, sondern das zu einer Wirtschaft gehörige ideell bestimmte Nutzungsrecht am Gemeinwald. In der silva communis[1]) tritt diese Form der Totalberechtigung terminologisch bestimmt auf. Der in silva communis usus cum aliis[2]) steht im Gegensatz zu dem auf privatem Eigentum basierenden Sonderbetrieb.

Mit den der Flur zunächst gelegenen Teilen dient die Mark als Grenzscheide für das Terrain des Sonderbesitzes, das dem Einfluß des Flurzwanges unterstellt ist. Alles wird zur marca gerechnet, woran keine ausschließlichen Befugnisse Einzelner statuiert sind: Wald-, Weide-, Wasser-, Fischerei-, Wege-, Rodungsberechtigungen. Das letztgenannte Privileg vermag aber wieder Gestalt und Umfang von Flur und Mark zu verändern. Das Okkupationsrecht befähigt den einzelnen Vollfreien hier und dort in das Territorium des Gemeineigentums einzudringen, um dieses an einzelnen Teilen zu einem Sonderrechte seiner Person zu verdichten. Hierauf beruht der Fortschritt in der Kultivierung des Bodens. Die Grenzen der Mark verschieben sich von innen heraus. Ihre Sicherheit gegenüber dem Gebiet des Sondereigens wird vielleicht sogar vermindert.

§ 7. DAS GEBIET DES SONDERBESITZES.

Überschreitet man die gemeine Mark, so gelangt man in den mittleren Wirtschaftskreis der Siedelung, in die Zone des Sondereigentums. Der Boden unterliegt einem intensiveren Anbau. Auf der Flur macht sich die Mühe und Arbeit bezahlt, die man der Scholle zuwendet. Der mit Körnerfrüchten bestellte Acker unterscheidet sich von den silvae, prata und pascua.[3]) Der ager und campus, die terra, das territorium sind die wichtigsten Stücke der ländlichen Wirtschaft. Zum

[1]) Mb. 861; 909. — Pez, l. c. T. 6. P. 1. pag. 52. — Urk. o. E. I. cod. trad. mon. Lunael. 64; 130.

[2]) Mb. 783; 815; 870.

[3]) Vgl. Mb. I, pag. 52. — Mb. 20; 52; 56; 235. — Cod. Rat. I, 30. — Brev. not. XIV.

Pflugland zählt nicht nur der längst in Kultur genommene, in den Organismus der Feldgemeinschaft eingegliederte ager arabilis, die terra arabilis, terra aratoria, das territorium cultum. Auch der eben erst der gemeinen Mark abgerungene Boden gehört dazu, die terra excolata,[1]) terra aratoria exstirpata sive exstirpanda,[2]) das territorium cultum et incultum.[3]) Die Rodung kann bereits beendet oder erst im Rodungsplan der Wirtschaft beabsichtigt sein. Im Verhältnis zu den Höfen im Zentrum der Siedelung liegt der Acker „draußen" — a foris de terra arabili . . .[4])

Das gesamte Ackerland einer Wirtschaft ist nicht für jeden Einzelbetrieb in einer einzigen zusammenhängenden Fläche vereinigt. Es ist in kleineren Parzellen über die ganze Flur hin verstreut. Die Flur zerfällt in eine Anzahl von Abschnitten, Felder genannt, und diese sind wieder in eine Mehrheit von Gewannen untergeteilt. Jeder aus dem ursprünglichen Siedelungsbezirk hervorgegangene Wirtschaftsbetrieb besitzt in jeder der celgae,[5]) in unaquaque aratura,[6]) einen oder mehrere Gewannstreifen unterschiedlicher Größe und Güte. Was das Gewann in dem einen Felde versagt, ersetzt das Gewann eines anderen Feldes. Die Felder der Flur unterliegen in geregeltem Turnus einer wechselnden Bestellung. Das System, das hierbei angewendet werden soll, wird autoritativ festgesetzt, bindet alle und erzeugt so den Flurzwang. Es hat sich zum Gewohnheitsrecht erhärtet. Alle Gewanne in den einzelnen Feldern werden zur gleichen Zeit auf die gleiche Weise angebaut. Alle Einzelbetriebe sind so imstande, einen Durchschnittsertrag der ökonomisch notwendigsten Erzeugnisse abzuwerfen.

Man darf annehmen, daß im Bebauungsplan ein zweimaliger Körnerbau von einer einmaligen Brache abgelöst wurde. Der Boden wurde mit dem Pfluge aufgerissen, bald mit Sommer-, bald mit Winterfrüchten besät und dann zum Schutze vor dem weidenden Vieh mit einem Zaune umfriedet. Die gebräuchlichen

---

[1]) Mb. 741. [2]) Mb. 656. [3]) Mb. 980. [4]) Mb. 692; 693.
[5]) Hauthaler, l. c. cod. Odal. 100 a. [6]) Mb. 987.

Sommerfrüchte, tremissis genannt,[1]) waren Gerste (hordeum),[2]) Hafer (avena),[3]) Spelz (spelta)[4]) und Flachs (linum).[5]) Granum[6]) und Winterspelz waren die üblichen Wintersorten.

Ist die Ernte geschnitten, so wird die Mahd entweder direkt auf den Hof gebracht, wo sie in verschlossenen mit Wänden versehenen Scheuern oder in dachartigen, seitwärts freien Schuppen aufgespeichert wird, oder sie bleibt noch eine Zeitlang draußen auf dem Stoppelfeld. Bis sie dann eingefahren wird, wird sie durch die flüchtig hergerichteten parc und scopar vor der Witterung geschützt.[7]) — Die Gerste wurde in Malz (prazis)[8]) verwandelt und daraus ein Getränk (cervisa)[9]) gebraut, das nach Carraden, Siclen oder situlae zugemessen wurde. Das Korn wurde auf eigenen Mühlen gemahlen und das Brot in besonderen Öfen gebacken.[10]) Als Hohlmaß für das Mehl galt der Scheffel (modius). Der Flachs wurde von den Weibern gesponnen und verwebt und zu allerlei Gewändern (vestimenta, camisilis)[11]) verarbeitet.

Die Wiesen, nach Morgen, Loosen (hluz, luzz)[12]) oder auch nach worpa[13]) berechnet, liefern Stallfutter für den Winter. Zumeist geschieht die Abschätzung einer Fläche unter dem Gesichtspunkt, wie viel Fuhren Heu (carradae) aus ihr herausgewirtschaftet werden können. Die Größe des Kapitals und sein Wert wird aus dem Ertrag ermittelt, den es abwirft: . . . de pratis ubi collegi possunt carradae . . .[14]) Auf die Ergiebigkeit der Wiesen wird insbesondere bei Tauschgeschäften sorgsam geachtet und ihr Besitz als der von optima prata[15]) empfohlen.

Neben dem Allmendwald gibt es, wie gesagt, auch solchen, welcher im privaten Eigentum steht. Er wird schon in der

---

1) Vgl. L. Baj. I, 13. — Inama-Sternegg, Wirtschaftsgeschichte I, pag. 166.

2) Mb. 481. 3) Mb. 212; 426; 481. 4) Mb. 212; 480; 720.

5) L. Baj. I, 13. 6) Mb. 593; 712.

7) L. Baj. X, 2; ibid. II, 4. — vgl. Rudhardt, l. c. pag. 696.

8) Mb. 480. 9) Mb. 336; 477; 589; 591. 10) L. Baj. X, 3.

11) Mb. I, pag. 126; Mb. 477. 12) Mb. 500.

13) Mb. 295: bei einer curtis de pratis autem 12 worpa.

14) Mb. 637. — Cod. Rat. I, 40. 15) Mb. 731.

lex [1]) erwähnt. Ist der Waldbestand, der im Schenkungs- oder Tauschvertrage veräußert wird, in seiner Ausdehnung flächenmäßig bestimmt, so unterliegt er dem Sondereigentum und der Sondernutzung einer Einzelwirtschaft. Er ist eine silva propriae hereditatis, die am freien Güterverkehr nach jeder Richtung hin teilnimmt. [2]) Sein Wert wird zu diesem Zweck vergleichsweise in einem festen Preise ausgedrückt. Eine Waldfläche von 30 Morgen wird zum Beispiel gegen Sachgüter im Werte von 15 solidi hingegeben. [3]) Maßeinheit für diese Bodenart ist die Hube (hoba), für die sich jedoch keine Erläuterung findet, [4]) das Joch, [5]) Untermaß für letzteres die Rute (virga) [6]) und schließlich die Pertike (pertica). [7])

Die Nutzungsweise ist beim Privatwald die nämliche wie beim Gemeinwald. Man sucht Beeren, [8]) sammelt die Streu, fällt in den vorherrschenden Eichen- [9]) und Buchenschlägen [10]) Bau- (materiamen) [11]) und Brennholz (lignamen). [12]) Während so in den für die Holzgewinnung geeigneten Beständen (lignum) das Recht des Holzschlags (incisio lignorum) [13]) an den ligna secanda die Hauptsache ist, dient das lignum fertile vor allem der Schweinezucht zu Mast und Weide, silva ad pastum, [14]) pascua porcorum. [15]) In den Wald führt den Ansiedler auch das Bedürfnis nach vermehrtem Anbau von Kulturland. Man steckt eine Fläche ab, erklärt sie durch Abgrenzung mit Zäunen und Pfählen zur captura, conprehensio, zum septum oder bifanc, [16]) und nun fährt die Axt in den Baum oder es flammt das Feuer auf, um das Dickicht in lichteren Plan, Wiese oder Acker zu verwandeln. In diesem Sinne ist die Rede von silvae

---

[1]) L. Baj. XVI, 15.

[2]) Mb. 546; 552. — Pez, l. c. T. 1, P. 3, pag. 83; ibid. T. 6, P. 1, pag. 59.

[3]) Mb. 546. [4]) Vgl. Hundt, Oberbair. Archiv. Bd. 34, pag. 255.

[5]) Mb. 546; 783. [6]) Brev. not. XV. 3. [7]) Mb. 135; 327; 608.

[8]) L. Baj. XXII, 2. [9]) Hauthaler, l. c. cod. Odalb. 59.

[10]) L. Baj. XXII, 4. [11]) Mb. 111. [12]) Ibid. [13]) Mb. 485.

[14]) Mb. 693. [15]) Mb. 111; 485.

[16]) Vgl. Anton, Geschichte der teutschen Landwirtschaft 1799. I, pag. 96.

cultae et incultae.[1]) Man beurteilt den Wert eines Stück Waldes nach dem Effekt, der durch eine Urbarmachung erzielt würde: de silva ubi excoleri possunt iornales ...[2]) Die zur Rodung bestimmte Lichtung, lucum 1 de silva unde agros 5 fieri possunt, die damit ins Sondereigentum übergeht, wird scharf unterschieden von der silva communis.[3])

In unmittelbarer Umgebung der Höfe und Häuser, also schon innerhalb der dritten Zone des Siedelungsgebietes, lagen die horti.[4]) In den humularia[5]) genannten Gärten pflanzte man Hopfen. Mit Vorliebe sah man neben dem Wohnhause ein paar Äpfel- und Birnbäume (pomerium, pomifer).[6]) Wein wurde zu Kultzwecken in besonderen Betrieben im ganzen Lande gezogen, an der Isar so gut wie am Inn und an der Donau.[7]) Aus dem nämlichen Anlaß pflegte man die Bienenzucht, die geübten cidlarii oblag.[8]) In den Ställen stand Zug- (iumenta)[9]) und Pflugvieh (armenta),[10]) Pferde[11]) und Rinder.[12]) Sie werden unterschieden von den Herden[13]) der pecora,[14]) den Schafen,[15]) Ziegen,[16]) Hämmeln[17]) und anderem Kleinvieh,[18])

---

[1]) Mb. 651. [2]) Mb. 693. [3]) Mb. 909.

[4]) Mb. 186. — Cod. Pat. 11; 29. [5]) Mb. 731; 739; 749.

[6]) L. Baj. XXII, 5. — Mb. 275; 618; 637; 731; 734. — Mon. Scheftl. 2; 12. — Cod. Pat. 11; 29.

[7]) Mb. I, pag. 52. — Mb. 36; 430; 941. — Brev. not. II; X; XIV. — Ind. Arn. I; V. — Urk. o. E. I. cod. trad. mon. Lun. 114, 115. — Cod. Pat. 10. — L. Baj. I, 13. — Anton, l. c. I, pag. 106. — Riezler, l. c. I, pag. 58.

[8]) Mb. 981. — Urk. o. E. I. cod. trad. mon. Lun. 38.

[9]) Mb. I, pag. 44, 52, 54. — Mb. 12; 320; 329; 711. — Cod. Pat. 17.

[10]) Mb. 295; 511; 554; 596; 625; 677; 696.

[11]) Mb. 338; 511; 677. — Cod. Pat. 66. — Urk. o. E. I. cod. trad. mon. Lun. 114.

[12]) Mb. 338; 438; 812; 838; 736. — Urk. o. E. I. cod. trad. ant. eccl. Pat. 5; 12.

[13]) Mb. 225; 390; 445.

[14]) Vgl. Inama-Sternegg, l. c. I. pag. 170. — Mb. 225; 390; 399; 554; 607; 613; 678; 677; 530; 493.

[15]) Mb. I, pag. 54. — Mb. 295; 476; 596; 696.

[16]) Mb. 596. — Urk. o. E. I. cod. trad. ant. eccl. Pat. 12.

[17]) Mb. 511. [18]) Mb. 222; 450; 670.

das im Gebirge den Sommer über auf die Almen (alpes)[1]) getrieben wurde. Auf den Höfen hielt man Hühner[2]) und Gänse[3]) und zur Mast Schweine[4]) und Frischlinge.[5]) Das Pferd[6]) hatte einen Durchschnittswert von etwa 12 solidi; der bos domitus[7]) und die milchende Kuh galt gegen 5 solidi, das Schwein[8]) 2 saicae, das Mutterschwein eine Tremisse.

Damit sich das Vieh auf den weiten Allmendgründen nicht verlaufen konnte, trug es auf der Weide Schellen am Halse.[9]) Die Brach- und Stoppelweide erstreckte sich auf die ganze Flur. Ein aufgestelltes Zeichen, wiffa genannt, konnte den Auftrieb ebenso wie das unberechtigte Überschreiten des Ackers verbieten, wahrscheinlich aber nur nach dem Ablauf der für die Weide offenen Frist.[10]) Zum Schutze vor fremdem Vieh umgab man die Wiesen öfters mit Steinmauern (cinctada) und die bestellten Felder der Flur mit einem beweglichen Zaun.[11]) Über die Stärke der verschiedenen Herden gibt die lex etwa nach Art des fränkischen Gesetzes[12]) keinen Aufschluß. Die alemannische Schafherde umfaßte 80, die Schweineherde 40 Stück.[13]) Eine bajuwarische Regel war nur, daß in der Schweineherde eines liber, deren Hirt die bucina porcilis trägt, 72 Tiere beisammen sein mußten.[14])

§ 8. DIE HUFE ALS ÖKONOMISCHES ORGANISATIONSPRINZIP.

Es frägt sich nun, unter welchen organisatorischen Bedingungen sich die Verwertung der Produktionsmittel vollzogen hat. Zwei prinzipiell von einander verschiedene Möglichkeiten sind hierbei gegeben. Die eine ist die, daß der Konsument in

---

[1]) Ind. Arn. I; VII. — Brev. not. II; IV; V; VII; IX.
[2]) Mb. 336; 477; 480; 712. [3]) Mb. I, pag. 126.
[4]) Mb. I, pag. 54. — Mb. 485; 511; 596; 696.
[5]) Mb. I, pag. 126. — Mb. 1012. [6]) L. Baj. IX, 3. [7]) Ibid. IX, 2.
[8]) Ibid. XIII, 4. [9]) Ibid. IX, 11. [10]) Ibid. X, 18. [11]) Ibid. XIV, 1, 3.
[12]) Geffken, Lex Salica, pag. 110; 111; 155.
[13]) L. Alam. Hloth. lib. sec. LXXXI.
[14]) L. Baj. Append. V. Mon. Germ. leg. Tom. III, pag. 338.

seiner eigenen Wirtschaft alle notwendigen Güter persönlich für sich produziert. Produzent und Konsument leben in einer Person. Die andere Möglichkeit ist die, daß der Konsument die ihm gehörigen Produktionsmittel durch die Arbeit ihm verpflichteter Produzenten nutzbar macht. Hauptkonsument und Hauptproduzent leben in einer individuellen Mehrheit. Auf der einen Seite steht der an der Gütergewinnung nicht unmittelbar beteiligte Herr, auf der anderen Seite die Gemeinschaft der für ihn Arbeitenden. Anders ausgedrückt: Im ersten Falle wird in einem einheitlichen, sich genügenden Einzelbetriebe Leitung und Arbeit von einer Person geleistet, die durch Knechte unterstützt sein kann. Das ist die Wirtschaft des Eigenbauers. Er besitzt die Produktionsmittel, er verarbeitet sie und genießt den Produktionserfolg. Im anderen Falle spielen ebenfalls bäuerliche Wirtschaften mit, sie sind sogar die Voraussetzung für die Verwirklichung der Produktion. Aber es stehen nicht bäuerliche Eigenwirtschaften gesondert nebeneinander, sondern erst durch die Ergänzung mehrerer organisatorisch zusammenhängender bäuerlicher Wirtschaften wird der Konsumtionsbedarf einer Genußwirtschaft erzielt. Das Gesamtvermögen einer Person wird zu seiner rationellen Nutzung in mehrere technische Betriebsstellen geringeren Umfangs aufgelöst und diese werden dann unter der Leitung einer Zentralstelle zusammengefaßt. Das ist die Wirtschaftsorganisation der Grundherrschaft. Für dieses Betriebssystem ist bedeutende Ausdehnung, imponierende Größe der Mittel, magnatenhafte Konzentration von Grund und Boden kein begriffliches Merkmal. Einzig und allein für die Definition entscheidend ist die besondere Form der Arbeitsverfassung.

An einer Stelle der Siedelung liegt ein Hof. Hier sitzt ein Grundherr. Er ist juristisch Berechtigter einer bestimmten Fläche Landes. Um damit nun seinen Lebensunterhalt zu befriedigen, greift er nicht mit eigener Hand zu Hacke und Pflug; weder streut er den Samen noch schneidet er die Ernte. Denn dazu ist er nicht auf der Welt. Seine Äcker werden von fremden Leuten für ihn versehen. Daß dies regelmäßig Angehörige eines rechtlich minderen Standes sind, tut hier nichts zur Sache. Der Grundherr baut nicht selbst, er ist also kein Bauender, kein Bauer. Die Abwälzung der Arbeit erfolgt aber nicht etwa in der Art, daß vom Herrenhofe aus die Knechte und Mägde gemeinschaftlich aufs Feld hinausziehen, während der Herr nicht mit ihnen zur Arbeit geht. Die Bestellung des ganzen Feldareals geschieht nicht von einem Punkte aus, sondern in der Hauptsache in räumlicher Trennung von der Wohnstätte des Herrn. Der gesamte Grundbesitz ist in eine gleichartige Mehrheit technisch selbständiger Wirtschaften aufgeteilt. Die Inhaber dieser Stellen sind die bäuerlichen Hintersassen des Grundherrn. Zentrale der Grundherrschaft ist der Herrenhof. Auch mit diesem Hof ist regelmäßig eine aktiv produzierende Wirtschaft verbunden, die aber nicht durch persönliche Mitarbeit des Herrn, sondern durch Bedienstete des Hauses und vor allem durch Heranziehung bäuerlicher Hilfskräfte betrieben wird. Bauer ist also nur der Hintersasse. Wie viele hintersässige Familien auf bäuerlichen Betrieben eines Grundherrn angesetzt sind, ist für den Begriff der Grundherrschaft wieder völlig gleichgiltig. Maßgebend ist, daß der Besitzer von Grund und Boden sich der körperlichen Teilnahme an der Wirtschaftsführung geflissentlich enthält. Der Hintersasse aber verschafft sich durch die Bewirtschaftung seiner bäuerlichen Stelle auch selbst das fürs Leben Nötige.

Der Grundherr steht disponierend über dem scheinbar komplizierten, diffusen Wirtschaftsbetrieb, der in erster Linie seinetwegen da ist. Aber auch diese einende Leitung ist ihm nicht schwer gemacht. Die Anlage der Dezentralisation ist nämlich eine derartige, daß sie gewissermaßen mechanisch funktioniert. Dies wird bewirkt durch die Anwendung einer typischen Einheit für die organisatorische Gliederung des Besitzes. Dieser Maßstab wird gegeben durch den Begriff der Hufe. Die Hufe bildet die Grundlage für die Parzellierung des grundherrlichen Immobiliarbesitzes, für die Ausstattung der bäuerlichen Sassenwirtschaften mit Betriebsmaterial und für die Erhebung der grundherrlichen Abgaben. Sie ist ihrer vielseitigen Bestimmung entsprechend nach verschiedener Richtung hin Einteilungsprinzip. Eine Quote des Hufenertrages soll an den Herrenhof abgeführt werden. Neben den im herrschaftlichen Eigenbetrieb gewonnenen Erzeugnissen sammelt sich der Vorrat an Gebrauchsgütern im grundherrschaftlichen Haushalt aus der Summe dessen an, was von den Hufen dorthin zusammengebracht wird. Die Hufe soll aber gleichzeitig den Bedürfnissen ihres jeweiligen Inhabers und seiner Familie genügen und ihn von herrschaftlicher Unterstützung unabhängig machen. Unter diesem Gesichtspunkt erfolgt die Zusammensetzung der in einer Hufe vereinigten Sachgüter. Sie umfaßt alle für eine bäuerliche Wirtschaft erforderlichen Gegenstände, Haus und Hof, Wirtschaftsgebäude und Geräte, Garten, Äcker, Wiesen und Allmendnutzungen in dem Umfang, daß sie ihrer doppelten Aufgabe gerecht zu werden vermag: Absorbierung der in der bäuerlichen Familie gegebenen Arbeitskräfte im Dienste des Grundherrn und Sicherung der eigenen Existenz dieser Hintersassen.[1])

Der wichtigste Bestandteil der Hufe ist demgemäß der Acker. In ihm verkörpert sich der Wert der Hufe und in der Bemessung seiner Größe tritt die bei der Ausstattung des bäuerlichen Wirtschaftsbetriebes wirksame Tendenz am reinsten zutage. So viel Grund und Boden in der Flur als für die Ernährung und Beschäftigung einer bäuerlichen Familie ausreicht, macht eine Hufe im engeren Sinne aus. Damit steigert sich das Ausdrucksvermögen des Hufenbegriffes. Hufe ist die innerhalb der grundherrschaftlichen Wirtschaftsform als Organisationsprinzip herrschende Betriebseinheit. Auf Hufen sind die Sassen tätig im Dienste ihres Herrn: Hufe ist eine wirtschaftlich selbständige, aber rechtlich abhängige Betriebsgröße, das ökonomische Glied eines Besitzganzen. Noch enger gefaßt

---

[1]) Vgl. Meitzen, Siedelung und Agrarwesen I. pag. 75. — v. Luschin, Lehrbuch, pag. 61. — Derselbe, Grundriß der österr. Reichsgeschichte, pag. 31. — v. Luschin sieht in der Hufe den Ausdruck für den zum standesgemäßen Unterhalt einer gemeinfreien Familie erforderlichen Grundbesitz. — Caro, l. c. ist ebenfalls der Ansicht, daß von der „Hufe“ nur in Verbindung mit einem hintersässigen Bauern die Rede sein kann.

bedeutet sie die komplet ausgestattete bäuerliche Sassenwirtschaft von ganz bestimmter Ausdehnung. Das Ackerland der Hufe stellt einen Komplex von durchschnittlich gleichmäßigen Dimensionen dar und dadurch wird der Begriff der Hufe zu einem stabilen Flächenmaß. Da aber die geometrische Begrenzung der Hufe sich unter ganz bestimmten Zweckgedanken vollzog, so kann unter gleichen wirtschaftlichen Bedingungen die Hufe als Maßstab gelten für den notwendigen Umfang der gerade sich selbst erhaltenden kleinbäuerlichen Sassenwirtschaft und zugleich für die Arbeitsmenge, die von dem Inhaber einer solchen Stelle voraussichtlich produziert zu werden vermag.

Die Angaben über die flächenmäßige Ausdehnung des Ackerlandes einer Hufe schwanken. Der beabsichtigte gleichartige Produktionserfolg hängt ab von der wechselnden Güte des Bodens. Die Größe der Gewannstreifen ist daher je nach ihrer Lage verschieden. Nach v. Luschin [1]) variiert der Hufenumfang zwischen 20 und 40 Tagwerk. Das Mittel beträgt 30 Tagwerk. [2]) v. Inama sagt, [3]) daß die ausgedehnteste Hufe den Spielraum von 40 iurnales nicht überschreite. Rudhardt [4]) schätzt ihre durchschnittliche Gestalt auf 30 Jauchert, Contzen [5]) auf 40 Morgen, Riezler [6]) auf 45 Jauchert.

Für den Acker war das gewöhnliche Flächenmaß das Joch, iugerum, das abwechselnd mit dem fränkischen Terminus iurnalis verwendet wurde. Damit wurde das an einem Arbeitstage von einem Mann bepflügte Grundstück bezeichnet. [7]) Es stellt also die Arbeitszeit auf ihren Erfolg berechnet dar. Praktisch wurden die iugera nach Ruten gemessen, die im Jochsystem als Unterabteilung benutzt wurden: ..... insuper 10 virgarum mensuram ..... cum quibus iugera mensurantur. [8])

---

[1]) Lehrbuch, p. 61. — Grundriß, pag. 30.

[2]) Vgl. Buchner, Geschichte von Baiern, 1820. I. pag. 257.

[3]) l. c. I. pag. 113. [4]) l. c. p. 698.

[5]) Geschichte Bayerns, 1853, pag. 215. [6]) l. c. I. pag. 136.

[7]) v. Maurer, Einleitung z. Geschichte d. Mark-, Hof-, Dorf- und Stadtverfassung, 1854, pag. 132.

[8]) Hauthaler, l. c. cod. Hartw. 8.

Für Flurstücke in der Größe von ca. 16 a,[1]) also wahrscheinlich für Gewannstreifen kleineren Umfanges oder für Teile von solchen, gebrauchte man den Namen andecena legitima, — hoc est pertica 10 pedes habentem, 4 perticas in transverso, 40 in longo.[2])

In den Traditionsurkunden wird die Quantität des geschenkten Landes meistens nicht ausdrücklich fixiert. Eine Zersplitterung der gefestigten Betriebseinheiten wird durch die Schenkung in der Regel nicht hervorgerufen. Dagegen sind bei Kommutationsverträgen, bei denen es sich fast immer um den Tausch von Landparzellen neu entstehender Wirtschaften handelt, genaue Größenangaben unvermeidlich. Bei der Schenkung genügt die einfache Konstatierung, daß der ganze gegenwärtige Grundbesitz des Tradenten innerhalb einer gewissen Mark oder nur Teilstücke davon an die Kirche fallen sollen. Erscheint ein Eingehen auf Zahlen unentbehrlich, so kann anstatt der Berechnung nach Joch die Größe der Schenkung in Hufen ausgedrückt werden. Damit verbindet sich ohne weiteres der Begriff einer gemessenen Fläche Ackerlandes. Umgekehrt geht aus der Bestimmung der tradierten terra arabilis nach Joch von selbst die Zahl der tradierten Hufen hervor.

Als Kompetenz einer Hufe werden 40 iugera genannt.[3]) In anderen Fällen befinden sich bei einer Hufe einmal 36 iugera,[4]) ein andermal 26 iugera.[5]) Zu drei Hufen gehören 100 iugera,[6]) also zu einer Hufe durchschnittlich 33 1/3 Joch. Ist ganz allgemein die tradierte Fläche erwähnt ohne nähere Charakterisierung der Bodenart, so ist darunter Ackerland zu verstehen.[7]) Sehr häufig im Verhältnis zur Seltenheit derartiger Angaben begegnet man Ackerflächen von 30—40 iugera.[8]) Hinter ihnen verbergen sich zweifellos in sich geschlossene bäuerliche

[1]) v. Inama-Sternegg, l. c. I, pag. 156. [2]) L. Baj. I, 13.
[3]) Mb. 175. — Mb. 66. — Monum. Schlehd. Dipl. Misc. 6.
[4]) Cod. Frid. 15. [5]) Mb. 987. [6]) Pez, l. c. T. 1. P. 3, pag. 249.
[7]) Brev. not. XIV, 29; XIV, 51; XV, 3.
[8]) Brev. not. XVIII, 3. — Mb. 77; 314; 348; 374; 396; 403; 427; 489; 530; 691. — Cod. Rat. I, 40. — Cod. Fridar. 16.

Wirtschaften. Für das Ganze wird der wesentlichste Bestandteil der Hufe aufgeführt. Dies geht auch daraus hervor, daß Ackerland von dieser Ausdehnung im Volke einen besonderen Namen getragen hat. Dieser leitet sich vermutlich von einem Hintersassen her, der als Bauer in diesem Grund und Boden seine Hufe bestellt hat: ..... quicquid habui ..... confirmavi praeter iurnales 30 et de pratis carradas 3 hoc locus condictum a vulgo est Cotefridessteti .....[1])

Setzt man mit Daffner[2]) ein Juchart etwa gleich 34 a, 3 Joch gleich 1 ha, so würde eine Hufe mit 30 Tagwerk einer Bauernwirtschaft von 10 ha Umfang entsprechen. Dies ist noch heute die dem mittleren bäuerlichen Besitz Süddeutschlands eigentümliche Größe. In Oberbayern beträgt sie ungefähr 24 Tagwerk.[3]) Bäuerliche Betriebe, die eine Ausstattung von 40 ha Ackerland besitzen, sind dem Süden etwas Fremdes und wären nur den großbäuerlichen Wirtschaften in Oldenburg, Schleswig-Holstein, Hannover, Brandenburg, Ost- und Westpreußen zu vergleichen.[4]) Eine derartige Größe mochte etwa für den Durchschnitt gerade der kleineren und mittleren Grundherrschaften Altbayerns typisch gewesen sein. Die im südöstlichen Weilergebiete Bayerns vorkommenden Bauernhöfe umfassen 150—200 Tagwerk und sind der Sitz des „landsässigen Bauern auf 4 Roß", der 5—6 Pferde und 16—20 Stück Rindvieh hält.[5]) Sie sind der Rest grundherrlicher Hofmarken, und da sie den Ackerbesitz von vier bis fünf Hufen in sich vereinigen, so decken sie sich mit unserer Vorstellung von der Ausdehnung der ältesten grundherrschaftlichen Organisationen, als deren Produkt wir sie betrachten.

Die Äcker der Hufe lagern im Gemenge neben den Gewannen anderer Hufen und des Herrenlandes. Ihre Grenzen

---

[1]) Mb. 522.

[2]) Geschichte des Klosters Benediktbeuren, pag. 6. — Meitzen, l. c. I, pag. 418 gibt den bayrischen Morgen auf 27,1 a bezw. II, pag. 560, auf 34,07 a an.

[3]) Bavaria, Landes- und Volkskunde d. Kgr. Bayern 1860.

[4]) Vgl. Buchenberger, Grundzüge der deutschen Agrarpolitik, pag. 70.

[5]) Vgl. Meitzen, l. c. III, pag. 189.

richten sich nach der Bonität des Bodens und der Anzahl der in Kultur genommenen Felder. Bei Neubruchland mögen sie bedeutendere Flächen umschlossen haben.

Im Volksmund hat sich für die Bezeichnung einer Flurparzelle der alte Terminus „Los“ konserviert: territorium quod vulgo dicitur einanhluz.[1]) Ein offizielles Flächenmaß ist das Los nicht mehr. Hhluz wird einfach und in der Mehrzahl verwendet ohne weitere Definition nach iugera. Es bestimmt so ein Ackerstück von typischer Ausdehnung, dessen durchschnittliche Dimensionen jedermann geläufig waren. Die Mittel der Flächenberechnung sind andere, mechanische geworden. Wenn, wie dies nun schon öfter bemerkt wurde, der die Wertvergleichung vermittelnde durchschnittliche Ertrag sich im Terminus des Flächenmaßes reflektiert und erhalten hat, so mußte ein „Los“ so viel eingebracht haben wie das andere. Die Differenzen in der Größe der Produktionsmittel mochten keine allzu starken gewesen sein. Diese Deutung bringt uns dem Ursprung der alten Maßeinheit und damit der Erklärung der Flurverfassung überhaupt näher.

Mb. 311 enthält die Traditionsnotiz der Stiftung, quam fecit Rihker in loco qui dicitur Cella hoc est territorium quod vulgo dicitur einanhluz. Vor der eigentlichen Besitzübergabe scheint Rihker verstorben zu sein. Diese wird wenige Monate später durch Rihkers Sohn nachgeholt.[2]) Der Bericht der Urkunde hierüber lautet: notitia de traditione quam fecit Rihker ad ecclesiam constructam in loco nominato Poapincella de terra sua tradidit quattuor iurnales et post obitum praedicti Rihkeri filius eius Chraft circumduxit et consignavit praedictam terram advocatos Hittonis episcopum . . . . . et in manus illorum vestivit . . . . .

Es handelt sich zweifellos in beiden Fällen um das nämliche Traditionsobjekt. Dieses wird in seinem Umfang das eine Mal mit einanhluz, das andere Mal mit quattor iurnales bestimmt. Hieraus folgt, daß beides einander adäquate Größen sind.

---

[1]) Mb. 311. — Vgl. Mb. 493; 500; 508. [2]) Mb. 326.

Riezler[1]) sieht im Los den gesamten Landbesitz, den sich jemand durch Axt- oder Hammerwurf erworben hat. Diese Auffassung steht im Widerspruch zu dem eben aufgedeckten zahlenmäßigen Inhalt des Terminus hluz. Es hat vielmehr den Anschein, als ob sich diese Bedeutung seit der Ausscheidung des Flursonderbesitzes aus der gemeinen Mark nicht verändert habe. Schon damals bestand das Los eben nur aus ein paar iugera. Das Los ist also die Zelle, aus deren Agglomeration sich das Sondereigentum eines Vollfreien zusammensetzt. Die Gewannstreifen in den Feldern sind solche Zellen und ein Los ist identisch mit einer solchen Gewannzelle im Umfang einiger iugera.

Der Vorgang bei Entstehung der Hufen läßt sich also ungefähr folgendermaßen denken. In dem Augenblick, in dem das Gesamteigentum an dem vorhandenen Pflugland in Einzeleigentum verwandelt werden soll, werden die Felder der Flur durch Hammerwurf (worpa) in einander gleichwertige Parzellen geschieden. Ein Wurf bezeichnet einen Gewannstreifen, ein später durch Verlosung in feste Hände übergehendes Los. Erst mehrere Lose zusammen machen das Ackerland einer Hufe vollständig, die in jeder Zelge der bebauten Flur einen oder mehrere Gewannstreifen erwirbt. Auch an Wiesenland besitzt ein Hof de pratis autem XII worpa.[2]) So viel Sassenfamilien der anteilberechtigte Vollfreie hat, so viele Hufen erhält er aus dem Gemeinbesitz,[3]) demgemäß also eine Vielheit von Losen. Die Lage der einzelnen Teilstücke, die jeweils an eine Hufe fallen sollen, wird durch das Los bestimmt. Bei jeder neuen Verlosung fällt ein Gewann, ein Los, aus dem Gemeineigentum ins Sondereigen. Hat beispielsweise bei durchgehends gleicher Güte der Gewanne jedes Los wie in dem erwähnten Falle einen Umfang von vier iurnales, so entstand, die Hufe etwa zu 36 Joch gerechnet, ein mansus aus 9 Losen. Ist nun die Flur für das System der Dreifelderwirtschaft in drei Abschnitte zerlegt und jeder derselben in drei gleich an-

---

[1]) l. c. I. pag. 136. [2]) Mb. 295.
[3]) Vgl. Wittich, Die Frage der Freibauern, pag. 18.

gebaute Lagen, so stünde der Hufe in jedem Felde der Flur für Winter-, Sommerfrucht und Brache ein Gewann von der angegebenen Größe zu. Gewannstreifen in dieser Ausdehnung mochten wohl dem Durchschnitt nahekommen. In einer Salzburger Urkunde [1]) werden bei einem Besitzwechsel Stücke im Umfang von je drei iugera zurückbehalten in unaquaque parte, quam celga vocamus. — Die Hufe selbst aber war bereits damals eine durch die Erfahrung gegebene, absolute Einheit.

§ 9. DIE TERMINOLOGIE DES HUFENBEGRIFFES.

Die von der Grundherrschaft abhängige, technisch in sich geschlossene bäuerliche Wirtschaft [2]) führt drei einander völlig analoge Termini: hoba, mansus, colonia. [3]) Mansus steht in ein und derselben Urkunde abwechselnd für hoba [4]) oder colonia. [5]) Alle unter dieser Terminologie verzeichneten Betriebe sind von ökonomisch gleicher Struktur. Ist ihre Ausstattung lückenlos, so werden sie manchmal ausdrücklich als mansus plenus, [6]) colonia plena, [7]) hoba plena [8]) charakterisiert. Der gewohnheitsmäßige Pertinenzbestand der Hufe heißt ihre possessio; [9]) so wie er vielleicht dem Gericht ohne weitere Beweiserhebung als vollständig gelten konnte, die lex der Hufe: .... proprietatis hobam cum omni lege. [10]) Der Begriff der betriebsfertigen Hufe, plena colonia, coloniae .... cum casis es curtiferis, cum terra, cum pratis .... [11]), ist für alle mit einer so

---

[1]) Cod. Odalb. 100 a.

[2]) Vgl. Contzen, l. c. pag. 215.

[3]) Vgl. Waitz, l. c. II, 1, pag. 225. Anm. 1. — Chabert i. d. Denkschriften d. Wiener Akademie 1853. IV, 2, pag. 28.

[4]) Cod. Rat. I, 75. — Riezler, l. c. I. pag. 136.

[5]) Ind. Arn. VI, 10 und brev. not. XIV, 9; ibid. V bezw. XI. — Mb. I, pag. 50; 51. — Mb. 86; 462.

[6]) Urk. o. E. I. cod. trad. ant. eccl. Pat. 41.

[7]) Mb. 530; 550; 601.

[8]) Dipl. Anhang zu „Nachrichten vom Zustande der Gegenden u. Stadt Juvavia“ 1784. pag. 110. Nr. 52. — Cod. Fridar 15.

[9]) Brev. not. XVII, 1; 3; XVIII, 3.

[10]) Cod. Fridar. 17. [11]) Mb. 530.

einheitlichen Anschauung verknüpft, daß man die in ihr vereinigten immer wiederkehrenden Elemente nicht in jedem Einzelfalle nebeneinander aufzuzählen braucht.[1])

Wie gesagt, enthält die Hufe alle zur bäuerlichen Wirtschaftsführung unentbehrlichen Produktionsmittel aus allen drei Zonen der Siedelung, Hof, Äcker, Wiesen, Allmendnutzungen, lebendes und totes Inventar. Ein mansus gliedert sich in casae,[2]) curtis,[3]) curtiferi,[4]) domus,[5]) aedificia,[6]) horti,[7]) pomifera,[8]) terra arabilis,[9]) terrae cultae et incultae,[10]) campi,[11]) agri,[12]) prata,[13]) silvae,[14]) pascua,[15]) aquae.[16]) Er trägt egressuss et regressus.[17]) Auch pecora[18]) und carri[19]) gehören zum Inventar. — Eine colonia setzt sich zusammen aus curtiferi,[20]) casa,[21]) curtis,[22]) aedificia,[23]) terra culta et inculta,[24]) prata, silvae, pascua, territorium, saltores, aquae,[25]) iumenta.[26]) Eine hoba besteht aus casa, curtis, aedificia, terra arabilis,[27]) agri, terrae cultae et incultae, prata, silvae, pascua, aquae.[28])

Die hoba plena des cod. Fridar. umfaßt 36 Morgen: unam hobam plenam . . . 36 iuiera habentem . . ..[29])

Die mit Hintersassen besetzte Hufe wird als mansus vestitus,[30]) colonia vestita[31]) den leerstehenden Hufen, mansus

---

[1]) Mb. 550. [2]) Mb. 186.

[3]) Mb. 186. — Hundt, i. d. Abh. d. k. bayr. Akad. d. Wiss., histor. Kl. XII, 1. Anh. II, 7. pag. 218.

[4]) Formul. Sal. Lind. 1; 3.

[5]) Urk. o. E. I. cod. trad. mon. Lun. 1.

[6]) Mb. 206. — Urk. o. E. I. cod. trad. ant. eccl. Pat. 27.

[7]) Mb. 186. [8]) Mb. 275. [9]) Formul. Sal. Lind. 3; 6. [10]) Ibid. 1.

[11]) Mb. 18; 112. [12]) S. sub. 5. [13]) S. sub. 11. [14]) Ibid.

[15]) Ibid. [16]) Ibid. [17]) Mon. Scheftl. 18. [18]) Ibid. 2. [19]) Mb. 505.

[20]) Mb. 530; 562; 698.

[21]) Mb. 530. — Urk. o. E. I. cod. trad. ant. eccl. Pat. 9.

[22]) Urk. o. E. I. cod. trad. ant. eccl. Pat. 9. — Mb. I, pag. 53. — Mb. 4.

[23]) Mb. 562. [24]) Cod. Pat. 17. [25]) Mb. I. pag. 69.

[26]) Cod. Pat. 17. [27]) Cod. Rat. I, 40. [28]) Cod. Rat. I, 57.

[29]) Cod. Fridar. 15.

[30]) Wittich, l. c. pag. 36. — Ind. Arn. I; III; IV; VI; VII. — Mb. 86; 462.

[31]) Mb. 142; 235; 462.

apsus,[1]) colonia apsa,[2]) hoba deserta[3]) gegenübergestellt. Die nämliche Unterscheidung findet sich auch bei Charakterisierung anderer, nach dem grundherrschaftlichen Prinzip verwalteter Arbeitsstätten, wie zum Beispiel bei den fornaces des indiculus.[4])

Hat eine Hufe gerade keinen Bauer, so wird ihre Verwendung unterbrochen; sie liegt dann brach. Daher der klassifizierende Zusatz beim Hufenterminus. Sie wird nicht unter die anderen Betriebe aufgeteilt oder zum Herrenhof geschlagen. Dies würde dem ganzen Geiste der Organisation widerstreben. Denn der geregelte Lauf der Wirtschaftsgeschäfte würde dadurch gestört. Die auf den Hufen vorhandenen Arbeitskräfte sind bereits soweit in Anspruch genommen, als dies im Interesse des Grundherrn liegt. Die bäuerlichen Stellen sind mit Betriebsmitteln hinreichend gesättigt. Die Umwälzung in der Verwaltung der kleinen Grundherrschaft wäre zu tiefgreifend. Höchstens daß die leerstehende Hufe bis zu ihrer Wiederbesetzung mit einem Angehörigen der Grundherrschaft von der Zentrale aus durch überschüssige Arbeit notdürftig in Stand gehalten wird, aber die Hufe als solche verschwindet nicht. Die Tendenz des Hufenprinzips scheint so auch die Unteilbarkeit einer im Betriebe befindlichen bäuerlichen Stelle zu fordern.[5]) Solange die Hufe eine gemessene Einheit von Sonder- und Allmendrechten darstellt, gerade so groß, daß sie eine gegebene Bedarfsmenge befriedigt und eine gegebene Arbeitsmenge rationell ausnützt, würde ihre Zersplitterung die Verwirklichung beider Zwecke verhindern. Die ganze Organisation ginge in die Brüche. Ihre Neugestaltung auf Grund eines anderen, weniger geschmeidigen Einteilungsprinzips wäre unausbleiblich.

Im Banne des Hufenprinzips stehen auch diejenigen Betriebe, die im Dienste der Grundherrschaft spezielle Aufgaben nicht rein agrarischer Natur zu erfüllen haben. Sie bieten regelmäßig einer Sassenfamilie Herd und Heimat. Nach ihren Kräften und Bedürfnissen bemißt sich die Ausstattung der Stelle. Winzer,

---

[1]) Ind. Arn. III; VI. — Mb. 86.

[2]) Mb. 86. [3]) Cod. Odalb. 63. [4]) Ind. Arn. VII.

[5]) Für die Teilbarkeit der Hufe: Waitz, l. c. I. pag. 128.

Zeidler, Schmiede, Mahlknechte stehen in ihrer ökonomischen Abhängigkeit in dem nämlichen Verhältnis zur Grundherrschaft wie rein bäuerliche Hintersassen.

Die colonia erinnert in ihrem Namen an die Behausung und die hiervon ausgehende Wirtschaft des römischen Colonus. Ganz allgemein wird die Bezeichnung dann gebraucht für solche Betriebe, die sich nach der wirtschaftlichen Seite als Abbilder der römischen Institution erweisen. Sie ist der Terminus für eine bäuerliche, durch die Grundherrschaft geschaffene Stelle. Alle Hufen haben in quantitativer und qualitativer Beziehung gleiche Gestalt. Ob der Hintersasse in juristischer Hinsicht die Eigenschaften eines colonus besitzt, ist gleichgültig. Aus diesem Grunde konnte sich colonia wie hoba zu einem technisch verwendbaren, zahlenerfüllten Maßbegriff entwickeln.[1]) Das Ackerland, das sich gewöhnlich bei einer colonia befindet, wird selbst wieder colonia genannt: ... sunt exinde colonias 2 de territorio.[2]) Colonia bedeutet eine Fläche Landes vom Umfang der nach Quantität und Qualität wenig variablen, typischen bäuerlichen Wirtschaft. Mit den der grundherrschaftlichen Organisation entnommenen Begriffen wird nun allgemein operiert mit jener Selbstverständlichkeit, die sie selbst für die damalige Zeit gehabt haben und die zugleich ein Zeichen ist für die weite Verbreitung dieses Betriebssystemes.

Ein durch hoba oder colonia quantitativ bestimmter Ackerkomplex verlangt zu seiner Bestellung je eine wirtschaftliche Einheit. Diese ist gemäß der Etymologie des Terminus regelmäßig mit anderen gleichartigen Betrieben an eine grundherrliche Hofhaltung gebunden. Eine Mehrheit von coloniae oder hobae bedingt also von selbst die Grundherrenqualität des Berechtigten. Die Berechnung einer Landmenge nach hobae oder coloniae setzt stillschweigend die Existenz ebensovieler Hintersassenbetriebe voraus, die nach ihrem wichtigsten Pertinenzstücke charakterisiert werden. Alles andere ergibt sich dem wirtschaftlichen Verstande jener Zeit von selbst.

---

[1]) Mb. 78; 576; 1016. [2]) Mb. 78.

Dehnt sich eine Grundherrschaft durch Rodungen aus, so wird das neu gewonnene Land in der althergebrachten Weise in den wirtschaftlichen Organismus eingegliedert. Es wird nach Hufen abgeteilt. Eine solche hoba de culta terra wird dann mit allem Zubehör eines mansus versehen.[1]) Manchmal mag die Neurodung von Ackerboden der Neuanlage von Höfen vorausgeeilt sein.[2]) Die Rodungstätigkeit, gefordert durch den Stiftungsdrang und erleichtert durch Vermehrung verfügbarer Arbeitskräfte, wird mit erhöhtem Eifer betrieben. Von verschiedenen Stellen aus dringt man gemeinsam ins Neubruchgebiet vor, noch ehe die übrigen Pertinenzen für die künftige Hufe genügend vorbereitet sind.

Der mansus lehnt sich stets an eine über ihm stehende Wirtschaftszentrale an.[3]) Er ist für diese ein ebenso unentbehrliches Betriebsmittel, wie es für ihn Wiesen und Felder sind. Niemals steht er isoliert. Außer wenn der mansus ausdrücklich als mansus dominicalis[4]) bezeichnet wird, bilden mansus und hoba den strengen Gegensatz des untergeordneten bäuerlichen Teilbetriebes zum Herrenhof.[5]) Nur der Grundherr kann Eigentümer einer Hufe sein. Ein nach allen Richtungen selbständiger Bauer kann zwar Land in der Ausdehnung einer Hufe besitzen, aber keine „Hufe" bewirtschaften, auf keiner „Hufe" leben.[6])

Der Herrenhof hat seine eigenen Äcker und Felder, deren Bestellung an ihm selbst hängt. v. Luschin spricht diesem Betriebe eine beträchtliche technische Überlegenheit gegenüber den bäuerlichen zu.[7]) Die Eigenwirtschaft der herrschaftlichen Zentrale wird aber nicht nur durch das Hausgesinde derselben geführt. Es werden hierzu auch die Inhaber der Hufen aufgeboten, die

[1]) Mb. 730. [2]) Mb. 739; 799; 903; 909.

[3]) Mb. I. pag. 126. — Mb. 289. — Dipl. Anh. z. „Juvavia", pag. 62. Nr. 17. — Urk. o. E. I. cod. trad. mon. Lun. 1; 70.

[4]) Cod. Pat. 67.

[5]) Vgl. Maurer, l. c. pag. 128. — Chabert, l. c. pag. 27.

[6]) Vgl. Caro, Jahrb. f. Nat. u. Stat. 3. F. Bd. 21, pag. 485.

[7]) Grundriß, pag. 30.

ihre Arbeit vielleicht mit größerer Intensität, aber wohl nicht mit anderen, ihnen ungewohnten Werkzeugen verrichtet haben. Die Bauern sind so in der Einteilung ihrer Arbeitszeit und in der freien Betätigung ihrer Arbeitskraft durch den Eigenhof je nach ihrem Recht bald mehr, bald weniger beschränkt.

Die herrschaftliche Wirtschaftsstelle hebt sich in der Terminologie von der hoba als terra salaricia,[1]) von den mansi ibidem manentes vel aspicientes als casae cum terra salaricia,[2]) als casa mea cum cultura mea[3]) ab. Der colonia steht sie als terra mea,[4]) territorium domus suae,[5]) territorium suum quod dicitur Sellant[6]) gegenüber oder einfach als domus mea, curtis mea,[7]) casa und curtis.[8]) Von der wieder in domus und curtis zerfallenden Manse wird das selilant meus unterschieden.[9])

Eine Hufe in quantitativer Hinsicht wird auch der herrschaftliche Eigenbetrieb wohl meistens gewesen sein. Er hat seinen Mittelpunkt in der curtis. Die curtis bedeutet, wie erwähnt, sehr oft die ganze herrschaftliche Eigenwirtschaft als solche. Aber nicht jede curtis ist, wie sich zeigen wird, der Herrenhof selbst. Dieser wird namentlich bei herzoglichen oder klösterlichen Gütern als curtis dominicalis, curtis dominica,[10]) curtis indominicata[11]) bezeichnet. Der Sitz solch vornehmer Grundherrschaften wird sich auch durch seine äußere Ausstattung hervorgetan haben.

An Herrenland werden tradiert 36 iugera de campis, 12 iugera de pratis.[12]) Bei einer curtis befinden sich je 24,[13])

---

[1]) Pez, l. c. T. 6. P. 1, pag. 64.
[2]) Urk. o. E. I. cod. trad. mon. Lun. 70; 130.
[3]) Pez, l. c. T. 6. P. 1, pag. 23.
[4]) Cod. Pat. 14; 65. — Urk. o. E. I. cod. trad. mon. Lun. 42; 88; 108.
[5]) Brev. not. XVII, 2.
[6]) Brev. not. XXI, 5. — Mb. 464, 562, 580.
[7]) Urk. o. E. I. cod. trad. mon. Lun. 88; 94.
[8]) Mb. 705. — Brev. not. IV; V; XII; XIV, 4; 42.
[9]) Hundt, l. c. pag. 218. [10]) Mb. 339; 729.
[11]) Mon. Germ. Leg. Sect. 2, brev. exempl. ad describ. res eccl. et fisc. 7.
[12]) Cod. Pat. 65. [13]) Mb. 942.

30,[1] 31,[2] 35,[3] 36,[4] 39,[5] 40,[6] 45[7] iugera, 1 hoba[8] Ackerland, aber auch nur geringere Komplexe mit 17,[9] 19,[10] 20[11] oder wieder umfangreichere mit 50,[12] 52,[13] 60,[14] 72[15] Joch, 2 hobae, 8 iugera.[16] Auf zwei curtes kommen 55,[17] aber auch wieder 120 Joch.[18] Vorerst sei nur auf die dem „Hufenfuß" entsprechenden Größen geachtet. Im Laufe der Darstellung wird sich zeigen, warum manche Zahlen unter diesen herabsinken, andere ihn übersteigen.

Die Solidität der Baulichkeiten wird auf dem Herrenhofe natürlich eine größere, ihre Einrichtung eine reichere gewesen sein.[19]

v. Inama[20] betrachtet die curtis als den in eigener Bewirtschaftung stehenden Teil des Grundbesitzes mit dazu gehörigen Äckern, Wiesen, Wald- und Weideservituten. Sie ist der der villa dominica und terra salica identische Güterkomplex. Allein der begriffliche Inhalt der curtis ist damit nicht vollständig erschöpft. Er umspannt Gegenstände, denen die Theorie verschiedenes Wesen zuerkennen muß. Colonia, mansus und hoba sind nämlich keineswegs die ausschließlichen Bezeichnungen für die typische Hufe, die bäuerliche Unterabteilung der grundherrschaftlichen Organisation. Curtis ist zunächst neutral. Dann kann aber auch die bäuerliche Stelle speziell darunter zu verstehen sein, so gut wie der grundherrschaftliche Eigenbetrieb. Vom ökonomischen Standpunkt aus kann jene mit dem gleichen Recht ein „Hof" genannt werden wie dieser. Besitzt jemand zugleich mehrere curtes, so kann immer nur eine von ihnen Herrenhof sein, die anderen müssen als bäuerliche Unterbetriebe verwendet werden oder ertraglos liegen bleiben. Häufig unterstützt die soziale oder juristische

---

[1]) Mb. 314; 611; 749; 865. [2]) Mb. 905. [3]) Mb. 511.
[4]) Mb. 613; 783. [5]) Mb. 734. [6]) Mb. 692; 718; 783.
[7]) Mb. 785. [8]) Mb. 942. [9]) Mb. 732. [10]) Mb. 295.
[11]) Mb. 664; 755. [12]) Mb. 655. [13]) Mb. 544. [14]) Mb. 727.
[15]) Mb. 785 (aber 2 pomeria!).
[16]) Mb. 753. [17]) Mb. 651. [18]) Mb. 198.
[19]) Vgl. Maurer, l. c. pag. 127.
[20]) l. c. I, pag. 47; 127.

Charakteristik des Bebauers die Interpretation der curtis und deutet sie dann als Hufe. Erhält curtis durch die Gegenüberstellung anderer Betriebsgrößen einen engeren Sinn, so ist sie allerdings stets als grundherrliche Eigenwirtschaft aufzufassen. — Die Vielgestaltigkeit des Terminus curtis äußert sich also folgendermaßen. Er dient nach zwei Seiten zur Bezeichnung eines abgerundeten Wirtschaftsbetriebes mit all seinen Kompetenzen: zur Bezeichnung des grundherrschaftlichen Eigenbetriebes und zur Bezeichnung einer bäuerlichen Sassenwirtschaft. In ersterer Beziehung kann er noch weiter gefaßt sein und die Grundherrschaft schlechthin vorstellen, die vom Herrenhof abhängigen Hufen nebst dem Mittelpunkt der Organisation. Er geht hier auf den ganzen in einer Hand vereinigten Grundbesitz ohne Rücksicht auf seine technische Gliederung. Curtis läßt sich in beiden Fällen allgemein etwa als Siedelung verschiedenen Größengrades verstehen, der zur örtlichen Orientierung manchmal ein eigener Namen beigelegt ist: curtis quae vocatur Grunzwita;[1]) curtis quae dicitur Odalmaneshovasteti.[2]) Das letztgenannte Zitat weist auf die ursprüngliche Bedeutung der curtis hin, die sie keineswegs verloren hat. Curtis wird nämlich auch gebraucht im Sinne von Hofstatt, also für ein Zubehörstück eines einheitlichen landwirtschaftlichen Betriebes zunächst wieder indifferenten Charakters. Es kann sowohl der Wirtschaftshof des Herrenhofes als auch der einer Hufe darunter gemeint sein. Die curtis als Hofstelle bedarf also zu ihrer wirtschaftlichen Verwertung noch der Ergänzung durch andere Pertinenzen. Sie ist nur der Hofraum, der das Wohnhaus der Niederlassung umgibt; dann auch die Hofstätte mit allen darauf befindlichen Gebäuden, soweit sie innerhalb des die Behausung umschließenden Zaunes[3]) liegen. Durch diese Umfriedung ist die curtis von den Nachbaranwesen getrennt, eine curtis septa, curtis circumcincta.[4])

---

[1]) Dipl. Anhang zu „Juvavia", pag. 62, Nr. 17.

[2]) Cod. Rat. I, 73. — Vgl. ferner Mb. 447; 705; 982.

[3]) Mb. 296; 314; 499; 530.

[4]) Mb. 186; 296; 410. — Urk. o. E. I. cod. trad. ant. eccl. Pat. 55.

Auf der curtis erheben sich die Baulichkeiten für Wohnung und Wirtschaft. Erstere werden als casae und domus von den alia aedificia gesondert aufgeführt.[1] Die Wirtschaftsräume können sich unter Umständen auch außerhalb der umzäunten Hofstelle befinden, wenn die Lage der Äcker die Aufbewahrung des Ertrages oder bestimmter Inventarstücke auf der Flur selbst notwendig macht, — aedificia intus et foris.[2] Die Bauart der Häuser und Schuppen war noch eine wenig massive.[3] Die Einzelteile waren locker ineinandergepaßt und leicht aus den Fugen zu heben. Die lex enthält einen ganzen Strafkodex für böswillige Zerstörung von Baulichkeiten aller Art.[4] Wohl nur auf großen Herrenhöfen gab es ein besonderes Wasch-, Bade- und Backhaus. Küche und Bräustatt waren hier ebenfalls in eigenen Räumlichkeiten untergebracht. Dagegen hatte wohl jede curtis einen Heuboden (fenile), Kornspeicher (granica, granarium), Scheunen (horrea) und Ställe (scuriae).[5] Arbeitsgeräte, Wagen, Pflüge, Hacken, Sicheln, Sensen,[6] sowie Groß- und Kleinvieh[7] vervollständigten das Inventar. Hortus,[8] pomerium[9] und humularium[10] lagen ebenfalls bei der curtis.

So konnte curtis zum Sammelbegriff eines in sich vollkommenen ländlichen Betriebes werden, dessen gewohnte Pertinenzen man als utensilia curtis[11] zusammenfaßte.

Domus und casae werden vom Grundherrn wie auch vom bäuerlichen Hintersassen bewohnt. Sie bilden mithin einen Bestandteil des Herrenhofes oder der Hufe. Ist mit der herrschaftlichen domus Ackerland, territorium, vereinigt, so reprä-

---

[1]) Mb. 210; 289; 803; 867; 247; 682.

[2]) Mb. 132; 530.

[3]) Vgl. Seyfried, Geschichte der ständischen Gerichtsbarkeit. Teil II. pag. 70.

[4]) Vgl. L. Baj. X, 5 ff.

[5]) Urk. o. E. I. cod. trad. mon. Lun. 53. — Mb. I, pag. 126. — Mb. 505; 658; 734; 911. — Cod. Pat. 11. — L. Baj. I, 13.

[6]) Mb. I, pag. 126. [7]) Mb. 295; 838. [8]) Cod. Pat. 11; 29.

[9]) Mb. 785; 868; 942.

[10]) Mb. 739; 889.

[11]) Vgl. Maurer, l. c. pag. 127. — Mb. 295; 410. — Brev. not. X.

sentiert sie wie die curtis den Eigenbetrieb des Grundherrn im Gegensatz zu den untertänigen Bauernwirtschaften.[1])

Der Gebrauch des Terminus casa deckt sich vollständig mit der verschiedenartigen Verwendung des curtis-Begriffes. Casa et curtis, curtis et casa ist eine im Texte der Urkunden häufig wiederkehrende Verbindung.[2]) In ihrer Eigenschaft als casa dominica,[3]) casa dominicata, casa indominicata,[4]) casa dominicalis[5]) ist die casa wirtschaftlicher Sammelpunkt für casae cespitales cum diversisque territoriis ad ipsas casas pertinentes. Die herrschaftliche curtis würde als einzige Einkommensquelle der herrschaftlichen Genußwirtschaft nicht ausreichen; erst zusammen mit mansi, coloniae, hobae accedentes oder anderen curtes vermag sie den nötigen Vorrat an Gebrauchsgütern zu produzieren. Sie hat stets diese bäuerlichen Betriebe zur Seite.[6]) Ganz ebenso werden die mit terra salaricia ausgestatteten casae tradiert mit mansis ibidem manentibus vel aspicientibus.[7]) Im Zusammenhang ein und derselben Schenkungsurkunde werden als Gegenstand der Dotation neben der casa cum aliis aedificiis infra curte coloniae cum casis[8]) oder neben der casa cum curte et cum scuricia dazu gehörige casae cum domibus et aedificiis samt den darauf sitzenden abhängigen Bauern[9]) erwähnt. Dadurch wird die Doppelstellung des Terminus casa als Bestandteil der grundherrlichen und hintersässigen Wirtschaft besonders klar. Ein Bauer wechselt seinen Herrn cum casa et cum curte et cum tota colonia sua quae ille pertinet.[10]) Eine hoba wird abgetreten cum curte omnibusque aedificiis ceterisque rebus ibidem pertinentibus.[11]) Aus einer Vermögensmasse wird eine Mehrzahl von

[1]) Brev. not. XVII. — Mb. 91. [2]) Brev. not. II. — Mb. 230
[3]) L. Baj. I, 13. [4]) Brev. exempl. ad descr. 7. [5]) Mb. 369.
[6]) Vgl. Seyfried, Geschichte der ständischen Gerichtsbarkeit in Baiern. 1791. Teil I. pag. 42. — Brev. not. XIV, 4. — Mb. 206; 210; 705. — Urk. o. E. I. cod. trad. mon. Lun. 100.
[7]) Urk. o. E. I. cod. trad. mon. Lun. 70; 130. [8]) Mb. 530.
[9]) Urk. o. E. I. cod. trad. mon. Lun. 98. — Chronic. Lunael. 1748, pag. 59. [10]) Cod. Pat. 65.
[11]) Cod. Odalb. 18. — Vgl. ferner Cod. Rat. I, 18; 34. — Mb. 99; 186. — Mb. I, pag. 52; 53; 69.

casae und curtes, von casae et coloniae[1]) nebst den ansässigen Bauernfamilien veräußert. In all diesen Fällen ist casa und curtis als Pertinenz der Hufensubstanz verwendet. —

Namentlich in den späteren Urkunden zeigt sich ein immer wachsender Gebrauch des Terminus curtifer.[2]) Es sind dies meistens Kommutationsverträge zwischen dem Bischof und privaten Grundbesitzern zum Zwecke der Bodenarrondierung. In ihnen äußert sich der Effekt einer potenzierten Rodungstätigkeit. Das außerhalb der alten Flurgrenzen bruchstückweise der Kultur gewonnene Land soll eine den Interessen der Grundherrschaft günstigere Lage erhalten. Dies wird durch den Parzellentausch verschiedener Grundherrschaften untereinander bewirkt. Da nun in diesem Zusammenhang vor allem vom curtifer die Rede ist, scheint dieser eben ein Produkt dieser Rodungsperiode zu sein.

Zunächst bezeichnet curtifer den Grund, auf dem eine neue bäuerliche Stelle errichtet werden soll,[3]) eine Hovastat, Hovasteti.[4]) Von hier aus soll künftig ein frisch gerodeter Ackerkomplex von hufenmäßiger Größe in ständigen Anbau genommen werden. In der älteren geschlossenen Siedelungsanlage ist für einen neu zu schaffenden Hofraum nicht ohne weiteres Platz. Die Flur ist vollständig mit Beschlag belegt. Man muß also draußen auf dem Neubruch ein passendes Stück Land aussuchen. So ist der curtifer auch selbst eben erst dem Sonderbesitz eingereihter Boden.[5]) Seiner Bestimmung gemäß sind für seine Wahl besondere Bedingungen entscheidend. Im übrigen ist er gewöhnliches Rodland, terra exculta, dem er auch im Tausch als äquivalentes Gut gegenübersteht.[6])

Die häufig noch ungenügende Ausstattung des curtifer mit terra arabilis läßt das allmähliche Werden des jungen Betriebes erkennen. Nur schleppend wird ein Stück an das andere gefügt. Je nach Zeit und Gelegenheit wird Joch um

---

[1]) Mb. 28; 32; 107. — Cod. Pat. 17. — Urk. o. E. I. cod. trad. mon. Lun. 98.

[2]) Vgl. Mb. 787; 799; 944; 950.

[3]) Mb. 81; 865; 954; 966. [4]) Mb. 242; 310.

[5]) Mb. 933; 954. [6]) Mb. 855.

Joch zu dem abgegrenzten und zum Mittelpunkt der zukünftigen Hufe ausersehenen curtifer geschlagen, bis schließlich die Grundherrschaft um eine vollständige den anderen Mansen gleichartige Hufe reicher ist.

Der curtifer hat stets das Bestreben, den alten coloniae der Grundherrschaft ähnlich zu werden. Er erhält alle die Pertinenzen, die zusammen den Hufenbegriff ausmachen, so daß am Ende gar kein Unterschied mehr zwischen der als curtifer bezeichneten Stelle und den übrigen Hufen besteht, — das Alter ausgenommen.

Wie die curtis ist auch der curtifer von einem Zaune umgeben, sepe circumdatum, und hat seine eigenen Zugänge.[1]) Domus,[2]) aedificia,[3]) scoriae,[4]) horrea[5]) sind auf ihm errichtet. Die curtiferi verfügen über eigenen Viehbestand,[6]) über besondere Obst- und Hopfengärten.[7]) Sie besitzen Sonderrechte an Äcker, Wiesen und kleinen Waldstreifen,[8]) sowie Nutzungsanteil an den Kollektivberechtigungen, an Wald, Wasser und Weide.[9])

So kann auch die Bezeichnung curtifer den Begriff einer kompleten bäuerlichen Wirtschaft enthalten, die eben erst entstanden, aber doch schon konsolidiert als hoba mit Diensten und Lasten der grundherrschaftlichen Organisation eingegliedert wurde. Wie die Hufe ist curtifer Sammelname für eine bäuerliche Betriebseinheit grundherrschaftlichen Ursprungs. Diese ist in ihre einzelnen Pertinenzen zerlegbar, deren wichtigste wieder die dem Körnerbau unterworfenen Äcker sind.[10]) Für die Beurkundung ist bei der stereotypen Zusammensetzung des

---

[1]) Mb. 81; 781; 987.

[2]) Mb. 284; 390; 644; 787; 944. — Urk. o. E. I. cod. trad. ant. eccl. Pat. 27.

[3]) Mb. 610; 635; 650; 678; 799.

[4]) Pez, l. c. T. 6. P. 1. pag. 52.

[5]) Mb. 787; 944; 950.

[6]) Mb. 225; 390; 521; 607.

[7]) Mb. 284; 618; 792; 836; 900.

[8]) Mb. 390; 423; 521; 644; 773; 799; 618; 987.

[9]) Mb. 644; 521; 781; 787. — Pez, l. c. T. 6. P. 1, pag. 52.

[10]) Mb. 390; 644; 944; 950; 995.

curtifer eine Auflösung in seine Teile leicht entbehrlich. Eine beispielsweise Aufzählung derselben genügt. Die richtige und vollkommene Anschauung stellt sich von selbst ein. Man kann deshalb nicht behaupten, daß eine Beschreibung seiner Substanz, die gar nicht den Anspruch auf Ausführlichkeit macht, immer auf deren Lückenhaftigkeit schließen lasse.

Ist der curtifer einmal in Betrieb genommen, so lebt auf seiner Scholle eine bäuerliche Sassenfamilie. Dies ist für ihn ebenso eine Selbstverständlichkeit wie für den mansus vestitus.[1]) Wie die colonia, der mansus, die hoba oder die bäuerliche curtis müßte er ungenutzt liegen bleiben, wenn nicht der Grundherr einen seiner Leute mit ihm in ständige Verbindung brächte. Werden, wie dies zum Beispiel im Texte von Mb. 390 geschieht, nur curtiferi neben domus, aedificia usw. aufgeführt, so ist damit absolut noch nicht gesagt, daß diese Stellen ohne Bebauer gewesen oder gar im Selbstbetriebe des Tradenten gestanden seien. Die Renovation dieser Stiftung[2]), in der neben curtiferi unter den übrigen Pertinenzen der erwachsenden Hufen, terris, silvis, campis, pratis, pascuis, auch grundherrschaftliche Hintersassen genannt werden, beweist nämlich das Vorhandensein dieser bäuerlichen Familien. Fehlen beim curtifer bäuerliche Inhaber, so sind sie entweder überhaupt unerwähnt geblieben oder die Hufe ist noch nicht betriebsfertig und hat daher deren Ansiedlung erst zu erwarten. Denn der curtifer unterliegt der Wirksamkeit des Hufenprinzips. Er zeigt sich auf alle Fälle als ein Erzeugnis der grundherrschaftlichen Wirtschaftsweise, geschaffen für die grundherrschaftliche Organisation. Aus bäuerlichen Eigenbetrieben aber könnte er in solcher Verbreitung niemals hervorgehen.

Den erst im Werden begriffenen Hufen haftet das Unreife in verschiedenem Grade an je nach dem Entwicklungsstadium, in welchem ihre Beurkundung veranlaßt wird. Es gibt so curtiferi, zu denen 4, 6, 10, 17 iugera gehören.[3]) Wenn einem

[1]) Mb. 524; 588; 635; 644; 751; 799; 944. — Urk. o. E. I. cod. trad. mon. Lun. 19. — Ibid. cod. trad. ant. eccl. Pat. 44.

[2]) Mb. 423. [3]) Vgl. Mb. 706; 715; 792; 732; 795; 819.

curtifer 12 Joch Ackerland, 8 Carraden Wiesen ac lucus 1 de silva unde agros 5 fieri possunt si aliquando excolitur[1]) beigegeben sind, so sieht man mitten in den Entstehungsprozeß einer jungen Hufe. Der Mittelpunkt einer noch unfertigen Kolonisationsanlage kann auch bereits den Namen curtis tragen. Wir wissen, daß es curtes gibt, deren Ausstattung mit Ackerland die Fülle des Hufenmaßes nicht erreicht. Dies sind solche noch der Ergänzung bedürftige Stellen. Sie sind den curtiferi gleichwertig und werden daher gegen diese auch kommutiert. Hat die Pertinenzformel für die Tradition einer curtis also einen Inhalt wie ... curtem, domum, horreum, pomerium, ... de terra arabili iugera 24, de inculta terra iugera 9 ..., so hat man es mit einer, allerdings weit vorgeschrittenen, Neugründung zu tun.[2]) Quantitativ ist das Areal der Hufe bereits vollständig, aber die Bearbeitung des Bodens ist noch nicht so weit gediehen, daß er den Anforderungen einer Hufe gerecht werden könnte.

Andere curtiferi verfügen bereits über die dem Zwecke der Hufen angepaßte Menge Ackerlandes. Ein mit einer Hufe Pflugland versehener curtifer bildet ein vollständiges praedium.[3]) Einer Mehrheit von drei curtiferi entsprechen hobae 2, iugera 31, also Grundstücke im Umfang von etwa 3 Hufen.[4]) Als Gegenleistung bei einer Kommutation bietet der Bischof einmal curtem cum domo ceterisque aedificiis, curtifera 2, de arabili terra hobas 3. ..[5]) Es trifft demnach auf die curtis und auf jeden curtifer je eine Hufe.[6]) Eine curtis cum domo besteht zusammen mit zwei ihr adhärierenden curtiferi in einem Falle aus 76, in einem zweiten aus 82 Joch. Das zweite Mal ist der Boden junges Rodland, terra excolata.[7]) Diese Zahlen übertreffen das gewöhnliche Maß des Hufenfußes um ein gutes Stück. Aber beide Flächen sind andererseits groß genug, um mit Vollendung der Rodung drei bäuerliche Betriebe zu ernähren und zu beschäftigen. In einem Tauschhandel zweier Grundherrschaften werden diese

---

[1]) Mb. 909. [2]) Mb. 732; 941; 942; 656. [3]) Mb. 950; 968; 990.
[4]) Mb. 991. — Vgl. Pez, l. c. T. 6. P. 1, pag. 52.
[5]) Mb. 925. [6]) Vgl. Mb. 504; 755; 787; 944; 975. [7]) Mb. 741.

Größen gegeneinander ausgeliefert. Diese im großen und ganzen gleichartige Verteilung von Rodland auf eine bestimmte Mehrheit bäuerlicher Stellen stellt den allgemein herrschenden Modus dar, in dem sich die Neuschaffung von Hufen vollzog. Er beruht auf einer quantitativen und qualitativen Nachahmung der alten coloniae.

Wie dies schon bei der curtis beobachtet wurde, kann nun auch eine die Normalgröße der Hufe weit überragende Masse von Grundstücken bei einem curtifer angehäuft sein.[1]) Ein solches Verhältnis deutet auf einen Übergangszustand im Besitzumfang der Grundherrschaft hin. Nach Abschluß der technischen Organisation des Besitzzuwachses wäre eine derartig anormale Stauung nicht möglich. Durch gemeinschaftliches Heranziehen aller bäuerlichen Arbeitskräfte ist der Gebietsbestand der Grundherrschaft im ganzen bereits vermehrt. Aber es fehlt noch die Austeilung der Äcker auf die entsprechenden Wirtschaftseinheiten, deren Anlage selbst vielleicht noch gar nicht in Angriff genommen ist. Bevor dies geschieht, gibt sich Gelegenheit, die Grenzen des grundherrlichen Rodungskomplexes zweckmäßig zu regeln. Dies ist der Grund für eine Nebeneinanderstellung von Hofstätten und Ackerflächen, die der Formulierung des Hufenprinzips scheinbar widerspricht.

Das zum curtifer gehörige Ackerland wird in den Pertinenzformeln der Urkunden bald allgemein als terra arabilis charakterisiert, bald nach der speziellen Beschaffenheit des Bodens als territorium exaratum, terra excolata, silvae cultae et incultae genauer bezeichnet.[2]) Mit der Erweiterung der Flurzone erweitert sich auch der Wirkungskreis der an den älteren Feldern bestehenden Kollektivrechte, die Ordnungsgewalt der Siedelungsgemeinschaft, der Flurzwang. Die Art der gewannmäßigen Einteilung des Neubruchs ist aus den Urkunden nicht ersichtlich. Auf keinen Fall konnte man bei der ursprünglichen Methode der Gewannstreifenverlosung beharren. Die Rodungstätigkeit der beteiligten Wirtschaften ist, was Zeit und Intensität

---

[1]) Mb. 644; 773; 799; 950. [2]) Mb. 651; 681; 741; 767.

betrifft, ungleichartig. Ob nun die Gesamtheit von vornherein auf der der Rodung freigegebenen Gemarkung verschiedene Flurkreise markierte oder ob die Eingliederung des Neubruchlandes in das Feldsystem erst später erfolgte, kann nicht entschieden werden. Auch das Land der neugegründeten Stellen lag aber in Feldern verstreut. So fügt der Bischof bei einer Kommutation[1]) seinen Tauschobjekten, um sie denen des Gegenkontrahenten gleichwertig zu machen, noch hinzu: curtiferum unum cum pomario et in unaquaque aratura iugera 10 et de pratis carradas 10... Bei Dreifelderwirtschaft beträgt also die Landausstattung dieses curtifer wieder 30 Joch.

Nur die noch lebendige Erinnerung an die Zeit seiner Entstehung erhält dem curtifer auch nach seiner Konsolidierung zur Hufe seinen Namen. Er trägt noch weiterhin die Bezeichnung, die er bis zu seiner Ausgestaltung zur bäuerlichen curtis geführt hat.[2]) Dies gilt sowohl vom curtifer als Teilbegriff einer neu angelegten Hufe: Der sonst unter curtis verstandene Hofplatz heißt bei der zur Grundherrschaft durch Rodung erst hinzugetretenen colonia immer noch curtifer. Es ist die Rede von coloniae cum casis et curtiferis, cum terra, cum pratis.[3]) Dies gilt aber auch vom curtifer, wenn sich, wie bei der curtis, sein Inhalt erweitert zum Inbegriff der eben in Kultur genommenen Bauernstelle. In der Kompetenzreihe ersetzt dann curtifer den Ausdruck colonia. Bei einer Tradition[4]) handelt es sich zum Beispiel um 3 coloniae plenae cum curtiferis et terris, pratisque et pascuis et quicquid ad ipsas tres colonicas pertinere videbatur. Die vom Traditionsakt getrennte Investitur dieser Schenkung wird dagegen mit den wenigen Worten beglaubigt: ... vestierunt ... Episcopum de tres curtiferis et de omnibus ad haec pertinentibus.

Als Hofstätte für die Wohn- und Wirtschaftsräume einer künftigen Hufe liegt der curtifer anfangs brach. Später aber

[1]) Mb. 987. [2]) Vgl. Mb. 944.

[3]) Mb. 530; 562; 563; 601; 698. — Urk. o. E. I. cod. trad. mon. Lun. 124.

[4]) Mb. 601.

bringt er Ertrag und Einkommen. Er erweist sich damit als curtifer cum egressibus et regressibus, curtifer cum exitibus et reditibus.[1]) In diesem Sinne erfüllt er für die Grundherrschaft den nämlichen Zweck wie die alten mansi cum egressibus et regressibus,[2]) die hobae und coloniae sessae cum exitibus et regressibus,[3]) die curtis cum exitibus et reditibus.[4])

Die Kompetenzformeln verschiedener Traditionen sind einander dem Wortlaute nach parallel. Es ist dies eine Folge des Hufenprinzips. Nur der Altersunterschied der Betriebe bedingt eine Verschiedenheit des Ausdruckes. Das ist die Begründung des abwechselnden Gebrauches von curtifer und curtis innerhalb zweier im übrigen gleichwertiger Pertinenzreihen. In dieser Beziehung lassen sich zusammenhalten die curtis cum domo, de terra arabili iugera ... et de pratis carradas ... und der curtifer cum domo, de terra arabili iugera ..., de pratis carradas ...[5]), die curtis cum domo aliisque aedificiis ... und der curtifer cum omnibus aedificiis.[6]) Die Formeln curtis cum domo et pomerio; curtis, domus, horreum, fons, pomerium[7]) haben Ähnlichkeit mit den Zusammenstellungen curtifer cum domo et horreo; curtifer cum pomerio; curtifer cum sepe circumdatus atque domus et horreum et fons saliens et cetera utensilia.[8]) Casa et curtis cum territorio suo et manentes deckt sich mit casa cum curtifero et territorio et manentes.[9])

Der curtifer kann sich seinerseits wieder an eine curtis anlehnen.[10]) Die curtis ist dann entweder der zugehörige Herrenhof oder aber eine bäuerliche Hufe, von welcher die Urbarmachung eines neuen mansus im Dienste der Grundherrschaft ausgeht. Sie bietet der noch unfertigen Gründung so lange einen Rückhalt, bis diese den allgemeinen Ertrag abwirft und für sich bestehen kann.

---

[1]) Mb. 980; 986; 989. [2]) Mb. 275. [3]) Mb. 700; 705.
[4]) Mb. 911. [5]) Mb. 783; 785; 787; 944.
[6]) Mb. 643; 644; 613; 635; 705; 718; 725; 799; 867; 950.
[7]) Mb. 734; 904; 907; 911; 942; 637; 787; 693; 919; 936.
[8]) Mb. 987; 618; 668; 787; 792; 987.
[9]) Brev. not. IX. [10]) Mb. 520; 657; 767; 925.

Der Bodenbesitz einer Grundherrschaft liegt in in mehreren Gemarkungen verstreut. Die Bestellung desselben erfolgt durch Vermittlung von curtiferi. Manche Traditionen von Streubesitz zerfallen so in domus et curtiferi nebst deren Pertinenzbestand an pomeriis, agris, pratis, terris cultis et incultis.[1]) Die auf den curtiferi wohnenden Bauern, mögen sie ausdrücklich erwähnt sein oder nicht, besorgen den Betrieb. Die Vereinheitlichung der Vermögensnutzung ist eine Aufgabe der Hufe. Diese Zusammenfassung geschieht hier durch eine als curtifer bezeichnete bäuerliche Unterabteilung einer Grundherrschaft: Curtifer ist ein den übrigen Bezeichnungen für den Hufenbegriff identischer Terminus. —

Der Komplex einer grundherrschaftlichen Wirtschaft kann auch durch die Bezeichnung villa ausgedrückt werden.[2]) Villa ist dann der herrschaftlichen curtis synonym. Diese Bezeichnung scheint besonders dann Platz zu greifen, wenn die Grundherrschaft auch äußerlich die Vorstellung eines geschlossenen Landgutes hervorruft. Dies ist der Fall beim Weilersystem oder in der Dorfsiedelung bei besonders ausgedehntem Umfang der grundherrlichen Besitzgrößen in einer Mark. Die villa setzt sich aus mehreren mansi oder coloniae zusammen.[3])

Die zu den Pertinenzen der mansi gehörigen Nutzungsanteile der Hufen an den Gemeinheitsberechtigungen werden hiebei als Pertinenzen der ganzen villa oder villula betrachtet. ... tradidit ... villulam cum mansos ... inter vestitos et apsos ... cum silva et prata vel pascua ad eandem villam pertinentem ...[4]) Die Erklärung hiefür knüpft an bereits Bekanntes an.

Die Gesamtheit der vollberechtigten Ansiedler ist Eigentümerin der Allmendnutzungen. Der ideelle Anteil des einzelnen Berechtigten konzentriert sich in seiner grundherrschaftlich organisierten Wirtschaft. Vom theoretischen Rechtsstandpunkt

---

[1]) Mb. 284; 607; 627; 521; 537; 944. — Pez, l. c. T. 6. P. 1, pag. 52.

[2]) Vgl. Maurer, l. c. pag. 128. — Chabert, l. c. pag. 27.

[3]) Ind. Arn. I. II. — Brev. not. IX. — Mb. 40; 45. — Pez, l. c. T. 1. P. 1. pag. 23. — Urk. o. E. I. cod. trad. mon. Lun. 1; 25; 29; 31.

[4]) Ind. Arn. I. II. — Brev. not. IV. V.

aus repartiert der Grundherr seinen Gesamtanteil zu gleichen Teilen auf seine Hufen. In Wirklichkeit ist aber von Anfang an bei jeder Hufe eine bestimmte ideelle Portio an den Allmendrechten inbegriffen. Der Gesamtanteil an den Kollektivrechten wird nämlich ideell fixiert durch die Zahl der Hufen, die ein Losungsberechtigter bei der Landverlosung erwirbt: so viel Sassenfamilien, so viel Hufen, so viel hufenmäßige Idealberechtigungen am Gemeinland. Dazu kommt noch eine ideelle Quote für die herrschaftliche curtis. Die Inhaber der Hufen leiten also ihre tatsächliche Nutzung an den silvae, aquae, pascua von ihrem berechtigten Grundherrn ab. Diese ist wie der im Sonderbesitz stehende Acker mit der Hufe organisatorisch unzertrennlich vereinigt, ihrem Ursprung nach aber ein Recht einer mit der Zahl der Betriebe nicht korrespondierenden Minderheit, — der Grundherrn.

Das Wegerecht kennt zweierlei Rechtsgründe. Es ist genau so wie beim Wald. Es gibt Wald im Sonder- und Wald im Gemeineigentum. Eine Wegeberechtigung kann privater Natur sein, dem privaten Gebiete ausschließlicher Rechte Einzelner entspringen oder dem Kollektivrecht der Gesamtheit. Am Objekte des Sonderrechtes können wieder Rechte Dritter konstituiert werden.

Liegt ein Weg vollständig innerhalb privater Grundstücke, so gehört er zur Vermögensmasse des Grundeigentümers. Ein Teil der Bodenfläche hat besondere Verwendung gefunden.[1]) Es können daran alle erlaubten rechtlichen und wirtschaftlichen Veränderungen vorgenommen werden, soweit der Eigentümer in seiner Verfügungsfreiheit nicht irgendwie gebunden ist. Solche Wege dürfen verkauft, verschenkt oder vertauscht werden. Man kann sie mit Servituten belasten; man kann ihre Benutzung anderen gestatten oder untersagen. Sie können verlegt oder beseitigt werden. Großer Reichtum an Privatwegen läßt auf bedeutende Ausdehnung des Grundbesitzes schließen: Umfassende Landkomplexe verlangen wieder eine Bewirtschaftung in der ihnen angepaßten grundherrschaftlichen Organisation.

[1]) Mb. 568; 833; 885; 893.

Die Berechtigung zum Betreten der auf Allmendboden angelegten Wege wird erworben durch die persönliche Zugehörigkeit zur Markgenossenschaft. Ebenso steht es mit den durch den Flurzwang hervorgerufenen Wegeservituten.[1] Die legitima via ist ein Bestandteil der Vermögensrechte der Tradenten und wird in den Pertinenzreihen den übrigen Gemeinheitsnutzungen gleichgeachtet. Wie diese wird sie mit dem die verhältnismäßige Anteilsberechtigung begründenden Sondergute veräußert. —

Die Unternehmung ist der damaligen Zeit etwas Fremdes. Besondere Gewerbe tragen nicht den Charakter der Unternehmung. Andererseits ist der Betrieb gewerblicher Spezialanlagen im Wege genossenschaftlichen Zusammenschlusses etwa bäuerlicher Einzelwirtschaften nicht nachweisbar. Solche gewerbliche Verrichtungen geschehen im Dienste der grundherrschaftlichen Organisation. Mühlen zum Beispiel werden in den Schenkungsurkunden neben anderen umfangreichen Pertinenzen genannt.[2] Ihre Angliederung an bäuerliche Eigenbetriebe würde in keinem Verhältnis zu den Bedürfnissen und Fähigkeiten solcher Wirtschaftsgrößen stehen. Das Benutzungsrecht der Mühlen ist ein ausschließliches; doch werden auch Mühlen nur teilweise, etwa zur Hälfte von einem Besitzwechsel betroffen.[3] Andere Grundherrn vereinigen in ihrem Vermögen zugleich mehrere Mühlen.[4] Durch die Assoziation der Hufenerträge ist die Grundherrschaft imstande, die ungünstigen Folgen, die sich für die Müllerhufe aus dem speziellen Berufe ihres Inhabers ergeben, auszugleichen. —

Der wirtschaftliche Tatbestand ist so nach allem Bisherigen ein derartiger, daß er die Existenz zweier konträrer sozialer Klassen im Volke bedingt. Beide Gruppen, in ihrem Wesen durch eine Kluft getrennt, sind notwendig auf einander angewiesen. Die eine vertritt das auf den Besitz gestützte arbeitslose Einkommen, die andere die rechtlich besitzlose Arbeit. In

[1]) Vgl. L. Baj. X, 19, 20, 21. — Mb. 7; 99; 705.
[2]) Mb. 14; 405; 530; 576; 619; 705.
[3]) Mb. 498; 743. [4]) Mb. 14; 576; 619; 705.

der Art der Auslieferung der Produktionsmittel gibt es Modifikationen nach der juristischen Seite des Besitzes. Die wirtschaftliche Konsequenz des sozialen Gegensatzes ist die Organisation des Bodens in Grundherrschaft und Hufe. In dem akkumulierten Inhalt des Hufenbegriffes hat sich das Prinzip dieser Organisation in die Terminologie umgesetzt. Die Herrschaft dieses Prinzips äußert sich in der Verbreitung des terminologischen Stichwortes oder in der gleichartigen Zusammensetzung der Wirtschaftsgrößen bei Auflösung des Sammelbegriffes in seine einzelnen Bestandteile.

Es wird nun behauptet: Die Zugehörigkeit zu einer bestimmten sozialen Klasse bildet jeweils das Korrelat zu der juristischen Qualität der Persönlichkeit. Soziale Gruppierung und rechtsständische Gliederung stehen in engster Beziehung und Wechselwirkung. Gewisse Personenkreise des Rechtsstandes sind in der Regel Grundherrn, andere Bauern.

Es obliegt also der Beweis, daß diejenige rechtsständische Schicht, für deren Angehörige die Grundherrneigenschaft in Anspruch genommen wird, normaler Weise nicht in unmittelbarer wirtschaftlicher Berührung mit der Hufe gestanden ist. Diese Verbindung muß vielmehr zum Kennzeichen des Durchschnitts derjenigen Rechtsklasse erklärt werden, deren Angehörige ihrem sozialen Range nach Bauern sein sollen.

DRITTES KAPITEL.

RECHTSSTÄNDISCHE GLIEDERUNG UND SOZIALE KLASSENBILDUNG.

§ 10. DAS SESSHAFT GEWORDENE VOLK.

Unsere Hypothese von der rechtlich-sozialen Gliederung des bayrischen Volkes zur Zeit des Volksrechtes läßt sich kurz dahin ausdrücken: Der Vollfreie ist seinem wirtschaftlichen Berufe nach nicht Bauer, sondern im Durchschnitt seiner Klasse Grundherr kleinen oder mittleren Stils. Die für die Grundherrschaft des Vollfreien nötigen bäuerlichen Elemente werden durch die auch juristisch tiefer stehenden Gruppen der Minderfreien und Unfreien aufgebracht.

Die Wirtschaftsstufe, auf der sich ein wandernder Stammeskörper vor seiner Niederlassung befindet, ist an dem Typus der nomadisierenden Völker Centralasiens erkennbar.[1]) Sie führen zu ihrem Unterhalt Schafe und Ziegen in großen Herden mit sich, daneben Pferde und Rinder. Mit den Freien zieht eine zahlreiche Menge von Unfreien. Diese besorgen die Knechtsarbeit und den spärlichen Feldbau. Auch im Zustand der Seßhaftigkeit ändert sich die soziale Gruppierung nicht. Die einmal gewohnte Art der Lebensweise mit der Abwälzung der wirtschaftlichen Lasten auf die Knechte wird beibehalten.

Es frägt sich nun, ob die rechtsständische Sonderung in Freie und Nichtfreie auch bei den Bayern eine aus der ältesten Vergangenheit überkommene Institution gewesen ist. Denn nur

---

[1]) Meitzen, l. c. pag. 138. — Ders. Art. „Ansiedelung“ im Handwörterbuch der Staatswiss. I, pag. 355.

dann konnte schon im Augenblick der Niederlassung eine auf die Rechtsverschiedenheit gegründete soziale Klassentrennung möglich sein.

Nach Riezler[1]) besteht die lex Baiuwariorum aus drei Teilen verschiedenen Alters.[2]) Der älteste, in der Redaktion vielleicht aus der Zeit Dagoberts stammend, umfaßt den vierten,[3]) fünften und sechsten Titel. Die Titel 8—22[4]) sind das Produkt einer Überarbeitung. Außer dem alemannischen Gesetzbuch wurde die Antiqua des Reccared benutzt. Ihr Ursprung geht etwa auf die Zeit des Herzogs Theodo zurück. Der Rest der lex entstand wahrscheinlich zwischen 748 und 752. Der Inhalt der ältesten Partien umfaßt den Kern des seit unvordenklicher Zeit geltenden volkstümlichen Gewohnheitsrechtes. Seit den Tagen, als der bayrische Stamm noch dem Heidentum ergeben war, haben sich diese Rechtssätze weitervererbt in Übereinstimmung mit dem Fortbestand der ihnen zugrunde liegenden realen Tatbestände. So steckt vielleicht doch etwas Tatsächliches in den Worten der Vorrede zur lex: quae erant secundum consuetudinem paganorum mutavit secundum legem christianorum.

Die ältesten Titel des Gesetzes betreffen nun die Bußen, die auf Verletzung von Leib und Leben der drei ständischen Klassen der Voll-, Minder- und Unfreien gesetzt sind. Die rechtliche Differenzierung des Stammes nach Ständen ist also eine schon seit alters bestehende, durch Gewohnheitsrecht überlieferte Einrichtung. Mit ihr war wohl auch eine entsprechende gesellschaftliche Abschichtung gegeben. Beide Gegensätze reichen wahrscheinlich, ähnlich wie bei den Nomaden Asiens, in die Wanderungsepoche des Volkes aus seinen früheren Wohnsitzen in Böhmen zurück. Bei der Ansiedelung des Volkes in seiner neuen Heimat konnten sie sich dann auch in den neuen wirtschaftlichen Verhältnissen unverändert erhalten.

[1]) l. c. I, pag. 131.

[2]) Vgl. P. R. Roth, l. c. p. 73. — Quitzmann, Die älteste Rechtsverfassung der Baiwaren, pag. 10.

[3]) Außer Cap. 30; 31.

[4]) Ausgenommen VIII, 21; XII, 5.

Im 6. Jahrhundert nehmen die Bajuwaren Besitz von der ehemals römischen Provinz Noricum. Noch lange wird in den Urkunden das Land als Noricana provincia bezeichnet.[1]) Daneben bürgert sich der Name Baiowaria provincia ein.[2]) Paulus Diaconus gibt die Grenzen des von den Bayern besiedelten Gebietes folgendermaßen an:[3]) Noricorum provincia, quam Boiariorum populus inhabitat, habet ab oriente Pannoniam, ab occidente Suaviam, a meridie Italiam, ab aquilonis parte Danubii fluenta.

Es macht sich nun für das Volk, das die Organisation der Wanderung an sich trägt, die Notwendigkeit geltend, zu einer stabilen, planvollen Tätigkeit der Gütergewinnung überzugehen. Der freie Nomade wird in Anspruch genommen durch Krieg und Jagd, Recht und Gericht. Die wirtschaftliche Arbeit ist ihm etwas Ungewohntes. Die durch das Haften an der Scholle veränderte wirtschaftliche Tätigkeit wird also das natürliche Bestreben haben, im Geleise der einmal wirksamen Arbeitsteilung zu verharren. Diejenige soziale Gliederung, die bei bleibender Gestaltung der Wirtschaft sich der früher geübten Beschäftigungsweise der einzelnen Rechtsstände am innigsten anpaßt, entspringt der grundherrschaftlichen Organisation. In ihr vereinigt sich rechtliche Abhängigkeit mit der Verrichtung wirtschaftlicher Arbeit zugunsten des der Produktion persönlich fernstehenden, politisch tätigen Volksgenossen. Im Verhältnis zur Vergangenheit des Stammes verlangt also die Grundherrschaft im Grunde weder eine rechtliche noch gesellschaftliche Neuschöpfung. Die technische Seite des Betriebes aber konnte an die lebendige Tradition der römischen provinzialen Kolonatsverfassung, an eine grundherrschaftliche Betriebsform, anknüpfen.

Das erste Erfordernis für die Durchführung einer solchen Arbeitsverfassung ist, daß das rein mechanische Verhältnis in der Zahl der vollfreien zu der nicht vollfreien Bevölkerung ihren Voraussetzungen günstig ist. Die Ziffer der nicht Vollfreien muß absolut größer sein als die der Vollfreien. Auf einen vollfreien Eigentümer muß unbedingt eine Mehrzahl minderfreier

---

1) Mb. 638. 2) Mb. 499.

3) Wittmann, l. c. pag. 131, Anm. 301.

oder unfreier Sassen treffen. Entweder sind die für die wirtschaftliche Entlastung der ständisch herrschenden Klasse verwendbaren Arbeitskräfte bereits in dem sich ansiedelnden Volke vorhanden oder es muß bei der Niederlassung die noch fehlende Zahl durch Vermehrung der abhängigen Personen aufgebracht werden. Selbstverständlich dürfen die nicht vollfreien Leute nicht versuchen, sich den neuen wirtschaftlichen Pflichten zu entziehen.

Es ist also zunächst festzustellen, ob sich diese erste Vorbedingung für die Existenz der Grundherrschaft überhaupt erfüllt zeigt. Enthalten die Urkunden einige Anhaltspunkte über das numerische Stärkeverhältnis der verschiedenen Rechtsstände und was kann aus ihnen gefolgert werden?

Die in dieser Richtung geäußerten Meinungen stimmen nicht überein. Der soziale Wert der „Gemeinfreien" beruhte nach v. Inama [1]) nicht auf ihrer wirtschaftlichen Sonderstellung, sondern auf ihrer Masse. In der älteren Zeit hätten sie sogar die überwiegende Menge des Volksganzen ausgemacht. Die Zahl der Hörigen und Leibeigenen sei keine erhebliche gewesen. Im allgemeinen seien diese in größeren Verbänden nur bei großen Grundherrn und später bei Kirchen und Klöstern vorgekommen. Allein die nach und nach entstehenden kirchlichen Großgrundherrschaften leiten doch ihren reichen Besitz an dienenden Hintersassen aus privaten Vermögen her, zu deren Bestand diese früher gehört haben. Auch Waitz [2]) spricht den nicht vollfreien Leuten das Übergewicht in der Gesamtsumme der Bevölkerung ab. Gegenteiliger Ansicht sind hauptsächlich Schriftsteller, die nicht generalisierend vor allem bayrische Verhältnisse im Auge haben. Nach Westenrieder [3]) bestand der zahlreichere Teil der Landesbewohner aus Knechten. Rudhardt [4]) schätzt deren Zahl auf eine beträchtliche Höhe. Nach Fastlinger [5]) gab es

[1]) l. c. I, pag. 58; 64; 70. [2]) l. c. I, pag. 163.

[3]) Abriß d. bairischen Geschichte 1822. pag. 37.

[4]) l. c. pag. 501.

[5]) Die wirtschaftliche Bedeutung der bayrischen Klöster in der Zeit der Agilulfinger, pag. 8.

bedeutend mehr Unfreie als Freie. Buchner[1]) stellt in diesem Sinne sogar die übertriebene Proportion von 1 : 100 auf.

Die Vollfreien werden an Kopfzahl von den minderen Ständen, vor allem von den Unfreien, übertroffen. Die Anlage grundherrschaftlicher Betriebe ist nach den aus den Urkunden zu gewinnenden Resultaten sehr wohl möglich gewesen. Aber nicht nur das. Der Überschuß an unfreien Elementen fordert sogar zwingend die grundherrschaftliche Organisationsform. Dies muß geschehen mit Rücksicht auf die Zweckbestimmung und den Durchschnittsgehalt der herrschenden Betriebseinheit, der Hufe.

Die an und für sich bestehende quantitative Überlegenheit der Unfreien wird durch einige nach dieser Richtung wirksame Umstände noch befestigt.

Der Leibeigene ist nicht aktives Mitglied des Heeresverbandes. Er nimmt deshalb auch nicht an den Kämpfen gegen die slavischen Nachbarn teil. Die Vollfreien dagegen erleiden im offenen Kriege Verluste, die das Zahlenverhältnis zugunsten der Unfreien verschieben müssen. Glückliche Unternehmungen gegen den Feind verstärken die Gesamtmenge der Unfreien. Davon ist auch im Volksrecht die Rede: . . . istud mancipium ego prehendi extra terminum, ubi dux exercitum duxit . . . .[2]) Dazu kommt ferner das Interesse, das der Herr an der Vermehrung seiner unfreien familia hatte. Die Stiftungen verringern seinen Besitz an Land und Knechten und auf der anderen Seite besteht der Wunsch die wirtschaftliche Lage seiner Deszendenz zu sichern. Es ist daher anzunehmen, daß sich die unbeschränkte Gewalt des dominus über seine Leibeigenen auch in der Beförderung und beliebigen Herstellung ehelicher Verbindungen, sowie in der Absplitterung neuer Unfreienfamilien aus bereits bestehenden Haushaltungen geltend machte. Auf diese Weise wurde der Erfolg des Rodungsprivilegs verwirklicht.

Unter die Gegenstände, mit denen der einzelne liber die Kirche beschenken kann, rechnet das Volksrecht eine Mehrzahl

---

[1]) Geschichte von Bayern 1821. Bd. II. pag 168.

[2]) L. Baj. XVI, 11.

von mancipia.[1]) Mancipia gehören neben pecunia, villae, terra zum regelmäßigen Vermögensbestande des Freien.[2])

Innerhalb des Pertinenzkomplexes von Traditionen sind Unfreie außerordentlich häufig genannt. Die Form, in der dies geschieht, verhindert jedoch meistens die statistische Verwertung dieser Angaben. Gewöhnlich wird nämlich in einer ganz unausführlichen, summarischen Zusammenfassung die Übergabe Unfreier erwähnt. Man erfährt zwar die Tatsache, daß der Tradent über eine Mehrheit von Unfreien oder durch dingliche Gebundenheit von ihm abhängiger Minderfreien verfügt, aber deren Zahl läßt sich im Einzelfalle nicht einmal schätzen. Andere Urkunden bringen allerdings Namen und Menge der übergebenen Unfreien bei. Aber es ist dann wieder unbestimmt, ob nur eine Teilschenkung aus dem Stiftervermögen vorliegt oder ob mit der Tradition das Eigentum des Dotanten erschöpft ist. Manchmal läßt der Text der Urkunden erkennen, daß der Freie sicher mehr als eine bestimmte Mindestzahl Unfreier besessen hat. Der absolute Bestand an solchen läßt sich aber nicht fixieren.

Von all diesen Modifikationen muß daher eine rechnerische Behandlung solcher Notizen notgedrungen absehen. Die erstgenannten Urkunden fallen von selbst weg. Bei den anderen kann nur der strenge Wortlaut maßgebend sein. Die Möglichkeit, daß vor der Tradition etwa Auseinandersetzungen in die Vermögensmasse stattgefunden haben oder aliquote Teile einer unbestimmten größeren Vermögenseinheit reserviert werden, kann nicht berücksichtigt werden.

Von den bei Meichelbeck gesammelten Traditionsakten enthalten 216 Urkunden Angaben unterschiedlicher Deutlichkeit über die Zahl der in den Besitzwechsel einbezogenen nicht vollfreien Personen. Wegen des überwiegenden Auftretens von Leibeigenen mögen diese kurzweg als Unfreie bezeichnet werden. Die verwendeten Urkunden erstrecken sich auf den Zeitraum von Bischof

[1]) L. Baj. I, 1.

[2]) Ibid. I, 9; 10. — Vgl. auch ibid. XVI, 15: ... mancipia, casae, terra, silvae ....

Ermberts bis auf Bischof Waldos Regierung (730—906). — Es ergibt sich hieraus folgendes Gesamtbild.

Durch Zusätze wie nihil praetermittens nisi mancipia mea, praeter mancipia,[1]) extra una mancipia,[2]) nihil relinquens nisi unum mancipium,[3]) excepto una mancipia[4]) läßt sich in 14 Fällen feststellen, daß der Tradent sicher mehr als 1 Unfreien besessen haben mußte. Auf ähnliche Weise kann man schließen, daß

in	7	Fällen	mehr als	2	Unfreie
„	10	„	„ „	3	„
„	1	Falle	„ „	4	„
„	1	„	„ „	5	„
„	1	„	„ „	6	„
„	1	„	„ „	7	„
„	1	„	„ „	10	„
„	1	„	mindestens	5	„
„	1	„	„	6	„
„	1	„	„	15	„

zum Vermögen des betreffenden Stifters gehört haben.

In 3 Fällen wird je 1 Unfreienfamilie an die Kirche gegeben. Zweimal werden je 2, einmal 3 Unfreienfamilien gleichzeitig veräußert.

Es ist nun oft die Zahl der tradierten Subjekte positiv angegeben oder es sind sogar die einzelnen Rufnamen derselben angeführt. Dabei ist aber zu beachten, daß diese Angaben wieder von einem ganz verschiedenen Standpunkte der Zählung ausgehen können.

Es ist nämlich öfters der Fall, daß nur der männliche Haushaltungsvorstand einer Unfreiennahrung genannt ist. An diesen schließen sich dann weitere Familienmitglieder an, die zwar nicht mit Namen bezeichnet, aber doch in der Tradition inbegriffen sind. Auf dieselbe Weise kann man auch bei der nur zahlenmäßigen Zusammenfassung der Unfreien vorgegangen sein.

Solche Angaben enthalten mithin nicht die Kopfzahl der

---

[1]) Vgl. Mb. 699; 728.

[2]) Mb. 161. [3]) Mb. 333. [4]) Mb. 169.

wirklich tradierten Personen, sondern nur die Zahl der tatsächlich tradierten Familiengruppen.

Andere Urkunden geben die Gesamtsumme der veräußerten Unfreien wieder. Männer und Weiber, bisweilen auch Kinder, häufig in familienweiser Zusammenstellung, werden namentlich bezeichnet. Selbstverständlich kann sich diese Art der Pertinenzbeschreibung auch hinter bloßen Zahlen verbergen.

Die Resultate dieses doppelten Zählungsverfahrens sind also nicht ohne weiteres kommensurabel. Ihre sichere Scheidung ist aber praktisch unmöglich. Denn man sieht es den Zahlen und Namen manchmal schlechterdings nicht mehr an, unter welcher Methode ihre Feststellung erfolgt ist.

In der folgenden Tabelle wurden diese Unterschiede in der Form der Zahlenaufnahme vollständig unberücksichtigt gelassen. Sie stellt sich auf den für das gewünschte Ergebnis ungünstigen Standpunkt. Eine etwaige Korrektur könnte so die gewonnenen Ziffern nur erhöhen.

Auf einen Tradenten treffen nun:

8	mal	je	1	Unfreier	
15	„	„	2	Unfreie	
24	„	„	3	„	(Darunter einmal eine Familiengruppe zu 3 Köpfen.)
10	„	„	4	„	(Darunter 3 mal Familiengruppen zu je 4 Köpfen.)
19	„	„	5	„	
23	„	„	6	„	
4	„	„	7	„	
11	„	„	8	„	
10	„	„	9	„	(Darunter einmal 5 familiae mit im ganzen 9 Unfreien.)
10	„	„	10	„	(Darunter einmal 3 familiae mit im ganzen 10 Unfreien.)
5	„	„	11	„	
2	„	„	12	„	
2	„	„	13	„	
5	„	„	14	„	

5 mal	je	15	Unfreie	
2 „	„	16	„	
1 „		17	„	
2 „	„	18	„	
1 „		19	„	
2 „	„	20	„	
1 „		21	„	
1 „		22	„	
2 „	„	23	„	(Darunter einmal 10 familiae mit im ganzen 23 Unfreien.)
1 „		26	„	
1 „		28	„	
1 „		29	„	
1 „		34	„	
1 „		35	„	
1 „		37	„	

Es stehen also 161 Tradenten 1362 Unfreie gegenüber. Das heißt: es kommen im Durchschnitt auf einen Vollfreien 8,4 Unfreie.

In 64 Fällen werden 1—5 Unfreie tradiert. Sie sind zunächst neutral zu behandeln. Zweifellos sind darin aber auch Familiengruppen enthalten, die jeweils auf einer oder mehreren bäuerlichen Hufen angesetzt sind. In 105 Fällen verbietet die Zahl der tradierten Unfreien von selbst die Annahme, als seien sie auf bäuerlichen Eigenbetrieben als Gesinde untergebracht. Ihre Sasseneigenschaft wird vielmehr durch die Definition der Hufe begrifflich gefordert. —

Die Siedelungsform, in welcher das Land okkupiert wurde, war keine einheitliche. In Bayern bestehen nebeneinander Hof- und Dorfsystem.[1])

Nach Meitzen[2]) erstreckte sich das dorfweise besiedelte Gebiet mit haufenförmiger Lage der Gehöfte und gewannmäßiger Einteilung der Flur von den Niederlassungen südlich der Donau

[1]) v. Inama-Sternegg, Untersuchungen über das Hofsystem im Mittelalter 1872. pag. 52. — Riezler, l. c. I, pag. 135.

[2]) l. c. I, pag. 429 ff.

bis zur mittleren Isar. Jenseits der Landkreise München I und II verschwinden die älteren meist unregelmäßigen Gewannfluren und mit ihnen die Dörfer. An ihre Stelle tritt der Weiler als gewöhnliche Siedelungsform. Die Ortschaft umfaßt drei bis sechs Höfe. Rings um dieselbe liegt das Flurland. Die Äcker sind in buntem Gemenge verstreut. Die Begrenzung der Wirtschaften erfolgt nach dem Hufenfuß. Diese Art des örtlichen Zusammenlebens ist, wie Meitzen selbst betont, eine spezifisch grundherrschaftliche. Der Besitzer der Flur verteilt den Boden zur Nutzung an Hörige und Unfreie. Der Gutshof des Herrn und die Wohnstätten der Knechte sind nach dem Vorbild der römischen villae angelegt, weshalb auch die ganze grundherrschaftliche Besitzeinheit den Namen vilare angenommen hat.

v. Inama [1]) bemerkt hinsichtlich der Grundbesitzverteilung Bayerns, daß diese in den südlichen Gegenden des Landes ziemlich zersplittert erscheine. Neben einigen größeren Grundherrn sei hier eine Menge kleiner Eigentümer vorhanden gewesen. Im Norden sei von Anfang an Vereinigung großen Besitzes in einer Hand häufiger vorgekommen, wenn die Grundherrschaften auch viel Wald und öde Strecken umschlossen. Soweit es sich um Kulturland handelt, zeige jedoch das Eigentum am Boden gleichartige und zwar kleine Dimensionen. Ohne sich auf eine durchgreifendere Beweisführung einzulassen, operieren bei Erwähnung der bayrischen Freienwirtschaft mit grundherrschaftlichen Anschauungen einige ältere Schriftsteller wie Rudhardt,[2]) Lipowsky,[3]) Huschberg,[4]) Zu-Rhein,[5] M. J. Schmidt.[6])

Die auf — ing ausgehenden oder mit — ing und — hova zusammengesetzten Ortsnamen verraten die ältesten Siedelungen. Sie haben patronymischen Charakter. „Zunächst bedeutet die

---

[1]) Wirtschaftsgeschichte I, pag. 116.

[2]) loc. cit. pag. 509; 698.

[3]) Geschichte der Baiern 1799. Bd. I, pag. 113.

[4]) Älteste Geschichte des Hauses Scheyern - Wittelsbach 1834, pag. 102.

[5]) Über Frohnen und deren Ablösung 1823. pag. 11.

[6]) Geschichte der Deutschen 1778. Bd. I, pag. 360 ff.

— ing-Endung die einem bayrischen Uransiedler nachbenannte Sippe, dann deren Hofstatt (villa)."[1])

Nach der von Meitzen geschilderten Topographie muß man eine doppelte Art der Niederlassung im Auge behalten. Das ausschlaggebende Moment spielte dabei jedenfalls die Bodenbeschaffenheit, sowie Lage und Ausdehnung des bei der Besitznahme des Gebietes bereits in Kultur befindlichen Landes.

Die folgenden Beispiele suchen die Vorgänge, welche eine verschiedene Siedelungsformation bewirken, nur schematisch darzustellen.

Eine Freienfamilie wird durch wirtschaftliche Gründe veranlaßt, sich von dem größeren Sippenverband loszulösen. Sie errichtet für sich allein mit den ihr zugefallenen Unfreien eine kleine grundherrschaftliche Wirtschaft. Es entsteht eine Weilersiedelung. Die Flur wird nach dem Hufenprinzip an bäuerliche Stellen ausgetan. Jede Hufe erhält ihre bestimmten im Gemenge gelagerten Ackerstreifen. Der Flurzwang geht aus vom Grundherrn. Dieser allein ist ferner Eigentümer der zum Weiler gehörigen Allmendrechte. Er verteilt davon anteilsmäßige Nutzungen an die einzelnen Hufen.

Eine durch Blutsverwandtschaft verbundene Gemeinschaft nimmt einen ausgedehnteren Landstrich als Mark in Beschlag. Das Haupt der Großfamilie leiht der Siedelung seinen Namen. Die Örtlichkeit trägt eine dichtere Anzahl von Behausungen. Es entsteht eine Niederlassung von dorfförmiger Gestalt. Die Unfreien können zunächst wie der ganze okkupierte Bezirk Gemeineigentum der Sippe sein. So war es vielleicht auch auf der Wanderschaft. Aber früher oder später verfällt das Sippegut der Aufteilung unter die Sippegenossen. Man kann auf die bisherige Konzentration der Kräfte verzichten. Der Selbständigkeitsdrang der einzelnen Glieder wird wach. Innerhalb der durch die Siedelung gezogenen Grenzen bildet sich eine Mehrheit grundherrlicher Organisationen geringeren Umfangs. Jede derselben steht nun für sich den verändernden Einflüssen

---

[1]) Fastlinger, l. c. pag. 5. — Vgl. Waitz, l. c. I. pag. 84.

der rechtlichen und wirtschaftlichen Institutionen offen. Im herzoglichen Haus und bei den adeligen Geschlechtern mag das Band der Sippegemeinschaft noch nachhaltiger wirksam gewesen sein.[1]) Der indiculus Arnonis und die breves notitiae verzeichnen Traditionen, deren Pertinenzbestand an solche großgrundherrschaftliche Wirtschaftsbezirke dorfartiger villae erinnert. Diese wurden verdienten Freien von ihrem dux zu Lehen übertragen und haben sich als solche vielleicht längere Zeit ungeteilt erhalten.

Die Größe einer villa kann demnach vom kleineren Weiler bis zur dorfartigen Siedelung variieren. Es gibt grundherrschaftliche villae, die eine ganze Niederlassung für sich umfassen, weiler- und dorfförmige. Es gibt aber auch grundherrschaftliche villae, die zu mehreren aus einer dorfförmigen villa herausgewachsen sind, also in einer dorfförmigen Siedelung nebeneinanderliegen.

Villae sind neben terra und mancipia Vermögensstücke des Vollfreien.[2]) Er überläßt sie der Kirche. Dies ist der Ursprung vieler grundherrlicher villae der Kirche. — Der Wert einer villa tilgt die Bußsumme, die ein Vollfreier durch eine rechtswidrige Handlung verwirkt hat. Wäre die villa im Besitze eines liber eine Ausnahmeerscheinung, welchen Sinn hätte es, für seine ganze Rechtsklasse Strafsätze von solcher Höhe zu normieren, daß deren Wert nur durch die Hingabe dieser ansehnlichen Immobiliarkomplexe erreicht wird?

Mit der Zerschlagung der dorfförmigen Grundherrschaft der Großfamilie in mehrere Grundherrschaften kleineren Stils nimmt die Siedelung die rechtlichen und wirtschaftlichen Bedingungen des Dorfes an. Bei Aufteilung des Gesamtgutes im Augenblicke der Niederlassung tritt dieser Zustand entsprechend früher ein: Sondereigentum und Sondernutzung in der Flurzone, Feldgemeinschaft und Flurzwang, geübt von einer zusammengesetzten Personengemeinschaft berechtigter Vollgenossen. In Gemeinschaftsangelegenheiten wird ein Beschluß nicht wie beim grund-

---

[1]) Mb. I. pag. 49. [2]) L. Baj. I, 1; I, 10.

herrschaftlichen Weiler durch eine Einzelpersönlichkeit produziert, sondern durch die Willenseinigung einer individuellen Mehrheit, der Realgemeinde. Die Allmende steht im Kollektiveigentum der Vollberechtigten. Die Nutzungen daran repartieren sich nach dem bereits mitgeteilten Maßstab auf die Einzelwirtschaften.

Die bei der Zertrümmerung des Gesamtgutes geltenden Prinzipien und die Art ihrer Verwirklichung sind in der Hauptsache bereits bekannt. Der Zeitpunkt, in welchem die Auseinandersetzung erfolgte, modifiziert deren Verlauf. Ist die Ausstattung der Unfreienfamilien mit Hufengütern schon vollzogen, so bedarf es der organisatorischen Neubildung bäuerlicher Betriebe nicht mehr. Die Sassen mit samt ihren Hufen werden an die einzelnen Vollfreien nach dem Maßstab der Bedarfsdeckung ausgetan und von diesen zu kleinen Grundherrschaften zusammengefaßt. Löst sich der Besitzverband der Sippe zugleich mit der Seßhaftwerdung auf, so fällt die Entstehung der grundherrlichen Einzelwirtschaften zusammen mit der Verteilung der Unfreien, der Landverlosung und der Schaffung bäuerlicher Betriebseinheiten. Es ist ein aus der Gemeinwirtschaft übernommener Grundsatz, daß jede Vollfreienfamilie Land nach ihren Bedürfnissen zugewiesen bekommt.[1]) Der Bedarf richtet sich nach der Zahl der Unfreienfamilien, die der einzelnen Freienfamilie bei der Auseinandersetzung zugefallen war. Beide Stadien der Hufengründungen sind bei der Regelung der Betriebsgröße von dem nämlichen Zweckgedanken beherrscht, der auch der freien Grundherrschaft als Ziel vorschwebte: ausreichende Bedürfnisbefriedigung. Die Faktoren derselben sind in der Definition des Hufenbegriffes enthalten. Ihre Gleichartigkeit verlangt Gleichartigkeit der Produktionsmittel und daraus resultiert die Gleichartigkeit des Hufenfußes.

Das Gemeineigentum an der Mark verbleibt den zunächst noch aus Sippegenossen zusammengesetzten vollberechtigten Dorfgenossen. Aus dem Fortbestand dieser Beziehungen, die sich durch das Verbot der Verwandtenehen[2]) immer mehr lockern

---

[1]) Vgl. Maurer, Einleitung, pag. 129. [2]) L. Baj. VII.

mußten, läßt sich vielleicht erklären, daß die Eigentümer der gemeinen Mark solidarisch als genealogiae erscheinen. Und in Zusammenhang damit hat sich genealogia vielleicht auf die Bezeichnung der Mark selbst übertragen, ohne Berücksichtigung des genealogischen Verhältnisses, das gegenwärtig zwischen deren Eigentümern besteht.[1]) Ebenso hat die Verbindung von Nachbarschaft und Blutsverwandtschaft ihre Wurzeln wohl in den Zeiten, in denen der Sippeverband noch wirksam war.[2]) Vicini und cognati haben über die Fähigkeit des Tradenten, rechtsgiltige Schenkungen vorzunehmen, zu entscheiden: interrogabat coram omnibus vicinis et cognatis suis si potenter potuisset res suas ad domum Dei tradere.[3])

Insbesondere hat sich die Geschlechtergenossenschaft als Trägerin gemeinsamer Besitzrechte beim Adel erhalten. Bischof Joseph empfängt Land, quicquid ad genealogiam quae vocatur Fagana pertinebat . . .[4])

Das im Gesamteigentum mehrerer Personen stehende Areal ist die conmarchia. Diese kann mit Übereinstimmung aller Beteiligten veräußert werden. Wiruti, Gisalmari und Wentilmari tradieren zusammen . . . commarchiam nostram in loco qui dicitur Eoluespah usque ad Uuisaha indeque usque ad Uuintarpah et inde tendens usque ad duos tumulos et usque ad supradicta loca Avarorum.[5])

Die Zahl der Realberechtigten einer Siedelung erweitert sich. Sie umfaßt hier und dort nicht nur Grundherrn, sondern auch einzelne bäuerliche Sassen.[6]) Allerdings ist der Grad, nach welchem diese beiden Klassen am Inhalte des Allmendrechtes teilnehmen, juristisch abgestuft. Die einen haben nur einen Anspruch auf eine anteilsmäßige Nutzung, die anderen sind zu-

---

[1]) Vgl. Waitz, l. c. I, pag. 83 ff.; ibid. Anm. 2 u. 3. — L. Alam. LXXXVII: si quis contentio orta fuerit inter duas genealogias de termino eorum . . . .; Formel bei Rozière Nr. 318: . . . . datis . . in vico et genealogia quae dicuntur . . . .

[2]) Vgl. Maurer, Geschichte der Dorfverfassung I, pag. 1.

[3]) Mb. 607. [4]) Mb. I, pag. 49. [5]) Pez, l. c. T. 1. P. 3, pag. 86.

[6]) Vgl. Maurer, Geschichte der Dorfverfassung I, pag. 5.

gleich Nutznießer und Eigentümer. Die letzteren sind die vollfreien Grundherrn, die viri nobiles. Diese sind zu gesamter Hand Eigentümer der gemeinen Mark, des Restes des alten Volkslandes, an dem nur Freie teilhaben.[1]) Jeder Miteigentümer kann seinen Besitztitel daran abtreten. So ist zu wiederholten Malen in Kommutationsverträgen neben Waldflächen, die dem privaten Sondereigentum unterliegen, auch der aliquote Anteil am Allmendwald, die silva communis cum ceteris nobilibus viris,[2]) ins Tauschgeschäft eingeschlossen. Die verschiedene Natur der Anteilsberechtigungen ergibt sich aus der juristischen Begründung dieser Ansprüche. Die tatsächlichen Verhältnisse, denen diese Ausdruck verleihen, wurden bereits bei der Organisation der Hufe behandelt. Nutzungsberechtigter an der Allmende kann nur derjenige sein, der einen rechtmäßigen Anspruch auf eine Hufennutzung hat. Es scheidet also ohne weiteres der unfreie Hintersasse aus. Die Realgemeinde sondert sich von der Personalgemeinde. Die ideelle Größe der Allmendnutzung berechnet sich aus der Summe der Hufennutzungen des Berechtigten. Der hufenberechtigte bäuerliche Hintersasse kann also lediglich Berechtigter einer einzigen hufenmäßigen Allmendnutzung sein. Der vollfreie Grundherr besitzt deren mehrere. Unter allen Umständen ist er jedoch gezwungen, die Ausübung derselben tatsächlich seinen Bauern zu überlassen. Der faktische Gebrauch der Wald-, Weide-, Wasserberechtigungen u. dgl. durch die Hufen garantiert erst das Funktionieren des grundherrschaftlichen Organismus.

Die einzelne Allmendberechtigung hängt am Eigentum der Hufe.[3]) Sie wird erworben zugleich mit der Trennung der Ackerhufe vom Gemeinland, sei es beim Übergange des Gesamtgutes ins Sondereigentum, sei es bei Vollendung der privaten Rodung. Je mehr Hufen einer hat, desto intensiver darf und muß er die Allmend benützen. Die Zugehörigkeit mancher Hintersassen zur Markgenossenschaft rührt nun von den unterschiedlichen Bedingungen her, zu denen der Grundherr seine Hufen ausgibt.

[1]) Vgl. Meitzen, l. c. I, pag. 129.

[2]) Mb. 861; 860; 889; 909. [3]) Vgl. Mb. 783.

Denn die Nutzung des Gemeingutes ist eine Pertinenz des Hufenbegriffes. Hat jemand ein Anrecht auf den Besitz einer Hufe, so verbindet sich damit von selbst das Anrecht auf eine ideelle, verhältnismäßige Allmendnutzung. Dem unfreien Hintersassen, der jederzeit von seiner Stelle verjagt werden kann, könnte, theoretisch betrachtet, auch seine Allmendnutzung jederzeit entzogen werden. In Wirklichkeit bleibt diese aber natürlich konstant mit dem Wirtschaftsbetriebe vereinigt. Es gibt aber auch Hintersassen, die ihrem Grundherrn gegenüber einen rechtlich vertretbaren Besitzanspruch auf die Hufe haben, auf der sie sitzen. Diese haben damit ein Recht auf eine vollständige bäuerliche Nahrung und dazu gehören die Anteilsnutzungen am Gemeinlande. Während aber die Allmendberechtigung des freien Grundherrn eine originäre ist, ist sie beim hörigen Bauern eine derivative. Sie resultiert nicht aus der juristischen Stellung des Berechtigten im Volk, sondern aus der grundherrlichen Verleihung einer Hufe zu dauerndem Besitzrecht. Alle Nutzungsberechtigten haben aber ein erhebliches Interesse, daß die Hilfsquellen der gemeinen Mark nicht versiegen, und dieses bringt bäuerliche und grundherrliche Mitglieder der Dorfmarkgenossenschaft zur Beobachtung wirtschaftlicher Verwertung dieses Gutes zusammen. —

Die räumliche Verteilung der bäuerlichen Wirtschaften einer Grundherrschaft kann sich nach dem bisher Gesagten in mannigfacher Weise gestalten. Die villa des Grundherrn bildet einen Ort für sich: Dann liegen die Äcker des Bauern im Gemenge mit denen des Herrenhofes und der anderen Sassen dieser Grundherrschaft. In einer Dorfmark breiten sich mehrere grundherrliche Wirtschaftsgrößen aus: In diesem Falle sind die Gewannstreifen aller bäuerlichen und grundherrschaftlichen Betriebe durcheinander verstreut. Setzt sich eine Grundherrschaft aus Streubesitz zusammen, so können die Äcker einer oder mehrerer Hufen neben dem grundherrlichen und bäuerlichen Boden einer oder mehrerer fremder Grundherrschaften gelagert sein. Die herrschaftliche curtis und andere Hufen dieser Grundherrschaft befinden sich in einer anderen Mark. Eine weitere Variation kann durch die Neuanlage von Hufen auf Rodland veranlaßt sein, je nach der Lage des Neubruchs zum bisherigen Flurbezirk.

Auf diesen Hufen wohnen die grundherrlichen Sassen. Ihre juristische Qualität, nach der sie sich in leibeigene Knechte und Minderfreie gliedern, beeinflußt auch ihre Stellung gegenüber den Produktionsmitteln. Diese kann dementsprechend rechtlich gesichert oder aber ohne alle juristischen Kautelen sein. Ein sozialer Unterschied im eigentlichen Sinne wird dadurch nicht erzeugt. Man hat es in beiden Fällen mit den Elementen des Bauerntums zu tun.

§ 11. DER UNFREIE BAUER.

Mit dem rechtlosen mancipium proprii sui iuris [1]) kann der Herr tun und lassen, was er will, quicquid libuerit exinde faciendum. [2]) Er wird den Unfreien also an einen Platz stellen, wo die Verwendung seiner Fähigkeiten den größten Vorteil verspricht, sein Unterhalt aber die geringste Mühe macht. Auf der Stufe agrarischer Eigenproduktion hat er die Wahl, ihn im Gesindedienste seiner Hauswirtschaft oder als Bauer einer selbständigen Hufe zu beschäftigen. Das Letztere war für die Lebensart des Vollfreien das Rationellere. Es war auch das Gewöhnliche. Es tritt dann zum persönlichen Verhältnis der Leibherrlichkeit noch das dingliche Band der Grundherrlichkeit. Ersteres ist rechtlicher, letzteres nur tatsächlicher Natur.

Die Hofleute, die homines domestici, sind in ständiger Nähe und Aufsicht ihres Herrn. Es sind die Knechte der herrschaftlichen Eigenwirtschaft. Sie wohnen innerhalb der curtis und erhalten von hier aus Kost und Kleidung. Die relative wirtschaftliche Freiheit der unfreien Hufenbauern genießen sie nicht. Wenn man sie braucht, hat man sie zur Hand. Bald trägt man ihnen eine Verrichtung im Hause auf, dann ruft man sie wieder hinaus zur Feldarbeit auf den Acker. Ist irgendwo Not am Mann, da müssen sie zugreifen. Sie sind zu jedem Dienst geeignet. So ist die Rede von . . . duos homines

[1]) Mb. 1003. [2]) Mb. 1011.

domesticos ad pastores et ad opus quod ei opportune sit ...[1]) Ein solcher Gesindeknecht wird servus in domo serviens[2]) genannt.

Es gibt also servi, die etwas anderes treiben als diese Unfreien in unmittelbarer Umgebung ihres Herrn. Servus ist der eigentliche Titel für den unfreien bäuerlichen Hintersassen, also für einen Unfreien ganz bestimmter Sorte. Der im Gesindedienst verwendete Unfreie wird gewöhnlich als mancipium bezeichnet. Diese begriffliche Unterscheidung wird aber nicht unbedingt festgehalten. Sie gilt nur dann, wenn sich servus und mancipium in bewußtem Gegensatze gegenüberstehen. In diesem Zusammenhang bedeuten die beiden Termini Personen der nämlichen Rechtsstufe in verschiedener beruflicher Stellung. Beim servus kommt sein bäuerlicher Charakter, beim mancipium die enge Verbindung mit der terra salaricia schon durch den einfachen Rechtsbegriff zum Ausdruck.[3]) Im übrigen kann unter mancipium, wie sich zeigen wird, sehr wohl auch der leibeigene Bauer verstanden sein. Mancipium steht dann isoliert. Servus und mancipium können sich so als Synonýma gegenseitig vertreten.

Graf Hundt[4]) gelangt für die Terminologie des 10. und 11. Jahrhunderts zu dem Schluß, daß der servus als höriger Diener sich „wesentlich von dem mit und ohne Gut vertauschten mancipium,“ dem Leibeigenen abhebe.

Servus ist der unfreie Hufenbauer κατ' ἐξοχήν. Sein Inhalt sieht nach zwei Seiten. Er berücksichtigt die rechtsständische und zugleich die soziale Natur eines Individuums. Er wird also nach doppelter Richtung begriffliche Gegensätze aufzuweisen haben: Rechtsgenossen, die sich ihrer wirtschaftlich-sozialen Qualität nach von ihm unterscheiden, andererseits soziale Standesgenossen, die sich ihrer juristischen Qualität nach von ihm unterscheiden.

In sozialer Beziehung bildet der unfreie Hintersasse als

---

[1]) Chronic. Lunael. pag. 16.

[2]) Mb. 107.

[3]) Vgl. v. Inama, l. c. I, pag. 67 ff. — Pez, l. c. T. 6. P. 1, pag. 64. — Mb. 36; 47.

[4]) Oberbair. Archiv. Bd. 34, pag. 257.

servus,[1]) servus casatus,[2]) famulus[3]) eine Klasse für sich gegenüber dem mit mancipium bezeichneten Hausgesinde des Herrenhofes. Als servus manens sondert er sich ab vom mancipium[4]) und vom servus in domo deserviens,[5]) als manens servilis vom mancipium infra domum.[6])

Seine rechtsständische Beschaffenheit und der hierdurch bedingte anders geartete Nexus zur Hufe trennt den bäuerlichen servus vom tributalis,[7]) colonus tributalis,[8]) liber tributalis,[9]) liber,[10]) libertus,[11]) barscalcus.[12]) Der servus und servus ecclesiae tritt in gleichem Verhältnis dem accola[13]) und colonus[14]) gegenüber, der servus manens dem liber manens[15]) und tributalis manens,[16]) der servus detentus und servus casatus dem liber detentus[17]) und liber casatus.[18])

Hieraus läßt sich bereits die Reichhaltigkeit der Benennungen erkennen, welche für die Bezeichnung des unfreien Bauern zur Verfügung stehen. Zur stärkeren Betonung des sozialen Ranges erhält der juristische Terminus bisweilen einen erweiternden Zusatz.

Dem servus analog ist der proprius servus.[19]) Der famulus[20]) und famulus serviens[21]) bedeutet den unfreien Hintersassen. Das mancipium, das auf dem Herrenhofe lebt, ist dabei sein soziales, der Bauer, der trotz grundherrlicher Gebundenheit kein Unfreier ist, sein rechtliches Pendant. In zusammengesetzten Ausdrücken

---

[1]) Mb. I, pag. 54. — Mb. 36; 47; 65; 571. — Urk. o. E. I. cod. trad. mon. Lun. 19. — Hundt, i. d. Abhandl. d. bayer. Akad. d. W. histor. Kl. XII, 1. Anh. II, Nr. 5, pag. 217.

[2]) Mb. I, pag. 52. — Urk. o. E. I. l. c. 25; 29; 31.

[3]) Mb. 45. [4]) Urk. o. E. I. l. c. 42. [5]) Mb. 107.

[6]) Cod. Rat. I, 30.

[7]) Mb. I, pag. 54. — Mb. 70. — Brev. not. IV; VII. — Cod. Pat. 22; 45. — Mon. Scheftl. 3; 6.

[8]) Mb. 49. [9]) Mb. I, pag. 52. [10]) Ind. Arn. VII. [11]) Mb. 28.

[12]) Ind. Arn. II; VI. [13]) Mb. 571. — L. Baj. I, 13.

[14]) Mb. 36; 40; 50. — L. Baj. I, 13.

[15]) Brev. not. II. [16]) Brev. not. I. [17]) Urk. o. E. I. l. c. 13.

[18]) Urk. o. E. I. l. c. 25; 31; 74; 83.

[19]) Mb. 771. — Mon. Scheftl. 26. [20]) Mb. 20; 30.

[21]) Mb. I, pag. 52.

wie servus habitans,[1]) servus manens und servus commanens,[2]) servilis manens,[3]) servus casatus[4]) gibt die erste Hälfte der Wortverbindung Aufschluß über die rechtsständische, die zweite Hälfte über die soziale Eigenschaft der betreffenden Person.

Der servus ist Mitglied der grundherrlichen Wirtschaft. Aber da er seinem juristischen Werte nach nur Leibeigener ist, so ist seine soziale Lage eigentliche keine definitive. Er ist Hufenbauer, weil es sein dominus so und nicht anders haben will. Der Herr könnte ihn jederzeit ganz an den Herrenhof fesseln. Er könnte ihn auf eine andere Hufe verpflanzen, seine Hufe veräußern, ihn selbst aber zurückbehalten, ihn selbst veräußern und die Hufe zurückbehalten. Das liegt im Bereiche juristischer Eventualität. In der Praxis des Wirtschaftslebens verhält sich aber all dies ganz anders. Da ist nicht so viel verändernde Bewegung im grundherrschaftlichen Organismus. Auf der Hufe kann sich die Arbeitskraft des servus am besten entfalten. Ganz instinktiv nützt man den psychologischen Faktor aus, daß man den unfreien Sassen auf seiner Hufe heimisch werden und ihn seine Scholle lieb gewinnen läßt. Man erweckt in ihm die Gewißheit, daß er nicht grundlos von seiner Stelle relegiert wird. So wird die Verbindung des Unfreien mit seiner Hufenwirtschaft in Wirklichkeit zu einer kontinuierlichen.

Wird von einer Hufe der Sasse genommen, so kommt dies einer Wertminderung der Hufe gleich. Bei Traditionen wird deshalb zugleich mit der Hufenstelle auch der Unfreie verschenkt, an den sie ausgetan ist. Rechtlich charakterisiert sich der Unfreie aber nicht als Pertinenz der Hufe. Vielmehr stellt sich dessen Mitveräußerung als die selbständige Aufgabe eines unbegrenzten Herrschaftsrechtes über einen Leibeigenen dar als eines Sachwertes für sich. Ob der neue Erwerber den bisherigen Sassen dann auch weiter auf der Hufe duldet, ist dessen An-

---

[1]) Urk. o. E. I. l. c. 115.

[2]) Brev. not. IV; XII; XVIII, 4; XXI, 5. — Mb. 107. — Urk. o. E. I. l. c. 42; 55; 67. — Pez, l. c. T. 6. P. 1, pag. 15.

[3]) Cod. Rat. I, 30.

[4]) Pez. l. c. T. 6. P. 1, 12; 13; 14; 17.

gelegenheit. Mit dem bäuerlichen servus ist in der Regel dessen ganze Familie in die Schenkung eingeschlossen, soweit sie gleichen Standes mit ihm ist.[1]) An den Besitzwechsel kann sich aber auch die Freilassung des servus knüpfen, der damit in die Klasse der liberi manentes aufsteigt und eine auch juristisch dauerhafte, dingliche Verbindung mit der Hufe eingeht.

So zeigt sich der mansus als die Heimat des servus, des servus casatus.[2]) Der servus verleiht ihm erst das Wesen eines mansus vestitus. Der unfreie Bauer selbst wird wirtschaftlich integrierender Bestandteil des mansus. Man rechnet ihn zu den utensilia der Hufe.[3]) Vom Rechtsstande ihres Bebauers erhält sie dann die individualisierende Bezeichnung eines mansus servilis.[4]) Andererseits macht der mansus, der den Sitz des servus bildet, seinen Bebauer zum servus manens. Würde dieser von der Hufe abgestiftet, so wäre er wieder ein gewöhnlicher Leibeigener, der jenen Namen nicht mehr verdient.

Hieraus folgt: erwähnt eine Urkunde die Schenkung eines servus manens[5]) oder die Überlassung eines mansus vestitus, so ist im ersten Fall stets eine Hufe, im zweiten stets ein Sasse in der Tradition inbegriffen, auch wenn diese nicht unter den Pertinenzen besonders aufgezählt sind. Diese Ergänzung wird durch den begrifflichen Inhalt der beiden Termini mit Notwendigkeit gefordert.

Im Vorstellungsvermögen hat der fortwährende Bestand dieser Wechselbeziehung so feste Gestalt gewonnen, daß die Hufe gewissermaßen identifiziert wird mit dem auf ihr angesiedelten bäuerlichen servus. Zugleich mit dem mansus sieht man den dazu gehörigen servus; ist vom servus die Rede, so stellt sich von selbst der Gedanke an dessen mansus ein. Die Lebendigkeit der Anschauung erzeugt dann eine formell fehlerhafte Ausdrucksweise, — die unmittelbare Begleiterscheinung einer vielsagenden Assoziation der Ideen. Zum Beispiel: . . . trado . . .

---

[1]) Urk. o. E. I. l. c. 67.
[2]) Mb. 280. — Ind. Arn. II; VII. — Urk. o. E. I. l. c. 25; 29; 31; 74; 83.
[3]) Mb. 280. [4]) Ind. Arn. VI, 2.
[5]) Vgl. Brev. not. XVIII, 4.

omnia mea ad me pertinentia . . . id est mansos duos Emicho cum uxore sua . . . et filio . . . cum familia et substantia sua quicquid habere videtur et alius servus nomine Wolfdeo . . .[1])

Die soziale Stellung, in der sich der servus als Inhaber selbständiger bäuerlicher Betriebe befindet, kommt natürlich auch im Verhältnis desselben zu den dem mansus synonymen Termini zum Ausdruck. Der servus wird mit seiner hopa, die hopa mit ihrem servus veräußert.[2]) Diejenigen Betriebseinheiten, die mit allen nötigen Kompetenzen ausgestattet vom Grundherrn an Unfreie zur Bestellung übergeben werden, tragen den rasch orientierenden Namen von hopae servorum plenae.[3]) Der servus erhält die colonia für seinen Herrn in dienstbereiter Verfassung.[4]) Vom Standpunkte des dominus aus ist der servus, der servus manens[5]) lediglich ein Zubehör der colonia. Er fällt der Kirche zu cum colonia sicut sedebat vestita.[6]) Man spricht daher von der plena colonia sicut servi debent habere,[7]) von den coloniae . . . cum casis et curtiferis, cum terra, cum pratis, sicut servi habent usum plenas colonias tenere.[8]) Die servi bewirtschaften sowohl neugegründete curtiferi[9]) als auch längst konsolidierte curtes, casae et curtes.[10])

Ein vir nobilis, also in den Augen der herrschenden Schule ein adeliger Grundherr, als den wir ihn in diesem Augenblick gerne gelten lassen, tauscht 1 hoba de terra arabili in Zorngeltinga ein gegen eine curtis cum domo in Hardhusun, bei welcher sich zwei servi befinden.[11]) Nicht der Tatbericht oder seine Terminologie, sondern nur die Auffassung des vir nobilis als Mitglied des Adels könnte die übliche Schulmeinung bestimmen, in dem Tauschobjekt den Teilbetrieb einer Grundherrschaft zu sehen. Was könnte sie hindern, im freien Eigentümer

---

[1]) Mb. 99.

[2]) Urk. o. E. I. l. c. 19; 38; 73. — Pez, l. c. T. 6. P. 1, pag. 64.

[3]) Mb. 530; 562. [4]) Mb. 338.

[5]) Brev. not. I; II; XII; XXI, 5. — Mb. 36; 47; 73; 562. — Urk. o. E. I. cod. trad. ant. eccl. Pat. 9; 41. — Cod. Pat. 65.

[6]) Mb. 235. [7]) Mb. 550. [8]) Mb. 530. [9]) Mb. 751.

[10]) Mb. I, pag. 52; 54. — Mb. 40; 45; 99; 107; 230. [11]) Mb. 838.

einer solchen curtis einen Eigenbauer zu erkennen, der den Hof mit Hilfe zweier leibeigener Knechte bestellt? — Daß der vollfreie Kommutant nicht als Eigenbauer auf der curtis sitzt, ergibt sich für uns aus dem sozialen Charakter des servus und aus der hufenmäßigen Begrenzung des im Tausche erworbenen Ackerkomplexes. Vermutlich hatte eben auch die bäuerliche curtis des unfreien Sassen die gewöhnliche Größe einer Hufe. Man hat aber auch von vorneherein die intuitive Empfindung, daß ein einfacher, bodensässiger Bauer solche Rechtsgeschäfte nicht abschließt. Der Kontrahent ist Grundherr, sein Besitz Streubesitz. An dem genannten Platz hat er diese einzige curtis — quicquid proprietatis ad Hardhusun visus fuit habere —, deren Nutzung bis dahin durch die mittradierten servi, vielleicht Mann und Frau, vermittelt wurde.

Die domus, in welchen die unfreien Hintersassen wohnen,[1]) sind zu unterscheiden von der domus mea des tradierenden Vollfreien.[2]) Auch in der lex[3]) unterliegen die Häuser der servi einer anderen Schätzung wie diejenigen der liberi. Ebenso haben die den mancipia gegensätzlichen homines habitantes[4]) ihre eigenen domus. Ihr Name ist nur eine weitere Bezeichnung für den einer Hufe zugewiesenen unfreien Hintersassen. Auch der nur mit dem einfachen Worte homo[5]) charakterisierte Unfreie lebt getrennt von der herrschaftlichen curtis. Er ist ein Bauer, der mit Weib und Kind und allem, was ihm anvertraut ist, cum domo sua et cum terra sua vel quicquid habere videtur, verschenkt wird.

Die dauernde Beschäftigung von Unfreien in Spezialgewerben, von denen einzelne wieder das Vorhandensein natürlicher Produktionsbedingungen voraussetzen, kommt namentlich im Bereiche größerer Grundherrschaften vor. In kleineren Betrieben beschränkte man sich auf die notwendigsten Anlagen. Weit dringender war hier die Verwendung aller Unfreien zur

---

[1]) Urk. o. E. I. cod. trad. mon. Lun. 42; 55.
[2]) Ibid. 88; 94. [3]) L. Baj. X, 1.
[4]) Urk. o. E. I. l. c. 2; 12; 32; 41.
[5]) Ibid. 88; 114. — Mb. 38; 69; 72.

Bebauung des Bodens. Als gelernter Arbeiter genießt der servus einen Affektionswert. Bei der Salzgewinnung [1]) wird er die unentbehrliche Pertinenz der Öfen und Pfannen. Er ist Müller [2]) und zusammen mit der molendina übergibt man auch ipsum servum qui eam custodit cum omni familia et utensilia eius. [3]) Dann ist der servus wieder ein geübter Winzer (vinitor, vindemiator), [4]) ein Zeidler, [5]) Fischer, [6]) pistor, scutarius oder faber. [7]) Da solche Leute besonders gesucht sind und man der Landwirtschaft ihre Kräfte nicht nehmen darf, so macht man von der Möglichkeit Gebrauch, das Besitzrecht an einer solchen Person zu teilen. [8]) So kommt deren Kunst mehreren Wirtschaften zugute, in denen die ständige Verwertung ihrer Fähigkeiten keinen genügenden Spielraum hätte.

Das mancipium umfaßt mit seinem Namen alle rechtlosen Individuen. Wie bereits bemerkt wurde, bedeutet es im engeren Sinn den Gesindeknecht des Herrenhofes als soziales Gegenstück des servus. Es steht aber doch dem Eigentümer des mancipium frei, mit dieser seiner Sache anzufangen, was er will. Wird eine Stelle leer, eine neue Hufe gewonnen, so macht er eben einen Bauer aus ihm.

Ein Herrenhof mit anspruchsvolleren Bedürfnissen im Hause oder mit einem ausgedehnteren Eigenbetrieb benötigt eine stärkere Zahl von mancipia. Ein reicher Grundherr, der über eine größere Menge Unfreier verfügt, kann auf eine sparsame Verwendung derselben verzichten. Der vornehme Grundherr, dessen Ansprüche durch einen stattlichen Hufenbesitz gesichert sind, kann zur Erhöhung seines Ansehens mehr mancipia in domo, [9]) mancipia infra domum, [10]) mancipia infra curte manentia [11]) auf dem Fronhof vereinigen. Diese verrichten das servitium cottidianum. Der durchschnittlichen sozialen Stellung des liber ebenso wie der Betriebsgröße der grundherrlichen Eigenwirtschaft widerspricht eine Haltung unfreien Gesindes, die die

---

[1]) Brev. not. IV. [2]) Mb. 907. [3]) Mb. 36.
[4]) Brev. not. II. — Mb. 51. [5]) Urk. o. E. I. l. c. 38.
[6]) Mb. 982. [7]) Ibid. [8]) Mb. 773. [9]) Mb. 66. [10]) Mb. 30.
[11]) Mb. 515. — Mon. Scheftl. 27.

Grenze des unbedingt Notwendigen überschreitet. Die Ausbeute der unfreien Arbeitskraft war bekanntermaßen von einer ganz anderen Tendenz geleitet. Der Herrenhof zerfiel in die curtis cum domo. Die mancipia in villis[1]) wurden auf eigenen Hufen angesetzt.

Das Ackerland ist der wertvollste Bestandteil des immobilen Kapitals, der Leibeigene als Sache das wichtigste mobile Produktionsmittel. Beide Güter bedingen sich gegenseitig, damit jedes von ihnen den ihm innewohnenden Nutzeffekt entwickeln kann. Eine übersichtliche Beschreibung des Produktivvermögens muß daher vor allem diese zwei wesentlichen Elemente berücksichtigen. Knappe, detaillose Angaben über den an einem bestimmten Orte befindlichen Eigentumskomplex der Tradenten heben so immer wieder den Besitz von territorium und mancipia hervor: ..... tradiderunt quicquid habere videbantur in territorio vel in mancipiis .....[2])

Über die Organisation, in welcher Boden und Arbeit zusammentreffen, ist mit dieser Pertinenzreihe zunächst etwas Positives nicht ausgesagt. Man kann nicht a priori behaupten, daß man es hier mit den hauptsächlichen Stücken der Wirtschaft eines Eigenbauern zu tun habe. In einem grundherrlich gegliederten Betriebe spielen diese Dinge die gleich hervortretende Rolle. Es läßt sich aber auch nicht zwischen den Zeilen lesen, daß der Tradent mit Hilfe von leibeigenen Knechten persönlich das Feld angebaut habe und nun seine ganze Habe aufgebe. Dagegen kann man darauf hinweisen, daß die Terminologie gesprächigerer Kompetenzformeln den Stempel grundherrschaftlicher Organisation trägt, daß, wie sich zeigen wird, das mancipium sehr oft eben nichts anderes ist als der unfreie Hintersasse und daß es daher nahe liegt, auch auf solch kurze Zusammenfassungen das bekannte und mögliche innere Verhältnis zwischen Leibeigenschaft und Ackerbestellung anzuwenden.

Beim mancipium, worunter der Haussklave ebenso wie der unfreie Bauer verstanden sein kann, geht die Kontrastwirkung

---

[1]) Mb. 66.

[2]) Mb. 64; 106; 174; 291; 355; 389; 399; 400; 410; 436; 451; 485; 495; 548.

zu Angehörigen seines Rechtsstandes auf die soziale Seite der Person: im Vergleich zur bäuerlichen Gruppe der Minderfreien ist entweder nur die rechtliche oder die rechtliche zusammen mit der sozialen Differenz betont.

Der soziale Unterschied gegenüber dem mancipium kommt zum Ausdruck in den Bezeichnungen servus,[1]) servus casatus,[2]) famulus,[3]) homo habitans,[4]) servus manens,[5]) familiae per domos,[6]) manentes.[7]) Das nämliche ist der Fall, wenn dem mancipium infra domum der manens servilis [8]) oder famulus [9]), dem mancipio in domo manens das mancipium in villis manens, [10]) dem mancipium singulare das mancipium manens[11] entgegengesetzt ist. Rechtlichen oder rechtlich-sozialen Inhalt hat die Gegenüberstellung des mancipium zu den Termini des accola,[12]) liber casatus,[13]) liber tributalis,[14]), tributalis,[15]) colonus,[16]) barscalcus.[17])

Daraus, daß mancipium durch weitere Attribute eine genauere Definition erfährt, wie bei den mancipia qui in domo mea sunt,[18]) den mancipia infra curte manentia[19]) folgt, daß es mancipia mehrfacher sozialer Gattung geben muß.

Diejenigen mancipia, welche zur Klasse der bäuerlichen Hintersassen gehören, heißen mancipia in villis manentia[20]) oder einfach mancipia manentia.[21]) Werden bei einer Schenkung, die aus mehreren Mansen besteht, mancipia qui in domo mea sunt..... ausdrücklich von der Tradition exkludiert, so ist dadurch mit genügender Klarheit die Existenz einer zweiten Gruppe von mancipia angedeutet. Diese sind begrifflich in den mansi enthalten und nehmen als deren selbstverständliche Pertinenz an der Besitzübertragung teil.

---

1) Mb. 36; 47; 65; 571. 2) Urk. o. E. I. l. c. 25; 29; 31.
3) Mb. 45. 4) Urk. o. E. I. l. c. 2. 5) Ibid. 42. 6) Mb. 91; 272.
7) Formul. Salzburg. 4. — Cod. Pat. 17. — Cod. Rat. I, 18.
8) Cod. Rat. I, 30. 9) Mb. 30. 10) Mb. 66. 11) Cod. Rat. I, 21.
12) Mb. 112; 274; 571. — Cod. Pat. 10.
13) Urk. o. E. I. l. c. 25; 31. 14) Mb. I, pag. 52. 15) Ibid. pag. 54.
16) Mb. 19; 30; 33; 36; 38; 62; 76. 17) Mb. I, pag. 52. — Mb. 707.
18) Urk. o. E. I. l. c. 70. 19) Mb. 515. 20) Mb. 66.
21) Pez, l. c. T. 6. P. 1, pag. 23.

Die Urkunde erwähnt den Sammelbegriff mansus, vermittelt in den zitierten mancipia die in der Grundherrschaft übliche verschiedenartige Verwendungsform der Unfreien und glaubt mit dieser Prägnanz des Ausdruckes die übrigen Einzelheiten der Tradition hinreichend verständlich zu machen.

Unter analogen Bedingungen wie der servus bildet das mancipium mit dem mansus ein wirtschaftliches Ganzes.[1]) Der mansus vestitus ist ihm gleich anderen abhängigen Sassen Grundlage eines selbständigen Haushaltes.[2]) Allein auf seine und seiner Familie Arbeitskraft angewiesen, erzeugt er den landwirtschaftlichen Ertrag seiner Hufe, die ihm selbst die Mittel zum Unterhalt liefert und das Ergebnis des grundherrlichen Eigenbetriebes steigern hilft. Außerdem aber muß er noch Zeit finden, auf den Herrenhof zu gehen. Ein Recht auf den dauernden Besitz seiner Stelle ist ihm nicht zuerkannt. Ganz unzweideutig führen die Urkunden auf: mansos 2 ..... et in eisdem mancipia 8 .....: dann heißt es wieder: sunt mansos vestitos ..... et inter mansos sunt ..... mancipia ..... Man spricht von mansi cum mancipiis, vom mansus vestitus cum mancipiis. Das anläßlich einer Visitation durch den Bischof Erchanbert verfaßte Güterverzeichnis von Perechirichun besagt, daß mancipia inter mansos vestitos continentur. Die Stiftung von mancipia cum omni vestitione[3]) negiert deren Beschäftigung als herrschaftliche Gesindeknechte. Ihre vestitio sind eben die ihnen nutzungshalber überlassenen mansi vestiti.

In den meisten Fällen konnten derartige Zusätze ohne Schaden unterbleiben. Die Zeugnispersonen waren mit den Besitzverhältnissen vertraut. Der organisatorische Zustand des konkreten Pertinenzkomplexes und der hierauf beruhende soziale Charakter der mancipia zeigen typische Formen. Man bediente sich sorgloser Kürze.

---

[1]) Mb. 89; 99; 184. — Urk. o. E. I. l. c. 1.

[2]) Mb. I, pag. 126. — Mb. 20; 86; 99; 206; 462; 534; 550; 907. — Mon. Scheftl. 2; 12. — Urk. o. E. I. l. c. 1. — Brev. not. XIV, 29. — Pez, l. c. T. 6. P. 1, pag. 23.

[3]) Mb. 114.

So liest man einmal in einer Urkunde:[1] . . . dimisit id est mancipia 8 et alium territorium . . . Vermutlich hatte man mit den mancipia gleichzeitig den durch den unfreien Bauern repräsentierten mansus im Auge, das ihm zur Bestellung überwiesene Land. Umgekehrt wird in einer Kompetenzformel mit den Worten cum mansis et cum aliis mancipiis infra casa manentibus[2]) bei den mansi offenbar Bezug genommen auf deren bäuerliche mancipia, ohne daß dies nun stilistisch rein zum Ausdruck kommt. So verschmelzen mansus und mancipium — wir konnten den gleichen Vorgang auch beim servus konstatieren — in der sprachlichen Versinnlichung der Anschauung zu einer Einheit. Die Hufe, die Basis für den Haushalt des bäuerlichen Unfreien, kennzeichnet die durch den Familienvater vertretene Familiengemeinschaft. Man will eine konkrete Hufe genauer bestimmen und nennt zu diesem Zwecke das auf der Hufe angesiedelte mancipium: . . . in mancipiis seu in coloniis . . . id vero sunt mansos plenos 2 cum filiis suis nom. williheri mahtlind et alt. mansos nom. aenicho enstila filias eorum perhtilt erchanhilt. . .[3])

Häufig sind mancipia die Inhaber neu angelegter Hofstellen.[4]) Als Bewohner der mansi und curtiferi führen sie bisweilen den volleren Namen von mancipia ibidem commanentia, mancipia ibidem manentia vel aspicientia.[5])

Wo neben mancipia curtiferi oder mansi die Tradition inhaltlich bestimmen, ein Herrenhof dagegen unter die Pertinenzstücke der Schenkung nicht eingereiht ist, da sind diese mancipia ausschließlich Sassen dieser bäuerlichen Stellen.[6]) Familienweise besorgen diese mancipia servientia[7]) die Wirtschaften der casae und curtes unter der leitenden Kontrolle ihrer Grundherrn.[8])

[1]) Mb. 457. [2]) Mon. Scheftl. 27. — Mb. 534.

[3]) Urk. o. E. I. cod. trad. ant. eccl. Pat. 41.

[4]) Mb. 442; 467; 521; 627; 644; 661; 944; 950. — Urk. o. E. I. cod. trad. mon. Lun. 19.

[5]) Form. Sal. Lind. 2; 3. — Cod. Pat. 46. — Urk. o. E. I. l. c. 124. — Ibid. cod. trad. ant. eccl. Pat. 27; 44.

[6]) Mb. 86: 225; 627; 678. — Mon. Scheftl. 12; 22. [7]) Cod. Pat. 18.

[8]) Meichelbeck, Chronic. Benedict. 1752. pag. 20. — Chronic. Lunael. pag. 59. — Mb. 29; 189; 865. — Urk. o. E. I. l. c. 55.

Das mancipium steht wie der servus in engstem wirtschaftlichen Konnex zu den coloniae.[1]) Die Wirksamkeit dieser Verbindung ist bald äußerlich erkennbar, bald durch die stilistische Konstruktion des Textes mehr oder minder verschleiert. Ausdrücke wie colonica cum mancipiis, coloniae cum mancipiis, coloniae sessae cum mancipiis lassen hierüber keinen Zweifel übrig. Bei der colonia vestita cum mancipiis tritt der Tatbestand, der dem durch vestitus verstärkten Hufenbegriff zugrunde liegt, besonders deutlich hervor. An anderen Stellen dagegen ist der Hinweis übergangen, daß zu den natürlichen Bestandteilen der coloniae mancipia gehören oder daß die bei den Kompetenzen erwähnten mancipia sich an eine entsprechende Anzahl von coloniae anlehnen.

Der venerandus homo Isi verfügt zum Beispiel,[2]) daß sein Allod in Ermangelung leiblicher Nachkommenschaft nach seinem Tode dem Bischof Hitto anheimfallen soll, omnia pleniter quae habere videretur culta et inculta, cum pratis et pascuis, cum omni utensilia vel in omnibus mancipiis et pecodibus. So lautet die Pertinenzbeschreibung der Stiftung. An die Tradition wird aber die Bedingung geknüpft, daß duae coloniae et mancipia 3 von der Schenkungsmasse ausgeschlossen sein sollen. Nur dadurch, daß dieser Vorbehalt gemacht wird, gewinnt man einen Einblick in das organisierte Wesen dieser ohne inneres Prinzip aufgezählten Sachgüter. Der Schenkungsvorbehalt klärt nämlich zweierlei in sich Zusammenhängendes auf: der gesamte tradierte Güterkomplex befindet sich in grundherrschaftlicher Wirtschaftsverfassung und zerfällt so in coloniae. Die Sassen derselben sind die in der Pertinenzformel aufgeführten mancipia.

Das mancipium ist im Besitze der hoba.[3]) Die hoba servorum plena, die plena colonia sicut servi debent habere wird von Unfreien bewirtschaftet, die nicht als servi, sondern als mancipia bezeichnet werden.[4]) Dies und schon die pleonastische Redeweise im Terminus mancipium serviens stellt die soziale Identität des servus- und mancipium-Begriffes innerhalb der an-

---

[1]) Mb. 57; 102; 142; 224; 226; 237; 409; 464; 490; 501; 550; 595; 647; 654; 705. — Brev. not. XVII, 3. — Urk. o. E. I. l. c. 41.

[2]) Mb. 488. [3]) Cod. Rat. I, 57. [4]) Mb. 550; 562.

gegebenen Grenze außer Frage. Servus und mancipium können sich im Sprachgebrauche gegenseitig ersetzen.[1])

Ein Freier bietet der Kirche: ... res meas ... domibus, aedificiis, pratis, pascuis, mancipiis.[2]) Die Retention eines Unfreien geschieht mit den Worten: nisi tantum unum servum. Die domus bilden den Mittelpunkt für abhängige, Leibeigenen übertragene Bauernstellen.

Zwei Urkunden[3]) behandeln die Schenkung einer Person an ein und demselben Platze. Für die Qualifizierung der gleichen Sache bedienen sie sich aber nicht gleicher, sondern unterschiedlich abgefaßter Pertinenzreihen. Der Sinn derselben muß sich also notwendig decken. Das erste Mal setzt sich die Formel zusammen aus servos, ancillas, pratas, rures, campos, silvas, aquarumque decursibus, mobile vel inmobile, cultum vel incultum. Die an die formulae erinnernde Wiederholung vermerkt mansos una cum domibus, aedificiis, curtiferis, cum wadriscapis, terris, silvis, campis, pratis, pascuis, perviis, ... mancipiis ibidem commanentibus utriusque sexus.

Der Priester Odalscalh überantwortet seinen Eigenbesitz dem Bischof hoc est terris, pratis, ... servis et ancillis ...[4]) Als diese Schenkung in einem Vindikationsprozeß gegenüber Odalscalhs Bruder Ruodolt geltend gemacht wurde, heißt es von ebendieser Tradition: ... propriam hereditatem ... cum terris arabilis vel cum mancipiis et pratis ...

In den Kommutationsnotizen ist es eine ganz gewöhnliche Erscheinung, daß Unfreie in gleicher oder annähernd gleicher Zahl gegeneinander ausgetauscht werden. Da von anderen Gegenständen nicht die Rede ist, so scheint sich das ganze Rechtsgeschäft auf diese Auswechselung leibeigener Personen zu beschränken.[5]) Servus und mancipium werden dabei innerhalb des nämlichen Kommutationsberichtes als völlig gleichwertig be-

[1]) Mb. 99; 805; 881; 958. — L. Baj. IX, 19. — Urk. o. E. I. cod. trad. mon. Lun. 18.

[2]) Pez. l. c. T. 6. P. 1, pag. 34.

[3]) Urk. o. E. I. cod. trad. ant. eccl. Pat. 26; 27.

[4]) Cod. Pat. 42. [5]) Vgl. Mb. 996; 997.

handelt. Wird der Terminus servus nur unter Hervorkehrung seines juristischen Inhalts verwendet, dann ist dies auch beim mancipium der Fall. Bedeutet aber servus auch in diesem Zusammenhang speziell den unfreien Hufenbauer, so überträgt sich dieser Sinn auch auf das mancipium.

Ein derartiger Austausch Leibeigener ohne Land hatte nur dann einen Zweck, wenn er Ehen zwischen den unfreien Angehörigen verschiedener Grundherrschaften ermöglichen sollte. Die Leistungsfähigkeit unfreien Gesindes, dem man jederzeit Befehle aufzwingen konnte, wurde wohl überall gleich hoch veranschlagt. Welchem Bedürfnis hätte so das bloße Auswechseln unfreier Arbeitskräfte abhelfen können, deren Beschaffenheit und Brauchbarkeit vielleicht nicht einmal allgemein bekannt ist?

Bei der Flüchtigkeit, mit welcher die große Menge der Kommutationsverträge aufgenommen wurde, dürfte dagegen mit Rücksicht auf die spezifische soziale Qualität des servus-Titels auch eine zweite Auffassung nicht ohne allen Halt sein. Wie durch andere Kommutationsakte hätte man hiernach durch die Hingabe bäuerlicher servi eine lokale Arrondierung des grundherrschaftlichen Besitzareals angestrebt. Es müßte sich also nach dieser Interpretation hinter dem servus dessen dingliche Beigabe verbergen, die im einzelnen durch die Bezeichnung ihres unfreien Sassen bestimmt ist. Das gleiche würde dann vom mancipium gelten. Geschieht der Austausch aber in allen Fällen zur Erleichterung von Heiraten, so kommt beim servus wie beim mancipium ausschließlich das ursprüngliche Rechtsverhältnis der Unfreiheit ohne soziale Zutat in Betracht; höchstens daß dem von der Hufe genommenen servus noch der terminologische Schatten seines bisherigen sozialen Ranges anhaftet.

Andere Quellenstellen lassen die soziale Eigenschaft des mancipium wieder als eine einseitig bäuerliche erscheinen. Mancipia, welche einen Leibzins entrichten müssen oder nur an genau normierten Tagen zum Frondienst herangezogen werden sollen,[1]) können nur Bauern gewesen sein. Denn wäre ein solcher

[1]) Mb. 797. — Vgl. Mb. 142.

Unfreier als Knecht ständig im Eigenbetriebe einer grundherrlichen oder auch bäuerlichen Freienwirtschaft tätig gewesen, warum trägt man ihm die Ableistung zweier Frontage auf und womit konnte er sich dann den Wert der ihm auferlegten Abgabe erarbeiten? Er braucht eine Hufe, um sich und seiner Familie in der Zeit wirtschaftlicher Ungebundenheit den nötigen Unterhalt zu verschaffen, der ihm sicher nicht von seinem Leibherrn als Äquivalent für kurze Dienstfristen geboten wurde. Es muß ein anderes Motiv als das Interesse an der bloßen Dienstverpflichtung gewesen sein, das den Eigentümer der mancipia veranlaßt hat, den Eintrittstermin der Schenkung bis zu seinem Tode hinauszuschieben und das die Kirche ihren Vorteil in dieser Stiftung sehen ließ. Der Traditionsempfänger hat eben mit den mancipia zugleich deren Hufen erworben. Mit dem Rechtsverhältnis dieser mancipia hat es aber eine besondere Bewandtnis. So wie sie sich hier zeigen, sind sie keine Unfreien mehr. Es projiziert sich in ihnen vielmehr bereits der Zustand, der ihnen späterhin eigen sein soll. Bis zur Fälligkeit der Schenkung sind sie wie andere leibeigene Bauern einer Herrschaftsgewalt unterworfen, die keine rechtlichen Grenzen kennt. Aber mit ihrer Übernahme in geistlichen Besitz sollen aus ihnen minderfreie Zinsbauern werden, deren dingliche Dienste und Lasten noch von ihrem früheren dominus bestimmt geregelt werden. Im Texte der Urkunde aber ist die ihnen bis dahin rechtlich noch zustehende Bezeichnung als mancipia noch nicht geändert. Eine terminologische Präzisierung ihrer künftigen Rechtsqualität aber hat man vorerst unterlassen. —

Als Zubehör einer casa cum curte veräußert ein Tradent im Zusammenhang mit dieser drei Bauern mit ihren separaten Hofstätten, casatos tres cum domibus, aedificiis eorum.[1]) Zugleich mit diesen, denen drei getrennte selbständige Haushaltungen entsprechen, treten auch ihre Familien in das neue Gewaltverhältnis ein. Juristisch indifferenter Natur erweisen sich die casati durch ihre Bezeichnung als mancipia ihrem Rechtsstande nach als unfreie Leute.

[1]) Urk. o. E. I. cod. trad. mon. Lun. 100; vgl. ibid. 3.

In einer Urkunde findet sich einmal die Stelle: ... addidit mancipia 10 ... et barscalcum 1.[1]) Die mancipia sind hiebei dem Namen nach einzeln aufgeführt. Aus der Verteilung der männlichen und weiblichen Elemente wird ihre Abschichtung nach Familiengruppen erkennbar. Aber noch ein anderer Gesichtspunkt deutet auf eine hauswirtschaftliche Sonderung und demgemäß auf die hufenartige Ansiedelung der mancipia hin: der für die Formulierung der Schenkung gewählte Wortlaut.

Eine streng juristische Sprache müßte sich ganz anders ausdrücken, als dies hier der Fall ist. Die verwendete konstruktive Verbindung der Satzglieder beruht nämlich auf einer logischen Vermengung des juristischen Gehaltes der Schenkung, die für die verschiedenen von ihr berührten Personen und Gegenstände nicht von einer einheitlichen Wirkung begleitet ist. Hervorgerufen wird diese begriffliche Unordnung durch ein Haften an den sichtbaren Äußerungen des Rechtsvorgangs. Tatsachen von gleichem wirtschaftlichen Werte, aber ihrem Ursprunge nach von verschiedener rechtlicher Begründung werden in der Beurkundung des Rechtsgeschäftes unter Betonung der wirtschaftlichen Analogie nebeneinandergestellt. Die geheime, rechtlich wesentliche Differenz wird übergangen. Dies trifft sowohl für die Traditionsnotiz des barscalcus wie für die des mancipium zu. Die Bodenständigkeit des mancipium aber wird durch diese Methode in kräftige Beleuchtung gerückt.

Es sei hier schon im voraus erwähnt, daß der Barschalk, wie an anderer Stelle bewiesen wird, minderfreier Bauer gewesen ist. Er wird also in seinem Rechtsstande durch kein subjektives Recht beeinträchtigt, das etwa wie das Eigentum des Leibherrn am Sklaven seine Person ergreift. Das Band, das ihn an seinen Herrn fesselt und der unbeschränkten Freiheit benimmt, ist dinglicher Natur. Er klebt an der Scholle der dem Grundherrn zu Eigentum gehörenden Hufe; aber er hat zugleich einen Besitzanspruch auf dieses Stück Erde. Das Eigentumsrecht an einer von einem Barschalken bewirtschafteten Hufe kann

---

[1]) Mb. 707. — Vgl. Cod. Odalb. 85.

veräußert werden, aber nicht der Bauer selbst. Ein Wechsel im Hufeneigentum hat für den Hufeninhaber notwendig eine Veränderung in der Person des Grundherrn im Gefolge.

Wir wissen, daß beim unfreien Bauern diese Beziehungen anders liegen. Beim Unfreien gibt der dominus mit dessen Hingabe die totale Herrschaft über das Individuum auf. Ein Wechsel im Eigentum einer von einem Unfreien bewirtschafteten Hufe hat für den Hufeninhaber nicht notwendig eine Veränderung in der Person des Grundherrn im Gefolge. Geschieht dies trotzdem, so hat der Herr, zugleich Leibherr und Grundherr, zwei rechtlich selbständige Gegenstände gleichzeitig abgetreten.

Diese beiden Auffassungen sind in der zitierten Ausdrucksweise durcheinander geworfen. Da das mancipium mit seiner Hufe verschenkt wird, so haben die beiden Verhältnisse eine zu verführerische Ähnlichkeit: Mit dem mancipium geht seine Hufe auf den neuen Herrn über; der barscalcus geht mit seiner Hufe auf den neuen Herrn über. Dies bedeutet vom wirtschaftlichen Standpunkt aus den gleichen Effekt. Beim mancipium ist die Tradition seiner Hufe ein rein tatsächlicher, rechtlich nicht geforderter koinzidenter Vorgang. Die Übernahme des barscalcus mit seiner Hufe hat eine rechtliche Stütze. Die Koinzidenz ist essentiell.

Man sieht, daß Sassen mit ihren Stellen an einen neuen Herrn fallen, verzeichnet dies und verschweigt nun, was rechtlich von Belang ist: daß mit dem mancipium die bisher von ihm verwaltete Hufe übernommen wird, daß der barscalcus den Grundherrn wechselt, weil dies seine Hufe tut. Der logisch ungenaue Vermerk des persönlichen Übergangs des Barschalken hat ein tatsächliches, scheinbar kompletes Analogon in der Tradition des mancipium. Die Erwähnung der Hufen der mancipia fehlt, weil man ihre dauernde Verbindung mit den unfreien Bauern für ebenso selbstverständlich hält wie den Zusammenhang zwischen den Stellen minderfreier Barschalken und ihren Inhabern.

Der Bischof überweist die genannten mancipia einem Tradenten zu Benefiz. Könnte diese für eine Laienwirtschaft immerhin beträchtliche Zahl von Unfreien durch ihre Hufen sich nicht selbst erhalten, so käme der mit ihnen Bedachte, und vollends wenn er ein Bauer ist, wahrscheinlich in Verlegenheit. Selbst in einer ausgedehnten Besitzung läßt sich nicht ohne weiteres für dieselben Raum schaffen. Denn neue Hufen können nicht mit beliebiger Geschwindigkeit gebildet werden und das Gesinde des Herrenhofs will ernährt und beschäftigt sein. —

Die Unfreie weiblichen Geschlechts[1]) heißt ohne Rücksicht auf ihre wirtschaftliche Verwendung ancilla, propria ancilla, mulier, femina. Meist wird sie als solche von den mancipia und servi nicht besonders geschieden, sondern wird, als Ehefrau oder Tochter zum Hausstand des unfreien Familienvaters gehörig, einfach unter die übrigen mancipia gerechnet. Bei einer detaillierten Aufzählung der Leibeigenen verrät sie ihr Geschlecht durch ihren Namen.

Die ancilla wird für sich allein vertauscht. Dann handelt es sich wohl um eine unverheiratete Tochter eines unfreien Sassen oder um ein Mädchen im Gesindeverhältnis oder um die Witwe eines Hufenbauers, die ihrer Stelle entsetzt wurde. Die Kommutation bezweckt die Ermöglichung von Heiraten. Es kommt jedoch auch vor, daß eine ancilla offenbar als allein verantwortliche Wirtschafterin auf einer colonia haust und nun mit dieser einer anderen Grundherrschaft angegliedert wird.[2]) Die Kinder verbleiben dann, jedenfalls soweit sie noch nicht mündig sind, der Mutter und verlassen mit ihr den bisherigen dominus.[3])

Eine ancilla zusammen mit einem proprius servus, vielleicht sogar auf Befehl des Herrn zur Gemeinschaft vereinigt, bildet den Grundstock einer unfreien familia. Man trägt dieser Familie die Bestellung einer colonia auf; diese bietet ihr dann dauernd Herd und Heimat.[4]) Familia ist aber auch die technische Bezeichnung für die Gesamtheit der einem freien Grundherrn untertanen Leute.

---

[1]) Mb. 770. [2]) Mb. 1009. [3]) Mb. 1010.
[4]) Mb. 462; 533. — Mon. Scheftl. 26. — Cod. Pat. 68.

Die lex[1]) warnt davor, des Nachbars Ernte durch allerlei Zaubereien zu verhexen. Bei allen, welche durch diesen aranscarti-Frevel betroffen werden können, scheint der Besitz einer familia als selbstverständlich vorausgesetzt zu sein. Eine familia befindet sich so gewiß in ihrem Wirtschaftsvermögen wie Haus, Hof, Gerätschaften und Vieh.

Durch das Zaubermittel sollen dem Feinde, den man schädigen will, alle Früchte ausbleiben. Woher auch immer er einen Ertrag erhoffen mag, sei es von seiner Eigenwirtschaft, sei es von den Stellen seiner familia, nichts gerät ihm. Der Fluch hat sein ganzes Gut ergriffen. Wenn durch derlei „schlimme Künste" die Felder verderben, sowohl die des Herrenhofs, wie die der Hufen, so stellt sich nicht nur beim Grundherrn, sondern auch bei dessen Grundholden Mangel ein. Der Urheber dieses Mißstandes wird deshalb für ein ganzes Jahr, bis die Ernte wieder zur Reife kommt, zur Unterhaltungspflicht des geschädigten Wirtschaftsbetriebes verurteilt. Es obliegt ihm infolgedessen auch die Sorge für die familia des Vollfreien.

Wird das Haus eines Freien in Brand gesteckt, so eilen dessen familiae zur Löscharbeit herbei.[2]) Daß darunter die rings um den Herrenhof wohnenden Sassen gemeint sind, ergibt sich aus der Lesart der Cod. E. 9. und G. des text. leg. tert. IX, 4, die für a familiis die Worte a famulis gebraucht.

Die vom Besitzerstandpunkt des Grundherrn aus als Einheit wirkende familia, zu der Ackerleute und Gesindeknechte zählen, gliedert sich wieder in eine Mehrheit natürlicher Familiengruppen unfreier famuli. Die Unfreien, die durch geschlechtliche Verbindung und Verwandtschaft nach einem dauernden Zusammenschluß verlangen, gelten auch dem Grundherrn als besonders geeignet zur wirtschaftlichen Selbständigkeit. Sie bekommen eine Hufe und führen nun gemeinsam Wirtschaft und Haushalt. Dies dokumentiert auch nach außen die Zusammengehörigkeit der kleinen Familie, eint diese innerlich und weckt in ihr Gefühl und Interesse der Solidarität.

---

[1]) L. Baj. XIII, 8. [2]) L. Baj. X, 4.

Die familiae per domos werden so unterschieden von den mancipia im engeren Sinn.[1]) Je eine familia ist regelmäßig mit einer colonia verbunden.[2]) Nur ganz ausnahmsweise, als Notbehelf während einer vorübergehenden Störung der Organisation, dient eine Hufe mehr als einer familia als wirtschaftlicher Rückhalt. Mit dieser ihrer faktischen Habe werden die familiae verschenkt.[3]) Die einzelnen Personen dieser Unfreienfamilien sind unter wesentlicher Hervorkehrung des sozialen Momentes servi. Ihre Häuser stehen im Mittelpunkt einer jeweils geschlossenen bäuerlichen curtis.

Zwei Urkunden,[4]) die von dem nämlichen Tradenten und von der gleichen Örtlichkeit ausgehen, sprechen so das eine Mal ... von mancipia, familiae per domos, silvae, pascua, prata ..., das andere Mal dagegegen von ... casae, curtes, servi et ancillae ...

Mit der typischen Verfassung der Hufe ist die Ansiedelung einer Menge Unfreier, welche die Durchschnittsstärke einer Familie übersteigt, auf dem Areal der Hufe unvereinbar. Der Spielraum, den eine Hufe der Ernährungsmöglichkeit und der Betätigung von Arbeitskraft gewährt, ist einem gegebenen Verhältnis angepaßt und daher beschränkt. Diese Tatsache muß zu unheilbaren Widersprüchen führen, wenn man den mansus gar als die erschöpfende Grundlage einer „gemeinfreien" Bauernwirtschaft betrachtet und auf der anderen Seite sieht, daß der vollfreie Tradent über eine größere Anzahl Unfreier verfügt. Neben einem vollfreien Bauern, der selbst als das rührigste Glied seiner Eigenwirtschaft gedacht ist, hätten diese Leibeigenen keinen Platz auf einer Stelle, die in ihrer ganzen Anlage gerade für den Bedarf einer einzigen Familie zugeschnitten ist.

Von der bayerischen Grundherrschaft der späteren Zeit ist bekannt, daß die Dienstboten im Hause und die Tagelöhner, durch die Fronden der Hintersassen entbehrlich gemacht, zurücktreten. Aus dem gleichen Grunde konnte der Herrenhof der älteren Grundherrschaft, dessen Umfang sich gewöhnlich in den Grenzen des Hufenfußes hielt, auf eine größere Schar unfreien

---

[1]) Mb. 272; 91. [2]) Mb. 81; 224; 259.

[3]) Brev. not. XVII, 2. [4]) Mb. 91; 97.

Hausgesindes verzichten. Keinesfalls aber konnten auf der herrschaftlichen curtis ganze mancipia-Familien untergebracht werden.[1]) Dies wäre hier ebenso wenig angängig gewesen wie im Betriebe einer freibäuerlichen Wirtschaft.

Adalhart[2]) verschenkt mit einer curtis cum domo neben den dazu gehörigen omnia aedificia und den sonstigen Pertinenzen sechs mancipia. Die Zahl der tradierten Unfreien, die Definition des Hufenbegriffs und die Hufenähnlichkeit der curtis deuten auf eine grundherrschaftliche Verwertung der Betriebsmittel hin. Adalhart war nun wirklich auch nicht auf einen einzigen mansus von dem landesüblichen Flächengehalt angewiesen. Denn er könnte sonst nicht eine Strecke von 30 iurnales, also gerade Grundstücke von der Größe einer kompleten Hufe, zugunsten seiner Tochter aus dem Schenkungskomplexe eximieren. Wie schon die Mehrheit der mancipia eine Hufenmehrheit vermuten ließ, so mußten auch jetzt noch für die curtis und die mancipia terrae cultae et incultae, prata und pascua in jedenfalls betriebsfähiger Fülle übrig bleiben.

Soweit die Urkunden nach dieser Richtung überhaupt einen Einblick gestatten, ist mithin die Frage, wie viele Unfreie der Tradent bisher besessen hat, von ausschlaggebender Wichtigkeit. Hierauf basiert manchmal allein die Entscheidung über das Betriebssystem, nach welchem dessen Ländereien genutzt worden sind.

Wir erinnern hier an teilweise Bekanntes. Die annähernde Ermittlung der in einer Hand vereinigten Unfreien kann sich auf die Mitteilung der überhaupt tradierten Leibeigenen stützen: so und so viele mancipia werden übergeben; von den zu einer Vermögensmasse gehörigen mancipia wird der oder jene aliquote Bruchteil veräußert. Die Angaben hierüber können wieder entweder so eingehend sein, daß sich der absolute Bestand an Unfreien leicht berechnen läßt oder sie können allgemeiner gehalten sein. Die Zahl der im Eigentum eines Tradenten befindlichen Unfreien läßt sich aber auch aus der Zahl derjenigen

[1]) Mb. 51; 344; 364. [2]) Mb. 522.

Unfreien ungefähr bestimmen, die bei der Schenkung dem Besitze des Stifters vorbehalten bleiben. Es kann hier die Zahl der tatsächlich verliehenen Unfreien genannt sein oder fehlen. Je nachdem steigert sich die Genauigkeit des Ergebnisses.

Steht die gewonnene Ziffer im Einzelfalle in keinem Verhältnis zum Gehalte der Hufe, so hat man es mit grundherrschaftlich organisierten Grundstücken zu tun.[1]) Eine solche Ziffer kann schon allein aus der Zahl der tradierten oder eximierten Unfreien resultieren oder erst aus der Summe der tradierten und eximierten Unfreien eines Schenkungsaktes.

Auf die verschiedene Übung im Zählungsverfahren der namentlich oder numerisch aufgeführten Unfreien wurde bereits an anderer Stelle aufmerksam gemacht. Wir konnten damals feststellen, daß bei derartigen genaueren Erläuterungen nach einer mehr oder minder intensiven Methode verfahren wird. Bald wird nur das männliche Familienhaupt berücksichtigt, bald geschieht dies auch hinsichtlich der uxores der mancipia und endlich können alle Mitglieder einer familia, auch die infantes und infantuli, die filii und filiae der leibeigenen Eltern von der Zählung erfaßt werden. In der Regel scheint man nur die erwachsenen Männer und Weiber als die wertvollsten Arbeitskräfte der Hufe beachtet zu haben. Unmündige Kinder hat man wohl so lange übergangen, als dieselben der Hufe nur zur Last fallen. Ist deren Einbeziehung nicht ausdrücklich erwähnt, so wird man an dieselben nur dann zu denken haben, wenn eine übergroße Masse Unfreier in keinem Verhältnis zu einer gegebenen Menge von Hufen steht.

Mancipium bedeutet den Unfreien sowohl männlichen wie weiblichen Geschlechts. Häufig ist die Redensart mancipia utriusque sexus.[2]) Die Formulae [3]) sprechen von hominibus ibidem com-

---

[1]) Vgl. z. B. Mb. 51; 53; 89; 90; 97; 99; 103; 155; 179; 189; 198; 206; 297; 344; 364; 375; 409; 410; 442; 443; 445; 453; 457; 464; 482; 495; 523; 537; 540; 621; 627; 631; 635; 643; 655; 656; 663; 665; 669; 691; 907; 950; 1000. — Brev. not. XIV, 34. — Urk. o. E. I. cod. trad. ant. eccl. Pat. 12. — Ibid. cod. trad. mon. Lun. 6; 105; 130.

[2]) Z. B. Mb. 230; 420. [3]) Form. Sal. Lind. 1; 2.

manentibus vel aspitientibus nominibus his illos vel illas und von mancipiis ibidem commanentibus vel aspitientibus utriusque sexus. Seltener ist die direkt numerische Scheidung der Leibeigenen nach der Geschlechtszugehörigkeit wie mancipia 6, viros tres et feminas tres in iuventute permanentes.[1]) Eine Sonderung der mancipia in Männer und Frauen ist nur bei namentlicher Bezeichnung der Unfreien einigermaßen möglich. In diesen Fällen verteilen sich die einzelnen mancipia, mit geringen Schwankungen zuungunsten der Weiber, im allgemeinen gleichmäßig auf die beiden Geschlechter.[2]) Auf einen Mann trifft durchschnittlich eine Frau. Man darf daher annehmen, daß die Hälfte der tradierten mancipia der Zahl der tradierten Hufen gleichkommt. Ein männlicher Unfreier stellt zusammen mit einer weiblichen Unfreien das wesentliche Element einer Unfreienfamilie und zugleich einer Hufenwirtschaft dar. Sie sitzen gemeinsam auf dem ihnen überlassenen mansus.

Der Inhalt einer Schenkung umfaßt . . . mansos 10 cum familiis . . .[3]) Im Anschluß hieran werden beispielshalber einige Namen angeführt, welche Einzelpersonen dieser familiae bezeichnen. Im ganzen lassen sich in Übereinstimmung mit der Zahl der mansi zehn Gruppen auseinanderhalten. Eine familia, Mann und Frau, korrespondiert jeweils mit einem mansus. Der Mann, als eigentlicher Haushaltungsvorstand die Hauptperson, wird stets mit seinem Namen genannt. Bei den Weibern ist dies schon nicht mehr durchgängig der Fall. Die Kinder lernt man ihrem Namen nach überhaupt nicht kennen.[4])

Dieser abkürzende Modus findet sich in einer Urkunde, die im übrigen breit angelegt ist und auch ins Detail geht. Die hier beliebte Manier läßt sich daher zum Zwecke der Interpre-

---

[1]) Mb. 530.

[2]) Mb. I. pag. 50. — Mb. 172; 179; 190; 344; 364; 376; 403; 409; 410; 442; 445; 453; 460; 462; 475; 523; 540; 551; 553; 554; 562; 596; 602; 607; 615; 616; 621; 627; 631; 635; 638; 643; 644; 656; 688; 691; 677. — Cod. Pat. 68.

[3]) Mb. I. pag. 50.

[4]) Vgl. Mb. 230; 280. — Cod. Pat. 17. — Urk. o. E. I. l. c. 38. — Pez, l. c. T. 1. P. 3, pag. 83.

tation auch auf die familienweise Gliederung anderer kursorischer mancipia-Reihen übertragen. Die formale Unvollständigkeit scheint mit der wirtschaftlichen Idee zusammenzuhängen, die im Unfreien und seiner Familie eine Gesamtmenge von Arbeit, eine mehrköpfige Arbeitseinheit, für die Bebauung abhängiger Hufen erblickt. Repräsentiert wird dieselbe durch die Spitze der Familie. Im Gesinde des Herrenhofs treten nur einfache Arbeitseinheiten, gemessen nach der Zahl der Einzelpersonen, in die Erscheinung. Bei den bäuerlichen Stellen aber rechnet man nach der durch das männliche mancipium verkörperten, zusammengesetzten Arbeitseinheit.[1])

Obwohl die Ziffer der tradierten Unfreien im ganzen unbedingt eine höhere sein mußte, heißt es doch nur: tres servi Ratmunt, Wizmunt, Muno cum uxoribus et filiis suis.[2]) Frauen und Kinder zählen nicht.

Aber auch bei namentlicher Erwähnung sämtlicher unfreien Familiengenossen erfolgt die numerische Angabe doch nur in Beziehung auf den Haushaltungsvorstand. Dadurch wird die Zahl der tradierten Unfreienfamilien zum Ausdruck gebracht. Hinter einem servus steht eine ganze Familie. Zum Beispiel: ... u n u m servum nomine Adalperht et uxor eius Waldni cum filiis suis nomine Crimperht, Zeizilo ...[3]) In zwei Urkunden[4]) wird die Summe der überlassenen homines habitantes jedesmal auf drei angegeben. Da aber auch Frauen und Kinder in die Schenkung einbezogen sind, erhält die Kirche effektiv einen Zuwachs an unfreien Personen, der mehr als das Doppelte der zitierten Zahl ausmacht.

Bisweilen kommt es aber auch vor, daß s ä m t l i c h e Unfreien durch ihren Namen verzeichnet werden[5]) u n d auch bei der numerischen Zusammenfassung als gleichwertige Posten gelten. Erst dann entspricht die Zahl vollkommen dem wirklichen Verlauf: ... mancipia 3 id est Alblind et filii eius 2 ...[6])

[1]) Vgl. Mb. 73; 81; 230; 235; 280. — Brev. not. IX; XV, 5. — Cod. Rat. I, 5.

[2]) Mb. 95. [3]) Mb. 178. [4]) Urk. o. E. I. l. c. 12; 41. [5]) Mb. 235; 99.

[6]) Pez, l. c. T. 1. P. 3, pag. 272. — Mb. 226; 242.

Diese Form findet sich ab und zu bei kleineren Schenkungen angewandt, bei Loslösung einzelner Hufen aus der Grundherrschaft. Von einer Einheitlichkeit im Zählungsmodus kann jedoch keine Rede sein. Die Wahl des Verfahrens ergibt sich jeweils aus der Zahl der Hufen im Vergleich zur Zahl der erwähnten mancipia. So fluktuieren die Angaben über die mit einer Hufe verbundenen Unfreien innerhalb gewisser Möglichkeiten, je nachdem nur die Eltern oder auch die erwachsenen Kinder oder alle Köpfe innerhalb der Familie durch die Zählung ergriffen werden. Hieraus sind die Differenzen in den Beispielen zu erklären: una familia cum mancipiis 4 et cum ipsa ipsa colonia;[1]) colonias 2 et mancipia utriusque sexus numero 6;[2]) mansus vestitus cum 2 mancipiis, nomina mancipiorum Waldhram, Deotswind.[3])

Der presbyter Ascrih dotiert a. 817 zu Kysalpah, quicquid ibidem habere agnoscitur hoc est terris, silvis, campis, pratis, pascuis, mancipiis . . .[4]) Es sind im ganzen acht mancipia, darunter vier Weiber. Indem sich an die überwiesenen Pertinenzen die Vorstellung von drei bis vier Unfreienhaushaltungen mit ebenso vielen bäuerlichen Betrieben heftet, schließt man auf die Grundherrnqualität des Priesters. Auf diese Weise wird Ascrih richtig beurteilt. Er zeigt sich bei einer späteren Schenkung vom Jahre 830[5]) als ein an zwei weiteren Plätzen begüterter Eigentümer, dessen Wirtschaft im ganzen durch 19 Unfreie versehen wird.[6])

Heben sich in einer Pertinenzreihe mancipia-Familien in Gruppen von einander ab,[7]) so geschieht dies deshalb, um gleichzeitig die Anschauung einer parallelen Anzahl separater Hufenbetriebe zu vermitteln. Die Beschreibung des Traditionsobjektes bewegt sich in natürlichem Gange von einem Unfreienhaushalt zum andern.

Prüft man nun einzelne Urkunden unter dem Gesichts-

---

[1]) Mb. 224; 259. [2]) Mb. 230. [3]) Mb. 462. [4]) Mb. 364. [5]) Mb 553.
[6]) Vgl. Mb. 551; 409; 410; 462; 627.
[7]) Mb. 51. — Vgl. Mb. 72; 190; 242; 376; 409; 410; 462; 644; 656; 707. — Urk. o. E. I. l. c. 124. — Pez, l. c. T. 1. P. 3 pag. 83.

punkte, wie sich die Zahl der Unfreien zur Zahl der mit ihnen verbundenen bäuerlichen Betriebe, der mansi, coloniae, hobae, curtes und curtiferi verhält, so gelangt man zu folgendem Ergebnis:

Im Zusammenhang mit einer einzigen Hufe werden genannt

in	5	Fällen	je	1	Unfreier,[1]	
„	5	„	„	1	familia,[2]	
„	6	„	„	2	Unfreie,[3]	
„	6	„	„	3	„	[4]
„	1	Falle		4	„	[5]
„	1	„		5	„	[6]
„	1	„		6	„	[7]
„	1	„		7	„	[8]

Auf 2 Hufen treffen

4	mal	je	2	Unfreienfamilien,[9]	
3	„	„	3	Unfreie,[10]	
1	„		4	„	[11]
6	„	„	6	„	[12]
1	„		7	„	[13]
3	„	„	8	„	[14]
2	„	„	9	„	[15]
1	„		10	„	[16]

Auf 3 Hufen kommen in je 1 Falle 3 Unfreienfamilien,[17] 3[18] und 6[19] unfreie Personen; auf 4 Hufen einmal 10[20] Unfreie; auf 5 coloniae 1 mal 10,[21] auf 6 bäuerliche Stellen ein-

[1]) Mb. 73; 102; 563; 644. — Brev. not. IX.
[2]) Mb. 235; 259. — Cod. Pat. 65. — Urk. o. E. I. l. c. 38; 73.
[3]) Mb. 313; 462; 501; 533; 865. — Cod. Odalb. 57.
[4]) Mb. 295; 490; 505; 647; 658; 944.
[5]) Mb. 224 (= 1 familia). [6]) Mb. 944. [7]) Mb. 595.
[8]) Cod. Rat. I, 50.
[9]) Mb. 99; 280; 142. — Urk. o. E. I. cod. trad. ant. eccl. Pat. 41.
[10]) Mb. 19; 654. — Brev. not. XVII, 2. [11]) Mb. 644.
[12]) Brev. not. XIV, 29. — Mb. 184; 230; 237; 242; 338.
[13]) Mb. 198. [14]) Mb. 643; 907. — Cod. Rat. I, 18.
[15]) Mb. 504; 950. [16]) Mb. I. pag. 126. [17]) Mb. 681.
[18]) Mb. 800. [19]) Cod. Odalb. 61. [20]) Ibid. 88. [21]) Mb. 1016.

mal 31,[1]) ein zweites mal 15[2]) Unfreie; auf 9 mansi einmal 52[3]) mancipia; auf 10 mansi einmal 10 familiae,[4]) ein anderes mal 18 Unfreie.[5])

Es stehen also

1	familia	5	mal	je 1	Hufe,
2	familiae	4	„	„ 2	Hufen,
3	„	1	„	3	„
10	„	1	„	10	„

gegenüber. In den 11 Fällen, in denen familiae in Beziehung zu Hufen gesetzt werden können, trifft regelmäßig auf eine Hufe eine familia.

Ferner lassen sich zusammenhalten

1	Unfreier	mit	1	Hufe	5	mal;
2	Unfreie	„	1	„	6	„ ;
3	„	„	1	„	6	„ ;
3	„	„	2	Hufen	3	„ ;
3	„	„	3	„	1	„ ;
4	„	„	1	Hufe	1	„ ;
4	„	„	2	Hufen	1	„ ;
5	„	„	1	Hufe	1	„ ;
6	„	„	1	„	1	„ ;
6	„	„	2	Hufen	6	„ ;
6	„	„	3	„	1	„ ;
7	„	„	1	Hufe	1	„ ;
7	„	„	2	Hufen	1	„ ;
8	„	„	2	„	3	„ ;
9	„	„	2	„	2	„ ;
10	„	„	2	„	1	„ ;
10	„	„	4	„	1	„ ;
10	„	„	5	„	1	„ ;
15	„	„	6	„	1	„ ;
18	„	„	10	„	1	„ ;
31	„	„	6	„	1	„ ;
52	„	„	9	„	1	„ ;

[1]) Mb. 562. [2]) Mb. 464. [3]) Mb. 206.
[4]) Mb. I. pag. 50. [5]) Mb. 705.

In den 46 Fällen, in denen Unfreie in Beziehung zu Hufen gesetzt werden können, treffen auf eine Hufe

1—2	Unfreie	10	mal
2—3	„	11	„
3—4	„	13	„
4—5	„	6	„
5—6	„	4	„
6—7	„	1	„
7—8	„	1	„

Die Differenzen, die hiebei zutage treten, haben ihre Ursache vorzüglich in der bereits beleuchteten Verschiedenartigkeit, die Zahl der tradierten Unfreien zu berechnen. Immerhin behaupten die Fälle, in denen 1—4 Unfreie zusammen mit einer Hufe erscheinen, weitaus die Mehrheit. Die Normalfälle weisen also keine starken Gegensätze auf.

Im allgemeinen verteilen sich 310 Unfreie auf 101 bäuerliche Betriebe. Im arithmetischen Mittel sind also für die Führung einer Wirtschaft etwa 3 unfreie Personen erforderlich. Zieht man aber nur diejenigen Fälle in Betracht, in denen auf 1 Hufe 1—4 Unfreie kommen, so stehen 181 Unfreien 77 Hufen gegenüber. Es entfallen mithin auf 1 Hufe etwa 2,3 Personen.

Für die Bestellung einer Hufe genügt eine durchschnittliche Besetzung mit 2—3 Sassen, eine kleine Bauernfamilie, deren erwachsene Kinder teils zur Übernahme des väterlichen Hofes, teils zur Besiedelung neu errichteter Stellen verwendet werden können. Hält man dem entgegen, daß nach unserer Schätzung mindestens 8—9 mal so viel Unfreie als vollfreie Tradenten im Stammeskörper vorhanden sind,[1]) so ergibt sich mit approximativer Gewißheit für den Vollfreien die Bereitschaft von Arbeitskräften, die inklusive des Herrenhofs 4—5 hufenmäßige Wirtschaften bewältigen können.

Die Ausstattung einer Hufe mit Flurland variiert je nach der Güte des Bodens zwischen 25 und 40 Joch. Ackerkomplexe von dieser Größe verlangen also im Einzelfall ebensoviele

---

[1]) Vgl. pag. 74 ff.

Bebauer wie eine Hufe. Die wirtschaftliche Abgrenzung derartiger Flächen spricht in ihrer Verbindung mit mancipia nicht nur für die hufenförmige Geschlossenheit der Grundstücke, sondern auch für die Sasseneigenschaft der mancipia. Eine Anzahl von mancipia, für welche eine einzige Hufe nicht mehr ausreichen würde, braucht also das Mehrfache vom Jochgehalte einer Hufe.

Für diese Konsequenzen lassen sich nach jeder Richtung äußerst gravierende Beispiele anführen.

Ein Areal in der Ausdehnung von

30 Joch wird in 2 Fällen im Zusammenhang mit 2,[1])
„ 3 „ „ „ „ 3,[2])
„ 1 Falle „ „ „ 4,[3]) und
„ 1 „ „ „ „ 5[4]) mancipia erwähnt. 40 iugera sind in 2 Fällen an je 2 Unfreie ausgetan.[5]) 110 iurnales sind auf 10 Personen, die im ganzen 5 familiae bilden, zu verteilen.[6]) Auf eine Haushaltung kommen so etwa 22 Joch.

Wago capellanus renoviert die von vier Seiten seiner Verwandtschaft begründete Stiftung.[7]) Diese umfaßt 400 iurnales und 35 mancipia, wovon beinahe die Hälfte Weiber sind. Scheidet man unter diesen Leibeigenen etwa 16 Grundholdenfamilien aus, so würden je vier derselben 100 Morgen, also eine durchschnittlich 25 Morgen, das ist je eine Hufe, zur Nutzung empfangen haben.

Die zusammen mit einer casa verzeichneten iurnales 90 de pratis carradas 40[8]) werden nicht als deren unmittelbare Pertinenz von jener aus zentralistisch verwaltet. Sie sind vermutlich unter die sechs tradierten mancipia ausgegeben, die sich aus drei Männern und drei Weibern zusammensetzen. Diese Organisationsform ist angedeutet durch die der Schenkung außerdem einverleibten alias colonias 4 . . . sicut servi habent usum plenas colonias tenere . . . Vereinigen sich die mancipia paar-

[1]) Brev. not. XVIII, 3. — Mb. 865. [2]) Mb. 77; 374; 427.
[3]) Mb. 403. [4]) Mb. 314. [5]) Mb. 396; 489. [6]) Mb. 691.
[7]) Mb. 474. [8]) Mb. 530.

weise zu Familiengruppen, so verfügt jede derselben für ihre Wirtschaft über 30 Joch. Diese stellen aber jedesmal eine hufenmäßige Fläche dar.

Im Vergleich zu dem für die Besiedelung kompleter Hufen gewonnenen Resultate nun bieten diese Angaben ein völlig übereinstimmendes Bild. Es sind alles in allem 77 Unfreie, die an 890 Joch Ackerland partizipieren können. Zwei bis drei Unfreie, das ist die durchschnittliche Kopfzahl einer hintersässigen Wirtschaftsgemeinschaft, können mithin nach schematischer Berechnung immer 23—34 Joch Flurboden erhalten, das ist das Durchschnittsareal einer Hufensubstanz.

38 mancipia bestellen Grundstücke im Umfange von 8, 43 mancipia solche im Umfange von 10 hobae.[1]) Es kommen so 4, 7 bezw. 4, 3 Eigenleute auf einen Hufenkomplex. —

Obwohl der unfreie Bauer rechtlich in keiner engeren Beziehung zu seiner Hufe steht, ist das Band zwischen beiden tatsächlich so stark, daß es den Schein der Unverletzlichkeit annimmt. Das liegt so im Eigeninteresse des Grundherrn. Der Vorteil der Betriebskontinuität ist nicht zu unterschätzen. Das Material für einen beliebigen Personenwechsel wäre in der kleineren Grundherrschaft gar nicht vorhanden. Der Acker wird mit intensiverem Fleiße gepflegt. Diese Beständigkeit im Verhältnis des Unfreien zu seinem mansus findet ihren sprachlichen Ausdruck darin, daß sich die Bezeichnung für das faktische Nutzvermögen des servus an die juristische Terminologie anlehnt. Man spricht vom Effektivbesitz des servus, wie wenn es sein Rechtsbesitz wäre. Man gebraucht hinsichtlich der Güter, die ihm eigentlich auf zeitlich unbestimmte Frist verliehen sind, Wendungen wie domus sua, terra sua, colonia sua. Man redet von den utensilia, von der possessio und facultas eines servus und mancipium.[2])

Alle diese Bezeichnungen haben juristisch keinen Wert. Durch seine relative Dauerhaftigkeit ist der jeden Augenblick widerrufliche Besitzzustand dem rechtlich fundierten eben äußer-

---

[1]) Mb. 903.

[2]) Mb. 72. — Brev. not. II; IX; XIV, 42; XVIII, 14. — Cod. Pat. 6; 16. — Urk. o. E. I. cod. trad. mon. Lun. 88. — L. Baj. I, 13.

lich so sehr ähnlich, daß man den erheblichen Zwiespalt ihres juristischen Wesens gar nicht hervorhebt. Auf derartige rechtsbegriffliche Distinktionen kommt es aber auch bei den Traditionsurkunden, die den Zweck haben, die wirtschaftliche Seite des Besitzes klar zu legen, absolut nicht an. Bei ihnen ruht der Schwerpunkt in der Betonung organisatorischer Zusammengehörigkeit.

Die possessio des servus berührt sich also ihrer Rechtsnatur nach ebensowenig mit der proprietas des vollfreien Eigentümers wie mit dem rechtlich erzwingbaren Besitzanspruch eines minderfreien Zinsbauers. Sie hat juristisch überhaupt keinen positiven, sondern nur einen negativen Gehalt. Denn sie ist die possessio, die nur wie die juristisch basierte aussieht, ohne innerlich eine wahre possessio zu sein. Es fehlen ihr alle essentiellen Momente des Rechtsbesitzes der Hörigen: die vom Willen Dritter unabhängige Rechtsbeständigkeit, der Rechtsschutz, der dingliche Einfluß des Bodens auf die subjektiven Rechtsverhältnisse mit all seinen Konsequenzen.

Der konkreten Zusammensetzung dieser possessio und ihrer gründlichen Fruktifizierung sind daher die dem servus aufgetragenen Leistungen und Pflichten nur angepaßt. Ihr Rechtsgrund fußt in der persönlichen Gewalt des Herrn über den Unfreien. Sie sind keine Äquivalente und Rekognitionsgebühren dinglichen Ursprungs.

In der possessio sammelt sich der ganze einem Unfreien gegenwärtig anvertraute Güterbestand. Mit ihr ist derselbe genau fixiert und bedarf keiner näheren Charakterisierung mehr. Seine Beschaffenheit ist durch das grundherrschaftliche System bedingt.

Der servus wird mit der possessio der Kirche übermittelt. Eine Besitzgröße, possessio, wird zu ihrer Nutzbarmachung mit manentes vereinigt. Von diesen beiden Vermögensstücken ist keines dem anderen übergeordnet. Weder vermag die Scholle die Rechtsqualität des Grundholden zu verändern, noch modifiziert diese den faktischen Besitzzustand in seiner juristischen Armut. Es ist daher ganz gleichgültig, ob man vom . . . servus cum omni possessione [1]) oder von den possessiones ... cum manentibus [2]) spricht.

Erscheint es für den Wirtschaftsplan des Grundherrn angezeigt, die bestehende Verteilung der Unfreien auf die einzelnen Stellen umzugestalten, so geschieht dies ohne Widerspruch. So wird der proprius servus Ellanheri und die ancilla Rihdruda tradiert cum colonia quam Uunnaheri habuit in illo loco quae dicitur ad Perke ..... [3])

Ebenso hätte der Herr die Macht, die Glieder einer Familie auseinander zu reißen, um dann jedes auf die vorteilhafteste Weise in seinem Dienste zu verwenden. Er tut dies aber nicht, indem er gerade die engsten Bande löst, sondern indem er diejenigen Sprossen, die in natürlicher Entwicklung nach Trennung verlangen, auf eigene Hufen verpflanzt.

Der Grundherr, der die rechtlich-soziale Lage seiner unfreien Bauern beim alten läßt, wahrt sich seine wirtschaftliche Bewegungsfreiheit. Er braucht deshalb noch nicht die ganze Fülle der ihm im Unfreien gebotenen Fähigkeiten immer bis aufs Äußerste auszunützen. Die Möglichkeit steter Relegierung des servus von seiner Hufe hat ihre selbstverständliche Analogie in der Ungemessenheit der Lasten, die vom Unfreien gefordert werden können. Denn vertragsmäßige Festlegung der Leistungen findet nur statt im Verein mit rechtlicher Stabilisierung des Besitzes. Beide Parteien werden hierdurch in ihren Ansprüchen gesichert und beschränkt. Es ist nun zweifellos richtig, daß der Grundherr seinem unfreien Sassen die schwersten Verpflichtungen zudiktieren kann, daß er einmal normierte Abgaben und Dienste beliebig erhöhen kann. Versagt der Bauer, so nimmt man ihn eben von seiner Stelle und probiert es mit einem anderen mancipium.

---

[1]) Brev. not. IX. [2]) Brev. not. XII.

[3]) Mb. 533. — Die Erwähnung des bisherigen Hufenbauers ist etwas Außergewöhnliches. Der frühere Inhaber eines mansus apsus pflegt nicht genannt zu werden. Es scheint demnach eine ausdrückliche Abstiftung des bisherigen Hintersassen vorzuliegen und der Sassenwechsel auf der Hufe mit dem Eigentumsübergang zusammenzufallen.

Beide Eventualitäten haben aber für gewöhnlich nur Raum in einer theoretischen Erörterung. Die Praxis erschöpft das begriffliche Zulässige auch hier nicht. Sie zieht sich ihre eigenen Grenzen.

Es ist wahrscheinlich, daß sich innerhalb ein und derselben Grundherrschaft für alle unfreien Bauern ein einheitlicher Census herausgebildet hat. Dieser trägt den entscheidenden Faktoren, ausreichender Zuschuß an Gebrauchsgütern und dementsprechende Regulierung der Ertragsquoten, ein für alle Male in genügendem Maße Rechnung. Durch die Erfahrung erprobt, erhält er sich und befestigt so immer mehr die Ordnung der Wirtschaftsverhältnisse, welcher die gegenwärtigen und späteren Inhaber der Knechtshufen gleichmäßig unterworfen sind. Aus diesem Grunde werden sich die innerhalb verschiedener Grundherrschaften geltenden Censussätze annähernd auf gleicher Stufe bewegt haben und für den Typus grundherrschaftlicher Wirtschaftsgrößen werden sich auch typische Censussätze herausentwickelt haben. In diesem Sinne ist auch der Durchschnittsgehalt der Hufe wirksam. Normale Hufenwirtschaften erfahren eine normale Belastung. Die Doppelaufgabe der Hufe verbietet ein Überspannen der zu leistenden Abgaben, ihre sorgfältige Bebauung eine allzu starke Ablenkung der unfreien Arbeitskraft im Dienste des herrschaftlichen Eigenhofes. Man kann infolge dessen auch begrifflich vom Hufenfuß an sich willkürlicher Leistungen sprechen. Denn die Willkür in der Erhebung der Leistungen besteht nur vom prinzipiellen Rechtsstandpunkt aus.

So verhielt es sich auch mit den Abgaben der servi ecclesiae,[1]) wo doch unter dem Krummstab der Kirche so gut zu leben war: rechtlich unbegrenzt, praktisch bemessen nach der Beschaffenheit der Produktionsmittel. Die naturalen Beiträge der servi, die im Gegensatz zu den Frondiensten, dem servire, tributa hießen, richten sich einfach nach ihrer possessio, secundum possessionem suam. Diese ist für alle servi absolut gleichartig und deshalb ist die Behandlung der Unfreien einer Organisation

---

[1]) L. Baj. I. 13.

selbst unter dem individualisierenden Maßstab der Billigkeit keine divergierende. Das freie Ermessen bezweckt nicht eine unterschiedliche Abstufung der Beitragsquoten nach der jeweiligen Leistungsfähigkeit der servi, sondern ein gerechtes Erfassen der Leistungsfähigkeit der hufenförmigen Besitzeinheit. Diejenigen servi ecclesiae, die mit Vieh und anderem Inventar von der Grundherrschaft aus versehen werden, werden auch zu persönlichen Diensten nach dem allgemeinen Grundsatz der Billigkeit herangezogen. Niemand soll einen Druck erdulden müssen, der über seine wirtschaftliche Kraft geht. Die Fronzeit des handdienstpflichtigen Unfreien erstreckt sich immer auf drei Tage der Arbeitswoche; drei Tage gehören ihm selbst.

Unter dem servus ecclesiae ist stets der leibeigene Bauer zu verstehen. Vom unfreien Gesinde des kirchlichen Fronhofes ist dabei nicht die Rede. Der servus der Kirche mag sich in mancher Hinsicht in milderer Zucht befunden haben wie sein Genosse auf privaten Grundherrschaften. Dies ergibt sich aus dem hauptsächlich territorialen Charakter der kirchlichen Herrschaften, aus ihrem Reichtum und ihrer Größe eigentlich von selbst. Aber auch die Ausnutzung des gewöhnlichen servus hat ihre Schranken und juristisch bleibt auch der servus ecclesiae bei der rechtlich wehrlosen Klasse der Unfreien. Denn die Freigelassene, die einen servus ecclesiae heiratet und das opus servile verrichtet, ist ebenfalls eine ancilla.[1])

Die Leistungen, die sachlich aus der Person des Unfreien herzuleiten sind, da dieser alles, was er erwirbt, dem Herrn erwirbt, werden projiziert auf die mansi vestiti. Aus den jährlichen Durchschnittsreichnissen der mansi konstruiert sich der herrschaftliche Konsumtionsplan. Die mancipia von Perechirichun[2]) müssen von jeder Hufe liefern 12 situlae de cervisa, 1 frisginga, 2 pulli. Ihre Weiber weben ein camisalis. Außerdem müssen sie dreimal in der Woche zum Dienste auf dem geistlichen Fronhof bereit seit, jedenfalls mit ihrem eigenen Gespann, — ipsi habent armenta. — Die Knechtshufe des Klosters Staffelsee[3]) zinst einen

[1]) L. Baj. Add. V. IV. cap. 10. Cod. 2. 3. [2]) Mb. I. pag. 126.
[3]) Brev. exempl. ad descr. res eccl. Mon Germ. Leg. Sect. II.

Frischling. 5 Hühner. 10 Eier und mästet vier Ferkel für den Herrenhof. Der Bauer pflügt einen halben Acker, frondet dreimal wöchentlich und verrichtet Scharwerksdienst. Die Frauen spinnen und weben, verfertigen Malz und backen Brot.

Sind nun in dieser Weise die Leistungen des bäuerlichen servus gewöhnlich tarifiert, so modifiziert sich der Satz, daß alles, was der servus erarbeitet, dem dominus gehört, dahin, daß alles, was der servus in seiner Wirtschaft gewinnt, ihm gehört, soweit es nicht sein Leib- und Grundherr für sich beansprucht. Unter diesen Umständen begreift man nun, wie der servus zum Besitze eines peculium kommen kann.[1]) Dieses stammt aus dem Ertrag der Hufe und wird mit Wissen des Herrn erworben. Weil dieser einzelne Teile davon nicht erhebt oder verzichtweise dem Sassen überläßt, so kann sich der servus durch Spartätigkeit ein faktisches Sondervermögen sichern.[2]) Voraussetzung hierfür ist aber, daß der Unfreie die Mittel zur selbständigen Erzeugung von peculium in der Hand hat. Für den unfreien Gesindeknecht trifft dies nicht zu. Eine weitere Bedingung liegt darin, daß der Grundherr die Beitragspflicht der einzelnen Hufe nicht so sehr anstrengt, daß der unfreie Bauer die ihm bleibenden Ertragsreste aufzuzehren gezwungen ist. Erst dann kann der servus einen Fonds verfügbarer Gebrauchsgüter und produktiver Kapitalien ansammeln. Grundsätzlich ist aber eine solche Vermögensbildung erlaubt nur mit Zustimmung des Leibherrn. Hat also der servus hinter dem Rücken des Herrn ohne dessen stillschweigendes oder ausdrückliches Einverständnis einen Sonderbesitz zu freier Verwendung erübrigt und will sich nun damit aus seiner Unfreiheit loskaufen, so ist dieses Rechtsgeschäft nichtig. Denn der Herr würde mit Dingen abgefunden, die ihm wegen mangelnden Verzichtes ohnehin schon gehören.

In ähnlicher Weise deutet der Verkauf von Gegenständen durch den servus, die dem Herrn verborgen geblieben sind,[3]) auf die wirtschaftliche Selbständigkeit des Unfreien hin. —

[1]) L. Baj. XVI, 7.
[2]) Vgl. Gengler, Beiträge z. Rechtsgeschichte Baierns I., pag. 32.
[3]) L. Baj. XVI, 3.

Der Zustand eines servus und mancipium konzentriert sich in der Bezeichnung servitus und servitium.[1]) Servitus ist der Gesamtbegriff für die durch den Zwang der Unfreiheit hervorgerufenen persönlichen Beschränkungen. Diese bestimmen die rechtliche und soziale Stellung der servi. So zerfällt das servitium seinem Inhalt nach in eine Reihe einzelner servilia opera. Als ein opus servile ist jede Verpflichtung aufzufassen, die in der Unfreiheit ihre Quelle hat und deren Bestand manifestiert. Eine zeitweilige unverbindliche Fixierung dieser opera ändert hieran nichts.

Die servilia opera äußern sich in der Verrichtung wirtschaftlicher Leistungen. Die Grundlage des servitium bildet daher in der Regel eine colonia.[2]) An ihr und mit ihr verwirklichen sich die Rechte des freien Eigentümers an Land und Menschen. Das servitium ist so wesentlich an der Ausgestaltung des Hufenprinzips im mansus vestitus beteiligt. Es ist darauf zu achten, daß die bäuerliche Stelle in einem so gebrauchsfähigen Zustand ist, daß sich an ihr die Arbeitskraft ihres unfreien Bebauers voll entfalten kann. Dann ist sie ein mansus vestitus et bene ad servitium paratus.[3]) Hufe und Bauer bedeuten für den Grundherrn eine wirtschaftliche Einheit.

§ 12. DER MINDERFREIE BAUER.

Ein Terminus, in welchem eine wirtschaftliche Tatsache in Verbindung mit dem sie erzeugenden Rechtsgrund zum Ausdruck kommt, kann die juristische Seite seines Inhalts abstreifen und zu einem rein wirtschaftlichen Begriffe werden. Das juristische Moment war seinem Ursprung nach das primäre. Es sollte ein bestimmtes Rechtsverhältnis sprachlich charakterisiert werden. Das wirtschaftliche Moment war das sekundäre. Eine stereotype praktische Folgeerscheinung dieses Rechtsverhältnisses wurde dem Begriffskomplex einverleibt. Ersteres verflüchtigt sich nun und es bleibt in der Wortbedeutung nur mehr die begriffliche Formulierung eines wirtschaftlichen Effektes zurück.

[1]) Mb. 142; 190; 715; 797. [2]) Mb. 142. [3]) Mb. 289.

Eine derartige begriffliche Metamorphose ist uns nichts Neues mehr.

Sie wiederholt sich auch bei der Verwendung der Bezeichnung servitium.

Servitium qualifiziert anfänglich die Rechtlosigkeit der servi und den hierdurch bewirkten Zwang zu wirtschaftlichen Leistungen im Interesse des dominus. Weiterhin wird es zum Inbegriff für alle wirtschaftlichen Leistungen, gerichtet an einen höherstehenden Herrn, ohne Rücksicht auf ihre rechtliche Verursachung. Alle Leistungen, die den vom servus im Zustand des servitium erfüllten tatsächlich gleichartig sind, heißen ebenfalls servitia. Der wirtschaftliche Charakter des vom servus vollbrachten opus servile wird bestimmt durch dessen soziale Verwendung als Bauer einer Grundherrschaft. Es gibt nun in der Grundherrschaft Hintersassen von anderer rechtsständischer Beschaffenheit, denen ähnliche Verpflichtungen obliegen wie den unfreien Hufnern. Der Inhalt der von diesen minderfreien Zinsbauern übernommenen Dienste und Abgaben entspringt nämlich ebenfalls der sozialen Stellung dieser Sassen. Leistungsschuldner ist ein Minderfreier in seiner Eigenschaft als Bauer, Leistungsempfänger ein Vollfreier im weiteren Sinne des Wortes in seiner Eigenschaft als Grundherr, aber nicht als Leibherr. Die servitia der minderfreien Grundholden sind den Lasten der servi nach Art und Wirkung nur in wirtschaftlicher Hinsicht analog. Nach ihrer juristischen Entstehung erweisen sie sich als libera servitia.[1]) Es sind dies servitia, wie sie den servi aufgetragen werden, geübt von minderfreien liberi. Ein solches servitium wird dem Leistungsschuldner nicht zufällig zugeschoben, sondern vertragsmäßig zwischen rechtsfähigen Kontrahenten stipuliert. Es ist in seinem Umfang gemessen und unveränderlich. Es ist nicht der Ausfluß eines persönlichen Gewaltverhältnisses, sondern eine Entschädigung und Sicherung für den Eigentümer bäuerlicher Betriebsstätten, der die rechtlich begründete Nutzung derselben anderen Personen überlassen hat. Als Entgelt für den

---

[1]) Mb. 338; 481.

Rechtsbesitz einer Hufe ist es zugleich ein Beitrag für die Genußwirtschaft des Grundherrn. Ein Hintersasse, der einen rechtlichen Willen besitzt, entledigt sich dem ihm übergeordneten Grundherrn gegenüber der dinglichen Lasten, die am Besitze seiner Scholle hängen.

Noch weiter gefaßt begreifen die servitia auch die jährlichen Gebühren in sich, die für Benefizialverleihungen beliebigen Umfangs dem Lehensherrn zustehen und meist in Geld oder Geldeswert getilgt werden.[1]) —

Wittichs Ansicht,[2]) daß „gerade im Süden höchst zahlreiche, zweifellos bäuerliche freie Kolonen“ den unfreien Bauernstand durchsetzt haben, findet ihre vielfache Bestätigung in Quellenstellen, die sich auf altbayrisches Gebiet beziehen.

Das Hervortreten einer minderfreien bäuerlichen Bevölkerung hängt teilweise aufs innigste zusammen mit der Erhaltung mannigfacher Rechts- und Wirtschaftszustände aus der vorbajuwarischen Siedelungsschicht. Die Eroberer des Landes mußten bei ihrer Niederlassung gar oft auf Spuren römischer Kultur gestoßen sein. An einzelnen Orten brauchte sich nur ein einfacher Wechsel in den Besitzverhältnissen von Wirtschaftsbetrieben zu vollziehen, deren ökonomische Struktur ununterbrochen fortgeführt wird. Es ist dann weder unter den Anziehenden noch unter den zurückgebliebenen Bevölkerungsresten der Anlaß zu sozialen Umwälzungen gegeben. Der einwandernde Stamm wird bei der Art der Siedelung, der Organisation der ländlichen Wirtschaft und der sozialen Gestaltung der Arbeitsteilung wesentlich durch die Kolonatsverfassung beeinflußt. Man kann teils unmittelbar an dieselbe anknüpfen, teils läßt sie sich bewußt nachahmen.[3]) Die unfreien und minderfreien Klassen des sich niederlassenden Volkes werden durch Einfügung der bisherigen Einwohnerschaft in die alte germanische Rechtsgliederung verstärkt. Die Konservierung rechtlicher und sozialer Sitten wird auf beiden Seiten begünstigt. Die provinzialen Kolonen des römischen Rechts schieben sich zwanglos an passender Stelle

---

[1]) Mb. 609; 644. [2]) l. c. pag. 90.

[3]) Vgl. Wittich, l. c. pag. 72. Waitz, l. c. II, 1. pag. 241.

der germanischen ständischen Gruppierung ein. Gleichzeitig nimmt durch die Ausdehnung der Rechtsgleichung auf die soziale Klassifizierung der bajuwarische Minderfreie den dem colonus eigentümlichen sozialen Rang an. Die Identität ist eine so schlagende, daß die römische Terminologie, rechtliche und soziale Momente eng verflechtend, in den Bezeichnungen des minderfreien Zinsbauern noch lange weiterlebt.

Odoaker faßte zwischen 488 und 520 den Entschluß, Ufernoricum ohne Widerstand zu räumen. Auf der Hochebene blieben damals wohl nur wenige freie Eigentümer zurück. Es ist fraglich, ob einzelne testes der ältesten Traditionsurkunden, wie Maurinus, presbyter Quartinus, presbyter Felix, sacerdos Marcellus, diaconus Victor[1]) mit ihren genealogischen Beziehungen in diese Kreise zurückreichen. Aber die Täler der Alpen und die südlichen Vorberge, wo die andrängenden Stämme sich nur langsamer ausbreiten konnten, boten dem Römer freier Geburt eher Schutz. In Aribos vita S. Corbiniani lernt man so einen quidam nobilis Romanus nomine Dominicus Breonensium plebis civis kennen, der durch die Berührung des toten Heiligen von seiner Krankheit genaß.[2]) Quarti(nus) nationis Noricorum et Pregnariorum[3]) gehört zu den reichsten Tradenten der Kirche. Unter seine Urkundspersonen mischen sich neben germanischen Freien wie Oadalker, Tozi, Engilperht, Liutolt lateinische Namen: Secundo, Urso, Purro, Lupo, Seviro, Orilius, Dominicus . . . Auch diese Zeugen werden nach der Vorschrift des bajuwarischen Gesetzbuchs an den Ohren gezupft und mußten infolge ihrer Testierfähigkeit in rechtlicher Hinsicht dem Status des bayrischen Vollfreien gleichkommen. Im Besitze des Stifters stehen mancipia, welche ebenfalls in lateinischer Sprache gerufen wurden: Urso, Secundina, Mora, Marcellina . . .

Bedeutend erheblicher als die Zahl der freien Leute ist wohl die Masse der Kolonen und unfreien Ackerknechte gewesen, welche auf ihren Stellen nach dem Abzug der Landbesitzer aushielten. Ihnen erwuchsen nun mit der Okkupation des

---

[1]) Mb. I, pag. 52; 54. [2]) Mb. cap. 35. [3]) Mb. 532.

Bodens in den vollfreien Volksgenossen neue Herren. Die parzellierte Mansenwirtschaft, deren Vorzüge vor dem groß angelegten Eigenbetrieb eines einzigen Herrenhofs schon Columella geschildert hatte,[1]) war in unseren Gegenden das herrschende Betriebssystem. Sie ist namentlich für den Körnerbau vorteilhaft. Indem sie den Bauern am Ertrage beteiligt und ihn so zu Fleiß und Sparsamkeit erzieht, steigert sie die Ergiebigkeit des Ackers.

Das Salzburger Hochstift hat noch am Ende des 8. Jahrhunderts im Chiem-, Salzburg-, Atter-, Mattach- und Traungau zahlreiche von Romanen bebaute Höfe in seinem Eigentum.[2]) Der Name der villula campus Romanos[3]) offenbart deutlich die Nationalität ihrer Bewohner. Die Niederlassung setzt sich aus mansi tributales zusammen und schafft damit Klarheit über die rechtliche und soziale Position der Ortsinsassen. Außer Walchstatt (Walchsteti, b. Wolfratshausen),[4]) dem Wallgau und Walchensee erinnern die Walchendörfer nördlich von Traunstein, „eine ganze Sammlung“: Katz-, Traun-, Lützel-, Ober-, Reitwalchen, Walchenberg an die ursprünglich hier ansässige Bevölkerung. Auf der Ebene liegen Walchenberg b. Bogen, Walchsing b. Osterhofen, Wallersdorf (Walhinesdorf) b. Landau a. d. Isar.[5])

In den Urkunden aus der ersten Zeit der kirchlichen Schenkungsperiode treten die Überbleibsel des provinzialen Kolonats terminologisch noch scharf hervor. Die nationale Einheit der Population ganzer villae ist noch nicht durchbrochen. Die noch erkennbare Stammeszugehörigkeit eines Hufeninhabers ist ohne weiteres bezeichnend für sein Verhältnis zur Hufe und seine juristische Stellung im Volk. Aber nicht die ganze Masse der noch vorhandenen romanischen Restbevölkerung gelangt so durch terminologische oder etymologische Vermittlung zur Erscheinung. Die nationalen Gegensätze verlieren an Kraft und

[1]) Meitzen, l. c. I, pag. 361. [2]) Riezler, l. c. I, pag. 51.
[3]) Ind. Arn. V.
[4]) Mon. Scheftl. 13; 14; 16; 22.
[5]) Ratzinger, Forschungen z. baier. Geschichte, 1898, pag. 335. — Riezler, l. c. I, pag. 49.

verflüchtigen sich bald völlig, noch bevor sich für die eine oder andere aus romanischen Elementen gebildete Grundherrschaft Gelegenheit zu urkundlicher Aufnahme bietet. Einige Generationen genügen und die Nachkommen romanischer Kolonenfamilien sind von den jeher germanischen Hörigen nicht mehr zu unterscheiden. Sie werden in individueller und genereller Beziehung mit den Ausdrücken der herrschenden Sprache charakterisiert. Auf der anderen Seite sind die technischen Bezeichnungen für die den ehedem romanischen Kolonen sozial und rechtlich ebenbürtigen bayrischen Zinsbauern der ursprünglich für die romanischen Kolonen üblichen Terminologie entlehnt.

Auch v. Luschin[1]) meint, daß trotz jenes Abwanderungsbefehles namhafte Teile der früheren Provinzialen im Lande geblieben seien. Der gleichen Überzeugung sind Seyfried,[2]) Koch-Sternfeld,[3]) Büdinger,[4]) Waitz[5]) und besonders Ratzinger.[6]) Rudhardt[7]) und v. Inama[8]) dürften die Bedeutung des romanisch-nationalen Einschlags unterschätzen.

Es sind also nicht alle Höfe von ihren Bewohnern verlassen. Die leer gewordenen Stellen werden von den Grundherrn des okkupierenden Volkes an ihre Bauern ausgetan und so, wie sie waren, weiter bewirtschaftet. Die Technik des Betriebes aber richtet sich nach dem Beispiel der mit dem Boden Vertrauten. In gewisser Beziehung wurde auch hier der Besiegte zum Lehrmeister für den Sieger. Noch heute verraten manche Gegenstände und Gebräuche der ländlichen Wirtschaft ihre Abstammung von romanischen Fachausdrücken.[9])

Die Romanen, nach der juristischen Seite den vollfreien Volksgenossen und den unfreien Knechten entgegenstehend, sind wirtschaftlich Bauern und zwar Zinsbauern, tributales, tributarii.[10])

---

[1]) Lehrbuch, pag. 22. [2]) l. c. II, pag. 173; 180.

[3]) Zur bayrischen Fürsten-, Volks- und Kulturgeschichte, 1837, pag. 11.

[4]) Österreichische Geschichte, I, 1858. pag. 91.

[5]) l. c. II, 1. pag. 239. [6]) l. c. pag. 329. [7]) l. c. pag. 168; 202 ff.

[8]) l. c. I, pag. 21. [9]) Ratzinger, l. c. pag. 335.

[10]) v. Luschin, Grundriß, pag. 36. Ders., Lehrbuch, pag. 74. — Waitz, l. c. II, 1. pag. 239. — Boos, Liten und Aldionen nach den Volksrechten, 1874. pag. 45.

Hierauf beruhen die Begriffsverbindungen, in denen von de Romanis tributales homines oder kurz vom Romanus tributalis[1]) die Rede ist. Der Romanus ist so als colonus[2]) oder in noch allgemeinerer Bezeichnung als manens[3]) in sozialer Abhängigkeit von einer herrschaftlichen casa et curtis. Er sitzt auf einer colonia[4]) wie ein unfreier Hintersasse, aber als glebae adscriptus doch viel enger mit der Scholle verwachsen wie dieser. Der mansus tributalis[5]) leitet vom Romanus tributalis seinen spezialisierenden Namen her. Deshalb kann auch der Tatbestand ein und desselben Traditionsaktes einmal mit den Worten: . . . dedit Romanos tributales super F. manentes 5 . . ..[6]) an anderer Stelle in der Form: . . . tradidit . . . mansos tributales 5 inter vestitos et apsos . . .[7]) wiedergegeben werden.

Die wenigen Slaven, welche in den politischen Verband des bayrischen Stammes eingeschlossen wurden, scheinen ein den Romanen ähnliches Schicksal gehabt zu haben. Auch bei ihnen konnten sich wohl vereinzelt freie Possessoren halten. Ego quidem Baaz de genere Carontania Sclavaniorum,[8]) ferner ein quidam comes de Sclavis Chezul[9]) übergeben freies Eigen an das Freisinger Bistum. Die Slavi liberi Kaiser Arnulfs[10]) dagegen sind offenbar nach Art der romanischen tributales schollenpflichtige Zinsbauern. Liber ist hier im Sinne der geminderten Freiheit zu interpretieren.

Der national farblose colonus als Inhaber eines mansus tributalis ist mit Ausnahme des eben berührten Punktes vollkommen mit dem Romanus tributalis zu identifizieren.[11])

Der laufende Nutzungswert des ausgeliehenen mansus kompensiert sich für den Grundherrn in den fortdauernden Leistungsverpflichtungen des colonus. Die lex enthält einen Normalkatalog dieser Verbindlichkeiten für den colonus der Kirche.[12]) Im Einzelfall werden dieselben vertragsmäßig geregelt. Das betreffende Kapitel des Volksrechts zählt nun jedenfalls als Musterregulativ

[1]) Brev. not. II. [2]) Brev. not. IV. — Vgl. Büdinger, l. c. I, pag. 91. [3]) Brev. not. II. [4]) Ibid. [5]) Ind. Arn. I; V: VII. [6]) Brev. not. II. [7]) Ind. Arn. I. [8]) Mb. 548. [9]) Mb. 710. [10]) Cod. Rat. I, 75. [11]) Brev. not. V. [12]) L. Baj. I, 13.

die verschiedenen Verbindlichkeiten auf, die einer solchen Verabredung zugrunde gelegt werden sollen. Mangels anderweitiger Bestimmungen haben sie auch als der dispositive Inhalt der grundherrlichen Forderungsrechte zu gelten. Die dinglichen Lasten setzen sich aus servitium und tributum zusammen. Im einzelnen kann vom colonus folgendes beansprucht werden:

Der Ackerzins wird erhoben nach billiger Schätzung des iudex. Die Bemessung geschieht im Hinblick auf die Größe der Grundstücke, also unter Berücksichtigung des Hufenfußes. Das agrarium[1]) ist eine Naturalabgabe von den Früchten des zur Hufe gehörigen Flurlandes und beträgt ein Zehntel des Erdrusches, de 30 modios 3 modios. Es scheint als „Zins" vorzüglich ein Äquivalent darzustellen für die Überlassung der Hufennutzung. Der Weidezins (pascuarium) wird erhoben nach den im Lande hierfür üblichen Sätzen. Er ist vielleicht ein Extrabeitrag für die durch den Hufenbesitz vermittelte Teilnahme an den Gemeinheitsrechten. Von der Flachsernte und vom Ertrage des Bienenstocks ist jedesmal ein Zehntel an den Herrenhof abzuliefern. Außerdem müssen jährlich 4 Hühner und 15 Eier dem Grundherrn gebracht werden. Hierin ist weniger ein Entgelt für die Gewährung bestimmter Vorteile zu sehen, als vielmehr eine Rekognitionsgebühr zur Anerkennung des grundherrschaftlichen Obereigentums. Den nämlichen Zweck hatte die „Gilt" der jüngeren Grundherrschaft. Sie ist ein Zeichen für den Fortbestand wohlbegründeter Rechte.

Die Dienste der kirchlichen Kolonen bestehen in der vollständigen Bestellung genau gemessener Feldstücke. Die pertica zu 10 Fuß gerechnet, haben diese Gewannstreifen eine Breite von vier und eine Länge von vierzig perticae. Alle Verrichtungen, die im ländlichen Kalender einander folgen, vom Pflügen angefangen bis zum Einfahren der Garben in die Scheune, hat der Kolone an diesen Parzellen selbständig vorzunehmen. Diese Auflage gilt wahrscheinlich nur für diejenigen Flurabschnitte, in denen Wintergetreide zum Anbau kommt. An Sommerfrüchten

[1]) Vgl. v. Inama, l. c. I, pag. 157.

muß nämlich jeder zwei Scheffel Saatkorn zur Aussaat bringen und für deren Ernte sorgen. Außerdem obliegt den Kolonen die Pflege der Weinberge, die die Bayern erst von den romanischen Tributalen gelernt hatten. Die Reihe der Fronden schließt mit einigen genau normierten Leistungen teilweise öffentlichrechtlicher Natur.[1]) Sie sind jedenfalls nur nach Bedarf zu erfüllen und treffen so den einzelnen Sassen seltener: Gemeint sind Frachtfuhren, Botendienste, Vornahme von Reparaturen an den Gebäuden des Herrenhofs, Unterstützungen bei Neubauten u. ähnl. Diese Scharwerksdienste haben eine lebhafte Ähnlichkeit mit den im Cod. Theod. lib. XI. tit. 16.[2]) aufgeführten extraordinaria sive sordida munera. Diese wurden im öffentlichen Interesse angeordnet und in den Provinzen des Römerreichs den kleinen Grundbesitzern aufgetragen.

Die Symmetrie der von den Kolonen geforderten Leistungen entspringt auch hier wieder der durchschnittlich gleichartigen Belastungsfähigkeit der Hintersassen, welche auf die normale Beschaffenheit der Hufe zurückzuführen ist.[3])

Das Kloster Staffelsee liegt in einer Gegend, deren Bevölkerung jedenfalls eine erhebliche Beimischung romanischer Elemente aufzuweisen hatte. In der Nähe des Stiftes befanden sich in der vorhergehenden Periode mehrere romanische Siedelungen. Der Walchensee erinnert an die Nationalität der Bewohnerschaft. Zur klösterlichen Grundherrschaft gehörte eine große Anzahl von mansi ingenuiles. Die Inhaber der mansi ingenuiles vestiti sind nun zu folgenden Leistungen verbunden.[4])

Sechs Hufen haben jährlich je 5 Scheffel Getreide, 4 Frischlinge, 2 Hühner, 10 Eier, Flachs, Leinsamen und Linsen an die grundherrliche Zentrale zu schicken. Ihre Sassen fronden 5 Wochen auf der casa indominicata, pflügen 3 iurnales, mähen auf herrschaftlicher Wiese 1 Carrade, führen das Heu ein und scharwerken. Der Bauer einer andern Stelle muß auf 9 Joch

[1]) Vgl. Kopf, Die Grundherrlichkeit in den älteren Bestandteilen des Kgr. Baiern. 1809, pag. 5.

[2]) Meitzen, l. c. I, pag. 373. — Vgl. Waitz, l. c. II, 2, pag. 297 ff.

[3]) Meitzen, l. c. I, pag. 458. [4]) Brev. exempl. Mon. Germ. Leg. Sect. II.

Ackerland die Pflugarbeit, Saat und Ernte besorgen, 3 Carraden heuen, 5 Wochen fronen und Scharwerksdienste versehen. Von sechs anderen Hufen aus müssen die Bauern 2 Wochen lang zur Arbeit auf den Herrenhof gehen. Außerdem bestellen sie Grundstücke von 2 Morgen Umfang; sie haben 3 Fuder Heu zu mähen und einzubringen. Fünf Hufen zinsen jährlich je 2 Rinder. Eine weitere Gruppe von vier Mansen liefert dem Kloster 10 Fuder Brennholz. Ihre Sassen verrichten zur Weinlese Scharwerksarbeit, düngen ein Joch und beackern neun Joch von den Feldern auf der Flur. Auf den Wiesen haben sie 3 Carraden zu schneiden. Ihre Fronzeit beträgt 6 Wochen.

Die von den mansi ingenuiles fälligen Verbindlichkeiten sind so in den Hauptzügen den Diensten und Abgaben kongruent, welche das Gesetzbuch dem kirchlichen colonus auferlegt.

In begrifflichem Gegensatz zum mansus ingenuilis steht der mansus servilis, in begrifflichem Gegensatz zum colonus der servus ecclesiae. Der Unterschied ist in beiden Fällen rechtlicher Natur.

Die Insassen des mansus ingenuilis sind ingenui, diejenigen des mansus servilis servi. Aus der Differenz im Rechtsstande der Hufeninhaber ergibt sich eine Differenz im Rechtsgrunde des Hufenbesitzes. Die gleichmäßige wirtschaftliche Stellung der Hufeninhaber innerhalb der grundherrschaftlichen Organisation als Bebauer von mansi läßt sie als sozial abhängige Hintersassen erscheinen.

Colonus und servus ecclesiae sind beide sozial abhängige Hintersassen einer Grundherrschaft. Das trennende Moment liegt aber in den rechtlichen Beziehungen zu ihren Hufenbetrieben, das sich auf die Wesensverschiedenheit der Rechtspersönlichkeit gründet. In seinem Rechtsstande ist ersterer minderfreier ingenuus, letzterer Unfreier.

Hieraus folgt: Der colonus hat als ingenuus seinen Platz auf einem mansus ingenuilis, der servus ecclesiae als servus auf einem mansus servilis.

In der Bezeichnung der Individuen wird vor allem deren soziale Qualität betont. Das begriffliche Korrelat derselben ist ihr bestimmter Rang innerhalb der juristischen Gliederung. In der Bezeichnung der Sachen kommt in Verbindung mit der Charakterisierung ihres juristischen Verhältnisses zum Nutznießer des Gutes die rechtsständische Eigenschaft dieser Personen zum Ausdruck. Die Konsequenz hiervon ist die selbstverständliche Ergänzung ihrer sozialen Qualität.

Der mansus ingenuilis ist also die Hufe des minderfreien Kolonen, der in diesem speziellen Falle vielleicht Nachkomme oder Nachfolger eines romanischen tributalis sein mochte.

Der mansus ingenuilis, der in diesem Zusammenhang das Gegenstück zum mansus servilis bedeutet, wird in dieser Funktion an anderer Stelle[1]) durch den mansus tributalis abgelöst. Beides sind Termini identischen Inhalts. Sie reflektieren, je nachdem der eine oder der andere Terminus gebraucht ist, die soziale Position des Minderfreien oder die rechtliche Position des Hufeninhabers. Hufeninhaber ist der colonus, tributarius, Romanus tributarius. Ihnen steht der ebenfalls bäuerliche servus gegenüber. Ingenuus, colonus, tributarius sind synonyme Begriffe, unter der Voraussetzung, daß ingenuus im restriktiven Sinne Verwendung findet und daß die sprachlich unterdrückte Begriffshälfte bei jedem Ausdruck hinzugedacht wird.

Die Bauernqualität des Vollfreien kann mithin aus der Bezeichnung mansus ingenuilis nicht gefolgert werden. Hierzu wäre der Nachweis erforderlich, daß ingenuilis in Beziehung auf die Vollfreiheit zu verstehen ist. Der colonus ist aber nicht Vollfreier.

Vielmehr läßt sich das Resultat der vorausgehenden Zusammenstellungen noch einmal kurz dahin rekapitulieren: Der colonus leistet ähnliche Verrichtungen im Dienste der Grundherrschaft wie der Inhaber des mansus ingenuilis. Der Inhaber des mansus ingenuilis ist der colonus. Der colonus ist ingenuus. Mansus ingenuilis und mansus tributalis decken sich begrifflich. Ihre Inhaber sind ebenfalls von analoger Beschaffenheit. Der colonus entspricht dem Vorbild des romanischen tributarius. Colonus und tributarius sind Bezeichnungen für den minderfreien Zinsbauern. Die Besiedelungsart des mansus ingenuilis

[1]) Ind. Arn. VI, 2.

verlangt die Interpretation von ingenuilis mit Beschränkung auf den Minderfreien. Die Möglichkeit der nur restriktiven Verwendung des ingenuus-Begriffes in der Bedeutung geminderter Freiheit bestätigt sich. Der freie Bauer ist Minderfreier.

Colonus läßt sich wie manens und casatus seinem eigentlichen Gehalte nach als grundherrschaftlicher Bauer definieren. Den Urtypus dieser sozialen Gruppe repräsentiert der römische colonus der späteren Kaiserzeit. In diesem tritt die Mischung theoretisch ungebundener Freiheit der Person und sozialer Gebundenheit zutage.[1]) Das Produkt dieser widerspruchsvollen Vereinigung ist eine allgemeine Minderung des Persönlichkeitswertes, die nun auch ihre rechtliche Sondergestaltung durchzusetzen sucht. Die Schollenpflichtigkeit beseitigt eine der wesentlichen Bedingungen der Freiheit, die Freizügigkeit; der Druck der, wenn auch gemessenen, Abgaben gibt die tatsächliche Unterordnung unter einen höheren Willen zu erkennen; die Pflicht, sich Diensten zu unterziehen wie ein servus, entfremdet ihn den Rechtsgenossen. All dies zusammen weckt die Empfindung, daß der freie Colone[2]) nicht mehr vollkommen frei ist. Aber dennoch stellt er sich besser als der Unfreie. Es bürgert sich also das Kompromiß der minderen Freiheit ein. Man gewöhnt sich an die Anschauung eines Status, der weder die reine Freiheit noch die reine Unfreiheit in sich schließt, sondern von beiden Elementen einzelne Merkmale in sich aufgenommen hat. Und dieser findet seine juristische Formulierung.

Die lex Baiuwariorum enthält bereits in ihren ältesten Teilen[3]) den Begriff der minderen Freiheit. Der minderfreie liber wird nun ebenfalls als Zinsbauer dem sozialen System eingefügt. Dieser soziale Rang steht in logischer Parallele zur juristischen Geltung des Minderfreien. Der minderfreie Zinsbauer ist ein Bindeglied zwischen sozialen und juristischen Extremen. Er vermittelt den Übergang vom rechtlosen Bauern zum freien grundherrschaftlichen Eigentümer. Zur Bezeichnung dieser sozialen Zwischen-

---

[1]) Vgl. Brunner, Rechtsgeschichte I, pag. 33.

[2]) Vgl. Meitzen l. c. I. pag. 361. [3]) L. Baj. V.

stufe wird der Terminus colonus adoptiert. Er ist hierzu vollkommen zweckmäßig; denn er vereinigt in sich alle begrifflich wichtigen Eigenschaften des minderfreien Zinsbauern. Daneben behaupten sich noch andere synonyme Ausdrücke und Wortverbindungen späteren oder jüngeren Ursprungs. Der colonus, liber tributalis, colonus seu tributalis, der Barschalk, die liberi ecclesiastici, quos colonus vocant . . . , wie die lex Alam.[1]) die Hörigen der kirchlichen Grundherrschaft charakterisiert, sind alle Vertreter ein und derselben ständischen Schicht. Wie beim römischen colonus verknüpfen sich bei dieser Klasse rechtliche und soziale Gattungsmerkmale zu unzertrennlicher begrifflicher Einheit.

Die Klasse der minderfreien Bauern ist aber keineswegs von der Kirche spontan geschaffen worden. Die Großgrundherrschaften der Bistümer und Klöster sind aus der potenzierten Anhäufung fertiger Wirtschaftsgrößen entstanden, das Ergebnis fleißiger Sammeltätigkeit. Das in ihnen wirksame Organisationsprinzip ist so keine kirchliche Erfindung. Die Kirche übernimmt Hufen, die sich im Betrieb befinden, und gliedert sie ihrem Vermögen ein. Mit dem Boden werden auch die Bauern, unfreie oder minderfreie, der geistlichen Grundherrschaft einverleibt. Die minderfreien Sassen der Kirche waren teils schon coloni privater Grundherrn, teilweise erwerben sie die Koloneneigenschaft kraft spezieller Verfügung des Tradenten im Augenblick der Stiftung, teilweise aber mögen ihre Vorfahren auch noch in diesem Zeitpunkte unfreie Bauern gewesen sein. Es wäre auch leicht begreiflich, wenn manche unfreie Sassen durch die ständige Fixierung von Zins und Dienst unmerkbar sich dem Kreise der Kolonen genähert hätten, bis sie sich endlich auch den rechtlichen Anspruch auf die Hufe und die Unveränderlichkeit der Lasten gewissermaßen ersessen haben.

Es wäre nun ganz verfehlt, im colonus ecclesiae denjenigen Vollfreien sehen zu wollen, der von der Kirche das ihr gespendete Eigentum zu Benefiz wieder zurückerhält.[2]) Der colonus ist

[1]) L. Alam. Hloth. XXIII.

[2]) Vgl. Merkel, Mon. Germ. Leg. 3. pag. 45. Anm. 7.

Minderfreier und Bauer. Die Tradenten aber sind in ihrer Mehrzahl Vollfreie im engeren Sinne des Wortes und Grundherrn kleinen oder mittleren Stils. Sie bleiben also auch Grundherrn, wenn sie nicht mehr Eigentümer, sondern nur mehr Beliehene ihres früheren Eigentums sind. Kolonen, die Grundherrnqualität besessen haben, hat es, wie sich aus der begrifflichen Fixierung des Terminus ergibt, nicht gegeben. Die Auflage, die für ein Benefiz erhoben wird, ist ein mäßiger Rekognitionszins in Geld oder seltener in Naturalien. Mit den Abgaben der geistlichen Zinsbauern hat sie weder materiell noch begrifflich etwas zu tun. Die Rechtspersönlichkeit wird durch Übernahme eines solchen Lehens nicht beeinträchtigt. Ein colonus aber genießt nur die geminderte Freiheit. Nach der alemannischen lex[1]) kann ein colonus niemals coaequalis einer vollfreien libera sein, der colonus regis ebensowenig wie der colonus ecclesiae. Dagegen kann ein solcher liber eine ancilla zur Frau haben. Die Kinder einer solchen Ehe treten mit der Mutter wie die Familiengenossen des unfreien servus in das Knechtschaftsverhältnis von St. Michael ein.[2]) Den Vollfreien würden unübersteigliche Schranken an einer solchen Heirat hindern.

In den Urkunden tritt in markanter Scheidung der tributalis, tributarius,[3]) colonus,[4]) colonus tributalis,[5]) dem servus gegenüber, der tributalis manens[6]) dem servus manens, der liber tributalis[7]) dem famulus serviens.

Der liber tributalis ist in rechtsständischer Beziehung minderfreier liber, in sozialer tributalis. Die ganze Wortverbindung definiert so vollkommen klar und erschöpfend die Gesamtnatur des minderfreien Zinsbauern. In einer Zusammensetzung wie tributalis manens übernimmt dagegen tributalis die juristische Präzisierung des rechtlich indifferenten Terminus. Im Ausdruck colonus tributalis erscheint diese Ergänzung überflüssig und erzeugt nur eine pleonastische Wirkung.

---

[1]) l. c. LVII. 1. [2]) Urk. o. E. I. cod. trad. mon. Lun. 38.

[3]) Ind. Arn. VII. — Mb. 70. — Mon. Scheftl. 6; 8. — Cod. Pat. 45. — Urk. o. E. I. cod. trad. ant. eccl. Pat. 10.

[4]) Mb. 12; 36; 40. [5]) Mb. 49. [6]) Brev. not. I. [7]) Mb. I. pag. 52.

Auch mancipium [1]) und aldio [2]) stehen zum colonus, der sich in der Formel servos et ancillas, colonos seu tributales mit dem tributalis identifiziert, [3]) in terminologischem Gegensatz.

Die Ungenauigkeit, die vom streng juristischen Standpunkt aus in einer derartigen Diktion steckt, ist uns nichts Neues mehr. Wir hatten schon einmal Gelegenheit, auf diesen Mangel hinzuweisen. Der colonus kann als Person nicht veräußert werden. Er ist aber erblich an die Scholle gefesselt und kann von ihr im Besitzwechsel nicht getrennt werden [4]). Weder kann er selbst dies verlangen, noch kann es von ihm gefordert werden. Statt zu sagen: der Zinsbauer kann ohne seine Hufe nicht tradiert werden, wäre es also richtiger zu sagen: wenn die Hufe eines Zinsbauern tradiert wird, so ändert sich für den Zinsbauer der grundherrschaftliche Eigentümer. Denn ein Minderfreier ist niemals, auch nicht bedingungsweise, Vermögensobjekt. Wohl aber kann der Eigentümer der Hufe unter Wahrung des wohlerworbenen Besitzanspruchs des Kolonen nach Gutdünken mit dem ihm an der Hufe zustehenden Rechte verfahren. Der Hufeninhaber wird durch einen solchen Akt nur insoweit in Mitleidenschaft gezogen, als er in Zukunft seine Leistungen einer anderen Stelle zu entrichten hat. Denn die Leistungen sind der Ausfluß der dinglichen Nutzungsberechtigung an der Hufe.

Die Zinshufe, in ihrer wirtschaftlichen Ausstattung eine gewöhnliche Hufe, bildet den Wirkungskreis des colonus, colonus tributalis, tributalis, tributarius. Sie leitet ihren Namen von den besonderen rechtlichen Bedingungen her, unter denen sie ausgegeben wird. Bald führt sie auch in der Terminologie der Quellen die speziellere Bezeichnung eines mansus tributalis, [5]) da sie eben von manentes tributales [6]) bewohnt wird, bald heißt sie einfach colonia, [7]) mansus [8]) oder curtis. [9]) Eine Mehrheit von curtes verteilt sich auf eine Mehrheit von manentes oder

[1]) Mb. 19; 30; 33; 36; 38; 76. [2]) Mb. 40. [3]) Mon. Scheftl. 3.
[4]) Vgl. Brunner, l. c. I. pag. 240.
[5]) Ind. Arn. III. — Brev. not. VII.
[6]) Brev. not. V. [7]) Ibid. IV. [8]) Ind. Arn. VII. — Brev. not. VI.
[9]) Mb. 19; 21; 33; 38.

coloni.[1]) Liegt die bisher von einem Zinsbauern bestellte Hufe brach, so ist sie ein mansus tributalis apsus. [2]) Es steht nichts im Wege, daß sie mit ihrer Neubesetzung zu einem mansus servilis vestitus wird. Die Hufen sind als mansi inter tributales et servos,[3]) mansi inter servos et liberos[4]) in bunter Reihe an Leibeigene und Minderfreie ausgetan. Demgemäß zerfallen die Sassen in manentes inter servos et liberos.[5]) Die Vergleichung der eben erwähnten Formeln aber zeigt wieder folgenden terminologischen Vorgang: Liber und tributalis sind die einander ergänzenden Begriffshälften für die sprachliche Kennzeichnung des minderfreien Zinsbauern. Beide Bestandteile können aber auch für sich allein diese Anschauung hervorrufen. Dann vertreten sie einander gleichwertige Vollbegriffe. Der in ihnen enthaltene an sich lückenhafte Hinweis genügt für den Kenner, sich eine komplete Vorstellung von den immer wiederkehrenden Typen zu verschaffen. Auch der dem servus gegensätzliche liber detentus[6]) fällt unter die Rubrik des minderfreien Zinsbauern.

Der Ausdruck accola[7]) ist nicht wie manens ein rein sozialer, juristisch neutraler Terminus, der zur Entfernung aller Zweifel eigentlich noch eines rechtlichen Zusatzes bedarf. Sein Begriffsvermögen stimmt vielmehr mit dem des Terminus colonus überein: Eine Bezeichnung primär und überwiegend sozialen Inhalts mit einer komplementären juristischen Nebenbedeutung. Der vom mancipium,[8]) servus, servus ecclesiae[9]) unterschiedene accola zieht aus der Nutzung selbständiger domus[10]) und mansi[11]) die dinglich fundierten Abgaben, die er an die Grundherrschaft zu liefern hat: ..... mancipias servos acolabus meritum acolanorum .....[12]) In der lex[13]) wird accola im Austausch mit colonus gebraucht als dessen identischer Titel.

[1]) Mb. 19; 21; 28; 29; 33; 107. — Cod. Rat. I, 18.
[2]) Ind. Arn. III. — Vgl. Waitz, l. c. II, 1. pag. 245.
[3]) Mon. Nideralt. 1. [4]) Ind. Arn. VII. [5]) Brev. not. II.
[6]) Urk. o. E. I. cod. trad. mon. Lun. 13.
[7]) Vgl. Caro, Jahrb. f. Nat. und Stat. 3. F. Bd. 21. pag. 484.
[8]) Mb. 112; 571. — Cod. Pat. 10. [9]) L. Baj. I, 13.
[10]) Urk. o. E. I. cod. trad. ant. eccl. Pat. 38. [11]) Mb. 112.
[12]) Mb. 571. [13]) l. c.

Zu diesem Reichtum an lateinischen Fachausdrücken gesellt sich nun noch ein der einheimischen Sprache entnommener, für die Charakterisierung des minderfreien Zinsbauern besonders instruktiver Terminus. Dies scheint ein beredtes Zeugnis dafür zu sein, daß die Institution der minderfreien Hintersassen nicht als störender Fremdkörper in den sozialen Organismus des bajuwarischen Stammes eingedrungen war, sondern als ein folgerichtiges Produkt der sozialen Entwicklung sich akklimatisierte und der weitesten Verbreitung fähig war.

Aus dieser Tatsache heraus entstand das Wort Barschalk.

Es scheint sich nur innerhalb des bajuwarischen Gebietes eingebürgert zu haben und ist vielleicht für spezifisch bayerische Zustände geprägt worden. Knapp und deutlich bringt es alle die Momente zu plastischer Erscheinung, die für die eigenartige Doppelstellung des minderfreien Zinsbauern entscheidend sind. Dadurch wird es uns zugleich interessant und wertvoll. Der wechselnde Zusammenhang, in welchen der Begriff Barschalk jeweils verflochten ist, eröffnet über seine eigene Bedeutung hinaus weitreichende Perspektiven. Die Rechtspersönlichkeit, die soziale Wirksamkeit, die nationalen Berührungspunkte dieser Sassengruppe, die Vielgestaltigkeit des liber-Begriffes, der wahre Inhalt des Terminus nobilis, — all dieses wird in helles Licht gerückt.

Barschalk ist grammatikalisch ein Kompositum. Nach Schmeller[1]) ist der erste Teil desselben seinem eigentlichen Sinn nach dunkel. Der Akt der Zinsverpflichtung steche darin am merklichsten hervor. Sonst interpretiert Schmeller bar als unbedeckt, entblößt. Du Cange sieht in bar den Ausdruck der persönlichen Freiheit. Nach Seyfried[2]) heißt bar soviel wie ledig oder befreit.

Was unter schalk zu verstehen ist, kann nicht strittig sein.

Riezler[3]) übersetzt daher Barschalk sicher mit Recht durch „freier Knecht."

Barschalk dürfte selbst wieder die germanische Übertra-

¹) Bayer. Wörterbuch I. pag. 252; 253. ²) l. c. II. pag. 107.
³) l. c. I. pag. 124. — vgl. Waitz, l. c. II, 1. pag. 240.

gung einer lateinischen Wortverbindung sein. Das entsprechende Vorbild hierfür hat etwa eine Zusammensetzung wie liber serviens abgegeben.

Barschalk ist ein Freier, der Knechtsarbeit verrichtet. Durch die erste Hälfte des Wortes wird diejenige rechtliche Eigenschaft für aufgehoben erklärt, die in der Regel mit der sozialen Bedeutung der zweiten Hälfte zusammentrifft. Bar qualifiziert den rechtlichen Status, schalk die tatsächliche Zugehörigkeit zu einer sozialen Klasse. Barschalk ist der untertänige Bauer einer Grundherrschaft, aber kein subjektloses Werkzeug wie ein Leibeigener.

Die Freisinger Instrumentensammlung gibt einmal eine wohl unabsichtliche Definition vom Wesen des Barschalken, die jeden Zweifel über denselben zu beseitigen vermag. Es heißt hier:[1]
..... isti sunt liberi homines qui dicuntur barscalci qui et cum Wagone et coram multis conplacitaverunt ut ecclesiasticam acceperunt terram, de ipsa terra condixerunt facere servitium .....

Wir können auch hier eigentlich nur Bekanntes wiederholen. Vieles, was vom minderfreien Zinsbauern gesagt wurde, findet seine textuelle Bestätigung.

Die Barschalken sind hiernach liberi homines, freie und zwar minderfreie Leute. Diese empfangen auf Grund gegenseitiger Übereinkunft fremdes Land zur Nutznießung, im vorliegenden Falle Hufenäcker aus Kirchengut. Ausfertigung eines Spezialvertrages kommt vor, ist jedoch nicht unbedingt notwendig. Dafür versprechen sie einen Komplex fortlaufender Leistungen. Diese sind also eine Konsequenz der Bodenleihe: ..... de ipsa terra condixerunt..... Durch das feste Band der glebae adscriptio können diese Beziehungen erbliche und unkündbare Kraft erwerben.

Nichtsdestoweniger gelten die Verbindlichkeiten des Barschalken als servitium.[2] Dies geschieht mit Rücksicht auf den wirtschaftlichen Erfolg, den sie für die Grundherrschaft bedeuten. Es ist, wie wenn einem unfreien Ackerknecht der Befehl zur Bebauung einer Hufe erteilt worden wäre: ..... duas colonias ..... quarum una cum servo cui nomen Liupheri ad servitium

[1]) Mb. 481. [2]) Ibid.

est parata. [1]) Materiell werden die Dienste des Barschalken in dem Überschlage des grundherrschaftlichen Haushaltes wie diejenigen eines servus bewertet. Ob dies oder jenes Feld der grundherrlichen Eigenwirtschaft von einem unfreien Bauern bepflügt wird oder ob der Arbeitsaufwand für einen Ackerstreifen von einem minderfreien Bauern ausgeht, das ist im Grunde doch unerheblich. In dieser Hinsicht zählt der Barschalk eben als unpersönliche Arbeitskraft, als servus: ..... Hrodfrid arat pleniter sicut alii servi ..... [2]) Formell kommen diese Verpflichtungen auf eine andere Art zur Entstehung wie das opus servile des servus. Selbst wenn dies dem wirklichen Hergang nicht entspricht, so wird doch immer präsumiert, daß der Barschalk sich in freiwilligem Entschluß unter das Joch der servitia beuge. Dies gilt nämlich nur in dem Augenblicke, in dem ein neuer Vertrag begründet wird. Und auch da kann von einer freien Entscheidung bei der Besitzlosigkeit des Barschalken keine Rede sein. Seine Geburt, der Zwang der äußeren Verhältnisse, der Akt der Freilassung eines servus bei der Tradition seines Herrn, die Fesseln der Schollenpflichtigkeit umschreiben genau seine sozialen Lebensbedingungen. Es kommt dann überhaupt zu keinem Vertragsabschluß, geschweige denn zu einer Abmachung, zu der beide Kontrahenten in gleicher Weise nach ihrem Willen Vorschläge machen können. Aber dies fällt viel weniger ins Gewicht als die Tatsache, daß das servitium des Barschalken auf keinen Fall der Unfreiheit entspringt oder daß die Gestaltung seiner Lage nicht von der momentanen Überlegung seines dominus abhängt. Man gibt daher der Dienstverpflichtung eines solchen Sassen den Namen eines liberum servitium, ein Gegensatz im Wortspiel, der auf das Auffallendste an die Bildung des Terminus Barschalk erinnert: in alia (sc. colonia) vero habitat liber homo et liberum ex ea facit servitium. [3])

Dieses servitium hat den Vorzug, Punkt für Punkt fixiert und nicht mehr steigerungsfähig zu sein: ... istud firmiter con-

---

[1]) Mb. 338. [2]) Mb. 481. [3]) Mb. 338.

dictum est ut eis nullus amplius maiorem servitium iniungere valeat...[1]) In unserem Falle muß von sieben Barschalken jeder dreimal im Jahre drei Tage lang pflügen; drei Tage soll er mähen, die Ernte sammeln und den Scheunen zuführen. Drei Bauern haben die nämliche Feldarbeit zu versehen, müssen aber außerdem 15 modia Getreide und einen Frischling zinsen. 3 Scheffel davon müssen Gerste enthalten. Ein anderer Barschalk muß den gewöhnlichen Pflugdienst wie die unfreien Sassen verrichten und neben einem Frischling 10 Scheffel Hafer liefern. Die itinera treffen alle Barschalken der Reihe nach.

Diese nicht gerade drückenden Leistungen fallen unter die Kategorie jener servitia und tributa, die der colonus oder der Inhaber des mansus ingenuilis zu zollen hat. Der mansus ingenuilis ist ja in der Tat für die Hufe eines liber homo, wie der Barschalk einer ist, eine völlig passende Benennung.

Mit dem Satze Ruprechts von Freising: alle die sind parleut, dye sich von freyer hant zinnshäfftig habn gemacht,[2]) ist so die Stellung des Barschalken, von freyer hant in dem oben erörterten Sinne verstanden, befriedigend charakterisiert.

Der Barschalk wendet seinen ganzen Eifer an seine Hufe. Die Mühe kommt wieder einem seiner Kinder zugute. Vielleicht hat schon sein Vater auf dem mansus vestitus,[3]) der hoba[4]) oder colonia,[5]) auf der er jetzt sitzt, die Wirtschaft geführt. Scheinbar wird der Barschalk als Pertinenz seiner Hufe tradiert. Von der Hufe aus reicht er seinen census.[6]) Deshalb heißt die auf festen Zins gestellte Wirtschaft des Barschalken houba censualis. Der volkstümliche Ausdruck in der Muttersprache ist dafür die Parscalcheshuoba.[7])

So ist der Barschalk nichts weiter als ein liber tributalis, der Bauer eines mansus ingenuilis oder mansus tributalis.[8]) Beide Bezeichnungen können einander vertreten. Die Beschreibung des nämlichen Schenkungsbestandes in zwei verschiedenen

---

[1]) Mb. 481.
[2]) Schmeller, l. c. pag. 253. — Rupertus Frisingensis II, 104.
[3]) Ind. Arn. VII. [4]) Mb. 338. [5]) Cod. Rat. I, 67. [6]) Ibid.
[7]) Mon. Boic. IX, 359. [8]) Vgl. Contzen, l. c. pag. 215.

Stiftungsverzeichnissen wird in dem einen durch die Formel: ... mansi inter vestitos et apsos et inter exercitales et barscalcos ...[1]), in dem andern durch die Formel:... mansi inter servos et tributales nec non et exercitales homines...[2]) vermittelt.[3])

Die Verwendung des germanischen Terminus gestattet keinen Schluß auf die vielleicht längst vergessene nationale Herkunft des betreffenden Sassen. Die Wesensgleichheit, die zwischen dem bajuwarischen Barschalken und dem romanischen colonus tributalis besteht, kann sich unter Umständen auch auf die nationale Abstammung erstrecken. Das nationale Element ist für beide Ausdrücke nicht begriffswesentlich, sondern nur von historischem Werte. So scheint eine Stelle aus dem Ebersberger Codex: ... duo Romani proseliti quos nos parscalcos dicimus...[4]) das Weiterleben der romanischen Tributalen in den bajuwarischen Barschalken darzutun.

Die Etymologie der Walchenorte gibt mit dem Hinweis auf den nationalen Charakter der Siedelung auch die rechtliche und soziale Stellung der Bewohnerschaft zu erkennen. Auch diese Erscheinung findet ihr Gegenstück auf Seite der germanischen Terminologie.

Es gibt eine Reihe von Ortschaften, deren Namen aus einer Zusammensetzung mit schalk gebildet wurde: Scalhodorf (Mb. Schalkdorf, Erdingensis district.)[5]), Schalkdorf b. Rott, Schalkheim b. Vilsbiburg, Schalkhofen b. Wolfratshausen, Schalkwinkel im Salzburgischen.[6]) Wie die Walchenorte auf Niederlassungen von Romani tributales zurückzuführen sind, so die Schalkorte auf Niederlassungen von Barschalken. Alle diese Plätze aber tragen gleichmäßig die Signatur grundherrschaftlicher Anlagen. Schalk- und Walchenorte bedeuten nach Sinn und Ursprung das gleiche, manchmal vielleicht bis zur nationalen Identität der Bevölkerung.

---

[1]) Ind. Arnd. VII. [2]) Brev. not. VII.

[3]) Vgl. Boos, l. c. pag. 43. — Waitz, l. c. II, 1. pag. 241.

[4]) Oefele, Script. II, 32. — Cod. trad. Ebersperg. 129. [5]) Mb. 392.

[6]) Klocker, Abhandlung von den Barschalken in Baiern i. 5. Bd. der Neuen histor. Abhandl. d. churfürstl. bair. Akad. d. Wiss. 1798 pag. 393.

Schon Klocker[1]) behauptet die begriffliche Analogie von Formeln wie mansi inter barscalcos et servos und mansi inter servos et liberos. Barscalci und liberi stehen hierbei an korrespondierender Stelle. Er hebt ferner hervor, daß der Barschalk mit dem liber und ingenuus commanens zusammenfalle. Die homines ecclesiae tam parscalci quam servi in einem Bestätigungsbriefe Otto I. aus dem Jahre 940 sind nach ihm, und dies mit Recht, den homines ecclesiae tam ingenui quam servi super terram ipsius commanentes in den Privilegien Ludwig des Frommen und Ludwig des Deutschen aus den Jahren 816 und 837 gleichzuachten. Die terminologische Variation ausgenommen, sind die Formalitäten in beiden Fällen dieselben.

Aber Klocker begeht den Irrtum, die Barschalken unter die vollfreien Leute zu rechnen. Der umfassende Inhalt von liber und ingenuus mit Beziehung auf den Minderfreien ist ihm noch fremd. Er setzt daher den Barschalk über den minderfreien Frilaz.[2]) Hinsichtlich seines ständischen Zusammenhangs greift er allerdings auf die Freilassung zurück.[3]) Aber seine Kombination läßt sich nicht halten. Durch die „dritte Geburt nach der Freilassung" seien diese Libertinen zur vollen Freiheit aufgestiegen und hätten sich damit den Titel eines ingenuus und parscalcus errungen.

Das servitium des liber homo,[4]) das auf einer Stufe steht mit den Pflichten der als liberi homines charakterisierten Barschalken,[5]) ist eines vollfreien Mannes unwürdig. Auf diesen Widerspruch gründet sich gerade unsere Hypothese von der rechtsständischen Beschaffenheit des Barschalken, die zugleich eine Stütze bietet für die von uns als wirksam anerkannten Regeln der juristischen Terminologie.

Noch im Rechtsbuch von 1332 wird dem Parman die volle Freiheit abgesprochen. Eine Urkunde aus dem Jahre 1165 besagt, daß ein Parwip nur eine aliquantula libertas besitze.[6])

[1]) l. c. pag. 401 ff.
[2]) Ähnl. Seyfried, l. c. II, pag. 331. — Boos, l. c. pag. 44.
[3]) l. c. pag. 450; 456. [4]) Mb. 338. [5]) Mb. 481.
[6]) Schmeller, l. c. I. pag. 253. — Mon. Boic. IV. 111.

Ebensowenig wie der colonus oder der servus ecclesiae bildet der Barschalk eine juristische Sonderklasse des Volksrechtes. Er hat ja auch nach dieser Seite nichts Bemerkenswertes an sich. Sein Name geht vielmehr hervor aus dem Bedürfnis nach sozialer Gruppierung, ein Gesichtspunkt, welcher der lex nicht von Anfang an inne wohnt. Den Zeitgenossen erscheinen die Kolonen als geschlossener Stand. Das Hauptkontingent desselben rekrutiert sich aus einer bestimmten rechtlichen Schicht, den Minderfreien, und seine Angehörigen sind alle Minderfreie. Sie liegen in den Fesseln der Hörigkeit. Kauf oder Schenkung brechen das hörige Besitzrecht und seine Folgen nicht. Über den Rang des Barschalken erheben sich die vollfreien Grundherrn, unter denselben sinken die unfreien Hintersassen und das leibeigene Hausgesinde. Das Überwiegende in der Bezeichnung Barschalk ist aber sein sozialer Inhalt. Sein Parallelbegriff ist daher nicht eigentlich der frilaz, sondern der einer rechtlichen Unterbedeutung ebenfalls nicht entbehrende colonus. Die Codices D_1 und G des leg. text. tert.[1]) gebrauchen sogar in der Überschrift de colonis vel servis ecclesiae qualiter serviant für colonus direkt das Wort parschalchis.

Einen äußerst dankbaren Einblick in die komplizierte Mischung rechtlicher und wirtschaftlicher Merkmale gewährt das protokollartige Urteil, das einen Streit zwischen dem Freisinger Bischof und dem Abte Luitfrid beendigt.[2]) Es handelt sich darum, in wessen Grenzen mehrere Parochien mit den zugehörigen Kirchen fallen. Was die Ansprüche des Abtes angeht, so einigte man sich dahin: ut Luitfrid... habeat tres ecclesias qui sic nominantur ad Willing et Perchwilling et Modriking quae erat de traditione hominum fiscalinis et quartam ecclesiam ad Totinhusir de traditione nobilium hominum et quicquid de dicimatione liberorum hominum vel barscalcorum pertinere deberet ad easdem ecclesias hoc in arbitrio et potestate Attone Episcopo posuerunt utrum Luitfridum Abbatem dimittere voluisset an non ut secundum canonicam institutionem de eandem decimam faceret quod iuberet...

[1]) L. Baj. I. 13. [2]) Mb. 120.

Drei von den Kirchen, welche Luitfrid zugeteilt werden, rühren von der Stiftung durch homines fiscalini her; die vierte ist eine Schenkung von homines nobiles. Der Zehnt, der an eben diese Kirchen geschuldet wird, geht von liberi homines und barscalci ein. Über seinen Anfall entscheidet in letzter Instanz nach kanonischen Vorschriften der Bischof.

Im Bereiche der Pfarreien müssen sich also sowohl fiscalini wie nobiles, liberi und barscalci befunden haben. Es dreht sich nun darum, ob unter diesen viererlei Termini die Typen auch von vier generell verschiedenen Personengruppen zu verstehen sind. Als begriffliche Gegensätze sind paarweise die fiscalini den nobiles, die liberi den barscalci gegenübergestellt. Die Eigenschaften, die in den einander konträren Bezeichnungen primär hervorstechen, sind an sich aber nicht miteinander vergleichbar. Die Möglichkeit hierzu wird erst erlangt durch eine in den Termini schlummernde sekundäre Bedeutung. Fiscalini und barscalci bringen in erster Linie soziale Merkmale, nobiles und liberi rechtsständische Merkmale zum Ausdruck. Im ersten Falle ist das rechtsständische, im zweiten das soziale Moment zu ergänzen.

Die nobiles sind grundherrliche Vollfreie, die homines fiscalini eigentums- und deshalb schenkungsfähige minderfreie Bauern. Christophorus Besoldus, der von Meichelbeck in einer Anmerkung zu dieser Urkunde als Autorität für die Erklärung der fiscalini zitiert wird, definiert diese in seinen synopsi politicae doctrinae cp. 14 n. 10 ff. als Leute, qui glebae ita erant adstricti, ut invitiis dominis nec secedere neque etiam bona immobilia iure mancipii possidere possent. Der Unterschied zwischen liber und barscalcus gravitiert nach der nämlichen Richtung.

Es decken sich also nach ihrem Inhalt liber und nobilis, fiscalinus und barscalcus. Die vier verschiedenen Termini finden Anwendung auf zwei verschiedene Personengruppen. Für jede derselben stehen also zwei einander synonyme Termini zur Verfügung. Aber durch die sprachlich verschiedenen Bezeichnungen werden nicht nur einheitliche Typen, sondern vermutlich auch einheitliche Individuen getroffen. Es sind nämlich die Stifter der Kirchen selbst, die fiscalini und nobiles, welche an die neugegründeten, in ihrem Bezirke gelegenen Kirchen zehentpflichtig werden. In diesem Zusammenhang werden sie liberi bezw. barscalci genannt. Die Dotatoren der Kirche nehmen diesen gegenüber keine andere Stellung ein wie die übrigen Gläubigen. Sie werden einer alle Vermögenden umfassenden Steuer nicht ledig. Mit der Erwähnung der auch den Adel einschließenden vollfreien liberi und der minderfreien Barschalken ist aber die Aufzählung der besteuerungsfähigen Elemente überhaupt eine erschöpfende.

Es ergibt sich also, namentlich in Verbindung mit der in Mb. 481 gegebenen Definition vom Wesen der Barschalken, aus dem Vorhergehenden folgendes: 1. Nobilis ist ein rechtstechnischer Ausdruck zur Bezeichnung der Vollfreiheit. In diesem Sinne tritt er den zur Bezeichnung der Minderfreiheit üblichen Termini gegenüber. 2. Liber hat einen beweglicheren Inhalt wie nobilis. Neben dem Begriff der Vollfreiheit kann liber auch den Begriff der Minderfreiheit in sich bergen. Ferner wird liber verwendet unter ausschließlicher Beziehung auf einen dieser beiden Begriffe. 3. Nobilis und liber haben identische Bedeutung, wenn unter liber lediglich der Vollfreie gemeint ist. 4. Wird die juristische Natur des Barschalken mit liber charakterisiert, so liegt dem Terminus einzig und allein der Begriff der Minderfreiheit zugrunde. Der mit Barschalk betitelte Hintersasse ist Minderfreier. 5. Der Barschalk führt bald das Prädikat eines minderfreien liber, bald ist die Bezeichnung liber das spezifische Gattungsmerkmal einer in Gegensatz zum Barschalken gebrachten Personenklasse. Der grundherrliche vollfreie liber unterscheidet sich dann von dem zinsbäuerlichen frilaz, dem Barschalken. —

Es ist interessant zu beobachten, wie die Auffassung von der Eigenart des Barschalken manchmal unsicher schwankte und tastete.

Seyfried[1]) gibt eine Übersicht, wie die einzelnen, damals kompetenten Gelehrten in dieser Frage gedacht haben. Sie waren sich im großen und ganzen im Klaren über die soziale Stellung

---

[1]) l. c. pag. 223 ff.

und Unselbständigkeit des Barschalken. Einer von ihnen ist in präziser Formulierung auch seiner juristischen Qualität auf die Spur gekommen.

Hansiz, Germ. Sacr. III, pag. 13 zum Beispiel äußert sich hierüber folgendermaßen: homines liberi dicebantur, quasi liberi servientes, id est, immunes ab oneribus, quae praestabantur a servis proprietalibus, obligati dumtaxat ad ea, quae a liberis etiam pendebantur. — Schilter im Glossar. Teuton. übersetzt Barschalk mit libertus; Lori nennt ihn Freibauer. Pfeffinger im Vitriar. illustr. Aufl. v. J. 1754 lib. I tit. 22 § 7 bezeichnet die Barschalken als freie Bauern, servi liberi seu coloni liberi.

Seyfried selbst[1]) hält die Klasse der Barschalken für einen rechtlich geschlossenen Stand. Der einmal erworbene Titel gilt ihm als erblich ohne Rücksicht darauf, ob die für denselben wesentlichen begrifflichen Voraussetzungen noch zutreffen. Nach seiner Ansicht gibt es deshalb auch Barschalken, welche keine fremden, sondern nur allodiale Güter bewirtschaften und solche, die, ohne Grund und Boden zu besitzen, in der nackten Arbeitskraft ihre einzige Einkommensquelle haben.

Klocker,[2]) der Spezialforscher auf diesem Gebiet, sieht in bar das fränkische und alemannische puar, puarre, buare, „das einen Einwohner, der auf dem Felde lebet, sich vom Feldbau nähret und dem Grundherrn mit Zinsen, Gilt- und Frondienst verbunden ist, anzeigt." — Nach Buchner[3]) dagegen sind die Barschalken der Karolingerzeit die freigeborenen Landeigentümer, die in den Traditionen ihre Güter der Kirche abtreten, sich aber deren Genuß zu Benefiz ausbedingen und so zu Dienstbauern werden.

Von den Neueren deutet v. Luschin[4]) die Barschalken als freie Leute, die auf fremdem Lande gegen vertragsmäßige Leistungen sitzen. Sie verfügen aber auch über eigene Habe, namentlich über Sklaven. Die Abgaben ruhen auf dem Boden, nicht auf den Köpfen. „Sie sinken herab zur Stellung römischer Kolonen und können dann als Zubehör des Grund und Bodens

[1]) Ibid. pag. 315. [2]) l. c. pag. 395 ff.
[3]) l. c. II. pag. 226. [4]) Lehrbuch pag. 80; Grundriß pag. 38.

veräußert werden." — Brunner[1]) bezeichnet den Barschalken als kolonenähnliche Erscheinung, die zwischen Freien und Knechten eine erbliche Mittelstellung einnehme. Die Höhe seines Wergeldes sei nicht bekannt. — Riezler[2]) endlich gibt ihn für den Angehörigen einer besonderen Mittelklasse aus. Unbeschadet der glebae adscriptio räumt er ihm einen bevorzugten Platz vor den Freigelassenen ein. Mit dem Zinsbauern, colonus, falle er nicht zusammen. Andererseits wird aber darauf verzichtet, den überhaupt noch nicht gefundenen Unterschied zwischen colonus und Barschalk zu präzisieren. Man habe ihn darin erblicken wollen, daß der Barschalk auch freies Eigen erwerben könne, während jener nur abhängigen Boden bebaue. Möglicherweise identifiziere er sich mit dem zinspflichtigen Romanen. —

Die bisher behandelten Personenkategorien umfassen die unzweifelhaft bäuerlichen Elemente des bajuwarischen Stammes. Freibauern im Sinne vollfreier Eigenbauern sind nicht darunter. Es sind ausnahmslos Hintersassen. Nach der juristischen Seite gliedern sie sich in Unfreie und in Minderfreie. Die begriffliche Konsolidierung der Terminologie vollzieht sich unter dem Gesetze der Verschmelzung rechtsständischer und sozialer Motive. In einem ursprünglich rein rechtlichen Begriffe hat sich ein soziales Moment, in einem ursprünglich rein sozialen Begriffe ein rechtliches Moment als stereotype Ergänzung festgesetzt. Den Höhepunkt auch äußerlicher Anschaulichkeit hat dieser Vorgang mit der Bildung des Wortes Barschalk erreicht.

Die Ursache für dieses Anwachsen der Begriffskapazität liegt in der rechtlich-sozialen Gliederung des Volkes, die in ihrem Aufbau im Grunde von schematisch-durchsichtiger Einfachheit ist. Die Angehörigen einer konformen juristischen Schicht lösen sich sozial nicht in eine Menge heterogener Einzelwesen auf, sondern besitzen einen einheitlichen typischen Durchschnittscharakter.

Der servus ist Leibeigener. Die Mehrheit der servi wird als Hufenbauern beschäftigt. Der juristische Terminus nimmt

---

[1]) l. c. I. pag. 241. [2]) l. c. I. pag. 124.

deshalb in den Bereich seines vorher sozial indifferenten Ausdrucksvermögens die Kennzeichnung des wirtschaftlichen Berufes des servus auf. Zeitweilig kann sogar der Begriff, der sich erst nach und nach eingeschlichen hat, den originären Inhalt aus der Wortbedeutung vollständig verdrängen. Servus ist dann schlechthin der Bauer, der fremden Grund und Boden nutzt: . . . dono . . . in loco Rota . . . cidlarios meos duos servos, unus est liber et alter est servus . . .[1]) Das erste Mal wird servus in ausschließlich sozialem, das zweite Mal in ausschließlich juristischem Sinne verwendet.

Auf diese soziale Verwandtschaft ist dann auch die Nachlässigkeit zurückzuführen, mit der die rechtlich wesentlichen Unterscheidungsmerkmale zwischen dem unfreien und minderfreien Hintersassen übergangen werden. Fassungen wie: . . . quicquid illic habeo unum servum et aliis liberis 4, quicquid illic habeo, tertiam partem dabo . . .[2]) scheinen die Verschiedenartigkeit der Beziehungen zwischen den Sassen und ihren Hufen ganz und gar zu verkennen. Aber derartige Verbindungen, oder Formeln wie servi et ancillae seu tributales[3]), die offenbar gegenüber den mansi inter tributales et servos[4]) nur einem abgekürzten Denkverfahren entspringen, tun immer wieder die Ausstattung der servi mit Hufen und die servus-ähnliche Lage der minderfreien liberi tributales dar.

Wird zur Benennung des unfreien Hintersassen hauptsächlich der ursprüngliche rechtstechnische Terminus beibehalten, so liegt für die Terminologie des minderfreien Zinsbauern eine gegenteilige Entwicklung insofern vor, als sich die ursprünglich nur soziale Bezeichnung zu dem herrschenden Gesamtbegriff erweitert. Der Ausdruck liber ist seiner Wandlungsfähigkeit halber zu dieser Funktion nicht so gut geeignet wie der Ausdruck colonus. Der minderfreie liber hebt sich nicht ohne weiteres von der sprachlich adäquaten Terminologie des vollfreien Grundherrn ab. Der Inhalt des colonus-Begriffes und seiner

---

[1]) Pez. l. c. T. 6. P. 1. pag. 18. — Urk. o. E. I. cod. trad. mon. Lun. 38.
[2]) Chron. Lunael. pag. 16. [3]) Cod. Pat. 22. — Mon. Scheftl. 6; 9.
[4]) Mon. Nideralt. 1.

Synonyma war von vornherein scharf begrenzt und seine weitere Verwendung daher ungemein praktisch.

Daß je nach Wahl der Termini die eine oder andere Seite der Personenqualität sich von selbst ergänzt, läßt sich insbesondere an Zusammenstellungen wie servi et tributales, servi et barscalci etc. kontrollieren. Einem Attribut mit primär rechtlicher Bedeutung steht ein Attribut mit primär sozialer Bedeutung gegenüber. Der Gegensatz, der durch die antithetische Verbindung verkörpert werden soll, ergreift jedoch das ganze Wesen der betreffenden Individuen. —

Die manentes, die als sozialer Begriff dem mansus ihren Namen leihen[1]) und deshalb ohne Hufe nicht zu denken sind, bilden nach Contzen[2]) den Übergang zu den Knechten. Sie sind nach seiner Definition ansässige verheiratete Ackerknechte, die in den Häusern ihrer Herren wohnen. Oft seien mehrere Familien auf ein und demselben Hofe untergebracht. — Manens ist an sich ein juristisch vollkommen neutraler Terminus mit ausgesprochen sozialer Bedeutung. In dieser Rolle kommt ihm der casatus vollständig gleich. Zur Gattung der manentes zählen sowohl manentes inter servos et liberos, manentes tributales als auch servi manentes, servi commanentes und manentes serviles.[3]) Werden homines commanentes mit all ihren casae und aedificia, mit Sondergut und Gemeinheitsnutzungen tradiert, aber ex eis mancipiis drei Köpfe von der Schenkung eximiert, so zeigen sich die manentes nach ihrer rechtsständischen Eigenschaft eben als mancipia.[4]) Die manentes, unterschieden von den singularia mancipia[5]) und den mancipia intra domum, können ihrerseits wieder mancipia zu ihrer Unterstützung auf ihren Hufen haben.[6]) Dann ist der manens eigentumsfähiges Rechtssubjekt, Minderfreier. Auch ohne juristischen Zusatz vertritt er dann als manens im engeren Sinne den minderfreien Zinsbauer im Gegensatz zum bäuerlichen servus. Seine Position ist rechtlich natürlich

---

[1]) Waitz, l. c. I. pag. 127, Anm. 1. [2]) l. c. pag. 217.

[3]) Brev. not. I; II; IV; VII. — Cod. Rat. I, 30. — Urk. o. E. I. cod. trad. mon. Lun. 38; 42; 67; 108. [4]) Urk. o. E. I. l. c. 98.

[5]) Cod. Rat. I, 21. [6]) Ibid. I, 18.

eine viel günstigere als die des unfreien manens.[1]) So sitzt auf einer Hufe, welche veräußert wird, ein minderfreier, mit einer Leibeigenen verheirateter ingenuus faber. Frau und Kinder, der ärgeren Hand folgend, werden als selbständige Sachgüter übergeben.

Von manentes hängt der Betrieb hufenmäßiger Wirtschaften ab. Man trifft sie deshalb im Besitz der Pertinenzen von mansi,[2]) coloniae,[3]) curtes[4]) und curtiferi.[5])

Die Zählung der in einer grundherrschaftlichen Organisation vereinigten manentes geschieht wie bei der Berechnung der bäuerlichen servi und mancipia meistens nur mit Rücksicht auf die Summe der vorhandenen Haushaltungsvorstände. Die Ziffern der manentes pflegen daher mit den Ziffern der ihnen verliehenen mansi übereinzustimmen. Der abwechselnde Gebrauch von manens und mansus bei der wiederholten Notifikation des nämlichen Schenkungsaktes ist hierauf die beste Probe.[6]) Wo beispielsweise auf der einen Seite die Rede ist von . . . mansos 10 inter vestitos et apsos . . ., . . . mansos 20 inter vestitos et apsos . . ., mansos 3 vestitos et prata vel pascua pertinentia . . . werden an korrespondierender Stelle der anderen Quelle die Hufen repräsentiert durch eine gleiche Anzahl von Hufenbauern: . . . manentes 10 inter servos et liberos . . ., . . . manentes 20 . . ., . . . prata et pascua et silvam et alpes et manentes 3 . . . — Es handelt sich um die Tradition von im ganzen sechs Hufen.[7]) Fünf davon liegen zusammen in einer, die sechste in einer zweiten Niederlassung. Erstere sind in dem Schenkungsvermerk durch mansus, letztere durch manens, sextum manentem, verzeichnet. — Der einfache Ersatz von mansi 20 inter barscalcos et servos et inter vestitos et apsos durch manentes 20 ist ein deutliches Zeichen für die Beschränkung des zusatzlosen manens-Begriffes auf soziale Erscheinungen. Sind die ma-

---

[1]) Pez, l. c. T. 1. P. 3. pag. 8. [2]) Form. Sal. Lind. 1; 6.
[3]) Brev. not. XI. — Cod. Pat. 17. [4]) Cod. Rat, I. 18. [5]) Mb. 799.
[6]) Ind. Arn. I; brev. not. II. — Ind. Arn. II; brev. not. V. — Ind. Arn. III; brev. not. VII. — Ind. Arn. V; brev. not. VII.
[7]) Brev. not. XIV, 42.

nentes Zinsbauern, so sind ihre Hufen tatsächlich coloniae suae.[1]) Es ist dann auch nur eine konsequente Folge ihrer rechtlichen Beziehungen zum Boden, wenn es von ihnen heißt: manentes ipsi non mutentur, sed maneant in locis suis.[2]) —

Noch erübrigt ein Wort über den aldio. Dieser ist dem bajuwarischen Volksrecht vollständig unbekannt. In den Urkunden dagegen wird er erwähnt, aber nur mit äußerster Seltenheit. Es fehlt daher das vergleichende Material für die ausreichende Begründung einer Hypothese, die sich mit befriedigender Anschaulichkeit unserem rechtlich-sozialen System einpassen könnte. Es kommt hier vielleicht auf ganz feine Differenzierungen an.

Die Aldien finden sich nur in ganz wenigen Dokumenten der ältesten Schenkungsperiode. Dann verschwinden sie spurlos. Es ist nun zweierlei möglich: Die Aldionen bilden eine nur diesen einen Namen führende Sonderklasse. Es ist nun entweder nur der für dieselbe übliche Terminus außer Anwendung geraten und wird nun durch einen anderen ersetzt. Wir wüßten nicht, welch neuer Terminus in diese Stellung eingerückt sein sollte. Oder aber es hat sich die ganze Institution überlebt und ist dann in einer verwandten Kategorie aufgegangen oder völlig beseitigt worden. Ist aber aldio nur der synonyme Ausdruck zur Bezeichnung einer Personengruppe, die hauptsächlich durch andere Termini charakterisiert wird, so kommt eben nur einer der mehreren verfügbaren Termini in Wegfall.

Die Meinungen über den Rang der Aldien gehen in den Einzelheiten auseinander.

v. Luschin[3]) hält sie für die formlos Freigelassenen, die im Gegensatz zu den censuales, denariales und den per chartam Freigegebenen die unterste Stufe der Halbfreiheit einnehmen. Sie seien zwar rechtsfähig, aber immer noch an den Willen des Herrn gebunden. Riezler[4]) identifiziert sie mit den coloni. Waitz[5]) sondert sie von diesen. Sie seien Rechtssubjekte in

---

[1]) Brev. not. II. [2]) Cod. Rat. I. 18.
[3]) Lehrbuch, pag. 72. — Grundriß, pag. 33. [4]) l. c. I. pag. 124.
[5]) l. c. II, 1. pag. 239.

ähnlichem Abhängigkeitsverhältnis wie die langobardischen Aldionen. Nach v. Inama [1]) sind sie dem frilaz und Barschalken gleichzuachten. Nach Büdingers [2]) Ansicht sind unter ihnen die dem Romanus und tributarius gleichartigen, später mit Barschalk betitelten zinspflichtig gemachten Grundeigentümer römischer Nation zu verstehen. Contzen [3]) stellt sie den fränkischen und alemannischen Liten an die Seite. Brunner [4]) sieht im aldio einen Halbfreien, die äquivalente langobardische und bayerische Bezeichnung für den Liten. Er ist schollenpflichtig; Dienste und Abgaben sind fixiert. Er ist vermögensfähig, in Veräußerungen aber von seinem dominus abhängig, der ihn vor Gericht vertritt und für seine Vergehen haftet. Er kann zur vollen Freiheit aufsteigen. Boos [5]) faßt die bayrischen Aldionen als lokale Erscheinung auf. Sie seien eine den Liten anderer Stämme analoge Klasse hintersässiger Bauern, aber Freigelassene seien sie nicht. Der langobardische aldio ist nicht vollfreier Freigelassener, sondern verbleibt im mundium des Herrn. Der aldio von Geburt steht über dem eben freigelassenen aldio. Er klebt an der Scholle, ist eigentumsfähig und seine Dienstpflicht ist genau umschrieben.

Das Glossar [6]) drückt sich bezüglich der Aldionen folgendermaßen aus: Haldios veteres Italiae possessores fuisse, ex quibus plena libertate ademta, proprium genus libertorum Langobardi constituerunt (Paulus Diaconus II, 32). — Im cap. Ticin. a. 801. c. 6 [7]) heißt es: aldiones . . . ea lege vivant in Italia in servitutem suorum, qua fiscalini vel lites vivunt in Francia. — Im Edict. Roth. 28 [8]) unterscheidet sich der haldius vom servus und vom libertus: er wird zwar auch vom servus ministerialis getrennt, genießt aber doch die gleiche Bewertung wie dieser.[9])

So viel scheint sicher zu sein: der Aldio ist weder Unfreier noch Vollfreier gewesen. In den Freisinger Urkunden

---

[1]) l. c. I. pag. 60. Anm. 40.
[2]) l. c. I. pag. 92. [3]) l. c. pag. 217. [4]) l. c. I. pag. 101.
[5]) l. c. pag. 45 ff. [6]) Mon. Germ. LL. IV. pag. 672.
[7]) Ibid. LL. I. pag. 84. [8]) Ibid. LL. IV. pag. 17.
[9]) Edict. Roth. 76 ff. ibid. LL. IV. pag. 24.

sondert er sich vom servus, serviens, famulus und mancipium.[1]) Er befindet sich aber auch in irgendwelcher Abhängigkeit vom vollfreien Tradenten. Von den Ständen des Volksrechtes könnte er also nur noch den Minderfreien zuzurechnen sein, wenn anders er überhaupt eine volksmäßige Erscheinung ist. Aber auch hier sehen wir ihn in Gegensatz gebracht zum libertus:[2]) ... tam servos et ancillas quam libertos et aldiones ... Er wird allerdings in engster Verbindung mit dem libertus genannt und gemeinsam mit diesem nachdrücklich von den unfreien Hintersassen geschieden.

Es bliebe damit nur noch der Ausweg übrig, nach einer Auslegung zu suchen, die den Aldio zwar juristisch den Minderfreien zuzählt, während sie ihn in sozialer Beziehung von der gewöhnlichen wirtschaftlichen Stellung dieses Rechtsstandes ausnimmt.

In der eben zitierten Formel hätten dann libertus und aldio einen juristisch gleichwertigen, sozial aber konträren Inhalt. Aldio wäre also ein sozialtechnischer Ausdruck eventuell mit juristischer Nebenbedeutung. Das spärliche Auftreten des aldio wäre nun dahin zu erklären: die bestimmte Beschäftigungsweise des Minderfreien, welche den aldio-Begriff in Umlauf gebracht hat, wurde bei dieser Klasse nur ganz ausnahmsweise angetroffen und hat dann vollständig aufgehört. Oder: diese für einen Minderfreien an sich seltene Berufsart kommt zwar immer noch vor, aber der für dieselbe geschaffene soziale Terminus hält sich nicht mehr und die Bezeichnung solcher Personen erfolgt einfach durch den juristischen Terminus.

Mit dieser Auffassung ließe sich auch die scheinbar widerspruchsvolle Tatsache in Einklang bringen, daß aldio einerseits den colones gegenübergestellt,[3]) andererseits als Glied der in serviantes und altiones geteilten colones behandelt wird.[4]) Man müßte nämlich colonus im ersten Falle in überwiegend sozialem, im zweiten in überwiegend juristischem Sinne verwendet betrachten. Das erstemal würde so colonus den minderfreien Zins-

[1]) Mb. 26; 28; 40; 43; 45. [2]) Mb. 26; 28. [3]) Mb. 40.
[4]) Mb. 6; 43.

bauer im Gegensatz zu dem in anderer sozialer Lage befindlichen minderfreien Aldionen vertreten. Das zweitemal wäre colonus allgemein die verbindende Bezeichnung für die nach sozialen Merkmalen differenzierten Gruppen der Minderfreien. Serviantes sind diejenigen Minderfreien, welche mittels ihrer Hufen servitia verrichten, wie etwa das leibeigene mancipium serviens. Das soziale Gegenstück zu diesen serviantes wären also Minderfreie, welche, ohne Hufenbesitzer zu sein, doch in wirtschaftlicher Fühlung mit einem Grundherrn stehen und aldiones heißen. Vielleicht basiert die Disposition der Pertinenzreihe: . . . quicquid nobis in portionem evenerat tam liberis quam colonis et servibus . . .[1]) auf eben dieser sozialen Trennung.

Man hätte es hiernach in den Aldionen mit sozial minderwertigen Libertinen zu tun, insofern diese nicht die wirtschaftliche Selbständigkeit höriger Bauern genießen. In Anlehnung an einen später heimischen, wenigstens klangverwandten Ausdruck könnte man sie als „ehalten" charakterisieren, als grundherrliche Dienstboten kraft Vertrages, als freigelassenes Hausgesinde des Herrenhofes.[2]) Es gibt ja auch Leute, die im Wirtschaftsorganismus einer Grundherrschaft ein spezielles Gewerbe betreiben, beispielsweise Zeidler oder Schmiede, die aber juristisch dennoch minderfreie liberi und ingenui sind.

Mehr wie eine Anregung soll jedoch diese Interpretation angesichts des für eine schlüssige Beweisführung höchst mangelhaften Stoffes nicht bedeuten.[3])

Es ließen sich vielleicht noch einige andere Gesichtspunkte ausfindig machen, die man einer Erklärung des aldio-Begriffes unterschieben könnte. Es wäre möglich, daß im aldio die nationale Abstammung eines minderfreien Hintersassen betont werden

[1]) Mb. 12. [2]) Schmeller, l. c. I, pag. 8. „Der êhalt, Person, die vertragsmäßig der dienende Hausgenosse eines anderen ist; Dienstbote. Die êhalten, das Hausgesinde." Es bestehen Zweifel, ob aldio mit êhalt oder dem got. aljan, alere in Zusammenhang zu bringen ist. Auch an eine Verwandtschaft zwischen „Hold" und aldio wird gedacht. (Schmeller, l. c. I. pag. 1090; 1100.)

[3]) Gegen die Litenqualität des Aldio scheint gerade sein rasches Verschwinden zu sprechen.

soll. Man könnte auch daran denken, daß aldio den servus darstellt, der, seit Generationen mit seiner Hufe verwachsen, sich auf dem Wege der Gewohnheit dem colonus nähert, aber rechtlich noch keine feste Begrenzung erfahren hat. v. Luschin spricht davon,[1]) daß die servi casati geradezu als Kolonen angesehen werden. Auch in der Geschichte des römischen Agrarwesens[2]) vollzieht sich allmählich der Vorgang, daß die servi, die auf geschlossenen Wirtschaftsbetrieben angesiedelt sind und dadurch zu den an Besitz und Erwerb beteiligten Klassen aufsteigen, den Kolonen ähnlich werden. Schließlich verliert sich jeder Unterschied zwischen den in ihrem Ansehen geschwächten ursprünglich freien und den ursprünglich unfreien kolonenartigen Elementen. —

Von den Verteidigern der bäuerlichen Theorie der Vollfreien wird für die Richtigkeit ihrer Ansicht namentlich jener Paragraph des text. leg. prim. append. I. ins Treffen geführt, welcher die gesetzlichen Vorschriften über die Heiligung des Sonntags enthält.[3]) Einer flüchtigen Kritik mag diese Stelle in der Tat als endgültig entscheidendes Beweismoment erscheinen.

Die Kenntnis, die wir nunmehr von der Vielgestaltigkeit des liber-Begriffes und der sozialen Bewertung des minderfreien liber besitzen, gestattet uns eine intensivere Würdigung dieses Einwurfes.

Die Störung des Sonntagsfriedens durch Vornahme wirtschaftlicher Arbeit ist strafbar: si quis die dominico operam servilem fecerit liber homo, si bovem iunxerit et cum carro ambulaverit, dextrum bovem perdat, si autem secaverit fenum vel collegerit, aut messem secaverit aut collegerit vel aliquod opus servile fecerit die dominico, corripiatur semel vel bis, et si non emendaverit, rumpatur dorso eius 50 percussiones; et si iterum praesumpserit operare die dominico, auferatur de rebus eius tertiam partem; et si nec cessaverit, tunc perdat libertatem suam et sit servus, qui noluit in die sancto esse liber. Si servus autem, pro tale crimine vapuletur; et si non emendaverit, manum dextram perdat . . .

---

[1]) Grundriß, pag. 33. [2]) Meitzen, l. c. I, pag. 363.

[3]) Mon. Germ. LL. III, pag. 335.

Man hat hieraus deduziert: Der liber ist Vollfreier. Die vom liber unter der Woche geleistete Arbeit, die er nur Sonntags unterlassen soll, qualifiziert sich als typisch bäuerliche Tätigkeit. Folglich ist der vollfreie liber Bauer.

Nun hat bereits Wittich[1]) dem gegenüber darauf hingewiesen, daß unter den liberi gerade auch freie Kolonen gemeint sein können. Er macht ferner darauf aufmerksam, daß der Gesetzgeber eines freien Bauernvolkes doch eine höchst eigentümliche Sprache führe, wenn er, wie dies hier der Fall ist, „nicht frei sein wollen" und „wirtschaftliche Arbeit verrichten" als äquivalente Begriffe bezeichne. Damit ist eigentlich alles für eine Widerlegung Nötige gesagt. Wir können diesen gewichtigen Gegengründen nur Weniges hinzufügen.

Opus servile ist nicht etwa ein Ausdruck kanonistischer Sprachsymbolik. Maurer[2]) und schon vor ihm Schriftsteller wie Anton,[3]) Lipowsky,[4]) M. J. Schmidt[5]) sehen im opus servile ganz sachgemäß den Sammelbegriff für den Komplex knechtischer Arbeit. Hiervon sind das bovem iungere, cum carro ambulare, das Mähen der Wiesen und Getreidefelder, das Einbringen der Ernte die einzelnen Unterarten. Jede derselben ist eine opera servilis. Zugleich liegt in dieser Bezeichnung etwas Verächtliches. Denn eine derartige Beschäftigung ist nicht geachtet. Wer es nur irgendwie vermochte, vermeidet sie als nicht ehrenvoll. So etwas paßt für Knechte; so manifestiert sich knechtische Abhängigkeit. Der freie Mann ergibt sich der Jagd, dem Krieg, dem Gericht und dem Müßiggang.

Das opus servile hat demnach einen bestimmten konkreten Inhalt. Es umfaßt die ganze Reihe bäuerlicher Verrichtungen. Wer auch immer solch schwere Arbeit selber versieht, gehört sozial eher zu den unfreien Knechten als zu den Freien, selbst wenn er im Rechte den Namen eines liber trägt. Die opera servilis bewirkt Knechtscharakter; denn sie hat ihren Ursprung

---

[1]) l. c. pag. 91.

[2]) Einleitung zur Geschichte der Mark- etc. Verfassung, pag. 245.

[3]) l. c. pag. 59; 172. [4]) Geschichte der Baiern, 1799. I, pag. 113.

[5]) l. c. I, pag. 360.

im rechtlich-sozialen Wesen des servus. Sie ist das Produkt des servitium. Auch aus der Bestimmung, die in den Cod. 2. und 3. dem 10. Kapitel der Neuchinger Synodaldekrete angefügt ist, geht hervor, daß das unbegrenzte opus servile das erniedrigende Kriterium der Unfreiheit ausmacht. Aber das arare, secare, colligere, ducere in horrea entspricht auch der Zusammensetzung jener servitia, die von den liberi homines, den minderfreien Barschalken, gefordert werden.[1]) Mit dem Status eines minderfreien liber, aber nur mit diesem, ist die persönliche Erfüllung solcher Tätigkeit noch vereinbar.

Der liber, der vor dem Bruche der Sonntagsruhe gewarnt wird, muß ebenfalls als zinsbäuerlicher Minderfreier aufgefaßt werden. Die von ihm unternommene wirtschaftliche Arbeit gleicht dem zur Realisierung der servitia im Einzelnen notwendigen Arbeitsaufwand. Sie wird als opus servile charakterisiert, obgleich sie vollständig außerhalb des Zusammenhanges rechtlicher Verbindlichkeiten erwähnt wird. Rudhardt[2]) betrachtet denn auch diese Ausdrucksweise als das Erzeugnis einer Sozialverfassung, in welcher der rechtlich superiore Grundherr jeder selbsttätigen Teilnahme am Wirtschaftsbetriebe überhoben ist.

Der Vollfreie ist gesetzgebender. Faktor. Nun wird in der Formulierung legislatorischer Normen das opus rurale der schimpflichen Kategorie des opus servile subsumiert. Die Enthaltsamkeit von bäuerlicher Berufsarbeit, deren Leistung nur der untersten Schichten der Bevölkerung würdig ist, wird als das bezeichnende Korrelat der vollkommenen Freiheit hingestellt. Eine solche Anschauung kann doch nur da großgezogen werden, wo dem Standesbewußtsein der gesetzgebenden Klasse das Gefühl vom Segen und der Ehre wirtschaftlicher Arbeit etwas Fremdes ist. Die unmittelbar produzierenden Kräfte sind von der Fassung allgemeiner Werturteile ausgeschaltet. Denn sie stehen unter dem rechtlichen und gesellschaftlichen Niveau der herrschenden Klasse. Sollte ein aus freien Bauern gebildetes Volk sein Selbstgefühl so weit vergessen, daß es sein Tagwerk

---

[1]) Mb. 481. [2]) l. c. pag. 621.

als knechtische Beschäftigung einschätzt und in dieser Weise seinen beruflichen Wirkungskreis in den Staub zieht?

Es gibt nun tatsächlich verschiedene Merkmale, welche die Deutung des liber homo im Sinne Wittichs noch weiter unterstützen. Wittmann,[1]) dem es gar nicht um die Zuspitzung einer Hypothese zu tun war, erblickt ganz selbstverständlich im liber homo, welcher Sonntagsarbeit verrichtet, den freien Kolonen, den Barschalken. Der Minderfreie, der hartnäckig nicht einmal am Sonntag das Zeichen der vollen Freiheit, deren Namen er gewissermaßen geliehen bekommt, bewahren will, sondern sich wie ein Sklave beträgt, soll ferner nicht mehr liber, sondern servus heißen.

Das Gebot hinsichtlich der Sonntagsheiligung schließt den 1. Titel der lex ab. Der ganze erste Titel, unter der aufstrebenden Macht der Hierarchie in das Gesetzbuch aufgenommen, handelt von den Personen und dem Vermögen der Kirche. In der Handschrift A 4 ist dieser Paragraph mit dem Abschnitt de colonis vel servis ecclesiae zu einer einheitlichen Bestimmung, dem 13. Kapitel, verschmolzen. In den Cod. B. 1. 2. 7. ist er als 14. Kapitel unmittelbar an jene die kirchlichen Grundholden betreffenden Vorschriften angegliedert. Er gilt dem nämlichen Personenkreis wie diese. Der servus ecclesiae ist gewöhnlicher servus, der colonus ist minderfreier liber. Beide Termini sind wechselseitig für denselben Personentypus im Gebrauch. Die ursprünglich nur für den grundherrlichen Verwaltungsbezirk geschaffene Maßregel wird in ihrer rechtlichen Wirksamkeit auf das ganze Volksgebiet ausgedehnt.

Die Strafe, zu welcher der einer Verletzung der Sonntagsfeier schuldige liber verurteilt wird, scheint ebenfalls nicht dem für den Vollfreien gebräuchlichen Bußensystem entnommen zu sein. Körperliche Züchtigung und Verstümmelung treffen diesen nicht. Nur mit drei, durch die Dekrete auf vier erhöhten Delikten ist für den Vollfreien Verlust der Freiheit verbunden. Dazu gehört die wiederholte Übertretung der Sonntagsruhe nicht.

---

[1]) l. c. pag. 196, Anm. 470.

Wird über einen liber oder ingenuus ein derartiges Sühnemittel verhängt, so ist dieser Freie eine minor persona, Minderfreier.[1]) In den Fällen, in welchen der servus ein Vergehen an seinem eigenen Leibe büßen muß, rehabilitiert sich der vollfreie liber in der Regel durch Zahlung von 40 solidi.

Der liber des vorliegenden Kapitels jedoch erhält nach erfolgloser Verwarnung 50 Schläge. Bessert er sich nicht, so wird ihm der dritte Teil seiner Habe genommen. Fruchtet auch dies noch nichts, dann wird er ein Knecht, — vielleicht wieder ein Knecht. Strafe und Strafsteigerung sind derart, daß sie nur für einen minderfreien liber berechnet sein können.

Weit entfernt, die bäuerliche Stellung des Vollfreien darzutun, bekräftigt der liber homo in diesem Zusammenhang vielmehr aufs Neue die Elastizität des liber-Begriffes, die von uns behauptete rechtliche Qualität des colonus und soziale Verwendung des minderfreien liber.

---

[1]) Die mit Verlust der Freiheit bedrohte ingenua in L. Baj. VIII, 18 ist ebenfalls Minderfreie. Für Vollfreie ist das betr. Verbrechen im 20. Kapitel des nämlichen Titels behandelt; vgl. L. Baj. VII, 2. 3; II, 4.

VIERTES KAPITEL.

DER VOLLFREIE GRUNDHERR.

§ 13. DIE WIRTSCHAFTLICHE VERWERTUNG DES GRUNDEIGENTUMS.

In der Frage, wie sich die deutschen Stämme der vorkarolingischen Epoche in rechtlich-sozialer Beziehung gegliedert haben, lassen sich im ganzen drei verschiedene Ansichten auseinanderhalten. [1])

Brunner, und mit ihm die herrschende Schule, vertritt die Meinung, daß der bäuerliche liber den Typus des gemeinfreien Volksgenossen darstelle. Er verleiht der sozialen Gestaltung des Stammes das charakteristische Gepräge. Der weniger zahlreiche Adel, terminologisch durch den nobilis vertreten, besitzt Grundherrnqualität. Er verfügt zur Bewirtschaftung des Bodeneigentums über die Hilfskräfte rechtlich minderwertiger Grundholden. Der von der sozialen Verfassung des Volkes gewonnene Eindruck als der eines Bauernvolkes wird durch diesen anormalen Einschlag jedoch nicht wesentlich beeinflußt.

Diese Theorie erfährt eine scheinbar nur terminologische, in Wirklichkeit aber viel tiefer gehende Kritik durch Heck: Nobilis ist nicht, wie man bisher vermutet hat, Angehöriger des Adels, sondern der das Volkswesen bestimmende gemeinfreie Mann. Die exzeptionelle Spitze der früheren Rechtsgliederung wird beseitigt. Die anderen Stände rücken in ihrer juristischen Bezeichnung um eine Stufe vor. Der Wert der ständischen Termini erleidet gegenüber ihrer bisherigen Bedeutung eine gra-

[1]) Vgl. hierzu Wittich, l. c. pag. 4; 24; 30.

duelle Einbuße. Heck begeht nun den Fehler, bei dieser an sich notwendigen Korrektur der ständischen Terminologie Halt zu machen. Durch das rein mechanische Auswechseln juristischer Benennungen wird nämlich zugleich das soziale Wesen, das bisher mit den einzelnen Rechtsbegriffen verbunden war, verworfen. Der nunmehr gemeinfreie nobilis ist Bauer, eigenwirtschaftender Hufner. Der grundherrlich-adelige nobilis ist also nicht grundherrlich-gemeinfreier nobilis, sondern bäuerlich-gemeinfreier nobilis geworden. Die auch früher anerkannte Existenz grundherrschaftlicher Betriebe wird vollständig gestrichen. Die oberste Klasse der Rechtsgliederung führt bei Heck kein grundherrliches, sondern bäuerliches Leben.

Wittich hat die durch Heck angeregte Änderung der rechtsterminologischen Voraussetzungen in ihren logischen Konsequenzen bis ans Ende verfolgt. Mit der Wittichschen Theorie deckt sich unsere zu Beginn des dritten Kapitels skizzierte Auffassung der rechtlich-sozialen Gruppierung vollkommen. Was die sozialen Verhältnisse betrifft, steht die Wittichsche Hypothese der Anschauung Brunners um vieles näher wie die Hecksche Hypothese. Im Vergleich zu Brunner handelt es sich bei Wittich in Wahrheit um nichts weiter als um eine Verschiebung rechtstechnischer Ausdrücke. Der dem Rechtsterminus korrespondierende Sozialbegriff wird nicht berührt: Der grundherrliche nobilis ist nicht mehr Adeliger, sondern Vollfreier.

Die herrschende Meinung bezeichnet die soziale Qualität des vir nobilis als eine grundherrliche. Wir kommen zu dem nämlichen Schluß hinsichtlich der sozialen Qualität des dotierenden vir nobilis, der sich mit den ohne juristischen Zusatz eingeführten Tradenten und dem vollfreien liber und ingenuus als rechtsständisch identischer Typus erwiesen hat. Damit ist gesagt, daß bei der Interpretation des wirtschaftlichen Substrates der Pertinenzbestände eine Kontroverse zwischen beiden Theorien nicht besteht.

Die Kompetenzreihen der Schenkungsurkunden sind von formell verschiedenartigem Gehalte. Sie sind mit wechselnder Ausführlichkeit abgefaßt. Das Organisationsprinzip, das die Nutzung der oft ohne innere Ordnung aneinandergereihten wirtschaftlichen Bestandteile regelt, kommt in ihnen bald mehr, bald weniger deutlich zum Durchbruch. Die äußerlich variablen Pertinenzformeln wiederholen sich in beliebiger Auswahl bei der Beschreibung der Schenkungsobjekte sprachlich unterschiedlich terminierter Tradenten. Aber die Substanz der tradierten Güter unterliegt in ihrer wirtschaftlichen Verwendung einer allgemein wirksamen organisatorischen Idee. Diese hat in der Hufe eine normale Betriebseinheit und zugleich eine untere Grenze für den Umfang eines so geschlossenen Betriebes geschaffen. Im Einzelfalle handelte es sich bei den Traditionen darum, zu wissen, ob das Einfache oder ein Mehrfaches dieser Einheit veräußert wurde.

Würde man die organisatorischen Bedingungen der Pertinenzen nicht als allgemein gegeben betrachten, so könnte man aus der formalen Gestaltung der Pertinenzreihen manchmal gerade so gut auf die bäuerliche Eigenschaft von viri nobiles schließen. Es gäbe dann im Sinne der rechtlichen Terminologie der herrschenden Schule einen bäuerlichen Adel. —

Die Tradenten erscheinen in den Urkunden bald ohne jedes rechtliche oder berufliche Prädikat, bald führen sie einen Zusatz rechtlicher oder beruflicher Natur: vir quidam, laicus; liber, liber homo, vir nobilis; iudex, diaconus, presbyter, clericus, monachus, comes, episcopus, dux.

Die dotierten Sachgüter stehen fast ausnahmslos im Eigentum des Stifters. Hierbei wird öfters das ererbte, vielleicht schon Menschenalter hindurch im Familienbesitz bewahrte Vermögen ausdrücklich von dem neu erworbenen Zuwachs gesondert. Manche Termini sind jedoch nach dieser Richtung völlig indifferent. Die propria hereditas,[1]) propria alodis,[2]) das patrimonium [3]) wird auseinandergehalten von der adquisitio,[4]) lucratio,[5]) dem comparatum[6]) oder empticum.[7]) Daneben sind be-

[1]) Mb. 378; 380; 403. [2]) Mb. 103; 107; 113; 114; 384; 415.
[3]) Mb. 16; 21; 29; 30; 63; 71. [4]) Mb. 66; 67; 107; 514.
[5]) Mb. 25; 271; 411. [6]) Mb. 315; 337; 390; 445.
[7]) Mb. 62.

sonders gebräuchliche Bezeichnungen: proprium,[1]) propria res,[2]) proprietas,[3]) facultas,[4]) propria facultas,[5]) propriae causae.[6])

Die Güter, welche nach der lex der Verfügungsbefugnis des Vollfreien unterworfen sind, wurden bereits an anderer Stelle ausführlich erwähnt. Der Besitz von mancipia, terra, ja sogar von ganzen villae[7]) ist weiter verbreitet als Geld oder Rohmetall. Wie die Urkunden lehren, ist die Annahme des Gesetzbuches, daß der Vollfreie diese Gegenstände zu Schenkungen verwendet, keine Fiktion. Wenn solche Vermögenswerte bei der Konstituierung des Bußensystems eine Rolle spielen, so muß dies doch einen tatsächlichen Untergrund in der Vermögensgestaltung des Vollfreien haben. Es geht deshalb nicht an, den Vollfreien sozial als einen Bauer zu qualifizieren, der eine bescheidene Hufe, wenige Joch Ackerboden und höchstens den einen oder anderen unfreien Gesindeknecht sein eigen nennt, von villae ganz zu schweigen.

Das Gesetzbuch hebt unter den Objekten, die der freie quis im Kaufgeschäft veräußern kann, terram cultam, non cultam, prata vel silvas hervor.[8]) Eine so lockere Aufzählung läßt von vornherein keinen Schluß auf das zum Zwecke der Nutzung eingeschlagene Betriebssystem zu. Es sind dies Produktionsmittel, welche sowohl im bäuerlichen wie im grundherrschaftlichen Betriebe unumgänglich nötig sind. Sowohl der vollfreie Grundherr wie der minderfreie Grundholde kann sie gleichmäßig zu Eigentum besitzen. Für die Regelung nachbarlicher Verhältnisse ist die formelle Sicherung des immobilen Eigentums besonders wichtig. Bei einer beispielsweisen Aufführung von Vertragsobjekten muß daher dieser Kreis des Vermögenskomplexes am ehesten berücksichtigt werden. Für die Schilderung des Vermögensumfanges des Vollfreien ist diese Stelle aber ebensowenig erschöpfend wie für die Entscheidung der Arbeitsverfassung brauchbar.

Das Nämliche gilt anfänglich für diejenige Gattung der Pertinenzreihen, die kursorisch nur einige Stücke der Tradition

---

1) Mb. 389; 534. 2) Mb. 390; 419. 3) Mb. 561; 564; 573; 597.
4) Mb. 53; 483. 5) Mb. 411. 6) Mb. 554; 589; 590.
7) L. Baj. I, 1; I, 9; I, 10. 8) L. Baj. XVI, 2.

herausgreifen, ohne auf die flächenmäßige Quantität des überlassenen Areals, auf die Zahl der Unfreien oder auf die innere Struktur der Betriebsanlage mit einem charakteristisch gefärbten Terminus einzugehen. Dies hat bereits Seyfried richtig gewürdigt.[1]) Die Zuziehung von Zeugnispersonen, welche die übergebenen Güterbestände aus eigener Anschauung kannten und in strittigen Fällen zu mündlicher Auskunft bereit waren, entbinde die Urkunden von umständlicher Genauigkeit. Uns scheine dadurch der Maßstab für die Vorgänge, die sich damals unter den Augen der Öffentlichkeit abwickelten, zu fehlen. Man sei geneigt, den Schenkungsinhalt für geringer einzuschätzen, als er tatsächlich gewesen sei. So könnten etwa im Worte territorium sehr wohl auch die dienstbaren Leute einbezogen sein, die auf diesem Boden wohnen, oder die Baulichkeiten, die darauf errichtet sind. Ein andermal wieder könnten diese Gegenstände summarisch in den pertinentia enthalten sein.

Mangels bestimmter Größenangaben ist auch bei Schenkungen, die den zahlenmäßig fixierten Bruchteil einer Vermögensmasse ergreifen, eine detaillierte Ermittelung des Umfanges der totalen hereditas nicht zu erreichen.

Daß die Verteilung des Grundeigentums die Signatur grundherrschaftlich abhängiger Unterbetriebe trug, galt schon früh als feststehende Gewißheit.[2]) Auch wenn sich aus der Pertinenzreihe selbst kein offenkundiges Merkmal für die Wirksamkeit des grundherrschaftlichen Systems ergab, sah man daher trotzdem in den Pertinenzen die einzelnen Stücke vermögensrechtlich zusammengehöriger „Feldgüter." Aus Hufen setzte sich das Gesamteigentum des Vollfreien zusammen. Gegenüber derartigen Formeln wäre auch von vornherein, ohne weitere Beweisführung, dieser Standpunkt mindestens ebenso gerechtfertigt wie der gegenteilige, von dem aus man die bäuerliche Berufsstellung der Tradenten erkennen will. Durch eine Urkunde, in der etwa über

[1]) l. c. II. pag. 93 ff.

[2]) Vgl. Von dem Ursprunge oder der Entstehung, der Natur und dermaligen Verfassung der Landgüter oder Bauernhöfe in Deutschland, besonders in Baiern. 1803. pag. 6.

die Schenkung von campi, prata, pascua, silvae, aquarum decursus et quicquid nostris ditionibus esse videtur berichtet wird, wird eben grundsätzlich nichts Positives über die Arbeitsverfassung verraten. Sie sagt in dieser Beziehung nicht mehr als eine noch wortkargere Ausdrucksweise, in der es kurz heißt, daß ein Gläubiger omnem proprietatem, quicquid possidet, an diesem oder jenem Orte der Kirche übergibt. Den Bedürfnissen der Gegenwart konnte diese Form der Beurkundung genügen. Dafür sorgten die Zeugen. Der ganze Reichtum eines Freien lag offen da. Umfang und Beschaffenheit der Vermögensteile waren hinreichend bestimmt durch die überall tätige Herrschaft eines gemeinbekannten Organisationsprinzips.

Es kann sich also in diesen anfänglich zweideutigen Fällen nur darum handeln, ob die Pertinenzreihen einer Interpretation zugänglich sind, die ihre Kriterien aus dem anderwärts nachgewiesenen Organisationsprinzip holt. Diese Frage muß bejaht werden. Die deutliche Sprache von Zusätzen, welche durch den konkreten Hergang des einen oder anderen Schenkungsaktes bedingt sind, unterstützt in vielen Fällen die Annahme grundherrschaftlicher Betriebsgliederung für den Traditionsbefund.

Der Herzog und seine Familie, der Adel, die ursprünglich wohl den adeligen Geschlechtern entstammenden hohen Gaubeamten, die comites, sind unzweifelhaft Grundherrn gewesen. Die Pertinenzen ihrer Schenkungen unterliegen grundherrschaftlicher Verwaltung. Aber die für die Pertinenzbeschreibung gebräuchlichen Formeln dieser Traditionen zeigen gegenüber der Abfassung der übrigen Pertinenzreihen vollfreier Stifter keinen Unterschied. Man sieht also, wie weit man in der Deutung von Pertinenzformeln als auf grundherrschaftlichem Bestande fußend überhaupt gehen darf.[1])

Die Traditionsurkunden führen uns die Zahl der schenkungsfähigen Freien und die Masse des vollfreien Eigentums nicht restlos vor Augen.

So manches Dokument ist verloren gegangen. Zu vielen Renovationsberichten, die erhalten geblieben sind, fehlt die Über-

[1]) Vgl. Mb. 11; 22; 96; 110; 319; 346; 350; 391; 441; 569; 710; 904.

lieferung der Ersttradition. Der Bestätigungsakt aber gibt dann oft nicht mehr als eine leere Notiz, die sich auf die bereits vorher beurkundete Handlung beruft.[1])

Es ist ferner nur ein beschränkter Kreis von Freien in urkundlich faßbare Beziehungen zum Bischof getreten. Dies wird besonders klar durch einen Vergleich der als testes fungierenden Vollfreien mit den Namen der als Tradenten verzeichneten Personen. Viele bei Erbteilungen genannte Interessenten verzichten nicht zugunsten der Kirche auf die ihnen gebührende Quote. In der Zone der Dorfsiedelung gelegene Örtlichkeiten werden nur einmal erwähnt. Andere Niederlassungen tauchen erst in der Periode der Kommutationen auf, ohne daß man sie als neu entstandene Rodungsprodukte betrachten könnte. Die Kirche bekommt von villae nur gewisse portiones verliehen; von den Restgütern hört man nichts mehr.

Gerade die überaus stattliche Menge von Kommutationsgeschäften zeigt die vollfreien viri nobiles noch weiterhin in ihrer Existenz als freie Eigentümer.

§ 14. DAS INSTITUT DER EIGENKIRCHE.

Gewisse rechtliche und soziale Einrichtungen, deren Wirksamkeit in den Traditionsurkunden sichtbar wird, müssen von ganz bestimmten ökonomischen Bedingungen begleitet sein, die dem Gebiete der grundherrschaftlichen Wirtschaftsverfassung entnommen sind. Die materielle Grundlage, an welcher die Verwirklichung dieser Institutionen hängt, übersteigt um vieles die Kraft der in bäuerlichen, hufenmäßigen Eigenbetrieben vorhandenen Mittel. Ihre Entstehung ist nur denkbar unter der Sitte der Besitzvereinigung einer Hufenmehrheit in einer Hand. Auf dieser Voraussetzung basiert vor allem das weitverbreitete Vorkommen des Eigenkirchenwesens.

Die Mehrzahl der Kirchen, die später den bayrischen Bis-

---

[1]) Vgl. Mb. 71; 131; 219; 324; 332; 342; 402; 405; 409; 422; 453; 484; 534; 556; 588; 657.

tümern gehörten, entspringen ohne Zweifel dem Privatbesitz.[1]) Ein Vollfreier scheidet aus seinem Grundeigentum eine genau begrenzte Fläche aus. Er erbaut eine Kirche und stattet dieselbe mit dem wirtschaftlichen Zubehör für eine Pfründe aus. Das zur Stiftung erklärte Areal ist der privaten Verfügungsgewalt ein für allemal entzogen.

Ist ein Bauer einer solch freigebigen Handlungsweise fähig? Wie selbstverständlich, drängt sich allgemein der Gedanke auf, daß eine derartige Losreißung selbständiger Wirtschaftsgrößen nur unter Eigentumsverhältnissen möglich sei, die, zur grundherrschaftlichen Betriebsordnung geeignet, diesem starken Eingriff gegenüber weniger empfindlich sein mußten.

So spricht Stutz von den Herren der Eigenkirchen stets als von Grundherren.[2]) Die Gründung einer Eigenkirche entspringe einer Vermögensfülle, die über eine bedeutende Anzahl von Knechten und ausgedehnteren Güterbesitz verfüge.[3]) Freie Bayern seien die Eigentümer zahlreicher Kirchen. Die häufige Vereinigung grundherrlicher und geistlicher Rechte stelle eine besondere Eigenart der bayrischen Landschaft dar.[4]) Der Kampf, der in der Verfassung des Kirchenwesens infolge des Daseins so vieler Eigenkirchen entbrenne, spiele sich ab zwischen dem Bischof und dem Grundherrn als dem Besitzer dieser seiner Vermögensobjekte.[5]) Auch Ratzinger betrachtet die Eigentümer dieser Kultstätten als Grundherren.[6]) Den gleichen Ausdruck verwendet er zur sozialen Charakteristik ihrer Erbauer. Die rechtsständische Beschaffenheit derselben berührt er nicht. Nach Fastlinger[7]) haben die von der Mitte des 8. Jahrhunderts an entstehenden Eigenkirchen dem religiösen Bedürfnis einzelner reicher Baju-

---

[1]) Stutz, Geschichte des kirchlichen Benefizialwesens, pag. 205, Anm. 43.

[2]) l. c. pag. 135; 136; 144. [3]) Ibid. pag. 90. [4]) Ibid. pag. 199; 201.

[5]) Stutz, Die Eigenkirche als Element des mittelalterlich-germanischen Kirchenrechts. 1895. pag. 14.

[6]) l. c. pag. 404; 405.

[7]) Die Kirchenpatrozinien in ihrer Bedeutung für Altbaierns ältestes Kirchenwesen i. Oberbair. Arch. Bd. 50. pag. 342.

waren gedient. Deren Söhne hätten dann als Geistliche ein kanonisches Unterkommen auf dem Boden ihrer Väter gefunden. In der späteren Zeit seien die meisten Eigenkirchen zu Filialkirchen, nur in seltenen Fällen zu Pfarrkirchen geworden. —

Zur Bezeichnung dieser Gotteshäuser, von deren architektonischer Ausstattung man sich keine üppigen Vorstellungen machen darf, begegnen mehrere, im wesentlichen wohl inhaltsgleiche Termini: capella, titulus, basilica, oratorium, ecclesia.[1]) Dem Eigentempel, der propria basilica,[2]) steht das offizielle oratorium publicum[3]) gegenüber.

Verschiedene Urkunden setzen gerade an dem Punkte ein, in welchem die Gründung und Dotierung einer Eigenkirche bewerkstelligt wird.[4]) Der Bischof hat mit der Weihe solcher Stiftungen oft vollauf zu tun. So erzählt die Einleitung eines Dokumentes von Bischof Hitto:[5]) . . . suumque diocesem circuivit nec non et plebem sibi agendum regendumque commissum praedicans et docens de regno Dei videlicet ecclesias consecrando quodam contigit eum die usque ad hanc ecclesiam venisse qui dicitur Cozolti ecclesia et ibi episcopalem officium peregit; inde vero perrexit ad curtem quem Papo presbyter domo Sanctae Mariae proprie alodis et possessionis tradidit et unam ecclesiam ibi dedicavit . . .

Jede Kirche wird dem Schutze eines oder mehrerer Heiligen anempfohlen.[6])

Bei den Erbauern und Tradenten von Eigenkirchen entspricht die terminologische Geltendmachung ihres rechtlichen Ranges vollständig der für die vollfreien Personen der übrigen Schenkungsurkunden üblichen Gewohnheit. Besonders häufig scheint der Eigentümer der Kirche ein presbyter geweesen zu

---

[1]) Mb. 7; 14; 21; 29; 33; 40; 50; 55; 57; 58; 61; 62; 63; 65; 73; 86; 107; 145; 146; 151; 166; 177; 210; 222; 229; 272; 332; 358; 515.

[2]) Mb. 100. [3]) Mb. 90.

[4]) Mb. 6; 14; 21; 32; 33; 55; 58; 60; 63; 65; 73; 91; 145; 146; 160; 166; 179; 293; 314; 418. — Cod. Pat. 14; 34.

[5]) Mb. 380. [6]) Mb. 21; 32; 33; 173. — Cod. Pat. 10. — Pez, l. c. T. 6. P. 1. pag. 16.

sein.[1]) Es ist vielleicht kein Zufall, daß mit der Tradition einer Eigenkirche durch einen Kleriker öfters jene Formulierung verknüpft ist, in der man den Vorgang einer sogenannten Autotradition eines vollfreien Mannes zu erblicken pflegt.[2]) Möglicherweise hängt dies damit zusammen, daß der Tradent einer selbstbegründeten oder ererbten Kirche zu dieser persönlich in ein enges dienstliches Verhältnis tritt, um durch die rechtliche Stabilisierung das Einkommen seiner Wirtschaft vor den Wechselfällen des Schicksals sicher zu stellen.[3]) Die Klerikerwürde wird somit erst anläßlich dieser Stiftung erworben. Jene scheinbare Autotraditionsformel bezweckt aber gar nicht die Preisgabe rechtlicher Freiheit, sondern die Aufnahme des Dotanten in den geistlichen Stand. Mit dieser Vermutung wird jedoch bereits einer späteren Erörterung vorgegriffen.

Ein Freier kann in einer Person Eigentümer mehrerer Eigenkirchen sein.[4]) Er kann sich dagegen auch nur mit anderen der Stiftung einer Eigenkirche widmen. Dann ist er nur Teilbesitzer einer ecclesia. Das Nämliche wird erreicht, wenn ihm durch Erbschaft zugleich mit anderen eine Kirche zufällt. Er kann dann mit seiner portio beliebig verfahren.[5])

Die Eigenkirche gehört zur allodialen propria hereditas ihres Stifters sowie der folgenden Inhaber ihres Titels.[6]) Sie nimmt jedoch zugleich mit den ihr zugedachten Pertinenzen eine durch den spezifischen Zweck dieser Anlage bewirkte Sonderstellung ein. Die res ecclesiasticae[7]) der proprietas werden als iura ecclesiastica getrennt von der vergänglichen Zielen dienstbaren popularis oder saecularis possessio[8]) des freien Mannes. Sie sind Sondergüter im Eigentume ihres Stifters und seiner Deszendenten oder Erben.[9]) Der titulus nimmt die starre Eigen-

[1]) Vgl. Mb. 7; 32; 60; 62; 73; 86; 106; 107; 158; 293; 307; 399; 422. — Cod. Pat. 10; 34; 36. — Mon. Scheftl. 1. — Brev. not. XVIII, 8.

[2]) Mb. 422. — Mon. Scheftl. 1. — Cod. Pat. 34. — Brev. not. XVIII, 8.

[3]) Vgl. Stutz, Geschichte, pag. 144.

[4]) Mb. 57; 86; 147; 173. [5]) Mb. 417; 732; 819; 903.

[6]) Mb. 55; 107; 151; 342; 358; 360. — Cod. Pat. 28.

[7]) Brev. not. XIII. — Mb. 391; 547; 599; 637; 648; 659.

[8]) Mb. 28; 258. [9]) Vgl. Stutz, Die Eigenkirche als Element... pag. 14.

art und rechtsgeschäftliche Unbeweglichkeit eines dem Besitz der toten Hand überlieferten Grundstückes an. Besonders augenfällig wird dieser Charakter durch die mit der Kirche vereinigte wirtschaftliche Pertinenz, possessio,[1]) dos,[2]) ornatus,[3]) in ihrem Gegensatz zur rechtlichen Verkehrssitte des weltlichen Grundbesitzes. Sie soll die Mittel bieten zur stetigen Erfüllbarkeit einer immerwährenden Aufgabe. Es gilt daher die unversehrte Erhaltung der Ertragsquelle. Aus diesem Grunde wird das Gut, ganz wie es beim Inhaber einer grundherrschaftlichen Hufe der Fall ist, dem individuellen Willensentscheid seines Inhabers entzogen. Der Schutz vor rechtlichen Veränderungen, die seinen Zweck gefährden, bleibt so garantiert.

Die Eigenkirche erhebt sich auf irgend einer Hofstelle ihres grundherrlichen Stifters: ... construxit oratorium in curte sua...[4]) Ist der Bau vollendet, so wendet man sich an den Bischof der Diözese mit der Bitte, persönlich die Weihe zu vollzieben. Der Bischof erscheint und richtet nun an den Petenten die Frage: quomodo... oratorium hereditare voluisset?[5]) Befriedigt die Antwort, so erfolgt der Weiheakt. Dann bringt der Stifter am Altar des Kirchleins die Güter dar, die für immer mit diesem verbunden sein sollen.

Diese sind dazu bestimmt, für eine Anzahl von Personen die notwendigsten Subsistenzmittel zu gewähren. Mindestens mußten sie hinreichen für den Unterhaltsbedarf des mit der Seelsorge beauftragten Priesters und für das Auskommen der Leute, die zur Leistung der Feldarbeit in die Gemeinschaft der geistlichen Wirtschaft aufgenommen sind. Daneben sollten sie einen Fonds zur Pflege charitativer Tätigkeit bilden.[6])

Hiernach regelt sich das Mindestmaß der der ecclesia adhärierenden Pertinenzen nach Zusammensetzung und Ausdehnung. Es bestehen jedoch schroffe Gegensätze hinsichtlich

---

[1]) Mb. 40. [2]) Mb. 21; 82. — Brev. not. IX. — Cod. Pat. 14.

[3]) Mb. 904.

[4]) Mb. 304; 314; 330; 374; 387; 439. — Urk. o. E. I. cod. trad. mon. Lun. 130.

[5]) Mb. 314. [6]) Vgl. Stutz, Die Eigenkirche als Element... pag. 15.

der wirtschaftlichen Potenz der Kirchenstiftungen. Selbst wenn die Dotierung der Kirche auf den bescheidensten Umfang beschränkt ist, so muß sie entsprechend der Größe und Funktion der Hufe wenigstens den Inhalt eines mansus umspannt haben. Es gibt jedoch Kirchen, deren vestitura[1]) auf eine vielfache Mehrheit von Mansenbetrieben sich beläuft.[2])

Bei der Kirche befindet sich ein Wohnhaus für den an ihr amtierenden Geistlichen, ecclesia cum domo, cum domo ecclesiastico.[3]) Was mit ihr sonst noch zu einer wirtschaftlichen Einheit zusammengetan wurde, kommt wie in den übrigen Traditionsberichten in stilistisch wechselnder Form zum Ausdruck. Eingehende Pertinenzbeschreibungen stehen neben knappen Notizen.

Sehr häufig wird das Zubehör einer Eigenkirche nicht mehr in seine einzelnen Bestandteile zergliedert oder gar nach seinem quantitativen Gehalte fixiert.[4]) Ein derartiges Verfahren kann schon dadurch überflüssig werden, daß der Gründer sein gesamtes mit der Kirche in einer Gemarkung gelegenes Eigengut in der Stiftung aufgehen läßt.[5]) Im Verlaufe ausführlicherer Pertinenzreihen aber stößt man auf den ganzen Apparat der wirtschaftlichen Terminologie. Coloni,[6]) tributales,[7]) accolae,[8]) manentes,[9]) servi,[10]) mancipia[11]) sitzen als minderfreie oder leibeigene Bauern auf den Hufen der Pfründe. Die mansi[12]) und coloniae[13]) mit ihren casae[14]), die curtes,[15]) domus[16]) oder die curtiferi[17]) werden wieder in die von ihnen erfaßten immobilen

---

[1]) Mb. 482. [2]) Vgl. Mb. 73; 86; 160; 198; 302; 314; 374. — Cod. Rat. I, 34. — Ind: Arn. VI. 28.

[3]) Vgl. Stutz, Geschichte pag. 142. Anm. 4. — Mb. 61; 76; 106; 151; 279; 320; 329; 342; 358; 360; 399. — Cod. Rat. I, 21. — Urk. o. E. I. l. c. 115.

[4]) Mb. 7; 83; 106; 177; 279; 307; 339; 352; 358; 360.

[5]) Mb. 63; 65; 229; 515. [6]) Mb. 19; 21. [7]) Mon. Scheftl. 8.

[8]) Cod. Pat. 10. [9]) Brev. not. IX.

[10]) Mb. 47; 107. — Urk. o. E. I. cod. trad. ant. eccl. Pat. 5.

[11]) Mb. 19; 47; 198; 222; 229; 302; 399; 432. — Cod. Pat. 46.

[12]) Mb. 302; 515. [13]) Mb. 19; 47. [14]) Mb. 107; 432. — Cod. Pat 28.

[15]) Mb. 107; 198; 222; 904. — Cod. Pat. 28. — Brev. not. IX.

[16]) Mb. 225; 399. — Cod. Pat. 46. [17]) Mb. 225; 420; 534.

Sonder- und Gemeinheitsrechte aufgelöst. Auch das mobile Inventar wird erwähnt. In diesem Zusammenhang werden so genannt: aedificia,[1]) horrea,[2]) farinaria,[3]) agri,[4]) terrae,[5]) campi,[6]) territorium,[7]) vineae,[8]) pascua,[9]) prata,[10]) silvae,[11]) aquae aquarumque decursus,[12]) pecodes,[13]) greges.[14])

Besteht die Ausstattung einer Eigenkirche aus mehreren Hufen, so muß selbstverständlich auch der Güterfonds, dem bisher diese Kompetenzen angehört haben, nach grundherrlichen Prinzipien organisiert gewesen sein.[15]) Opfert der Stifter sein Totalvermögen der Anlage einer Eigenkirche, so ist die Begabung derselben zweifellos ebenfalls eine hufenvielfache gewesen.

Angenommen, der vollfreie Bauer im Besitze der volkstümlichen Hufe sei der soziale Typus des Freienstandes gewesen, so wäre die Errichtung von Anstalten, durch welche die Ertragsverwendung der ganzen bäuerlichen Wirtschaft in erster Linie für fremde Zwecke festgelegt wurde, durch die Klasse der Vollfreien praktisch unmöglich gewesen. Erst dann werden etwaige Überschüsse aus der kirchlichen Ackerwirtschaft für den Eigentümer des Sondergutes frei, sobald alle übrigen Bedürfnisse, welche im Geiste der Stiftung liegen, gestillt sind.[16]) Da nun die bäuerliche Freienfamilie doch nicht von den notwendigsten Gebrauchsgütern entblößt werden kann, so würde die Aufgabe der einzigen verfügbaren Hufe auf ein Maß erweitert, wie es bei der historischen Entwicklung des Hufenbegriffes nicht in Rechnung stand. Demgegenüber kann trotz der primitiven

---

[1]) Mb. 47; 107; 198; 222; 225; 229. — Cod. Rat. I, 21.
[2]) Mb. 904. [3]) Brev. not. V. [4]) Mb. 19. — Cod. Pat. 28.
[5]) Mon. Scheftl. 1. — Mb. 904. — Cod. Rat. I, 21.
[6]) Mb. 225. — Mon. Scheftl. 8.
[7]) Mb. 19; 222; 229; 302; 399.
[8]) Cod. Pat. 10. [9]) Mb. 19; 47; 222. [10]) Mb. 225; 229; 302.
[11]) Ibid. [12]) Mb. 19; 47; 302. [13]) Mb. 19; 222; 225.
[14]) Cod. Pat. 10.
[15]) Vgl. Mb. 33; 40; 47; 55; 57; 62; 63; 65; 76; 86; 91; 107; 198; 302; 482; 515. — Cod. Pat. 10; 28; 46. — Cod. Rat. I, 21; 30; 34. — Urk. o. E. I. cod. trad. mon. Lun. 115; 130.
[16]) Vgl. Stutz, Die Eigenkirche als Element. pag. 15.

äußeren Gestalt der Eigenkirchen die Frage gar nicht aufkommen, ob ein Bauer aus eigenen Kräften eine derartig anspruchslose Baulichkeit hätte aufführen können.

Eine Eigenkirche, welcher bei der Gründung nur eine einzige Hufe zugeteilt wurde, kann mithin nur aus einer Besitzmasse stammen, die, selbst mehrere Hufen stark, die Absplitterung eines mansus verträgt. Die einhufige Wirtschaft einer propria basilica ist also nur Partialvermögen ihres vollfreien Stifters. Ihre Bestellung wird von jeher nicht von ihrem Eigentümer, sondern von unfreien oder minderfreien Hintersassen besorgt.

Alle Erfahrungen der terminologischen Untersuchungen wären aber umsonst, wollte man etwa in einer aus einer colonia, sechs mancipia und 30 capita de pecodibus bestehenden Pertinenz [1]) die gesamte oder teilweise Substanz einer freibäuerlichen Eigenwirtschaft erblicken.

Isi überläßt die von ihm erbaute Kirche zu Poch dem Bischof Atto von Freising und zugleich mit dieser tres mancipias et tertiam partem in omnibus quicquid in eodem loco ad eum legibus pertinere videbatur tam in agris quam etiam pratis silvis cultis sive incultis. . . [2]) Bei einer späteren Schenkung, bei welcher der Kirchenstiftung nicht wieder gedacht wird, scheint es sich um die Enteignung der von der vorigen Tradition noch unberührten Vermögensreste zu handeln. [3]) Der ad Poache et ad Wiviningas gelegene Streubesitz muß grundherrschaftlicher Dezentralisation unterworfen gewesen sein. Diese natürliche Folgerung wird unterstützt durch den Zusatz: . . . preter duas colonias et mancipia 3. . . Vielleicht bezieht sich derselbe gerade auf den Inhalt der wirtschaftlichen Ausstattung der ecclesia, über welche Isi die rechtliche Dispositionsfähigkeit verloren hat. —

Das Vorhandensein einer Eigenkirche ist so ein Zeichen grundherrschaftlich fundierten Besitzes. Ihre Erwähnung ist daher imstande, auch den Pertinenzreihen ohne ausgeprägte terminologische Signatur eine bestimmte Deutung in der angegebenen Richtung zu verleihen.

---

[1]) Mb. 450. [2]) Mb. 160. [3]) Mb. 488.

§ 15. DIE ZERSPLITTERUNG DES GRUNDBESITZES UND DIE RODUNGSTÄTIGKEIT.

Die Deszendenten eines vollfreien liber haben einen Pflichtteilsanspruch gegenüber dem Sachvermögen ihres Aszendenten. Einer Schenkung an die Kirche muß eine diesbezügliche Auseinandersetzung mit den Kindern des Tradenten vorausgehen.[1]) Sie geschieht zu gleichen Teilen nach Anzahl der Köpfe. Brüder haben, wenn sie von einer Vollfreien geboren sind, ein gleich nahes Anrecht auf das Erbe ihres Vaters.[2]) Die Ehefrau, die nach dem Tode ihres Mannes Witwe bleibt, erhält eine adäquate portio wie die Kinder zum ususfructus.[3]) Der verwandtschaftliche Zusammenhang des ohne Nachkommenschaft sterbenden Freien wird im Intestaterbrecht bis auf den siebenten Grad verfolgt.[4])

Der Vollzug der gesetzlichen Bestimmungen wird sichtbar in den vor den einzelnen Traditionsakten bewirkten Vermögenswandlungen, sowie in den Klauseln, welche zur Sicherung der Unanfechtbarkeit vieler Schenkungen konstituiert werden.

Aus diesem Grunde finden sich in den Urkunden Bedingungen wie: ... propriam alodem a genitore mihi relictam universam ... quicquid possidere videbar ut post obitum si dominus... sobolem mihi dederit mea portio... ad ecclesiam ... pertinere debeat... Sin autem ex integro traditio haec firma et stabilis permaneat...;[5]) ... tradedi si me filius natus fuisset mediam portionem habuisset et si me non fuisset creatus post obitum omnia causa mea... fuisset traditus...[6])

Andere Stellen geben von der effektiv erfolgten Aufteilung des väterlichen Eigentums Rechenschaft: ... tradidi ... quicquid ad portionem meam a filiis meis receperam...; ... tradidi meam portionem quam a filiis sumpsi...; ... dedit... suam alodem quod partivit contra fratres suos in legalem portionem...[7])

---

[1]) L. Baj. I, 1. [2]) Ibid. XV, 9. [3]) Ibid. XV, 7.
[4]) Ibid. XV, 10. [5]) Mb. 70.
[6]) Urk. o. E. I. l. c. 101. — vgl. ibid. 119. — Mb. 14; 18; 112.
[7]) Vgl. Mb. I. pag. 50. — Mb. 7; 19; 20; 30; 49; 247; 324; 652. Urk. o. E. I. l. c. 63. — Urk. o. E. I. cod. trad. ant. eccl. Pat. 13; 14; 41. — Pez l. c. T. 6. P. 1. pag. 18; 54.

Jeder Erbberechtigte hat hinsichtlich der ihn treffenden Quote volle Bewegungsfreiheit. In vielen Fällen war so, wie das letztgenannte Beispiel zeigt, einem tatsächlichen Zerschlagen des Erbschaftskomplexes nicht auszuweichen. Für die vorteilhafteste Behandlung der Hinterlassenschaft bestehen keine festen Gewohnheiten. Man weiß zur rechten Zeit durch Weiternutzung des Grundbesitzes in ungeteilter Gemeinschaft einer unwirtschaftlichen Atomisierung des Bodens vorzubeugen. Auf welches Verfahren sich die Erben einigten, hängt jedesmal von ihrer persönlichen Erwägung ab. Ihr Charakter, ihr Alter und Beruf, ihre soziale Vergangenheit, die Größe und Zahl der selbständigen Familiengruppen, der Umfang des Erbgutes und ähnliche Umstände sind für ihr Verhalten die entscheidenden Momente. Durch Generationen ist so der Grundbesitz der fortwährenden Gefahr der Zersplitterung ausgesetzt. Solange mit den Teilstücken der Erbschaftsmasse ein wirtschaftliches Sonderleben unter Wahrung der alten sozialen Grundlage möglich war, wird man auch einer realen Scheidung der Hinterlassenschaft eher zugestimmt haben. Es klingt wie eine besondere Anerkennung, wenn die ungeteilte Erhaltung des elterlichen Vermögens in den Händen der Kinder erwähnt wird: ... notum sit... quia quidam germanos... quorum nomina Kerolt et Kernod qui communem hereditatem patris matris sue habuerunt non inter se divisum sed communiter sine divisione usitaverunt sicut amabiles fratres Dei amore usitare debuerunt..[1])

Die Aussonderung des Pflichtteils muß man auch dann präsumieren, wenn in der Traditionsurkunde von der Übergabe des gesamten Eigentums des Dotators die Rede ist. Das Versäumnis eines ausdrücklichen Erbverzichtes seitens der Kinder oder des Hinweises auf die bereits erledigte Befriedigung der Deszendenz ist kein Beweis für das Gegenteil.

So heißt es anläßlich der Schenkung Kisos in dem Traditionsvermerk: ... trado ... propriam hereditatem meam in loco nominato Perchofa... ut post obitum meum ibidem firmiter per-

---

[1]) Mb. 555.

maneat ... [1]) Die Benefizialverleihung soll sich auch auf seine Gattin und seinen Sohn Eigil erstrecken. In einem später angestrengten Immobiliarprozeß wird jedoch der Inhalt der Schenkung in der Weise dargestellt, daß Kiso seiner Zeit nur ad Perchovon aliquam rem suam tradidit, aliam extra dimisit. [2]) Die zurückbehaltenen Teile bildeten das Erbe von Kisos Söhnen Wichelm und Eigil. Nun räumen die Brüder auch an diesem Restbesitz dem Bischof das Eigentumsrecht ein. — In einem ähnlichen Falle lautet die kurze Schenkungsnotiz: brevem commemoratorium qualiter Swidmoat..... suam traditionem reddidit in manus episcopi.... [3]) Erst im weiteren Verlaufe des Textes kommt die Tatsache zum Vorschein, daß nicht das Totalallod der Tradentin von dem Schenkungsakte erfaßt wurde. Um den Ansprüchen von Swidmoats Tochter Elismot zu genügen, war die Zerlegung des Vermögensbestandes in zwei Hälften erforderlich. Elismot wird mit der Schenkung ihrer Mutter belehnt, ea vero ratione ut ipsa Elismot partem quem in eadem hereditate habuit totum ex integro tradidit.....

Wie durch die Verwirklichung der Erbteilungen der Zerfall der allodialen Güter beschleunigt wurde, so übte auch die Ausscheidung einer dos legitima [4]) für die Ehefrau des bajuwarischen Vollfreien auf den Zusammenhalt des Vermögens einen zersetzenden Einfluß aus. Die dos bildet stets einen separaten Vermögensfonds für sich, getrennt von dem eingebrachten patrimonium, den res propriae, und scheint der ausschließlichen Herrschaft der Frau vorbehalten zu sein. Geht eine Witwe eine neue Heirat ein, so verliert sie ihre dos nicht. Der Genuß, der ihr auf Lebenszeit an einer entsprechenden Quote der Hinterlassenschaft zusteht, wächst dagegen in diesem Falle ihren Kindern zu. [5])

Die wirtschaftlichen Folgen derartiger Rechtsvorgänge mußten sich von Anfang an in einer oft beträchtlichen Verkürzung der Betriebsgrößen äußern. Auf der anderen Seite erfuhren auf demselben Wege einzelne Wirtschaften eine nach-

---

[1]) Mb. 509. [2]) Mb. 610. [3]) Mb. 281.

[4]) Mb. 21; 206; 627. — Brev. not. XIV, 40; 45; XVIII, 1. — L. Baj. VIII, 14. [5]) L. Baj. XV, 8.

haltige Steigerung ihrer Betriebsmittel. Aus den Urkunden geht hervor, daß die Durchführung von Realteilungen keine Ausnahmeerscheinung ist.

Die kleinste lebensfähige Wirtschaftseinheit ist die Hufe. Ein Bauer besitzt eine Hufe. Erleidet die Hufe eine Einbuße in ihrer Pertinenzbeschaffenheit, so wird sie für den ihr innewohnenden Zweck untauglich. Der Bruchteil einer Hufe bietet kein wirtschaftliches Auskommen mehr. Eine derartige Zwergparzelle müßte zur Erreichung eines ökonomisch ausreichenden Effektes erst wieder den organisatorischen Zusammenhang mit einem in sich gefestigten Wirtschaftsbetriebe finden. Schon dem erstmaligen Verlangen nach Erfüllung der genannten Rechtsinstitute hätte unter dem Zwange ihrer wirtschaftlichen Konsequenzen die soziale Selbständigkeit vollfreier Bauern erliegen müssen.

Angenommen, die Pertinenzen der Traditionsurkunden entsprächen der Zusammensetzung bäuerlicher Betriebe. Es vergeht mehr als ein Jahrhundert, bis in den nunmehr bajuwarischen Gegenden der Schenkungseifer des Volkes wach wird. Unterdessen arbeiten die rechtlichen Bräuche an der Verschiebung der Vermögenskonstellation. Mit der Verflüchtigung grundherrschaftlicher Organisationsbedingungen bleibt als Residuum immer noch eine Anzahl bäuerlicher Sonderwirtschaften zurück. Wie wäre es selbst bei fortschreitender Kultivierung des Bodens erklärlich, daß sich trotz der umgestaltenden Eingriffe in bäuerliche Wirtschaften so kompakte Traditionsobjekte erhalten konnten? Warum kommt man jetzt erst auf den rettenden Gedanken, sich aus wirtschaftlichen Gründen unter den Schutz der Kirche zu stellen?

Wenn aber die Tradenten nach ihrer sozialen Stellung ursprünglich Bauern gewesen sind, so können die Pertinenzreihen nur Teile bäuerlicher Betriebseinheiten umschließen. Es wird damit der Kirche die Aufgabe zugemutet, alle diese unvollkommenen Bodensplitter zu neuen Organisationen künstlich zusammenzufügen. Und was sollen die Laien mit den übrigen Stücken anfangen, wenn ihnen der Rückhalt einer fertigen Wirtschaft fehlt?

Die Fortführung einer wirtschaftlich ausreichenden Existenz auf den Besitzgrößen, die in geminderter, aber immer noch betriebsfähiger Gestalt aus einer solchen Vermögensauflösung hervorgegangen sind, ist aber tatsächlich möglich gewesen.

Es ist eine häufige Erscheinung, daß nur der pflichtteilsschuldige Eigentümer die ihm freigegebene portio der Kirche übermittelt. Aus einer zahlreichen Schar von Erben tritt nur der eine oder andere als Tradent auf. Bisweilen werden auch mit diesen Schenkungen wieder nur Ausschnitte eines umfassenderen Eigenbesitzes dargeboten. Das Beispiel dieser Spenden findet dagegen bei den Kindern des Tradenten oder bei den übrigen Erbengenossen keine Nachahmung. Deshalb wird auch ein zwischen dem Bischof und dem Tradenten begründetes Leiheverhältnis sehr oft nicht mit bindender Kraft für diese unbeteiligten Personen ausgestattet. Der ihnen zugefallene Grundbesitz muß also reich genug sein, um auch nach Aufhebung der Vermögenseinheit einen für den neuen Eigentümer und seine Familie entsprechenden Ertrag zu gewährleisten. Er muß also jeweils mindestens dem Areal einer Hufe gleichkommen.

Hieraus folgt, daß wenigstens die Eigentümer der noch intakten Güterkomplexe Grundherren gewesen sein mußten. Der sozialen Zukunft, welcher die Inhaber der neu entstandenen Betriebsgliederung zuneigen, läßt sich theoretisch eine alternative Prognose stellen. Entweder sie behaupten sich kraft ihrer günstigen materiellen Lage als Grundherren oder sie sinken zu dem ihnen innerlich fremden Stande vollfreier Bauern herab.

Wenn aber in so langer Zeit überhaupt die Erhaltung einer Klasse vollfreier Eigentümer gelungen ist, so frägt es sich: sind die Elemente, welche den zersetzenden Einfluß der rechtlichen Institutionen zu paralysieren trachten, nicht auch stark genug, um sogar die hergebrachte soziale Stellung der Vollfreien zu konservieren. Der Grundstock des Familienallods muß im Laufe der Zeit wiederholt eine derartige Krisis überwunden haben. Durch die Anwendung bestimmter Maßnahmen vermochte sich jedoch auf dem Grundbesitz auch weiterhin eine grundherrschaftlich organisierte Wirtschaft zu erheben. Diese Maßnahmen können aber auch vor dem Zeitpunkt einer Traditionshandlung getroffen worden sein. Sie geschehen in der Absicht, die soziale Entwertung der Tradentenfamilien zu verhindern.

Es lassen sich verschiedene Wege denken, die zu diesem Ziele führen: Man vermeidet die Zerschlagung einer nur mäßigen Erbschaftsmasse. Wie vor dem Erbfall besteht die grundherrschaftliche Wirtschaftsgemeinschaft fort. Man sucht Anschluß an einen kirchlichen Territorialherrn und bewahrt auf diese Weise die angeborene Grundherrnqualität. Der grundherrliche Eigentümer wird ein grundherrlicher Lehensbesitzer.

Das wirksamste Präventivmittel scheint jedoch darauf zu beruhen, daß man die Gefahr eines eventuellen sozialen Rückganges voraussieht und deshalb gründliche Vorbereitungen trifft für die wirtschaftliche Ausgleichung einer Besitzzersplitterung. Man ist auf eine so intensive Vermögensmehrung bedacht, daß auch nach erfolgter Auseinandersetzung in den einzelnen Teilstücken die Grundlage für eine grundherrschaftliche Betriebsgliederung gegeben ist. Mit dieser Maßregel mögen sich im Notfalle die Methoden der erstgenannten Gruppe kombinieren.

Die Erweiterung des Immobiliarbesitzes stützt sich auf eine erschöpfende Verwertung des Rodungsrechtes seitens der vollfreien Eigentümer. Die Entfaltung planvoller Rodungstätigkeit selbst setzt eine zweckmäßig geregelte Ausbeutung der unfreien Arbeitskraft voraus. Mit dem Eintritt einer Besitzveränderung ist gewöhnlich auf den Hufen eine neue, zahlreichere Generation unfreier Elemente aufgewachsen. Es kommt nun darauf an, den Bestand einer auf eine Hufenhaushaltung angewiesenen Personengemeinschaft nicht zu groß werden zu lassen. Dies würde vor allem eine unwirtschaftliche Verschwendung unfreier Arbeit bedeuten. Die überschüssigen Kräfte müssen anderen Punkten zugeleitet werden.

Die Grundherrschaft strebt nach Ausdehnung ihrer Flurgrenzen. Sie bedarf also einer Steigerung ihrer Hufenmenge. Es werden durch Rodung von Ödland frische bäuerliche Stellen geschaffen. Dies geschieht von den Sassen der alten Mansen aus auf Befehl des Herrn. Das für die Besiedelung erforderliche Menschenmaterial wird vom Stamme der unfreien Grundholdenfamilien abgegeben. Die nach wirtschaftlicher Selbständigkeit drängenden Glieder derselben erscheinen hierzu im höchsten Grade erwünscht und tauglich. Durch die Abstoßung mündiger Personen wird die ungesunde Belastung übervölkerter Hufen erleichtert. So wird den Interessen aller beteiligten Kreise geholfen.

Die Wirksamkeit privater Rodungen, die sich in den Urkunden auf verschiedene Art bemerkbar machen, wird so gefördert durch die soziale Gliederung des Volkes. Das zwingende Motiv für die unablässige Betätigung des Rodungsprivilegs ist in dem sozialen Selbsterhaltungstrieb der Vollfreien zu erblicken.

Im Gegensatz zu dieser Ansicht spricht Fastlinger[1]) den freien Bayern jede tiefere Anteilnahme an der Kultivierung des Bodens ab. Seit der Einwanderung der Bajuwaren sei bis zum 8. Jahrhundert nichts Durchgreifendes mehr für die Vermehrung des anbaufähigen Bodens geschehen. Erst mit der wirtschaftlichen Entwicklung der Klöster, deren Verdienste auf diesem Gebiete niemand bestreiten wird, beginne eine Zeit emsiger Kulturarbeit. Nur eine im Mönchtum großartig organisierte Arbeiterschaft habe die Energie und Disziplin besessen, wüstes, waldbedecktes Unland zu roden, Sümpfe auszutrocknen, dem Boden Plätze für neue Siedelungen abzuringen. In dieser Erkenntnis habe die Klosterpflege der agilulfingischen Herzoge ihren Ursprung. Dadurch trügen die damaligen Klöster des Landes vorwiegend den Charakter wirtschaftlicher Stiftungen. Die Ohnmacht der privaten Grundbesitzer, die öden Flächen in Flurland zu verwandeln, sei für diese ein Ansporn zur Errichtung von Stiftungen.[2]) Die adeligen Großgrundbesitzer seien in der Weise für die Urbarmachung des Bodens eingetreten, „daß sie innerhalb ihrer Marken klösterliche Niederlassungen gründeten, mit Mönchen womöglich der eigenen Sippe besetzten, unter deren Leitung und Mitarbeit nun das meist in Wäldern und Mooren bestehende Dotationsland kultiviert werden sollte.“[3])

[1]) l. c. pag. 2. ff. [2]) Ibid. pag. 8. [3]) Ibid. pag. 20.

Allein schon ein flüchtiger Blick auf die Zusammensetzung der Pertinenzreihen lehrt, daß die Schenkungen in der Hauptsache aus Flurland gebildet werden, das bereits der Kultur gewonnen und dessen Zusammenfassung in geschlossene Hufenwirtschaften bereits vollendet ist. Erst weil zur vollständigen Unterlage eines Hufenbetriebes auch die entsprechenden Gemeinheitsnutzungen gehören, gehen auch diese in anteilsmäßiger Reichhaltigkeit auf den neuen Erwerber über. Dies gilt also auch von jenen Partien der Mark, an denen sich zunächst die Kolonisierung des Bodens äußern soll.

Wenn die Etymologie der Ortsnamen die Bemühungen der Klosterwirtschaften um die Urbarmachung des Landes dartun soll,[1]) so darf man eines nicht vergessen. Der klösterliche Grundbesitz zeigt sich in den Traditionsurkunden in dem Augenblicke, wo er die Eigentumssphäre Privater verläßt und Kirchengut wird. Schon in diesem Moment haben die Gemarkungsflächen die ihrer rechtlichen oder wirtschaftlichen Entwicklung entnommenen festen Bezeichnungen. Weist nun ein Ortsname in seiner etymologischen Beschaffenheit bereits damals auf die wirtschaftliche Entstehungsart der Siedelung hin, so kann die bei ihrer Gründung geleistete Rodungsarbeit nicht erst der administrativen Tätigkeit der Kirche gutgeschrieben werden. Diese ist vielmehr auf den Impuls der vollfreien Leute zurückzuführen, aus deren Eigentum die Schenkung stammt.[2])

Der Rodungscharakter einer Örtlichkeit verrät sich in gewissen Endungen lokaler Benennungen:[3]) -reut, -reit, -kreut, -ried, -riet; -gschwand, -gswend, -schwang; -schlag, -metz, -maiz; -brand, -brann, -brenn; -lohe, -loch; -hardt, -haar, -holz, -wald.

Unter den Traditionen Vollfreier begegnet man nun u. a. Niederlassungen wie: Riutte,[4]) Riuttare,[5]) Reod,[6]) Riuti,[7]) Reode,[8])

---

[1]) Ibid. pag. 44; 47.

[2]) Vgl. z.B. Fastlinger, l. c. pag. 54, Anm. 3. und Mb. 59; ibid. pag. 94, Anm. 8. und Mb. 49; 737.

[3]) Riezler, l. c, I, pag. 64. [4]) Mb. 59; 557; 815. [5]) Mon. Scheftl. 7.

[6]) Mb. 75; 91; 97; 523; 537; 588; 599; 627; 651; 661.

[7]) Ind. Arn. V. [8]) Mon. Schlehd. Dipl. Misc. 13.

Azreode,[1]) Truhteresriute,[2]) Erphunesreod,[3]) Lantbertesrieod;[4]) Archinswenti,[5]) Kermareswanc,[6]) Kermanteswanc,[7]) Huneswanc,[8]) Oasinwanc,[9]) Plimuteswanc,[10]) Nandieswanch, Spanswanch;[11]) Pouchslagen,[12]) Pohsolaga;[13]) ad Walde,[14]) Waldiu,[15]) Azwaldiu;[16]) Holz,[17]) Adholze,[18]) Holzheimon,[19]) Frumholz;[20]) Poh,[21]) Puoh,[22]) ad Pohhe;[23]) Strazloh,[24]) Hesinloh,[25]) Ahaloh,[26]) Etinesloh,[27]) Pohloh,[28]) Peraloh;[29]) Otmareshard,[30]) Steinhard.[31])

Die -hausen-Orte rühren nach Fastlinger[32]) von den Rodungen Privater her. Zu dieser Gattung gehören beispielsweise: Adalhareshusum,[33]) Adalhelmeshusir,[34]) Arfrideshusum,[35]) Crimareshusir,[36]) Cozhiltahusum,[37]) Drudperhteshusir,[38]) Eparmunteshusir,[39]) Hrodolveshusir,[40]) Heriperhteshusum,[41]) Helidkereshusir,[42]) Kermunteshusir,[43]) Richarteshusun,[44]) Rihcozeshusir,[45]) Sindeoëshusir,[46]) Sindpaldeshusir,[47]) Teitinhusir.[48])

Die Wiederholung des Tradentennamen in der patronymischen Ortsbezeichnung scheint einen besonders klaren Hinweis auf die Vergangenheit der Siedelung in sich zu tragen. Dies ist der Fall bei Meginharteshusir,[49]) Wolfperhteshusir,[50]) Erlahusun,[51]) Reginprehteshusun,[52]) Mahtolveshusin,[53]) Ratcozes-

---

1) Mb. 150. 2) Brev. not. X. 3) Mb. 157. 4) Mb. 679.
5) Mb. 49; 271; 624; 737. 6) Mb. 76; 236. 7) Mb. 400.
8) Mb. 203. 9) Mb. 175. 10) Mb. 91; 97. 11) Brev. not. XIV, 41.
12) Mon. Scheftl. 19. 13) Mb. 304; 769. 14) Mb. 389.
15) Mb. 102; 199. 16) Mb. 101. 17) Brev. not. XVIII, 3.
18) Mb. 13; 98; 146; 169; 302; 376; 480; 551; 638; 641.
19) Urk. o. E. I. cod. trad. mon. Lun. 106.
20) Brev. not. XIV, 46.
21) Mb. 43; 160. 22) Brev. not. XXIII, 5. — Mb. 621.
23) Mb. 83; 482; 488; 515; 534; 576; 596.
24) Mb. 371; 464. 25) Mon. Scheftl. 4. 26) Mb. 29; 210; 346; 464.
27) Mb. 262. 28) Mb. 131. 29) Mb. 218; 554; 666; 715; 729; 811.
30) Mb. 313; 361. 31) Mb. 379; 570. 32) l. c. pag. 6.
33) Mb. 303; 510; 619; 627. 34) Mb. 354; 677. 35) Mb. 581.
36) Mb. 208; 649. 37) Mb. 572. 38) Mb. 44. 39) Mb. 24.
40) Mb. 57; 421. 41) Mb. 505. 42) Mb. 629. 43) Mb. 207; 544.
44) Mb. 63; 287; 355; 494. 45) Mb. 407. 46) Mb. 397. 47) Mb. 401.
48) Mb. 47; 310. 49) Urk. o. E. I. l. c. 42. 50) Mb. 194.
51) Mb. 680. 52) Mon. Scheftl. 8. 53) Brev. not. XIII.

dorf,[1]) Hruodperhtesdorf,[2]) Jezendorf,[3]) Sindilhusir,[4]) Erphunesreod,[5]) Irminharti villa.[6])

Daß auch die vollfreie Grundherrschaft in hervorragendem Maße an der Eroberung neuen Kulturlandes mitgewirkt hat, steht so außer allem Zweifel.

An dem Mangel unfreier Arbeitskräfte konnte eine hierauf abzielende Aktion nicht scheitern.[7]) Was den Mönchen eines Klosters erreichbar war, das mußte auch unter den Bedingungen einer tüchtig geleiteten Grundherrschaft möglich sein.

Die absolute Zahl der innerhalb des Stammesgebietes für die Bestellung des Bodens verfügbaren Elemente wird durch die Traditionen nicht erhöht. Durch die Schenkungen Freier erfahren zwar die eigentümlichen Rechte der Kirche eine fortgesetzte Bereicherung. Wenn aber der Tradent eben den Grund und Boden, den er gestiftet hat, womöglich in vergrößertem Umfang, unter einem veränderten Besitztitel wieder in seine Gewalt bekommt, so vollzieht sich dadurch nicht der geringste Wechsel im Nutzungssystem der in dem betreffenden Gute vereinigten Rechte. Der mit einem grundherrschaftlichen Wirtschaftskomplexe beliehene Tradent ist nach wie vor imstande, über die Zone der Flurgrenzen hinaus in den Neubruch einzudringen. Es ist gar nicht einzusehen, was den mit den gleichen Mitteln wie die geistliche Grundherrschaft ausgerüsteten vollfreien Grundherrn hindern sollte, bei Verwertung seines Produktivkapitals die gleiche Richtung einzuschlagen wie die Kirche. Die Organisation der Produktion basiert in beiden Wirtschaftskreisen auf den nämlichen Prinzipien. Neben dem Verlangen nach Befriedigung eines gesteigerten Nahrungsbedarfes von dem mächtigen Anreiz subjektiver Wünsche und Empfindungen getragen, konnte auch die vollfreie Grundherrschaft die Sphäre ihres immobilen Eigentums mit Erfolg erweitern. Die Okkupation von Unland als captura, conprehensio, septum oder bivanc entspringt nicht der Tendenz eines ländlichen Unternehmertums, das über den eigenen Konsumtionsbedarf hinaus den Betrieb

[1]) Mb. 590. [2]) Mb. 659; 672. [3]) Mb. 904. [4]) Mb. 34. [5]) Mb. 157. [6]) Mb. 82. [7]) Gegenteiliger Ansicht ist Fastlinger, l. c. pag. 55.

ausdehnt und auf dem Markte Absatz und Gewinn sucht. Sie ist aus inneren Gründen notwendig, und da sie praktisch durchführbar ist, kommt ihre Verwirklichung immer wieder zum Ausdruck.

Es gab sich schon mehrmals Gelegenheit, auf derartige Erscheinungen hinzuweisen. Die Etymologie der Ortsnamen pflegt häufig genug die Erinnerung an private Rodungen festzuhalten. Der curtifer verdankt seinen wachsenden Gebrauch dem Expansivbedürfnis grundherrlicher Wirtschaften.

Die adquisitio als jüngster Vermögensbestandteil wird von dem länger besessenen Erbgut unterschieden.[1]) In der Hand des nächsten Erben geht sie in der übrigen propria hereditas auf. Der primus adquirens kann in ihren Besitz gelangen durch entgeltlichen oder unentgeltlichen Erwerb oder durch Realisierung des ihm zustehenden Rodungsrechtes an den hierzu ausersehenen Abschnitten der gemeinen Mark.[2]) Daß die beiden Rechtsgeschäfte der erstgenannten Art zu einer merklichen Umbildung der Eigentumsverhältnisse geführt hätten, dafür fehlen die urkundlichen Zeugnisse. Es hat vielmehr den Anschein, daß die adquisitio gerade die spezifische Bezeichnung für den durch Rodungsarbeit erzeugten Vermögenszuwachs ist.

So wird die adquisitio begrifflich gesondert von dem durch Kaufvertrag Errungenen: ... tradidi ... quicquid emptionis vel adquisitionis habui in loco ... ad Hegilinhusun in mancipiis terris cultis et incultis silvis ... ad hunc locum meae adquisitionis pertinentibus ... preter iurnales XXX ... et curtiferum I ... hoc filiae meae tradidi in proprietatem ...[3]) In einem anderen Falle, in dem es sich bezeichnender Weise um eine Tradition in loco quae dicitur Reod handelt, stehen sich adquisitio und comparatio gegenüber:[4]) ... quicquid de conparatione vel adquisitione adgregavi ... tradidi ...

Das Vorkommen von curtiferi unter den Kompetenzen von Schenkungen, die aus dem Fonds der adquisitiones fließen,

[1]) Mb. 514; 572; 575; 651.

[2]) Vgl. v. Inama, l. c. I, pag. 100. — L. Baj. XVII, 1. 2.

[3]) Mb. 522. [4]) Mb. 523.

läßt deutlich den genetischen Zusammenhang dieser Substanzen erkennen.[1]) So empfängt der Bischof Erchanbert von der Familie des quidam vir nobilis nomine Irinc, . . . quicquid propriae hereditatis vel adquisitionis habuerunt ad Reode quod pertinet ad Tanchirihha cum curtiferis et aedificiis, cum pratis et territoriis, cum silvis cultis et incultis, cum pascuis et farinarium locis . . .[2])

Die beständige Erwähnung der terrae cultae et incultae, terrae aratoriae exstirpatae sive exstirpandae, die Ausscheidung von exaratum, terra excolata, die Hervorhebung der exstirpationes, quesita et inquirenda, die Trennung des Flurlandes von dem ad colendum conprehensum, — alle diese Termini bestätigen das lebhafte Pulsieren der Rodungstätigkeit.[3])

Wie gesagt, wird auch der durch den Abschluß von Kommutationen verwirklichte Gedanke einer Besitzbereinigung hervorgerufen durch die unzweckmäßige Lage errodeter Ackerparzellen. Der Widerspruch, der hierbei häufig zutage tritt zwischen dem volkstümlichen Hufenfuß und der ungenügenden oder überreichen Begabung einer curtis cum domo oder eines curtifer, wird verursacht durch einen noch nicht zu organisatorischer Vollendung gebrachten Rodungsprozeß.[4])

An einem beliebig herausgegriffenen Beispiel verrät sich die Beharrlichkeit, mit der bisweilen in einem Wirtschaftsbetrieb die Idee der mit der Besitzmehrung verbundenen Besitzarrondierung verfolgt wurde.

Liutfrid erwirbt durch Tausch Immobilien zu Sigmareshusir.[5]) Der von ihm gebotene Gegenwert besteht in einer mit drei mancipia besetzten domus cum curte in Feldmoching. Die Ausstattung derselben mit Flurland beträgt jedoch de terra arabili hobas VI . . ., übertrifft also den einer Hufe konformen

---

[1]) Mb. 442; 445; 521; 522; 524; 534; 538; 540; 627; 635; 651.

[2]) Mb. 651. — vgl. Mon. Schlehd. Dipl. Misc. 13. — Mb. 521; 537; 627; 661.

[3]) Mb. 187; 262; 263; 601; 656; 679; 705; 836; 845. — Urk. o. E. I. cod. trad. ant. eccl. Pat. 2. — Mon. Scheftl. 6. — L. Baj. XVII, 1.

[4]) Mb. 808; 903; 909; 936; 950. [5]) Mb. 739.

Flächengehalt um das Sechsfache. Kurz darauf geht er einen zweiten Tauschhandel mit dem Bischof ein.[1]) Er gibt wieder ex portione hereditatis suae in Feldmoching Stücke ab: curtiferum I, tota aedificia, manentem I, iugera LX, de pratis carradas XII. Die Gegenstände beider Verträge sind das Ergebnis umfassender Rodungen.

Die forcierte Realisierung von Rodungen verspricht am ehesten eine Regeneration der durch Recht und Sitte bedrohten betriebsfähigen Erhaltung der Besitzgrößen. Alle diese Erscheinungen hängen aufs innigste mit einander zusammen. Sie sind der Reflex einer ganz bestimmten ökonomischen Verfassung. Wie die Durchführung der beschriebenen gesetzlichen und gewohnheitsmäßigen Einrichtungen das Vorhandensein mehrhufigen Grundbesitzes voraussetzt, so ist auch ein erfolgreicher Ersatz durch Neuland nur mit den Mitteln und Rechten einer grundherrlichen Wirtschaft zu erhoffen.

Das Hervortreten dieser Symptome in den Traditionsurkunden läßt sich somit zugunsten unserer Theorie verwenden.

§ 16. DIE INTERPRETATION DER PERTINENZFORMELN.

Die Schenkung einer libera persona erfordert zu ihrer Rechtskraft die Erfüllung einer solennen Förmlichkeit.[2]) Diese besteht neben der Zuziehung von Urkundspersonen vor allem in der Ausfertigung eines Schenkungsbriefes, welcher am Altar der Kirche dargebracht wird.

Vermöge der gleichen Natur der Traditionsobjekte und deren typischer Organisation haben die epistulae im wesentlichen nur schematische Gestalt. Um die Abfassung der epistulae zu erleichtern, veranstaltete man eine Sammlung von Musterexemplaren, die man eintretendenfalls nur mechanisch zu kopieren brauchte. Es ist eine selbstverständliche Notwendigkeit, daß der Inhalt dieser idealen formulae den rechtlichen und wirtschaftlichen Tatsachen der Wirklichkeit Rechnung tragen

[1]) Mb. 799. [2]) L. Baj. I, 1.

mußte. Die Probe mußte sich natürlicherweise nach der Regel richten. Ausnahmeerscheinungen, die den Verhältnissen der an den Schenkungen beteiligten Personen ungewohnt waren, bedurften keiner Berücksichtigung. Diese Tendenz mußte sich vor allem in der Aufstellung der stereotypen Pertinenzformeln äußern.

Eine Prüfung der Salzburger Formeln oder der auch in Bayern adoptierten sogenannten Formulae Salicae Lindenbrogianae zeigt die Gegenstände der Traditionsbeispiele in der uns bereits geläufigen organisatorischen Beschaffenheit. Der Grund und Boden ist in abhängige Hufen untergeteilt. Die Stellen sind an Hintersassen verschiedener Rechtsqualität ausgetan. Streubesitz ist nichts Auffälliges. Die Veräußerung von Vermögensfragmenten läßt auf Befriedigung gesetzlicher Erbvorschriften schließen.

In den Pertinenzreihen der formulae ist so die Rede von ... mansi ... cum domibus, aedificiis, curtiferis, cum wadriscapis, terris arabilis, silvis, campis, pratis, pascuis, communiis, perviis et mancipiis ibidem commanentibus vel adspicientibus...,[1]) von mansi tanti cum hominibus ibidem cummanentibus vel aspitientibus,[2]) von aliquas res ... id est domibus, aedificiis, curtiferis, ... quicquid dici vel nominari potest quod ad supradictum locum ad nos pertinere videtur, sive in mancipiis ... seu in manentibus ...[3])

Eine analoge Gliederung liegt übrigens auch den in den brevium exempla ad describendas res ecclesiasticas et fiscales enthaltenen Traditionsbeispielen für das Kloster Weißenburg zugrunde. Motwinus und Gomoldus übergeben außer einer casa dominicata sechs bezw. fünf mansos vestitos serviles.[4])

Bei der Interpretation der Pertinenzformeln ist ein exaktes Resultat allein von einer methodischen Gruppierung zu erwarten, die sich an die begrifflich wesentlichen Merkmale der Bedeutung sachlicher und ständischer Termini hält. Es wird sich im folgenden im wesentlichen um die zusammenfassende Anwendung

---

[1]) Form. Sal. Lind. 2. 3. Mon. Germ. LL. Sect. V. Form.
[2]) Ibid. 1. 6. [3]) Form. Salzb. 4.
[4]) Mon. Germ. LL. Sect. II. Capit. Tom. 1. pag. 253. Nr. 11; 14.

einzelner Kriterien handeln, die im Laufe der Untersuchung als Kennzeichen für die Wirksamkeit der grundherrschaftlichen Wirtschaftsform festgestellt wurden. Nach diesem Verfahren sondert sich ohne weiteres eine Klasse von Urkunden ab, die als das ausschließliche Produkt der grundherrschaftlichen Wirtschaftsverfassung zu betrachten sind. Es sind diejenigen Urkunden, in welche Termini verflochten sind, die nach ihrer begrifflichen Bestimmung mit dem Wesen der freibäuerlichen, einschichtigen Hufenwirtschaft nicht in Verbindung zu bringen sind. Sie erklären den Tradenten ohne weiteres für einen Grundherrn.

Zu dieser Sorte von Urkunden gehören also in erster Linie alle diejenigen, deren Pertinenzreihen Ausdrücke enthalten wie: mansus, mansus vestitus, hoba, colonia, curtifer;[1]) servi, famuli, familiae, manentes, homines commanentes, servi casati, casati, homines habitantes, servi manentes, manentes serviles, tributales manentes, mancipia manentia, mancipia servientia, tributales, accolae, coloni, barscalci, liberi casati.[2]) Zählt schon eine portio oder eine pars hereditatis einen oder mehrere Hufenbetriebe, so erhellt hieraus nur desto sicherer der grundherrliche Charakter des Totalallods.[3])

Es gibt nun eine weitere Gruppe von Urkunden. Unter den Pertinenzen derselben sind Unfreie genannt, aber die wirtschaftliche Verwendung derselben ist nicht in demselben Grade offenkundig wie anderwärts. Von diesen Pertinenzen sticht die

---

[1]) Vgl. oben 2. Kapitel, z. B. Mb. 4; 19; 21; 33; 47; 55; 57; 65; 81; 86; 99; 102; 112; 191; 206; 210; 230; 275; 289; 313; 390; 409; 458; 515; 530; 550; 571; 588; 705. — Mon. Scheftl. 2; 12; 27. — Urk. o. E. I. cod. trad. mon. Lun. 1; 25; 29; 38; 73; 124. — Ibid. cod. trad. ant. eccl. Pat. 27; 41. — Cod. Pat. 17; 65; 72. — Cod. Rat. I, 18; 21; 50; 58. — Pez, l. c. T. 6. P. 1. pag. 64.

[2]) Vgl. oben 3. Kapitel, z. B. Mb. I. pag. 52. — Mb. 6; 14; 16; 19; 28; 30; 33; 36; 38; 40; 45; 50; 62; 70; 76; 91; 107; 112; 274; 550. — Urk. o. E. I. cod. trad mon. Lun. 2; 12; 25; 29; 32; 41; 42; 74; 83; 98; 108; 124. — Ibid. cod. trad. ant. eccl. Pat. 10; 38. — Cod. Pat. 10; 17; 22; 28; 46. — Cod. Rat. I, 18; 21; 30.

[3]) Mb. 18; 175; 268. — Mon. Scheftl. 18. — Cod. Pat. 16. — Urk. o. E. I. cod. trad. mon. Lun. 134. — Pez, l. c. T. 6. P. 1. pag. 65.

Kategorie jener Instrumente, die durch den Gebrauch spezifisch grundherrlich gefärbter Termini ausgezeichnet sind, lediglich durch die Prägnanz der begrifflich unzweideutigen Bezeichnungen ab. Der Gesamtbesitz der prata, rures, campi, silvae, aquarumque decursus oder der terrae, domus, aedificia, campi, prata, pascua, aquae scheidet sich von selbst in eine Mehrheit hintersässiger Hufenbetriebe, wenn seine Bestellung augenscheinlich durch accolae oder servi manentes geschieht.[1]) Es steht aber fest, daß auch das mancipium in so und so vielen Fällen als unfreier Bauer aufzufassen ist. Als Angehörigen der gleichen sozialen Schicht stehen dann den mancipia dieselben wirtschaftlichen Güter zur Seite wie den accolae und dieser Umstand erklärt die analoge Bildung der Pertinenzreihen. Der hinter diesen verborgene organisatorisch-technische Tatbestand, der in dem einen Falle rascher zur Geltung kommt, ist beide Male ein einheitlicher.

Streicht man in einer Formel, die sich aus ... mansis pratis silvis campis pomiferis aquis aquarumque decursibus egressibus et regressibus mobile vel immobile cultum vel incultum ...[2]) zusammensetzt, das präzise Wort mansis und setzt dafür mancipiis ein, so leidet darunter im Augenblick die bisher einwandfreie Klarheit des Textes.[3]) Die Interpretation läßt anstatt einer ausschließlichen Gewißheit Möglichkeiten zu. Das Urteil der Zeugnispersonen oder des erkennenden Gerichts wäre aber durch eine derartig veränderte Stilisierung der Formel nicht beeinflußt worden. Wird doch auch sonst das mancipium mit dem ihm verliehenen mansus identifiziert.

Die Sicherheit der Pertinenzinterpretation unter dem Gesichtspunkt der Arbeitsverfassung ist so eine stufenweise verschiedene.

Auf der solidesten Basis stehen die Formeln mit begrifflich eindeutiger Terminologie. Sie geben gewissermaßen die Grundstimmung für die Auffassung des wirtschaftlich typischen

---

[1]) Mb. 19; 33; 36; 38; 62; 66; 107; 274. — Cod. Pat. 7; 10; 11; 18; 22; 68; 69; 80.

[2]) Mb. 275. [3]) Vgl. Mb. 18; 206. — Urk. o. E. I. l. c. 124.

Zustandes an. An diese Klasse schließen sich jene Pertinenzreihen an, die, an sich neutralen Inhalts, kraft eines die Neutralität korrigierenden Zusatzes dieselbe bestimmte Auslegung gestatten wie die Formeln der ersten Gruppe. Eine dritte Kategorie hat gleichfalls indifferenten Charakter und entbehrt außerdem jedes klärenden Zusatzes. Die Deutung dieser Formeln ist in ihrer Dehnbarkeit den größten Schwankungen ausgesetzt. Sobald sie aus dem Zusammenhang des Gesamteindruckes herausgerissen werden, lassen sie sich in den Dienst völlig extremer Anschauungen stellen. Sie müssen jedoch im Sinne der erstgenannten Formeln interpretiert werden, wenn das gleichzeitige Vorkommen des gegensätzlichen Wirtschaftssystems im Kreise der nämlichen Personenklasse überhaupt nicht oder nur als Ausnahmeerscheinung bewiesen ist, wenn die angeführte Auslegung ohne textuellen Zwang möglich ist und wenn dadurch die Einheitlichkeit des gesamten Wirtschaftsbildes gefördert wird.

Diese Grundsätze waren bereits bei der Interpretation derjenigen Urkunden maßgebend, deren Auffassung durch die soziale Unbestimmtheit der unfreien Elemente zweifelhaft sein konnte. Sie müssen auch Platz greifen bei der Interpretation der organisatorisch nicht fixierten Sachgüter.

Sammelbegriffe wie colonia, hoba, mansus erzeugen durch sich selbst eine erschöpfende Vorstellung von dem Zusammenwirken und der Beschaffenheit ihrer Einzelteile. Unterläßt man es, die organisatorische Einheit in ihre Glieder zu zerpflücken, so tut dies dem Verständnis keinen Abbruch. Jedermann weiß, welches die Ingredienzien einer colonia sind. Daher der zusammenfassende Hinweis sicut servi debent habere.[1])

Die Pertinenzbeschreibung zieht es aber so und so oft vor, lediglich die verschiedenen ökonomischen Nutzungsobjekte zu benennen, die betriebsmäßige Abgrenzung derselben und die Bezeichnung des Organisationsprinzips dagegen zu übergehen. Das einzig uns bekannte Organisationsprinzip ist aber die Hufe. Ein begriffliches Essentiale der Hufe ist ihre Abhängigkeit von

---

[1]) Mb. 550.

einer größeren Wirtschaftseinheit und ihre Besiedelung mit hintersässiger Bevölkerung. Die coloniae bestehen aus casis et curtiferis cum terra, cum pratis,[1]) aus agris cultis et incultis pratis pascuis silvis aquis ...[2]) Man ist daher zu der Folgerung berechtigt, daß die organisatorische Zusammenfassung der hufengleichen Pertinenzstücke, von agros pratas silvis aquis exaratum cultis et incultis ...[3]), ebenso unter dem Maßstabe der Hufe erfolgt wie die Ausstattung des servus cum casa, cum terra, cum campis silvis pratis ...[4]) oder der mancipia mit casae und curtiferi.[5]) Eine colonia läßt sich in curtis und casa zerlegen.[6]) Eine Mehrheit von casae und curtes kommt so an wirtschaftlicher Geltung einer Mehrheit von coloniae gleich.[7])

Reginhart, Isanharts Sohn, tradiert allodiales und neuerworbenes Gut an Schlehdorf.[8]) Die Pertinenzformel vermeidet Termini ausgesprochen grundherrschaftlichen Charakters: terra culta et inculta pratis campis silvis aquis aquarumque decursibus mancipia et pecora in mea potestate manentibus ... Abgesehen davon, daß man es hier mit Streubesitz zu tun hat, ergibt sich die grundherrschaftliche Verwertung dieser Objekte auch aus Isanharts Schenkung.[9]) In dieser finden sich Ausdrücke, wie coloniae, mancipia in domo, tam in villis manentia, die nur unter den Bedingungen grundherrschaftlicher Verfassung denkbar sind. Die Verwendung dieser Ausdrücke ist aber selbst dann noch angebracht, nachdem bereits das väterliche Vermögen um die gleichartige portio des Sohnes verkleinert worden ist.

Besonders lehrreich ist in dieser Beziehung Mb. 99. Die Urkunde beginnt mit einer detaillierten Aufzählung der Wirtschaftseinheiten, aus denen sich die grundherrschaftliche Anlage der Schenkungsmasse zusammensetzt. ... trado ... omnia mea ad me pertinentia ... in loco ... Neritinga id est mansos duos

---

[1]) Mb. 530. [2]) Mb. 268. — vgl. Mb. 409; 484. — Urk. o. E. I. l. c. 73.
[3]) Mb. 263. [4]) Mon. Scheftl. 21. [5]) Ibid. 22.
[6]) Urk. o. E. I. cod. trad. ant. eccl. Pat. 9.
[7]) Mb. I. pag. 44; 53. — Mb. 4; 20; 57; 198; 222. — Urk. o. E. I. l. c. 55. — Ibid. cod. trad. mon. Lun. 73.
[8]) Mb. 67. [9]) Mb. 66.

Emicho cum uxore sua H. et filio nomine L. cum familia et substantia sua, quicquid habere videtur et alius servus nomine Wolfdeo cum uxore sua P. cum filio nomine H. et filia nomine W. cum filio S. Itemque quod in beneficio praestiti . . . diacono Snelmoti idem mancipia dua cum territorio pertinente mansum unum . . . Hierauf wird der Traditionsbefund noch einmal in summarischer Zusammenfassung wiederholt. Diese erhält ein bestimmteres Gepräge lediglich durch die Mehrzahl der curtes. Dieser Passus lautet: haec omnia . . . trado . . . ut iam diximus mancipia curtes aedificia domorum territorium et digressibus viarum . . .

Der Priester Friduperht tritt der Kirche Grundbesitz in Otinga und Tegarinwac ab.[1]) Der Traditionsbericht ist in die oft gebrauchte Formel gekleidet: quicquid in illis duabus locis de propria hereditate habere videbatur in territoriis seu aedificiis, in pratis et in mancipiis seu in aquis vel in silvis cultis et incultis . . . Wohl deshalb, weil sich das dotierte Areal auf zwei Gemarkungen erstreckt, hat man sich zu näheren Erläuterungen veranlaßt gesehen. Sie decken gleichzeitig den organisatorischen Charakter der beschriebenen Pertinenzen auf: in loco nuncupante Otinga duas mansas vestitas et duas colonias absas et oratorium et domum et omnia quicquid ibidem habere videtur. Et in alio loco simili traditione firmavit, quod nominatur Tegarinwac, unam mansam vestitam et aliam absam et ecclesiam . . .

Der Traditionsbericht des Priesters Rihhart hat das Aussehen einer kümmerlichen Stiftungsnotiz:[2]) . . . ad Helphindorf, quicquid ibidem habuit, totum ex integro nemine contradicente ad domum sanctae Mariae . . . et cum testibus confirmavit . . . Nachdem die Zeugen benannt sind und die Urkunde datiert ist, wird in einem offenbar auf die Investitur bezüglichen Nachtrage noch einmal auf den Inhalt der Schenkung eingegangen: . . . ego quidem Tagabertus scripsi hanc cartulam traditionis iussus ex ore Attoni episcopi, est enim in ipsa traditione supra scripta quod fecit Rihhart presbyter inventae sunt colonias VII vestitas et I apta . . .

Mit der Zahlenangabe der tradierten Unfreien ist ebenfalls die Möglichkeit geboten, die Betriebsfrage für Pertinenzreihen

[1]) Mb. 86. [2]) Mb. 227.

endgiltig zu entscheiden, die, wie die folgende, dieser Aufgabe scheinbar indifferent gegenüberstehen: . . . hoc erat in mancipiis et territoriis cultis vel incultis tam terra aravile quam etiam pratas silvasque bene aptas . . .[1]) Eine für den Spielraum einer Hufe zu stattliche Menge von mancipia muß auf eine Mehrzahl von Hufen repartiert werden. Die Berechtigung dieses Interpretationsverfahrens wurde bereits dargetan.[2]) Hier sei noch einmal daran erinnert, um hervorzuheben, daß es nicht erlaubt ist, derartige Stellen zu verwerfen, die einer oberflächlichen Prüfung für eine positive Klassifizierung der Pertinenzreihen ungeeignet erscheinen. Diese Formeln unterscheiden sich in ihrem Inhalt nur in quantitativer Hinsicht von einander. Ihre organisatorischen Grundlagen sind einheitliche, auf den grundherrschaftlichen Betrieb berechnete. Die Summe der mit der Schenkung verbundenen Unfreien braucht, namentlich bei Streubesitz oder bei Vermögensteilungen, keine erhebliche zu sein, um die grundherrschaftliche Beschaffenheit des Totalallods zu begründen.[3]) Auch das ist schon bekannt, daß das Fehlen Unfreier in dem Pertinenzbestande der Urkunde nicht gleichbedeutend ist mit dem Fehlen Unfreier in dem tatsächlichen Pertinenzbestande des Schenkungskomplexes. So werden Unfreie bei der Tradition des presbyter Starcholf und diaconus Hatto, deren Umfang vier verschiedene Örtlichkeiten ergreift, nicht erwähnt: . . . totum ex integro tradiderunt . . . excepto agros VI et duo carrada de pratis . . .[4]) Im Anhang der Urkunde, die bereits formell abgeschlossen ist, findet sich jedoch folgender Vermerk: haec nomina mancipiorum quos ipsi tradiderunt.[5])

[1]) Mb. 474. — vgl. Mb. 38; 51; 53; 72; 89; 90; 97; 99; 103; 179; 189; 190; 206; 222; 344; 364; 375; 403; 409; 410; 438; 442; 443; 445; 451; 453; 464; 483; 495; 523; 537; 540; 551; 553; 621; 627; 631; 635; 643; 656; 663; 665; 669; 691; 907; 944; 950. — Brev. not. XIV. 34. — Pez, l. c. T. 1. P. 3. pag. 83. — Urk. o. E. I. cod. trad. mon. Lun. 6; 11; 130. — Ibid. cod. trad. ant. eccl. Pat. 12.

[2]) S. o. § 11.

[3]) Mb. 640; 644. Dies gilt namentlich auch mit Rücksicht auf das für die Zählung der Unfreien angewandte verschiedenartige Verfahren.

[4]) Mb. 297. [5]) Vgl. Mb. 341.

Das nämliche Verfahren kann man bei der Schenkungsaufnahme des presbyter Erchanpald beobachten.[1]) In der eigentlichen Traditionsbeschreibung heißt es nur: quicquid propriae hereditatis habuit ad Lutzilindorf curtem cum domo et cum aliis aedificiis seu quicquid sibi hereditario iure in ipso loco evenire debuisset ... Erst ganz am Ausgang, ohne Zusammenhang mit dem übrigen Urkundentext, ist der Zusatz: mancipia quorum nomina ... angefügt, der die Zahl der veräußerten Unfreien auf elf angibt. —

Die Vereinigung von Grund und Boden, dessen Gewanne in verschiedenen Gemarkungen gelegen sind, in einer bäuerlichen Wirtschaftseinheit widerspricht den Existenz- und Entstehungsbedingungen der Hufe.[2]) Streubesitz und Hufenqualität sind begriffliche Gegensätze. Die Hufe ist aus Flurland eines einzigen Siedelungsbezirkes gebildet. Die einer Hufe angemessene Arbeitsmenge kann die Bestellung verzettelter Ackerparzellen nicht bewältigen. Erstreckt sich das Areal eines Besitzkomplexes über die Grenzen mehrerer Niederlassungen, so ist anzunehmen, daß die innerhalb einer einzelnen Gemarkung befindlichen Besitzteile immer in geschlossenen Betrieben zusammengefaßt sind, also jeweils mindestens eine Hufe ausmachen. Streubesitz heißt also soviel wie Besitz mehrerer Hufen. Hieraus folgt die grundherrschaftliche Verfassung des Streubesitzes. An einem zentralen Punkte der Organisation liegt die herrschaftliche curtis. Ist bei großen Grundherrschaften die Entfernung zu den verschiedenen Besitzenklaven zu weit, so mag man mehrere Herrenhöfe errichtet haben. Jede dieser curtes ist eine gleichartig benützte Wohn- und Konsumtionsstätte für den Grundherrn. Die Großgrundherrschaft gliedert sich dann in eine Anzahl grundherrschaftlicher Wirtschaftseinheiten kleineren Stils.

Es ist klar, daß bei der Analogie der Betriebsorganisation der grundherrschaftliche Streubesitz nicht durch anders verfaßte Pertinenzformeln geschildert wird wie die lokal akkumulierte

[1]) Mb. 663.

[2]) Mb. 14; 47; 50; 57; 66; 86; 91; 484; 488; 514. — Cod. Rat. I 18. — Urk. o. E. I. cod. trad. ant. eccl. Pat. 10.

Grundherrschaft. Die Pertinenzreihen für Streubesitz lassen sich alle in den bereits erwähnten Formelkategorien unterbringen.

Am durchsichtigsten tritt das in der Produktion herrschende Ordnungsprinzip hervor bei der Wahl begrifflich streng normierter Termini. Derartige Pertinenzformeln bieten der Auslegung keine Schwierigkeiten. Sie fallen in die Gruppe der interpretatorisch einwandfreien Urkunden.

Die Beschreibungen von Streubesitz können sich ferner einer in bezug auf die Betriebsregelung neutralen Terminologie bedienen. Deren Bestimmtheit kann durch textuelle Zusätze gefördert werden. Ihre Deutung kann aber auch im Einzelfall übernommen werden allein durch die wirtschaftliche Natur des Streubesitzes. Die Verwendung derartig beschaffener Formeln zur Charakterisierung grundherrschaftlich organisierten Streubesitzes bezeugt die Möglichkeit ihrer Verwendung zur Charakterisierung grundherrschaftlich organisierten Besitzes überhaupt.

Unter den Pertinenzen des Streubesitzes können Unfreie verzeichnet sein: ... id est mancipia territorium cum aedificiis ruris pratis pascuis silvis cultis non cultis mobilium et immobilium...[1]) Die Schenkung eines episcopus, die sich auf drei verschiedene Plätze bezieht, besteht aus aedificiis atque mancipiis seu pecudibus terris cultis et incultis pratis campis perviis rebus mobilibus et immobilibus...[2]) Durch das Fehlen von Unfreien wird die innerlich begründete Annahme grundherrschaftlicher Betriebsregelung nicht beseitigt. Ein extremes Beispiel hierfür enthält eine Urkunde aus dem 10. Jahrhundert.[3]) Sie bestätigt die Übergabe von Grundbesitz cum omnibus illuc pertinentibus campis, pratis, pascuis, silvis, aquis, aquarumve decursibus, montibus, planitiebus, viis et inviis, exitibus et reditibus, quaesitis et inquirendis... Befreit man diese Formel ihrer charakteristischen Nebenumstände, so werden die Meisten nicht eilig genug behaupten können, man habe es zweifellos mit den Gütern eines bäuerlichen Tradenten zu tun. Die wirtschaft-

[1]) Mb. 187; 176; 449; 510; 514; 521; 529; 627; 629; 673. — Cod. Pat. 30; 77. — Cod. Rat. I, 9.

[2]) Mb. 670. [3]) Acta Tirolensia I. Brixener Traditionsbücher Nr. 3.

liche Struktur dieses Besitzkomplexes muß aber notwendig eine grundherrschaftliche gewesen sein. Das Areal desselben verteilt sich auf Berg am Würmsee und auf Viers bei Klausen in Tirol, eine für die damalige Zeit ganz kolossale Ortsdifferenz.

Die organisatorische Verbindung lokal getrennter Ländereien kann zum Ausdruck gebracht werden durch Erwähnung einer Mehrzahl von casae, curtes, domus oder curtiferi.[1]) Die Einbeziehung Unfreier ist wieder nicht unbedingt geboten. So gliedert sich Streubesitz in casas curtes aedificia rura saltura prata pascua aquarumque decursus molendinarias silvas lucos mancipias pecodes...; unter territorial gleichen Bedingungen ist die Rede von terra cum domibus et mancipiis silvis cum campis et pratis aquis... oder von ... mancipia pecuniae pecora vel aedificia curtiferi terrae cultae et incultae aquae aquarum decursus... Diese Bezeichnungen haben in diesem Zusammenhang den gleichen terminologischen Wert wie der mansus, die hoba oder colonia.[2])

Daß die Ansicht von der hufenmäßigen Gliederung des Streubesitzes das Richtige trifft, resultiert aus dem begrifflich unzweideutigen Inhalt terminologischer Zusätze, die sich an Pertinenzformeln neutraler Fassung anschließen. Es sind dies Zusätze, die gemacht werden, um den Umfang des geschenkten Gutes näher zu fixieren, falls nicht das ganze verfügbare Eigentum des Tradenten von der Stiftung konsumiert werden soll. Gewisse Teile desselben sollen von der Schenkung unberührt bleiben. Die eximierten Stücke werden selbst wieder nach organisatorischen Gesichtspunkten bestimmt. Sie haben die technischen Eigenschaften und die Vollständigkeit von Hufengrößen. Eine oder mehrere Hufen werden als von der Vermögensübergabe ausgenommen bezeichnet.

[1]) Mb. 29; 97; 147; 284; 315; 325; 390; 423; 442; 445; 521; 524; 537; 538; 540; 627; 635; 643; 644; 650; 661; 666; 673; 799; 944. — Cod. Rat. I, 9. — Cod. Pat. 77. — Urk. o. E. I. cod. trad. ant. eccl. Pat 38; 44. — Ibid. cod. trad. mon. Lun. 16; 42; 94; 100; 105; 116; 124. — Pez. l. c. T. 6. P. 1. pag. 44. — Form. Salzburg. 4.

[2]) S. o. §§ 9 u. 11.

Rubos Schenkung ergreift ganz allgemein, quicquid ... proprietatis habuit hoc est in tribus locis ad Taustetin, quod vicus vocatur Humpla, ad Stroagun et ad Isana.[1]) Die Exemtionsklausel preter unum mansum vestitum cum mancipiis et plena colonia sicut servi debent habere ist zugleich ein Hinweis auf die ökonomische Verfassung des Schenkungssubstrates.

Waltprant erneuert eine Stiftung, die er mit seinem zu Sleglespah gelegenen Eigen errichtet hatte. Seine Gemahlin räumt in symbolischer Tradition der Kirche ihre elterliche Erbschaft ad Feohte et ad Pinuzdorf ein. Waltprant benützt die Gelegenheit zu einer abermaligen Schenkung, indem er Liegenschaften zu Puttinhusun darbringt, die er bei jener ersten Tradition zurückbehalten hatte. Die Zusammenfassung der weitverzweigten Schenkungsmaterie geschieht in der beliebten neutralen Formulierung: ... quicquid ad eos legibus pertinere videtur in mancipiis in terris cultis et incultis silvis pratis pascuis aquis aquarumque decursibus et omnibus ad eos pertinentibus omnia in omnibus firmiter tradiderunt... Wie jedoch bei der Bezugnahme auf Waltprants erste Stiftung bemerkt wird, beziffert sich der Gehalt der damals reservierten Bestandteile allein schon auf drei Hufen: ... ante actum non habuit tres colonias...[2]) —

Derartige Exemtionsangaben leiten über zur Gruppe der Teilschenkungen. Es findet die Auflösung einer Besitzeinheit in eine aliquote Anzahl von Bruchteilen statt, von denen jeder einem besonderen Rechtszweck unterliegt. Als die wichtigsten Veranlassungen für eine Vermögensstückelung haben wir Erbesauseinandersetzungen, die Ausscheidung von Pflichtteilsquoten, die Sicherstellung der dos und die Gründung von Eigenkirchen kennen gelernt.

Teilschenkungen sind in ihrer interpretatorischen Wirkung dem Streubesitz verwandt. Sie sind nur unter den gleichen Quantitäts- und Organisationsbedingungen denkbar wie jener. Der Streubesitz zerfällt in mindestens ebensoviele Betriebs-

[1]) Mb. 550; vgl. Mb. 607.

[2]) Mb. 484. — vgl. Mb. 409. — Urk. o. E. I. cod. trad. mon. Lun. 73.

einheiten, als Gemarkungen im Spiele sind. Jeder Teil hat mindestens Hufencharakter. Bei Teilschenkungen ist ebenfalls für die wirtschaftliche Genügsamkeit jedes einzelnen Teiles der Hufencharakter desselben Voraussetzung. Sonst würde die reale Zerschlagung des Besitzganzen im Interesse aller vermieden werden oder die freiwillige Verwirklichung rechtlich möglicher Bräuche unterbleiben. Die Konsekration einer Eigenkirche ist mit der Beigabe eines betriebsfähigen Liegenschaftskomplexes verknüpft. Die Ausstattung eines der Kirche verliehenen Schenkungsobjektes beträgt im Mindestmaß eine organisatorisch komplete Betriebseinheit. Vervielfacht oder vergrößert man die Schenkungsmasse in dem Verhältnis des Teilungsmodus, soweit ein solcher überhaupt ersichtlich ist, so ergibt sich eine ursprüngliche Besitzgröße, deren Stoff den Umfang einer bäuerlichen Wirtschaft überragen muß.

Die ungenaue Ausdrucksweise der Urkunden verhindert auch hier wieder eine lückenlose Sonderung der Teilschenkungen.[1]) Man ist in vielen Fällen im Ungewissen, ob damit, daß ein Freier propriam hereditatem suam tradidit in loco. . ., dessen Vermögensbestand vollständig aufgezehrt wurde. Eine Ausschaltung der Pflichtteilsposten ist allgemein anzunehmen.

Teilschenkungen können im Texte der Urkunden als solche bereits erkennbar sein. Sie können zum Ausdruck kommen durch Angaben allgemeiner Art. Es wird zu diesem Zwecke hervorgehoben, daß die Gegenstände der Tradition herrühren de parte hereditatis, ex parte proprietatis, ex propria alode, de proprietate, de proprio suo oder daß durch die Tradition nur aliquae res, quaedam res proprietatis betroffen werden.[2])

Ein Freier überweist der Kirche den ganzen Grundbesitz, der ihm an einem bestimmten Platze gehört. Macht nun diese Tradition nur aliquid de propria hereditate aus, so folgt hieraus, daß das Bodeneigentum des Tradenten aus grundherrschaftlich

[1]) Vgl. Caro, l. c. pag. 486.

[2]) Z. B. Mb. 18; 28; 53; 101; 204; 463; 606; 692; 783; 799; 944. — Mon. Scheftl. 18. — Cod. Rat. I, 50. — Cod. Pat. 7; 11; 28; 29. — Brev. not. XIV, 6; 8; 17; 44; 50. — Form. Salzburg. 4.

genutztem Streubesitz besteht.[1]) Eine solche pars proprietatis erscheint daher selbst wieder als geschlossene curtis cum domo, cum aliis aedificiis et de terra arabili iugera 36 et de pratis carradas 40 et duas partes silvae suae et mancipia 5. . .[2])

Der Priester Willahelm muß sich mit mehreren Brüdern in das Erbe seines Vaters teilen.[3]) Was ihm dabei zufällt, quod me de fratribus meis in partem cecidit, reicht aber immerhin zu einer ansehnlichen Dotation aus, deren Pertinenzreihe casas curtes aedificia territorium pratas. . . aufzählt.

In der nämlichen Lage ist der clericus Ekkihoh.[4]) Er läßt sich sein Erbgut aushändigen und gibt es der Kirche: quicquid de patre vel fratre suo in propriam portionem hereditatis accepit in loco Hrammespah. Vater und Bruder des Klerikers tun es ihm nicht gleich. Sie bleiben abseits und bewahren sich mit dem Eigentum ihre soziale Selbständigkeit.[5]) Das Schenkungsreferat Ekkihohs aber spricht trotzdem von ... terris cultis et incultis mancipiis aedificiis pecuniis pecoribus pratis pascuis silvis aquis aquarumve decursibus mobilibus et immobilibus omnia in omnibus, quicquid de patre vel fratre suo in proprietatem divisum ab illis accepisset. . .

Betrachtet man so beispielsweise eine mit zwei Unfreien versehene curtis cum casa als Bestandteil eines reicheren Vermögensfonds, so nimmt diese einen ganz anderen Charakter an, wie wenn man in ihr das Totalallod eines freien Mannes sieht.[6])

Diesen Standpunkt müßte man auch der großen Menge der Kommutationsinstrumente gegenüber einhalten.[7]) Die Objekte, die in ihnen zum Austausch gelangen, sind, wie eine Vergleichung der auf einen Kontrahenten bezüglichen Ortsnamen erkennen läßt, Erzeugnisse räumlich häufig zersplitterter Grund-

---

[1]) Mb. 41; 417; 443. — Brev. not. XIV, 8. — Cod. Pat. 7. — Urk. o. E. I, cod. trad. ant. eccl. Pat. 26. — Pez. l. c. T. 6. P. 1. pag. 52.

[2]) Mb. 613. [3]) Mb. 20. — vgl. Mb. 30; 66; 67. [4]) Mb. 558b.

[5]) Vgl. Hundt, Abhandl. d. histor. Klasse d. kgl. bayer. Akad. d. W. XII. 1. pag. 217.

[6]) Vgl. Urk. o. E. I. cod. trad. ant. eccl. Pat. 14.

[7]) Vgl. z. B. Mb. 755; 799; 808; 838; 936; 944; 950; 974.

herrschaften. Sie verlangen wieder ihre Einfügung in einen grundherrschaftlichen Wirtschaftsbereich. Selbst wenn sie die Gestalt von Hufengrößen erreichen, stellen sie doch lediglich Besitzfragmente dar. So ist die im Kommutationsvertrage dargebotene curtis cum domo et cum aliis aedificiis, de terra arabili iugera 40...[1]) nur einer umfassenderen Besitzeinheit, ex parte proprietatis, entnommen. In diesem Zusammenhang soll jedoch nur die Grundlage für eine statistische Gruppierung der Traditionsurkunden geschaffen werden. —

Der Maßstab, in welchem die Teilung des Vermögens anläßlich der Schenkung durchgeführt wird, ist in manchen Urkunden mit zahlenmäßiger Bestimmtheit angegeben. Es wird festgestellt, daß die Hälfte, ein Drittel, zwei Drittel, ein Viertel des noch unangetasteten Besitzganzen den Schenkungsinhalt bilden sollen.[2])

Wie erwähnt, vermitteln auch Exemtionsnotizen die Tatsache einer nur partiellen Vermögenstradition. Es lassen sich zwei verschiedene Arten von Exemtionen auseinanderhalten. Im ersten Falle sind die eximierten Komplexe selbst wieder wirtschaftlich vollkommene Hufen. Eine solche Angabe hat rückwirkende Kraft auf die organisatorische Vorstellung des Totalallods. Es wurde schon mehrmals auf diese Zusätze durch Beispiele hingewiesen.

Toza, quaedam religiosa femina, gründet ein oratorium zu Richaretshusin und vereinigt mit diesem ihr ganzes Vatergut, id est mancipia territorium prata pascua saltus silvas.. excepto colonias duas..[3]) — Ratheri räumt der Kirche seine hereditas ein, excepto una colonia cum decem mancipiis...[4]) — Mekilo übergibt eine Eigenkirche sowie sein übriges Eigentum, quicquid ad ipsum nostrae ditioni pertinet locum, tam mancipiis et aedificiis quam territoriis et utensiliis ita suppelectiliis et

[1]) Mb. 783; vgl. Mb. 785; 942.

[2]) Vgl. Mb. 10; 18; 37; 53; 71; 72; 101; 160; 174; 182; 219; 224; 226; 235; 275; 287; 289; 300; 321; 345; 355; 367; 393; 403; 417; 438; 443; 451; 463; 467; 478; 498; 681; 718. — Urk. o. E. I cod. trad. mon. Lun. 105. — Cod. Pat. 14; 16. — Cod. Rat. I. 6. — Brev. not. XIV, 52; XVI, 2; XVII, 3.

[3]) Mb. 63. [4]) Mb. 89.

pecodibus omnem rem cultam et incultam... — excepto territorii coloniae unae...[1]) — Die auf curtes und domus sitzenden hintersässigen Bauernfamilien eines Grundherrn treten in das Gewaltverhältnis der Kirche: transfundavi cum domibus curtibus mancipiis colonibus territorio cum pratis atque pascuis cum aquis et silvis cum universo utensilio cum quadrupediis vel quicquic possidere me videbar.[2]) Zwei coloniae behält der Tradent zurück, si quacunque necessitate tradendi fuerit ut ex his habeam potestatem aut filiis aut quolibet.....

Solche Bemerkungen sind an sich unnötig und die in ihnen steckenden Winke für die Auffassung der Betriebsorganisation sind daher rein zufällige. Die Bereitstellung des Traditionsbestandes geht der Schenkungshandlung voraus und ist ein selbstständiger, unsichtbarer Akt.

Der andere Fall von Exemtionen ist der, daß ein flächenmäßig begrenztes Stück Ackerland ausdrücklich von der übergebenen Liegenschaftsmasse abzuziehen ist. Dies hat nur dann einen Sinn, wenn das ausgeschiedene Areal wieder einen wirtschaftlichen Anschluß bei anderen Hufen findet.[3]) Die reservierten Flächen sind von verschiedener Ausdehnung. Unter Umständen erreichen sie selbst wieder die Fülle einer Hufeneinheit. Würde der gesamte Grundbesitz des Tradenten nur aus einer bäuerlichen Hufe bestehen, so bliebe durch diese Minderung für die Kirche nichts mehr übrig. Zu den Konsequenzen, die sich aus einer derartigen Besitzregelung aufdrängen, paßt die Einbeziehung einer Mehrheit unfreier Hilfskräfte in die Schenkung.

Soanpurc überläßt der Kirche territorium cum aedificiis mancipiis... Hiervon werden jedoch losgegliedert iurnales octo et unus locus quod hovastat media et una mancipia quale mihi convenit...[4]) — Folchrat entnimmt seinem Allod, das sich auf Flurland, domus, aedificia und curtiferi erstreckt, quinde-

---

[1]) Mb. 55. — vgl. Mb. 570; 66. [2]) Mb. 19.

[3]) Ausgenommen sind diejenigen Fälle, die der Errichtung eines sog. hantgemals dienen.

[4]) Mb. 310.

cim agros.[1]) — Die ad Hohinreini et ad Wihse gelegene propria hereditas und adquisitio des Alphart setzt sich aus mancipiis et territoriis silvis pratis cultis et incultis... zusammen. Er bedingt sich das Eigentum an iugeres XII et de pratis carradas XII aus.[2]) — Ein andermal gilt die Ausnahme für iugere decem et cinctadam unam et de pratis aliquantos sinus.[3]) — Adalhart verschenkt an emptio und adquisitio sechs mancipia, Flurland und Rodland. 30 Joch und 3 Carraden sollen jedoch in Wegfall kommen.[4]) — Veräußert jemand Sonderrechte, behält sich aber dabei den Genuß der Allmendnutzungen vor, das Recht an den ligna secanda, den domorum condimenta atque igneum utensilia seu porcorum pascua in deserto, so ist der Grund hierfür offenbar in nichts anderem als in der ökonomischen Stärkung eximierter Wirtschaftsbetriebe zu suchen.[5]) —

Daß eine Schenkung nur fragmentarische Bedeutung hat, läßt sich zuweilen erst dadurch konstatieren, daß ein Tradent seine ursprüngliche Stiftung durch eine spätere Schenkung ergänzt. Besitzt ein Freier die Mittel zu solch fortgesetzten Spenden, so wird ein Zweifel über seine soziale Stellung auch dann unbegründet erscheinen, wenn die Urkunden selbst keine offene Sprache reden. Es seien nur einige Beispiele angeführt.

Piligrim tradiert mit seinem Sohne Reginperht Eigengut zu Adalhareshusun. Die Schenkung tritt sofort in Kraft. Die Pertinenzformel berichtet von ... terris cultis et incultis mancipiis silvis campis pascuis pratis seu omnibus adiacentibus et adnutritis pecoribus...[6]) Später läßt sich Piligrim zu einer neuen Schenkung herbei.[7]) Soweit er nicht zugunsten seiner Angehörigen Verfügungen getroffen hat, soll nach seinem Tode sein über vier Gemarkungen verstreutes Eigen der Kirche zufallen. Es sind im ganzen 29 mancipia mit dem nötigen Zubehör an terris pratis pascuis silvis aquis aquarumque decursibus cum domibus et omnibus aedificiis cum curtiferis et pecoribus... Der Hinweis: omnem rem proprietatis suae paternae hereditatis seu adquisitionis... tradidit... ist aber nicht wörtlich zu nehmen.

[1]) Mb. 325. [2]) Mb. 514. [3]) Mb. 633. [4]) Mb. 522.
[5]) Mb 5; 485. [6]) Mb. 510. [7]) Mb. 627.

Er geht eben nur auf die bei der Schenkung genannten Plätze. Piligrim tritt nämlich noch einmal als Tradent auf, zusammen mit seiner Gattin Alta.[1]) Gegen eine Benefizialverleihung zu Slipfes verzichtet er auf propria hereditas in loco qui dicitur Glana ... cum curtiferis terris pratis pascuis silvis aquis aquarumve decursibus mancipia ... Seine Beziehungen zu Slipfes machen sich dadurch bemerkbar, daß Piligrim noch am Ende seines Lebens ein viertes Mal mit einer an diesem Orte befindlichen Schenkung naht, deren Gegenstand er selbst erst durch Kauf erworben hatte: ... molina I, colonicas III cum curtiferis pratis silvis. . .[2])

Memmo, der Vater Isanharts, bringt mit seiner Schwester Luipdrud in loco Niwifaron, quicquid... in eodem loco habuerunt... an den Altar der Freisinger Kathedrale.[3]) In einer sechs Jahre später ausgefertigten Urkunde heißt es: ... Memmo et filius Isanhart clericus tradiderunt unam coloniam in loco... Niwara. . .[4]) Isanhart erhält die Hufe, um eine zweite vermehrt, auf Lebenszeit zurück. Noch einmal folgt Memmo dem Werberuf der Kirche: ... nobiles viri Memmo et filius meus Isanhart clericus... quicquid propriae hereditatis vel adquisitionis habuimus in loco Marzilingas preter agros incultos in campo iacentes in aquilone ruris, quod dicitur Perhahi, aliud quicquid habuimus in curtiferis et aedificiis... terris cultis et incultis pratis pascuis silvis ... tradidimus et mancipia IX. . .[5])

Bischof Erchanbert empfängt vom clericus Rihhart, quicquid in propriis causis habere videtur in ... Kisalpah et ad Strogun . . ., wofür er diesem ein Benefiz zu Strogun überträgt.[6]) Der Tradent besitzt in seinem Allod zu Hrodrateshopa eine weitere Schenkungsquelle.[7])

Kiso tradiert seine propria hereditas in Perchofa.[8]) Anläßlich eines gegen seine Söhne gerichteten Vindikationsprozesses zeigt es sich nun, daß Kiso auch ad Stroagon begütert war.[9])

---

[1]) Mb. 673. [2]) Mb. 698. [3]) Mb. 347. [4]) Mb. 435. [5]) Mb. 540.
[6]) Mb. 589. [7]) Mb. 685. [8]) Mb. 509.
[9]) Mb. 610. — vgl. ferner: Mb. 420; 448; — 131; 238. — 154; 463; — 504; 595; — 290; 293. — 313; 361; — 227; 481; — 564; 664; — 77; 102; — 137; 212; — 788; 796.

Namentlich in Kommutationsurkunden begegnet man den nämlichen Personen zu wiederholten Malen. Deren Identität stützt sich auf die Identität der Ortsbezeichnungen. Die wirtschaftlichen Vorgänge, die durch diese Rechtsgeschäfte hervorgerufen werden, die Kommutationsobjekte, um die es sich handelt, lassen deutlich erkennen, daß die Besitzverschiebungen im Bereiche grundherrschaftlicher Wirtschaftsbetriebe vor sich gehen.

Der vir nobilis Wicperht söhnt sich mit der Kirche durch Errichtung einer Stiftung aus, quicquid propriae hereditatis vel acquisitionis habuimus ad Pheterach . . . cum mancipiis.[1]) Außer aus seiner eigenen Schenkung besteht das ihm und seiner Familie verliehene Benefiz aus der am gleichen Orte gelegenen Tradition des Gamanolf. Ein vir nobilis Wicperht erwirbt von der Kirche tauschweise curtiferum I et de arabili terra iugera XV zu Phetarah.[2]) Er bietet dagegen ex parte proprietatis suae ähnliche Liegenschaften in Tenileschirihha.

Der nobilis vir Graman gewinnt seinem Eigentum gegen Hingabe von 50 Joch und 20 Carraden zu Engilperhtesdorf an den Bischof Anno 43 Joch und 21 Carraden zu Puohsceho.[3]) Bald darauf schließen die Parteien einen zweiten Vertrag.[4]) Graman schlägt diesmal Grundbesitz in Mahalineschirichun los: curtiferum I, de arabili terra iugera XXX et IX, de pratis carradas XXII et ad Dornah iugeres XXX . . . und erweitert dafür seinen Immobiliarbestand in Puohscein, dem er curtiferum I, de terra arabili iugera XL et VII, de pratis carradas XXIII angliedert.

Aus den bereits erwähnten Gründen können jedoch an dieser Stelle derartige Kommutationsurkunden keine weitere Berücksichtigung finden. —

Für die Interpretation neutraler Traditionsinstrumente sind deren Renovationen bisweilen ein wertvolles Hilfsmittel. Dies trifft dann zu, wenn in der Renovationsurkunde eine zweckmäßigere Terminologie gebraucht wird, als dies bei der Ersttradition der Fall ist. Derartige Schenkungserneuerungen stehen

---

[1]) Mb. 675. [2]) Mb. 804. [3]) Mb. 740. [4]) Mb. 761.

aber einer vergleichenden Auslegungsmethode nur ausnahmsweise zu Gebote und ihre Ausstattung mit begrifflich schärfer gefaßten Ausdrücken bedeutet dann wieder ein besonders glückliches Zusammentreffen. Beide Urkunden beruhen auf einer materiell gleich fundierten Handlung. Die Formulierung des Rechtsaktes ist eine wechselnde. Die qualitative Analogie der verschieden lautenden Pertinenzreihen — auf die ebenfalls vorhandene quantitative Analogie kommt es hier nicht an — ergibt sich also mit absoluter Sicherheit. Die Grundsätze, die einer solchen Gegenüberstellung zufolge die Interpretation scheinbar indifferenter Pertinenzbeschreibungen leiten müssen, sind bestimmt durch die Prinzipien des grundherrschaftlichen Wirtschaftssystems.

Der Priester Ekkihart tradiert einen Teil seines Eigens in loco ad Walde an die Kirche. Der Traditionsbericht stellt den Inhalt der Schenkung ganz bescheiden dar: ... particulam hereditatis meae in loco qui dicitur Azwaldiu omnia ad integrum quicquid ibidem habere videtur cultum sive incultum terra arabilem silva asperata aquas ...[1]) Zweimalige Renovationen weisen dieser Formel gegenüber erhebliche Abweichungen auf.[2]) Die erste Bestätigung der Schenkung erwähnt den Übergang von Unfreien bei der Ersttradition: reddidit omnia quae ad Walde de proprium habere visum est tam in aedificiis quam etiam mancipiis et in omnibus utensiliis ..., während die zweite einen ungetrübten Einblick in das Gefüge einer reich gegliederten Grundherrschaft enthüllt: res meas vel mancipias tam mansis domibus campis pratis silvis pomis pascuis aquis aquarumque decursibus cultum et incultum mancipias servos acolabus meritum acolanorum pecunias ... dono ... quod est in villa ad Walde ...

Mit wachsender Anschaulichkeit kommt so namentlich Folgendes zum Ausdruck: Äußerlich neutrale Pertinenzreihen können sehr wohl die Bestandteile grundherrlicher Wirtschaftskomplexe enthalten. In keinem Falle dürfen sie ohne weiteres zur Kon-

---

[1]) Mb. 101. [2]) Mb. 389; 571.

struktion freibäuerlicher Wirtschaften herangezogen werden. Einer particula hereditatis, durch deren Schenkung zugleich der Gesamtbesitz des Tradenten innerhalb einer einzelnen Gemarkung erschöpft wird, entspricht die grundherrschaftliche Organisation des Totalallods. Das Verschweigen von Hintersassen in kursorisch abgefaßten Pertinenzreihen ist kein zwingender Beweis für den Mangel an Unfreien oder Hörigen. Eine Mehrheit von Unfreien wird niemals als Gesinde eines Freibauern verwendet, sondern ist als abhängige Bauernschaft auf geschlossenen Hufenbetrieben untergebacht.

Adalker, vir nobilis, beginnt mit einer Teilschenkung, partem proprietatis suae quod habuit ad Urdorf, eine curtis cum domo, 36 Joch, 40 Carraden und 5 mancipia umfassend.[1]) Später entäußert er sich seines ganzen Grundbesitzes in Urdorf.[2]) Er verfügt hier über zwei curtes mit den zugehörigen Pertinenzen an Land, Vieh, Wald, Weide und Mühlen. Diese sind an acht mancipia, wohl zwei Unfreienfamilien, ausgetan. Diese Tradition wird einer Renovation unterzogen.[3]) Aber diesmal ist nur von einer domus cum curte die Rede. Dagegen beträgt die Zahl der Unfreien zehn mancipia. Der Flächengehalt des Sondereigentums ist genau auf 110 iurnales Ackerboden und 100 Carraden Wiesenland angegeben; er korrespondiert daher mit einer Hufenmehrheit. Auch die Mühle wird erwähnt.

Poapo trifft die Bestimmung, daß seine Habe in locis nuncupatis Adwihse et Adholze quicquid ibidem de hereditate propria habere videbatur der Kirche zufallen solle.[4]) Als nach seinem Tode sein Sohn Ejo ein Inventar der Stiftung aufstellt, verzeichnet die Pertinenzreihe: ... in loco nuncupato ad Holze... ecclesiam cum domo seu quicquid ad ipsam ecclesiam vel ipsam domum pertinere videbatur ... tam in territoriis quam etiam mancipiis mansos vestitos duos silvis pratis pascuis ...[5])

Mezzi überträgt ... in loco qui dicitur Undeoingas ..., quicquid ibidem habuit ...[6]) Die eingehendere Analyse der

---

[1]) Mb. 613. [2]) Mb. 643. [3]) Mb. 691. [4]) Mb. 13. [5]) Mb. 302.
[6]) Mb. 134; vgl. Mb. 357.

Traditionserneuerung spricht von domibus aedificiis curtiferis terris arabilis campis pratis farinariis locis . . .[1])

Mit der Eigenkirche zu Munninpach vereinigt Helmker eine ansehnliche Pfründe, id est Reoda, Walkershova, Plimuteswanc et omnia quae ad illis locis pertinent, id sunt mancipia familias per domos silvas pascua . . .[2]) Die Renovation nennt casas curtes servos et ancillas . . . und statuiert die Exemtion von sechs Unfreien.[3]) —

Doppelschenkungen sind nur dann möglich, wenn nicht der ganze Vermögensbesitz des Tradenten in der Stiftung aufgeht oder in der Zwischenzeit Neuerwerbungen von Land bewirkt werden. Derartige Retentionen sind gebräuchlich und ihre nachträgliche Verwendung zu Dotationen wurde bereits hervorgehoben. Es kann aber auch vorkommen, daß ein Tradent gar nicht daran denkt, die vor der Schenkung ausgeschiedenen Teile späterhin dennoch der Kirche zu übermitteln. Dann verschwindet für uns die Tatsache der Retention, da diese erst durch die Beurkundung der nachfolgenden Schenkung sichtbar zu werden vermag. Hat der Tradent Teile seiner Habe vorher für sich bei Seite geschafft, so besitzt er an ihnen einen wirtschaftlichen Rückhalt, der unter Umständen so ergiebig ist, daß er ihn einer benefizialen Unterstützung seitens der Kirche überhebt. Der Verzicht auf eine Benefizialverleihung oder die Unterlassung einer solchen legt daher den Besitz von Eigentumsresten nahe, auch wenn ihre Zurückbehaltung urkundlich nicht erkennbar ist. Dieser virtuelle Rest muß in solchen Fällen dem Pertinenzbestande der Tradition zugerechnet werden. Tradenten, die auf die geschilderte Weise mit ihrem Eigentum verfahren, treten in keine rechtlichen Beziehungen mehr zur Kirche. Die mit dem angegebenen Kriterium verbundene Vermögensgestaltung gestattet daher keine urkundliche Nachprüfung. Wir wollen diesem Merk-

---

1) Mb. 315. 2) Mb. 91.

3) Mb. 97. — vgl. ferner z. B. Mb. 139; 173; 225; — 86; 258; — 342; 445; — 659; 672; — 160; 488; — 320; 678; — 390; 423; — 162; 550; — 426; 446; — 402; 559; — 417; 443; — 50; 316; 474; 481; — 217; 333; — 525; 549; — 132; 492; — 355; 494; 512.

mal infolgedessen nur akzidentellen Wert beimessen. Es liegt aber in der Natur der Sache.

Nach diesem Gesichtspunkte wird also die unterschiedliche wirtschaftliche Position der Tradenten zum Ausdruck gebracht durch das Verhalten, das ihnen der Kirche gegenüber eben bei einer Schenkungsübertragung vorgezeichnet ist.

Ein Freier, der seine ganze portio der Kirche läßt, wird nicht umhin können, sich den Rückempfang derselben zur Nutznießung auszubedingen, sei es auf Lebenszeit, sei es auf die Dauer mehrerer Verwandtengenerationen.[1]) Die Kirche wird Eigentümerin im Augenblicke der Tradition. Ein anderes Mittel, sich zeitig den Ruf eines Wohltäters der Kirche zu erwerben und sich doch dabei den Ertrag des Gutes zu sichern, besteht darin, daß der Termin des Eigentumswechsels in die Zukunft verlegt wird. Dann bleibt der Tradent formell Eigentümer bis zum Eintritt dieses Termins. Zwischen diesen beiden Wegen wird der Tradent auch dann wählen müssen, wenn er zwar nicht die Herrschaft über sein Totalvermögen aufgibt, aber die Beschränkung auf die zurückbehaltenen Teile eine Minderung seines sozialen Ranges oder eine Änderung seiner Lebensgewohnheiten mit sich bringen würde. Diese Folgen werden auf die eben erwähnte Weise verhütet.

Schenkungen geringeren Umfangs dagegen können sofort Gültigkeit erlangen, ohne daß es eines juristischen Kunstgriffs bedarf. Sie bedeuten lediglich Vermögenskürzungen und dies gilt auch von denjenigen umfassenderen Schenkungen, denen erhebliche Vermögensreservationen das Gleichgewicht halten.

Die Zession kleinerer Ackerstreifen wird deshalb bedingungslos und augenblicklich verwirklicht.[2])

Wo aus einer Vermögenseinheit eine Hufe losgelöst wird, da stehen noch andere Hufen im Hintergrund. Denn die Scheu vor der Isolierung liegt im Wesen des Hufenbegriffs. Die

---

[1]) Mb. 30; 32; 36; 47; 60; 108; 229; 315; 399; 484; 492; 499; 511 515; 551; 554; 651; 656

[2]) Mb. 500.

Hufe gehört einem Organismus an, der aus mehreren Hufenzellen gebildet wird.

Die Aushändigung einer einzelnen colonia oder weniger mansi vestiti kann daher ohne weiteren Vorbehalt sofort erfolgen.[1])

Wir wissen, daß der Eigentümer einer Hufe Grundherr ist. Als solcher ist er bei der Tradition einer einzigen Hufe auf deren Rückverleihung zu Benefizialbesitz nicht angewiesen. Man kann daher erwarten, daß er dieselbe nicht beansprucht. Da nun ein leihweiser Rückempfang tatsächlich gar nicht stattfindet, so wagen wir eine Verallgemeinerung der mit der Vertragsformulierung gegebenen Andeutungen als Beweismerkmale zweiten Grades.

Also nicht nur die Terminologie der Pertinenzreihe verrät in diesem Falle die Grundherrnqualität des Tradenten. Als sekundäres Moment tritt noch die aus dem Vertragsinhalt ersichtliche allgemeine Vermögenslage des Tradenten hinzu, die ihn als Besitzer mehrerer Hufen erscheinen läßt.

Aduni übermittelt dem Schäftlarner Kloster medietatem hereditatis meae, quicquid habere videor in loco nuncupante Sentilinga.[2]) Die Schenkung soll unmittelbare Kraft haben, trado a die praesente, ut iam dixi a die praesente trado. Eine Benefizialverabredung wird nicht stipuliert. Es ist auch kein zwingender Grund für eine derartige Vereinbarung vorhanden. Denn schon die Hälfte von Adunis Grundbesitz setzt sich aus einer Hufenmehrheit mansis pratis silvis campis . . . zusammen. — Ohne Beleihungsklausel erfolgt die sofortige Auflassung des dritten Teiles von Pepos Eigen.[3]) — Die Eigenkirche des Priesters Othelm gelangt ohne irgendwelche Einschränkung in Freisings Besitz.[4]) Damit scheint jedoch Othelms Schenkungsfonds noch nicht versiegt zu sein. Zugleich mit einem anderen Kleriker übergibt ein presbyter Othelm der Kirche aedificia territoria mancipia iumenta pecodes . . ., ohne jedoch dieses Mal auf ein lebenslängliches Nutzungsrecht verzichten zu können.[5])

[1]) Mb. 175; 191; 200; 224; 277; 280; 490; 501.

[2]) Mb. 275. [3]) Mb. 393. [4]) Mb. 279.

[5]) Mb. 320. — vgl. Mb. 18; 37; 72; 101; 160; 268; 438; 488; 520; 542; 544; 626; 637; 718.

Mit Hilfe des so geförderten Materials läßt sich nun der organisatorische Gehalt der Urkunden fixieren. Im Einzelfall wird bald das eine, bald das andere Interpretationsmerkmal in Wirksamkeit treten. Zwischen den Siedelungen der Weiler- und Dorfzone braucht hierbei nicht unterschieden zu werden. Die wirtschaftliche Terminologie ist für alle Gebiete der Landschaft eine einheitliche. Denn die Wirtschaften aller vollfreien Leute des Volkes beruhen auf einer einheitlichen Grundlage und Zwecksetzung. Das grundherrschaftliche System aber, so entscheidet der Gesamteindruck, ist die führende Wirtschaftsform.

Soweit dies möglich ist, wird sich eine statistische Gruppierung der Pertinenzreihen ebenfalls an die im Vorausgehenden entwickelten Gesichtspunkte halten müssen. Nur wenige der im Einzelfall verwendbaren Mittel versagen im Rahmen eines allgemeinen Überblicks, wie Renovationen und Doppelschenkungen. Trotz dieser Schranken wird eine zusammenfassende Übersicht imstande sein, den sozialen Durchschnittscharakter des vollfreien Tradenten endgültig zu fixieren.

§ 17. DIE STATISTISCHE VERWERTUNG DER FORMELGRUPPEN.

Es soll ein Urteil gefällt werden über den typischen sozialen Rang der Tradenten als der Repräsentanten der Vollfreienklasse. Zu diesem Zwecke bedienen wir uns der Unterstützung von beinahe siebenhundert Urkunden des Freisinger Stiftungsbereiches. Derjenige Tradent ist als Grundherr anzusehen, dessen Traditionsurkunde die hufenmäßige Beschaffenheit der Schenkungsobjekte erkennen läßt. Die Urkunden werden nach den angeführten Kriterien in Gruppen gesondert. Man kann dann jeweils für eine ganze Gruppe entscheiden, was der Tradent, der den Gebrauch einer bestimmten Pertinenzreihe veranlaßt hat, seiner sozialen Stellung nach gewesen sein mußte. Die Zahl der sicher grundherrlichen Tradenten läßt sich so im Verhältnis zur Gesamtsumme der tradierenden Personen genau feststellen.

An die Spitze jeder Formelkategorie wird der Wortlaut konkreter Musterformeln gesetzt. Innerhalb dieser Gruppe werden dann alle diejenigen Pertinenzreihen registriert, die sich mit den zitierten Musterformeln textuell völlig decken oder in der äußeren Fassung zwar geringe Abweichungen zeigen, im übrigen aber inhaltsgleich sind. In Anmerkungen werden die individuellen Verhältnisse des einzelnen Traditionsfalles festgehalten, die die Interpretationsmöglichkeit desselben erhöhen können. Ein zweifellos grundherrlicher Ursprung wurde nur bei denjenigen Urkunden angenommen, wo ein strenger Maßstab dies gestattet.

Innerhalb der einzelnen Gruppen wird unterschieden zwischen Dotationen von Streubesitz und lokal konzentrierten Schenkungen. Die Tradenten werden nach ihrer rechtsständischen und beruflichen Bezeichnung getrennt aufgeführt.

I. Urkunden ohne eigentliche Pertinenzbeschreibung:

rem propriam meam in . . . trado; quicquid propriae hereditatis habere videor in . . . trado; tradidit in . . .; omnem partem hereditatis quae ei in partem propriam . . . evenit tradidit: tradidit . . . quicquid ibidem habuit . . .; tradidit . . . alodem . . . cum omnibus ibidem commorantibus . . .; tradidit . . . de suae propriae iuris alode . . .; tradimus . . . de hereditate; tradidit de suis propriis facultatibus . . .; aliquas res meas trado . . .:

a) Ort unbestimmt: Presb.: Mb. 476; 477. (= 2.)

b) Gegenstand der Schenkung befindet sich an einem Orte:

1. Name des Tradenten ohne juristischen oder beruflichen Zusatz: Mb. I. pag. 48;[1] Mb. 24;[2][3] 31;[4] 39; 75;[2][3] 84; 85; 89;[4][5] 92;[2] 93;[2] 105; 119;[2] 134; 140; 146;[3] 150; 152; 153; 159; 161;[6] 192; 199; 207; 209; 214; 232; 236; 246; 260; 263;[2] 264; 287;[4][7] 288;[4] 292; 300;[7] 309; 318;[2] 324;[8] 334; 347; 359; 361;[4] 380;[4]

---

[1]) sofortiger Eintritt des Besitzwechsels. [2]) post obitum.
[3]) mit Eigenkirche. [4]) Zurückverleihung zu Benefiz.
[5]) excepto I colonia cum X mancipiis . . . [6]) extra I mancipia . . .
[7]) = 1/3. [8]) nihil . . . relinquens nisi II mancipia.

385; 397;[1] 398;[1] 407;[1] 425;[2] 426;[3] 431;[1] 437;[3] 441;[1] 446; 454;[3] 461;[3] 463;[4] 502;[3] 503; 507;[1] 513; 517; 518; 526; 535; 560; 567;[1] 572;[1] 598;[3] 612;[3] 660; 674;[1] 707;[5] 720;[3] 728.[6] (= 74.)

2. Nobilis: Mb. 357; 363;[3] [7] 365; 564;[3] 620;[3] 623; 624;[3] 671; 706;[8] 715.[9] (= 10.)

3. Clericus: Mb. 9; 148; 171;[3] 205;[3] 306; 362; 543; 578;[3] 687; 717. (= 10.)

4. Presbyter: Mb. 25; 46;[1] [10] 46;[1] [10] 71;[1] [11] 131;[1] 133; 164;[1] [12] 166;[10] 168; 181;[1] 217;[13] 271; 290;[1] 298;[1] 301;[1] 305;[3] 317; 328; 333;[3] [14] 337;[15] 340; 356; 367;[1] 378;[3] 384; 386;[3] 395;[3] 396;[3] 402; 403; 408; 411; 412;[3] 415;[3] 419;[1] 424; 465;[1] 494; 512;[16] 531; 549;[17] 566;[3] 577; 594; 622;[11] [13] 628.[3] (= 46).

5. Diaconus: Mb. 75;[1] 143; 197;[3] 223;[1] 293;[3] 354;[3] 527;[1] 689. (= 8.)

6. Nobilis diaconus: Mb. 721;[3] 794.[3] (= 2.)

7. Capellanus: Mb. 557. (= 1.)

8. Archipresbyter: Mb. 381. (= 1.)

9. Episcopus: Mb. 441;[3] 569. (= 2.)

10. Abbas: Mb. 68;[1] 266; 285; 353; 634.[1] (= 5.)

11. Comes: Mb. 299;[3] 346;[3] 350.[3] (= 3.)

12. Dux: Mb. 96. (= 1.)

c) Die Schenkung erstreckt sich auf zwei Örtlichkeiten:

1. N. d. Tr. o. Z.: Mb. 188; 195; 258;[1] [10] 269; 270;[3] 296; 418;[3] [10] 655;[3] [18] (= 8.)

---

[1] post obitum. [2] praeter XII agros ... [3] Zurückverleihung zu Benefiz. [4] = $^2/_3$. [5] exceptis de pratis carr. VI et sua mancipia ...
[6] praeter mancipia. [7] praeter puerulo parvulo ...
[8] nihil praetermittens nisi curtiferum I et iugera III.
[9] nihil praetermittens nisi ... iugera VI et curtiferum I ...
[10] mit Eigenkirche.
[11] = $^1/_3$. [12] tantummodo II mancipias praetermiserunt ...
[13] extra II mancipias ... [14] nihil ... relinquens nisi I manc.
[15] exceptis II mancipiis ... [16] nihil praetermittens nisi I feminam ...
[17] praedimisit ... mancipia III ... [18] praeter XV mancipia ...

2. Nobilis: Mb. 13;[1]) 537; 697; 719.[2]) (= 4.)

3. Clericus: Mb. 170.[1]) [3]) (= 1.)

4. Monahus: Mb. 15.[4]) (= 1.)

5. Presbyter: Mb. 139;[1]) 218; 238;[1]) 421; 481;[1]) 497; 645.[1]) [5]) (= 7.)

6. Comes: Mb. 391.[4]) [6]) (= 1.)

d) Die Schenkung erstreckt sich auf drei Örtlichkeiten:

1. N. d. Tr. o. Z.: Mb. 597.[6]) (= 1.)

2. Presbyter: Mb. 343; 591.[5]) [6]) (= 2.)

3. Diaconus: Mb. 162.[7]) (= 1.)

4. Archipresbyter: Mb. 550.[1]) [8]) (= 1.)

e) Die Schenkung erstreckt sich auf vier Örtlichkeiten:

Archipresbyter: Mb. 352.[1]) [4]) (= 1.)

Von im ganzen 193 an sich neutralen Pertinenzformeln sind auf grundherrschaftlichen Ursprung zurückzuführen:

1. Durch Streubesitz: 28 Fälle. 2. Von den an einem Orte gelegenen Traditionen a) durch spezielle Zusätze (Eigenkirchen, Teilschenkungen,[9]) Hinweis auf das Organisationsprinzip, Zahl der Unfreien): 18 Fälle, b) durch den Rechtsstand oder den Beruf des Tradenten: 6 Fälle. Mithin 141 indifferente, 52 organisatorisch bestimmte Urkunden.

II. Ihrer unzweideutigen Terminologie wegen gehören folgende Pertinenzbeschreibungen der Gruppe grundherrlicher Schenkungen an: ... colonos cum omnibus utensilibus eorum ...; ... cum domibus et aedificiis cum territorio ... cum famulis atque subiectis; ... casas curtes mancipias servos tributales ...; ... cum domibus curtibus mancipiis colonibus territorio ...;

---

[1]) post obitum. [2]) nisi mancipia et XII agros ...

[3]) excepto III mancipias ... [4]) mit Eigenkirche.

[5]) praeter mancipia III ... [6]) Zurückverleihung zu Benefiz.

[7]) excepto II mancipia, I virum et I feminam ...

[8]) praeter I mansum vestitum cum mancipiis.

[9]) Zahlenmäßig nicht faßbare Vermögensauseinandersetzungen und Erbteilungen wurden, wie überhaupt bei der ganzen Zusammenstellung, nicht berücksichtigt.

... servos mancipia colonias aedificia ...; ... terram ... mancipia in domo tam in villis manentibus ...; ... domum cum aedificiis curtiferis familias cum coloniis ...; ... aedificia territoria mancipia colonias ...; ... mansos ... cum familiis ...; ... servum cum colonia ... et cum familia ...; ... servum cum familia ...; ... mansas vestitas et apsas ... quicquid ... de propria hereditate habere videbatur in territoriis seu aedificiis ... mancipiis ...; ... servos ... cum terra ...; ... mancipia ... et colonias ...; ... mansos vestitos cum omnibus utensiliis quorum servorum nomina ...; de iura propriis nostris ... in ... servos ancillas pratas ...:

a) Ort unbestimmt:

1. N. d. Tr. o. Z.: Mb. 50.[1][2] (= 1.)

2. Presbyter: Mb. 280.[3] (= 1.)

b) 1 Ort:

1. N. d. Tr. o. Z.: Mb. I. pag. 50;[4] 52;[2][5] 54.[1] — Mb. 6;[1][2][6] 16;[1] 18;[7] 19;[1][8][9] 21;[1][2][10] 26;[1][2] 30;[1][11] 33;[2] 41;[1] 45; 49;[2][12] 65;[1][2] 73;[13] 73;[14][15] 73;[13] 73;[13][16] 95;[17] 99;[18] 112;[1] 178;[19] 224;[20] 235;[1][21] 237;[22] 313;[1][23] 338;[24] 377;[25] 409;[26][27] 450;[2][28] 462;[1][29] 501;[23] 505;[26][30] 530;[31] 534;[2][26][32] 563;[26][33] 595;[34] 596.[26][35] (= 39.)

---

[1] post obitum. [2] mit Eigenkirche. [3] 2 mansi, mindestens 6 servi.
[4] 10 familiae mit 23 mancipia. [5] 19 servi und tributales.
[6] 9 col. [7] 1/3 de alode. [8] excepto II colonias.
[9] mehr als 7 Unfreie. [10] 8 coloni. [11] 11 Unfreie.
[12] serv. 1. col. 4. [13] 1 servus cum familia. [14] 2 servi cum familiis.
[15] et quartam partem terrae meae.
[16] et tertiam partem terrae meae. [17] 3 servi mit Familien.
[18] 3 familiae mit 10 manc. [19] 1 familia mit 4 servi.
[20] 1 familia cum 4 manc.; 1 colonia. [21] 1 servus — Familie cum colonia.
[22] 2 coloniae, 6 mancipia. [23] colon. 1. manc. 2.
[24] 6 manc. 2 colon. caballos 6, boves 6, inter oves et porcos 30.
[25] curtem medium, 1 servum, iurn. XII., carr. XXX.
[26] Rückverleihung zu Benefiz. [27] 3 colon. 15 manc.
[28] col. 1, manc. 6, carr. 12, pecodes 30.
[29] 1 mans. 2 manc. [30] col. 1, manc. 3. [31] manc. 6, colon. 4.
[32] cum ... mancipiis ... nisi V praedimittimus ...
[33] col. 1, serv. 1. [34] col. 1, manc. 6. [35] col. 1. manc. 23.

2. Clericus: Mb. 184.[1] [2] (= 1.)
3. Monahus: Mb. 230.[3] (= 1.)
4. Diaconus: Mb. 289;[1] [4] 515;[1] 647.[5] (= 3.)
5. Nobilis diaconus; Mb. 654.[6] (= 1.)
6. Presbyter: Mb. 62;[1] [7] 76;[1] [7] 183;[1] 272;[7] 302;[7] [8] 490;[5] 533;[9] 571.[10] (= 8.)
7. Comes: Mb. 206;[11] [12] 705.[12] [13] (= 2.)

c) 2 Orte:
1. N. d. Tr. o. Z.: Mb. I. pag. 80. — Mb. 36:[1] 57;[1, 7] 81;[1] [14] 102;[1] [15] 109;[1] [15] 210.[7] [16] (= 7.)
2. Clericus: Mb. 47.[1] [7] (= 1.)
3. Diaconus: Mb. 464.[17] (= 1.)
4. Presbyter: Mb. 86.[7] [18] (= 1.)
5. Comes: Mb. 142.[19] (= 1.)
6. Episcopus: Mb. 369.[12] (= 1.)

d) 3 Orte:
N. d. Tr. o. Z.: Mb. 38;[12] [20] 274.[12] (= 2.)

e) 4 Orte:
N. d. Tr. o. Z.: Mb. 50;[1] [21] 66;[15] 91.[1] [7] (= 3.)

f) 5 Orte:
N. d. Tr. o. Z.: Mb. 28. (= 1.)

g) 10 Orte:
N. d. Tr. o. Z.: Mb. 12. (= 1.)

Im ganzen 76 Urkunden mit grundherrschaftlich organisierten Pertinenzbeständen.

---

[1]) post obitum. [2]) 2 coloniae, 6 mancipia.
[3]) 1 servus — Familie zu 4 Köpfen; coloniae 2 et mancipia 6 utriusque sexus.
[4]) mansos vest. 4, mancipia infra domum 6. [5]) col. 1, manc. 3.
[6]) col. 2. manc. 3. [7]) mit Eigenkirche.
[8]) mans. vest. 2; mancipia. [9]) serv. 2. col. 1. [10]) 20 Unfreie.
[11]) mans. 9, manc. 52. [12]) Rückverleihung zu Benefiz.
[13]) colonias 10 sessas cum manc. 18.
[14]) 5 familiae — 9 Unfreie. [15]) sine colonia 1.
[16]) curtem cum domo et 2 mans. vest. [17]) col. 6. manc. 15.
[18]) 3 mans. vest., 3 col. aps. [19]) 2 coloniae mit 2 familiae.
[20]) mehr als 2 Unfreie. [21]) mehr als 3 col.

III. Die Pertinenzreihen dieser Kategorie sind denen der vorhergehenden Gruppe in der Hervorhebung des organisatorischen Prinzips identisch, erwähnen jedoch keine Hintersassen:

... tradidit ... mansos vestitos ...; ... mansos ...; ... colonias ...; ... de portione sua ... mansum vestitum et iugeres ... et de pratis ...; ... colonias ... agris cultis et incultis pratis ...:

a) Ort unbestimmt:

1. N. d. Tr. o. Z.: Mb. I. pag. 51;[1]) ibid.;[2]) ibid.;[2]) ibid.;[3]) ibid.;[4]) ibid.;[5]) ibid.;[5]) ibid.;[5]) ibid.;[5]) ibid.;[4]) ibid.;[6]) ibid.;[6]) ibid.;[5]) ibid.;[5]) Mb. 277.[5]) (= 15.)

2. Presbyter: Mb. I. pag. 51.[6]) (= 1.)

3. Episcopus: Mb. I. pag. 51.[7]) (= 1.)

4. Dux: Mb. I. pag. 51.[8]) (= 1.)

b) 1 Ort:

1. N. d. Tr. o. Z.: Mb. 4;[7])[9]) 149;[5]) 175;[5])[10]) 186;[5])[9]) 191;[5]) 200;[5]) 212;[4])[11]) 258;[5]) 275;[12]) 316;[5]) 345;[5]) 414;[5])[13])[14]) 435;[5]) 458; 484;[6]) 576;[14])[15]) 601;[6]) 649;[5]) 735.[14]) (= 19.)

2. Nobilis: Mb. 698.[14])[16]) (= 1.)

3. Presbyter: Mb. 218;[5]) 227;[17]) 448.[4]) (= 3.)

4. Nobilis abbas: Mb. 856.[4]) (= 1.)

c) 2 Orte:

1. Nr. d. Tr. o. Z.: Mb. 259;[9]) 268.[18]) (= 2.)

2. Presbyter: Mb. 78.[4])[9]) (= 1.)

Im ganzen 45 Urkunden mit grundherrschaftlich organisierten Pertinenzbeständen.

IV. Die Bezeichnung der Hofstelle ist terminologisch

---

[1]) 7 Hufen. [2]) 5 Hufen. [3]) 4 Hufen. [4]) 2 Hufen. [5]) 1 Hufe.

[6]) 3 Hufen. [7]) 6 Hufen. [8]) 8 Hufen. [9]) post obitum.

[10]) iug. 40, carr. 20. [11]) et tertiam partem omnis agriculturae suae.

[12]) medietatem hereditatis meae ... mansis pratis ...

[13]) mit Eigenkirche. [14]) Rückverleihung zu Benefiz.

[15]) curtem cum domo, colon. 2, molin. 2. [16]) colon. 3, mol. 1.

[17]) coloniae 7 vest., 1 apsa.

[18]) ad T. partem hereditatis nostrae colonias 2, tertia pars quod me contingit agris cultis ... et illud quod dicitur O., quarta pars hereditatis ...

neutral. Ihre Hufenqualität und die Sasseneigenschaft der Unfreien ergibt sich jedoch ganz allgemein schon aus der Vereinigung einer Mehrheit solcher Hofstätten in einer Besitzmasse:

... casas curtes campis pratis ... mancipias ...; aedificia curtes servos ruras ...; aedificia curtes mancipias territorium ...; casas aedificia curtifera mancipia terras ...:

a) 1 Ort:

1. N. d. Tr. o. Z.: Mb. I. pag. 44.[1]) — Mb. 27; 40:[2])[3]) 42. (= 4.)

2. Presbyter: Mb. I. pag. 53.[4]) — Mb. 32;[1])[2]) 107;[2]) 222;[2]) 423;[2]) 432;[5]) 445.[5])[6]) (= 7.)

3. Episcopus: Mb. 442.[7]) (= 1.)

b) 2 Orte:

1. N. d. Tr. o. Z.: Mb. 14.[1])[2]) (= 1.)

2. Presbyter: Mb. I. pag. 69.[8]) (= 1.)

3. Nobilis presbyter: Mb. 661.[5])[9]) (= 1.)

c) 3 Orte:

N. d. Tr. o. Z: Mb. 29.[1]) [2]) (= 1.)

d) 4 Orte:

N. d. Tr. o. Z.: Mb. 97.[2])[10]) (= 1.)

Im ganzen 17 Urkunden mit grundherrschaftlich organisierten Pertinenzbeständen.

V. Der Gehalt der folgenden, terminologisch nicht zwingend grundherrlichen Pertinenzreihen hat nach den Ergebnissen der bisherigen Untersuchung wenigstens die Vermutung grundherrschaftlichen Ursprungs für sich:

... cum domibus aedificiis mancipiis ... terra prata ...; ... cum omni utensilia pratis ... agros domos mancipias ...; ... quicquid habui ... tam mancipiis quam territorium ...; quicquid habuit in ... mancipias campos pratas ...; ... propriam hereditatem in ... curtem cum domo et omnia utensilia ... hoc sunt mancipia ...:

---

[1]) post obitum. [2]) mit Eigenkirche. [3]) mehr als 3 Unfreie.
[4]) 9 coloniae. [5]) Rückverleihung zu Benefiz.
[6]) 21 manc. [7]) 13 manc. [8]) = 5 coloniae. [9]) praeter 5 manc.
[10]) mehr als 6 Unfreie.

a) Ort unbestimmt:

Capellanus: Mb. 474.[1] (= 1.)

b) 1 Ort:

1. N. d. Tr. o. Z.: Mb. I. pag. 59;[2][3] 85.[2][4] — Mb. 51;[5] 55;[2][6] 58;[2] 63;[2][7][8] 64;[7] 71;[2][7] 80; 87; 88; 94; 103;[9] 108;[7] 114; 137;[7] 138;[7] 141;[10] 154;[3] 155;[7][11] 189;[7][11][12] 190;[13] 193;[14] 196;[15] 215;[16] 221; 291;[2][7] 310;[17] 428;[3][10] 430;[3][4] 453;[9] 483;[7] 495; 510;[2] 522;[18] 538;[3][19] 548;[7] 570;[7][20] 590;[7][10] 602;[3][11] 619;[4] 631;[3][19] 635;[3][21] 646;[3][10] 673; 716. (= 46.)

2. Nobilis: Mb. 524; 540;[7][22] 554;[3][19] 607;[3][23] 610; 630;[7][14] 633;[10] 643;[3][11] 675;[3] 676;[3] 725;[7] 795;[3][24] 907.[2][25] (= 13.)

3. Clericus: Mb. 34;[2] 339; 383; 410;[3][22] 427; 558b.[3] (= 6.)

4. Diaconus: Mb. 234;[2][10] 416; 656;[7][26] 658;[2][3][14] 911.[14] (= 5.)

5. Presbyter: Mb. 60;[2][7] 98;[3] 103;[7][9] 106;[2][7] 179;[27] 229;[2][3] 233; 320;[2][3] 329;[2][28] 344;[7][29] 355; 364;[3][11] 376;[30] 389; 399;[2][7] 400; 405;[4] 420;[2] 433;[2][19] 436;[7] 457;[7][11] 523;[31] 542; 551;[3][32] 556;[2][7] 559;[33] 565;[14] 614; 615;[19] 621;[7][11] 657;[19] 677;[3][13] 678;[3] 688.[7][10] (= 34.)

---

[1]) 35 manc. 400 iurn. [2]) mit Eigenkirche.
[3]) Rückverleihung zu Benefiz. [4]) mit molendinis. [5]) 26 Unfreie.
[6]) excepto territorii coloniae 1. [7]) post obitum.
[8]) excepto colonias 2. [9]) 14 manc. [10]) 5 manc. [11]) 8 manc.
[12]) praeter 4 manc. [13]) 7 manc. [14]) 3 manc.
[15]) 60 iug. 30 carr. [16]) mehr als 4 manc.
[17]) excepto iurn. 8 . . . hovastat media et 1 mancipia . . .
[18]) manc. 6 . . . praeter iurn. 30 . . . carr. 3 . . . et curtiferum 1 . . .
[19]) 6 manc. [20]) nisi 1 coloniam nihil praetermittens.
[21]) 18 manc. [22]) 9 manc. [23]) 34 manc.
[24]) manc. 5 . . . praeter curtif. 1 iug. 4. [25]) 20 manc. [26]) 11 manc.
[27]) 16 manc. [28]) mehr als 3 manc.
[29]) hoc sunt mancipia 6 (+) excepto mancipia 4, iurn. 6. carr. 4 . . .
[30]) 4 manc. [31]) 17 manc. [32]) 20 manc. auf 2 Tradenten.
[33]) praeter 1 manc.

6. Nobilis presbyter: Mb. 663.[1]) (= 1.)

c) 2 Orte:

1. N. d. Tr. o. Z.: Mb. 67;[2]) 176; 187; 484; 488;[2])[3]) 514.[4]) (= 6.)

2. Nobilis: Mb. 650.[2]) (= 1.)

3. Clericus: Mb. 485;[5]) 521. (= 2.)

4. Diaconus: Mb. 466. (= 1.)

5. Presbyter: Mb. 449;[6]) 529.[7]) (= 2.)

d) 3 Orte:

1. Presbyter: Mb. 537.[8]) (= 1.)

2. Episcopus: Mb. 480;[6]) 670.[9])[10]) (= 2.)

e) 4 Orte:

Nobilis: Mb. 627;[6])[11]) 629. (= 2.)

Von im ganzen 123 wahrscheinlich grundherrlichen Pertinenzformeln ist der grundherrliche Charakter sicher zu erkennen:

1. Durch Streubesitz: in 17 Fällen.

2. Bei den an einem Orte gelegenen Traditionen durch spezielle Zusätze (Eigenkirchen, Zahl der Unfreien, Hinweis auf die Betriebsform): in 65 Fällen.

Mithin 41 Urkunden mit wahrscheinlich grundherrlich organisierten, 82 Urkunden mit sicher grundherrlich organisierten Pertinenzbeständen.

VI. Der Flächengehalt der tradierten Grundstücke ist zahlenmäßig normiert. Unfreie sind genannt. Zunächst ist also möglich, daß unter den Schenkungsobjekten freibäuerliche Stellen mit unfreiem Gesinde oder Hufen mit unfreien Hintersassen zu verstehen sind:

tradidi ... mancipias ... iugera ... carradas de pratis; ... propriam hereditatem ... territorium cum aedificiis mancipias ... iurnales ... de pratis ... vel quicquid in ... de propria hereditate

[1]) 11 manc. [2]) post obitum. [3]) praeter 2 colonias et mancipias 3 ...
[4]) praeter iug. 12 et ... carr. 12 ... [5]) 14 manc.
[6]) Rückverleihung zu Benefiz. [7]) praeter 1 manc.
[8]) auf 3 Tradenten 32 manc. [9]) mit Eigenkirche.
[10]) nihil distrahens ... nisi 1 feminam ... [11]) 29 manc.

habere videbantur; ... mancipia ... curtes cum aedificiis ... iugeres ... prata ...:

1 Ort:

1. N. d. Tr. o. Z.: Mb. 136;[1] 198;[2][3][4] 295;[5] 303;[6] 314;[2][7] 330;[2][8][9] 489;[10] 504;[8][11] 544;[12] 579;[13] 691.[14] (= 11.)

2. Nobilis: Mb. 374;[2][15][16] 613;[15][17] 644;[15][18] 664;[8][19] 665;[20] 666;[8][21]; 798.[22] (= 7.)

3. Clericus: Mb. 172;[23] 211;[24] 460.[8][25] (= 3.)

4. Nobilis clericus: Mb. 511.[15][26] (=1.)

5. Diaconus: Mb. 77.[8][27] (= 1.)

6. Presbyter: Mb. 396;[15][28] 403;[8][29] 452;[30] 618.[31] (=4.)

In der Mehrzahl der Fälle jedoch verlangen die detaillierten Angaben eine Deutung der Wirtschaften im Sinne des grundherrlichen Systems. Man hat es teils mit fertigen Hufen und

---

[1]) iurn. 30, pertic. 20 in latum de pratis, manc. 2.

[2]) mit Eigenkirche. [3]) 2 curtes. [4]) 7 manc. 120 iug.

[5]) curtem cum domo, iurn. 19, manc. 2, armenta 3, oves 6.

[6]) iurn. 20 et alios locos duos quod nominamus Reodir, manc. 3.

[7]) manc. 5, iug. 30, carr. 12. [8]) post obitum. [9]) 2 manc., iug. 20.

[10]) 40 iurn., carr. 5, manc. 2. [11]) curtif. 2, iurn. 90, carr. 30, manc. 9.

[12]) curtem cum domo ... manc. 3, iug. 52, carr. 56.

[13]) manc. 3, iurn. 10, carr. 6.

[14]) manc. 10, domum cum curte, 110 iorn., 100 carr., ... molina 1 ...

[15]) Rückverleihung zu Benefiz. [16]) manc. 3, iurn. 30, carr. 10...

[17]) curtem cum domo, iug. 36, carr. 40, manc. 5 ...

[18]) cum 2 curtiferis cum inpositis domibus ... iorn. 103, manc. 4.

[19]) curtem cum domo ... iorn. 20, carr. 10, manc. 1.

[20]) manc. 6, iug. 50... [21]) curtif. 1, iorn. 10, carr. 12, manc. 2...

[22]) domum, curtem, ... manc. 3 ... iug. 7 ... carr. 12.

[23]) manc. 2, iurn. 36, carr. 40 ... [24]) manc. 5, iug. 50 ...

[25]) iug. 40, carr. 30, manc. 5 ...

[26]) curtem cum domo, ... iug. 35, carr. 10, manc. 2, caballum 1, armenta 4, verb. 5, porc. 5 ...

[27]) manc. 3, iug. 30, carr. 12.

[28]) quicquid contra fratres suos in partem ... tulit iurn. 40, carr. 12, manc. 2 ...

[29]) iurn. 30, carr. 30, manc. 4 ... [30]) 43 iug., 40 carr., manc. 5 ...

[31]) curtif. 1, iurn. 20, carr. 12, manc. 1 ...

einer Mehrheit unfreier Sassenfamilien zu tun, teils mit noch unvollendeten Rodungshufen oder mit dem ökonomischen Zubehör von Eigenkirchen. Bald erreicht das tradierte Areal den Umfang einer Vielheit von Hufengrößen, bald kommt es einer einzigen Hufeneinheit gleich, die aus irgend einem Grunde aus der Verbindung mit dem grundherrschaftlichen Betriebe losgebrochen wurde. So stellen sich etwa zwanzig Urkunden auf die Seite der grundherrlichen Theorie. Der Rest ließe sich im Notfall den Gesichtspunkten der freibäuerlichen Theorie unterordnen. Man darf jedoch annehmen, daß es sich auch hier um komplete abhängige Sassenbetriebe handelt, deren wahre Gestalt nur durch den Mangel einer interpretatorisch einwandfreien Terminologie verdeckt wird.

VII. In sich geschlossene Wirtschaften als Gegenstand von Teilschenkungen gehen auf grundherrschaftlich gegliederte Betriebsanlagen zurück:

... partes hereditatis ... tam in mancipiis quam etiam agris pratis ...; partes hereditatis ... in mancipiis curtiferis terris silvis ... aedificiis pecoribus ...:

1 Ort:

1. N. d. Tr. o. Z.: Mb. 10;[1] 53;[2][3][4] 72;[5][6] 113;[3] 160;[5][7][8] 174;[5] 226;[1][8] 367;[5][8][9] 403;[5][8] 438;[10][11] 443;[7][9][12]; 632.[13] (= 12.)

2. Nobilis: Mb. 467.[3][9] (= 1.)

3. Subdiaconus: Mb. 486.[6][10] (= 1.)

4. Diaconus: Mb. 451.[3][14] (= 1.)

Im ganzen 15 Urkunden mit grundherrschaftlich organisierten Pertinenzbeständen.

VIII. Unter den Traditionsobjekten sind im wesentlichen nur die veräußerten Unfreien hervorgehoben. Es sind dies Formeln zunächst indifferenter Natur:

---

1) 2/3. 2) post obitum. 3) 1/2. 4) 11 manc. 5) 1/3. 6) 4 manc.
7) mit Eigenkirche. 8) 3 manc. 9) Rückverleihung zu Benefiz.
10) 1/4. 11) manc. 2. bov. 4.
12) 1/2 ... praeter silvam ... vel ... carr. 30; 5 manc.
13) 1/2 partem 1 colonii. 14) 5 manc.

... tradidit ... mancipias ...; ... de propria hereditate ... ancillam ...; ... in ... totum ex integro tradiderunt ... haec sunt nomina mancipiorum ...:

a) Ort unbestimmt:

1. N. d. Tr. o. Z.: Mb. 84;[1] 179;[2][3][4] 282;[5] 283;[6] 475;[7] 491;[6] 558a;[8] 586;[6] 648;[9] 677.[10] (= 10.)

2. Nobilis: Mb. 605;[11] 695.[11] (= 2.)

3. Presbyter: Mb. 90.[12] (= 1.)

4. Nobilis presbyter: Mb. 797.[7] (= 1.)

b) 1 Ort:

1. N. d. Tr. o. Z.: Mb. 273;[13] 304;[1][3][14] 341;[15] 625.[16] (= 4.)

2. Nobilis: Mb. 636;[6][14] 638;[1] 652;[14][17] 659.[6] (= 4.)

3. Clericus: Mb. 379;[1] 459.[14][18] (= 2.)

4. Nobilis clericus: Mb. 561.[14][17] (= 1.)

5. Presbyter: Mb. 387;[1][3][14] 439;[1][3][14] 459;[14][19] 537;[7] 616;[15] 641;[7] 642;[11] 684;[20] 696.[3][21] (= 9.)

6. Nobilis presbyter: Mb. 653.[7] (= 1.)

7. Diaconus: Mb. 604.[11] (= 1.)

c) 2 Orte:

1. Nobilis: Mb. 908.[15] (= 1.)

2. Clericus: Mb. 589.[14][17][22] (= 1.)

3. Diaconus: Mb. 482;[19] 640.[14][23] (= 2.)

4. Presbyter: Mb. 375;[2][24] 592;[25] 599.[26] (= 3.)

---

[1]) 3 manc. [2]) post obitum. [3]) mit Kirche. [4]) 16 mancipia.
[5]) 1 manc. [6]) 5 manc. [7]) 6 manc. [8]) anc. 1. [9]) 7 manc.
[10]) manc. 3, caball. 3, armenta 6, pecora 30.
[11]) 4 manc. [12]) 28 manc.
[13]) de propria hereditate ... 1 ancillam ... et 6 aras ...
[14]) Rückverleihung zu Benefiz. [15]) 15 manc. [16]) manc. 2, armenta 3.
[17]) 8 manc.
[18]) manc. 3 (hereditatem ... quod pater suus dimisit et cum fratre suo partivit).
[19]) 10 manc. [20]) 2 manc. [21]) manc. 3, armenta 6, oves 5, porc. 1.
[22]) nihil praedimisit nisi ecclesiasticam causam.
[23]) 9 manc. [24]) 11 manc. (+) excepto 3 manc.
[25]) manc. 2 ... nihil praedimisit nisi agros 6, carr. 5 ...
[26]) 37 manc.

d) 3 Orte: Presbyter: Mb. 553.[1][2]) (= 1.)
e) 4 Orte: Presbyter: Mb. 297.[1][3]) (= 1.)

Von im ganzen 45 an sich neutralen Pertinenzreihen erweisen sich als grundherrschaftlich:

1. Durch Streubesitz: 9 Fälle.

2. Von den an einem Orte gelegenen Traditionen durch genauere Angaben (Zahl der Unfreien) oder Zusätze (Eigenkirchen): 27 Fälle.

Mithin 9 indifferente, 36 definitiv grundherrliche Urkunden.

IX. Hinsichtlich der Organisation des Grund und Bodens sind für die folgenden Traditionen die nämlichen Kriterien maßgebend wie bei Gruppe IV. Unter den Pertinenzen sind jedoch keine Unfreien erwähnt:

... casas curtes aedificia territorium pratas ...; ... cum pratis territoriis ... curtis et aedificiis ...; ... domibus aedificiis curtiferis campis ...:

a) 1 Ort:

1. N. d. Tr. o. Z.: Mb. 56; 194;[1]) 220; 225;[4]) 247; 315;[5][6]) 325;[7]) 372;[5]) 506;[5]) 509.[5][8]) (= 10.)

2. Presbyter: Mb. 20;[1]) 216; 390.[5][6]) (= 3.)

b) 2 Orte:

1. Nobilis: Mb. 284; 555;[5]) 651. (= 3.)

2. Diaconus: Mb. 588.[1][9]) (= 1.)

Im ganzen 17 Urkunden mit grundherrschaftlich organisierten Pertinenzbeständen.

X. Unvollkommene Teile aus dem Komplexe grundherrlicher Betriebe stellen folgende Schenkungen dar:

a) ... tradidit ... locum farinarium in ...:

1 Ort:

1. N. d. Tr. o. Z.: Mb. 394. (= 1.)

---

[1]) post obitum. [2]) manc. 19 ... ad T. coloniam 1.
[3]) manc. 9 ... excepto agros 6 et 2 carr. ...
[4]) mit Eigenkirche. [5]) Rückverleihung zu Benefiz.
[6]) cum farinariis locis ... [7]) nihil relinquens nisi 15 agros.
[8]) casas 2, curtif. 4, iurn. 60, carr. 60. [9]) praeter 3 servos.

2. Nobilis: Mb. 498.[1]) (= 1.)

b) ... tradidit ... curtiferum ...:

1 Ort:

1. N. d. Tr. o. Z.: Mb. 519.[2]) (= 1.)

2. Nobilis: Mb. 668.[3]) (= 1.)

Im ganzen 4 Fälle grundherrschaftlichen Ursprungs.

XI. Zu den ohne erläuternden Zusatz organisatorisch unbestimmten Traditionsberichten sind folgende Formeln zu rechnen; Unfreie fehlen:

tradidit ... curtem cum domo vel tota aedificia ... seu quicquid territorii me habere proprium visum est in ...; curtem cum domo cum aliis aedificiis intus et foris seu quicquid de propria hereditate ibidem habui ...:

1 Ort:

1. N. d. Tr. o. Z.: Mb. 132;[4])[5]) 392:[6]) 492;[6]) 499;[6]) 520; 639;[6]) 682;[4]) 699;[6])[7]) 718.[8]) (= 9.)

2. Nobilis: Mb. 611;[9]) 662; 672; 722. (= 4.)

3. Clericus: Mb. 104.[6]) (= 1.)

4. Presbyter: Mb. 525;[10]) 545. (= 2.)

6. Comes: Mb. 904.[11])[12]) (= 1.)

Von im ganzen 17 an sich neutralen Pertinenzformeln erweist sich eine durch den Stand des Tradenten und die Tradition einer Eigenkirche als sicher grundherrlich, eine durch den speziellen Zusatz als wahrscheinlich grundherrlich.

XII. Die Pertinenzreihe zählt einzelne qualifizierte Bestandteile der tradierten Liegenschaften auf. Die betriebsmäßige Verwertung tritt nicht ohne weiteres hervor:

tradidi ... territorium pratas pascua silvas ...; tradidit ... territorium suum in ...; ... propriam hereditatem ... in ...

---

[1]) medietatem mulinae 1. [2]) curtif. 1.
[3]) curtif. cum pomerio, iugera 4. [4]) post obitum.
[5]) excepto 2 mancipia. [6]) Rückverleihung zu Benefiz.
[7]) nihil praetermittens nisi mancipia mea.
[8]) curtem cum domo ... iug. 40 ... carr. 50 ...
[9]) curtem cum domo, iugera 30. [10]) praeter iug. 1.
[11]) praetermittens ... mancipia ... [12]) mit Eigenkirche.

cum omni utensilia ruris pratis pascuis ... : ... tradidit ... agros ... :

a) Ort unbestimmt: N. d. Tr. o. Z.: Mb. 282.[1]) (= 1.)

b) 1 Ort:

1. N. d. Tr. o. Z.: Mb. 5; 7;[2]) 8;[3]) 74;[4]) 130; 144; 156; 167; 185; 213;[3]) 228; 252; 260; 261;[5]) 262; 263; 311;[6]) 326;[7]) 348;[8]) 371;[9]) 388;[5])[10]) 404; 428;[11]) 440; 447; 493;[12]) 496;[13])[14]) 500;[15]) 508;[15]) 516;[16]) 539; 541; 546; 568; 573; 581. (= 36.)

2. Nobilis: Mb. 603.[17]) (= 1.)

3. Presbyter: Mb. 44; 52; 340; 575; 617. (= 5.)

4. Comes: Mb. 110; 710. (= 2.)

5. Dux: Mb. 11; 22. (= 2.)

c) 2 Orte: Presbyter: Mb. 35;[3]) 173.[2])[3]) (= 2.)

Von im ganzen 49 an sich neutralen Pertinenzformeln erhalten grundherrlichen Charakter:

1. Durch Streubesitz: 2 Fälle.

2. Von den an einem Orte gelegenen Traditionen a) durch den Stand des Tradenten: 4 Fälle; b) durch spezielle Zusätze: 4 Fälle. Mithin 39 indifferente, 10 organisatorisch bestimmte Urkunden.

XIII. Teilschenkungen meist geringeren Umfangs, vermutlich Absplitterungen grundherrlicher Betriebsgrößen. Unfreie sind nicht genannt:

... partem hereditatis ... terris pratis pascuis ...; ... particulam hereditatis ... cultum sive incultum terram arabilem ...; ... partem ex omnibus ... in curte in aedificiis campis pratis ...:

a) Ort unbestimmt:

1. N. d. Tr. o. Z.: Mb. 278; 281.[3]) (= 2.)

2. Presbyter: Mb. 712. (= 1.)

---

[1]) 3 agros. [2]) mit Eigenkirche. [3]) post obitum.
[4]) excepto medietatem coloniae unius. [5]) cum molendinis.
[6]) territorium quod ... dicitur einanhluz. [7]) de terra ... iurn. 4.
[8]) iurn. 30, carr. 50. [9]) iurn. 12. [10]) praetermittens ... mancipia.
[11]) iurn. 30. [12]) iug. 6 et de pratis unum quod dicimus luz.
[13]) Rückverleihung zu Benefiz. [14]) iurn. 6. [15]) 1 hluzzum.
[16]) carr. 70. [17]) praeter carr. 12.

b) 1 Ort:

1. N. d. Tr. o. Z.: Mb. 37;[1]) 101; 135;[2]) 182;[3]) 201; 203; 204; 258;[1]) 321;[1]) 366; 393;[1]) 417;[3])[4])[5]) 456;[3]) 574; 580;[1]) 606;[6]) 608; 626;[7]) 667;[8]) 708. (= 20.)

2. Nobilis: Mb. 552; 609. (= 2.)

3. Clericus: Mb. 528. (= 1.)

4. Presbyter: Mb. 219;[3])[9]) 456;[10]) 709. (= 3.)

Von im ganzen 29 vermutlich grundherrlichen Urkunden erhalten durch Zusätze 10 bestimmt grundherrliche Gestalt.

XIV. Aus grundherrschaftlichen Wirtschaftskomplexen sind folgende Traditionen abzuleiten:

. . . tradidit ecclesiam . . .; . . . ecclesiam cum domo cum omnibus aedificiis et utilitatibus . . .; tradidit . . . in basilicis domibus territorio campis . . .; . . . ecclesiam cum domo seu quicquid de propria hereditate ibidem habere videbatur:

a) 1 Ort:

1. N. d. Tr. o. Z.: Mb. 17;[5]) 59; 61; 61;[11]) 79;[11]) 82; 82; 83; 100; 151; 169;[5])[12]) 231; 265; 267; 547;[11]) 685. (= 16.)

2. Clericus: Mb. 177. (= 1.)

3. Presbyter: Mb. 48; 59; 73; 145; 158; 163; 165; 208; 279; 293; 307;[5]) 308; 332; 342;[5]) 358; 360; 406;[5]) 422; 429. (= 19.)

4. Monahus: Mb. 322. (= 1.)

5. Abbas: Mb. 401[5]). (= 1.)

6. Comes: Mb. 319[11]). (= 1.)

b) 2 Orte:

Presbyter: Mb. 147[11]). (= 1.)

Im ganzen 40 Urkunden grundherrschaftlichen Ursprungs. —

Es ergibt sich demnach für die Interpretation der Freisinger Traditionen folgendes Gesamtresultat:

Von 697 Traditionsfällen tragen 204 einen neutralen Charakter. In 425 Fällen verrät der Pertinenzbestand deutlich

---

[1]) $^1/_3$.
[2]) partem silvae . . . 24 perticas habentes legitimam mensuram . . .
[3]) $^1/_2$. [4]) mit Eigenkirche. [5]) Rückverleihung zu Benefiz.
[6]) iorn. 12, carr. 5. [7]) iug. 3. [8]) iug. 17, carr. 12.
[9]) cum molendinis. [10]) $^2/_3$. [11]) post obitum. [12]) excepto 1 mancipia.

die grundherrschaftliche Organisation; in 68 Fällen ist wahrscheinlich eine grundherrliche Betriebsverfassung gegeben. Die Überlegenheit der grundherrlichen Pertinenzbeschreibungen ist mithin eine so erhebliche, daß ein Versuch den an sich neutralen Formeln bestimmtere Gestalt zu geben in die gangbaren Spuren der grundherrschaftlichen Richtung einlenken müßte. —

Wir wollen nun noch kurz den Inhalt der Schenkungsberichte einiger anderen Stiftungsbezirke streifen. Es werden von den Urkunden der fraglichen Periode diejenigen herangezogen, die nach der Rechts- und Berufsstellung des Tradenten einen Schluß auf den sozialen Rang des bayrischen Vollfreien zulassen. —

A. Mondseer Codex.

I. trado... hereditatem meam; omnem substantiam hereditatis...; quod habuimus ad...; omnia et ex omnibus tam de alode seu et de conparato...; meam partem quod mihi pater... dimisit... in...:

1 Ort: N. d. Tr. o. Z.: 13 mal.[1])

II. ... partem hereditatis meae...:

1 Ort: N. d. Tr. o. Z.: 3 mal.[2])

III. quod mea videtur habere in... hoc est casa cum sua adiacentia...; ... casa curte scuria quicquid infra curte habeo aut foris iurnales campis...:

1 Ort: N. d. Tr. o. Z.: 2 mal.

IV. ... hereditatem meam in ... omnes res proprietatis cum domibus aedificiis campis pratis...; ... cum curtes campis silvis viis...:

1 Ort: N. d. Tr. o. Z.: 3 mal.

V. ... dono... hoc est in villa quae dicitur... cum omni marca atque iacenciis suis terra campis...; ... dono... hoc est in loco... cum campis pratis silvis...:

1 Ort: N. d. Tr. o. Z.: 8 mal.

VI. dono... iurnales...; ... aliquam rem portionis meae id est iurnales in...:

1 Ort: N. d. Tr. o. Z.: 6 mal.

---

[1]) Einmal: extra unum casatum. [2]) Zweimal je 1/2.

VII. ...aliquas res meas... in... campis silvis pratis...; ...aliquas res meas... in... una cum domibus aedificiis silvis campis... totum... quicquid in... mea videtur esse possessio...; ...partem hereditatis... in... casas cum curtiferis scoria cum terris arabilis...:

1 Ort: N. d. Tr. o. Z.: 4 mal.[1])

VIII. ...proprietatem quam habebat ad... de terra culta vel inculta... cum mancipiis istis...; ... in... quicquid de parte mea habeo id est casa cum curte mancipia agros...; ... res meas... in... domibus aedificiis campis mancipiis...:

a) 1 Ort:

1. N. d. Tr. o. Z.: 13 mal;[2])
2. Diaconus: 1 mal;
3. Monahus: 1 mal;
4. Presbyter: 1 mal.

b) 2 Orte: N. d. Tr. o. Z.: 1 mal.

IX. ... partem quod... partiti sumus id est in casis mancipiis campis...; ...partes... hereditatis... in... cum domibus aedificiis curtiferis cum terra arabilis... et ibidem mancipiis...:

a) 1 Ort: N. d. Tr. o. Z.: 8 mal.[3])

b) 2 Orte: N. d. Tr. o. Z.: 1 mal.[4])

X. ... omnem rem meam ... in ... cum hominibus ibidem commanentibus vel mulieribus cum casibus aedificiis cum terris...; omnia propria... in... cum homines habitantes cum mancipiis et cum omni adicentia cum domibus pratis...; ... in villa... quicquid ibi proprium habeo id est servos... manentes et terram meam...; ... domum meam et omnia terra mea cum domibus aedificiis terris... et servos meos... cum domibus eorum et cum terra eorum; ... casis mancipiis campis... casatos...; ... res suas... ecclesia et curte cum casa... et terra salaricia... et hobonia... et mancipia...; ... omnem rem ... cum mansos

[1]) 1 mal: 50 iurn.

[2]) Je 1 mal: 4, 5, 8, 14, 16 manc.; zweimal: ... nisi tantum unum servum; einmal: insuper et hobam unam... servi sui; einmal: cum farinariis.

[3]) 1 mal = 1/4; 1 mal: duas partes = 50 iurn., 5 manc. [4]) 1/4.

cum domibus aedificiis curtiferis ... et mancipiis ibidem commanentibus...:

a) 1 Ort: 1. N. d. Tr. o. Z.: 26 mal.[1])
2. Dux: 1 mal.[2])
b) 1 Ort mit Kirche: N. d. Tr. o. Z.: 2 mal.[3])

XI. ... partem hereditatis meae... hoba... cum domibus aedificiis cum curtiferis...; ... hoba cum pratis terris silvis... et omnia quae ad illis locis pertinet...:

1 Ort: N. d. Tr. o. Z.: 4 mal.[4]) —

B. Codex Pataviensis[5]) und Urk. o. E. I. cod. trad. ant. eccl. Pat.

I. ... facultates meas...; de mea propria hereditatem... partem... in...:

1 Ort: N. d. Tr. o. Z.: 2 mal[6]) bezw.[7]) 4 mal.

II ... villam meam...:

1 Ort: Presbyter: 1 mal.[8])

III. ... campis pratis silvis ... cultis et incultis ... peculium...; hereditatem... terram cultam et incultam... cum domo cum horreo et alias aedificationibus...:

1 Ort:
1. N. d. Tr. o. Z.: 5 mal.[9])
2. Presbyter: 1 mal.

IV. ... omnes facultates... cum campis et pratis cum culta terra atque inculta simulque et cum mancipiis...; ... cum domo cum curte cum horreo cum mancipiis et pecoribus cum

---

[1]) 1 mal: excepto 3 manc.;
2 „ : 3 homines habit;
1 „ : 2 „ „ ;
6 „ : 2 servi;
1 „ : 1 serv.;
1 „ : 1 serv., uxor., 2 fil.;
1 „ : 5 casati;
1 „ : 3 casati; 18 manc.

[2]) 3 hom. habit. [3]) 1 mal: 14 manc., 1 hob.

[4]) 1 mal: 2 colon.; 2 mal: 1 hoba. [5]) Mon. Boic. XXVIII b.

[6]) 1 mal: 1/2. [7]) Urk. o. E. I. cod. trad. ant. eccl. Pat.

[8]) cum licentia regis. [9]) 1 mal: 2 partes.

terris...; de mea propria hereditate... partes terram... et mancipias...:

a) 1 Ort:

1. N. d. Tr. o. Z.: 10 mal.[1])

2. Presbyter: 3 mal.[2])

3. Clericus: 1 mal.[3])

b) 1 Ort mit Kirche:

1. N. d. Tr. o. Z.: 1 mal.[4])

2. Presbyter: 1 mal.

c) 2 Orte: 1. N. d. Tr. o. Z.: 1 mal.

2. Presbyter: 1 mal.[4])

d) 3 Orte: Clericus: 1 mal.

V. ... quasdam res proprietatis... cum mancipiis ibidem servientibus ... curtis septis casis... terris...; ... hereditatem ... campis pratis ... servis et ancillis peculium...; locellum ... cum ecclesia... seu domibus aedificiis accolabus...; ... servos et ancillas seu tributales rures pratas...; ... omnes res... tam mansos una cum domibus ... terris ... mancipiis ibidem commanentibus utriusque sexus...; ... in mancipiis seu in coloniis... id vero sunt mansos plenos...:

a) Ort unbestimmt: N. d. Tr. o. Z.: 2 mal.[5])

b) 1 Ort:

1. N. d. Tr. o. Z.: 18 mal.[6])

2. Presbyter: 1 mal.

c) 1 Ort mit Kirche:

1. N. d. Tr. o. Z.: 3 mal.[7])

---

[1]) 1 mal: 13 manc.; 2 mal: 2 manc.; 1 mal: 4 manc.; 1 mal: 2 partes, 7 manc.

[2]) 1 mal: 3 manc. [3]) cum farinariis. [4]) 7 manc.

[5]) 1 mal: 10 servi, 10 ancillae.

[6]) 1 mal: 6 serv. und anc.;
1 „ : sine uno manso;
1 „ : 1/2
1 „ : 1/3; 1 serv., 8 manc.;
1 „ : 2 mangentes;
1 „ : 2 mans. plen.; 2 alt. mans. 2 serv. alt.

[7]) 1 mal: 7 servi und ancillae; 1 mal: 4 manc.

2. Presbyter: 2 mal.
3. Dux: 1 mal.

d) 2 Orte mit Kirche: Clericus: 1 mal.
e) 3 Orte mit Kirche: N. d. Tr. o. Z.: 1 mal.
f) 4 Orte: N. d. Tr. o. Z.: 1 mal.

C. Codex Ratisbonensis:

I. partem de omnibus rebus... tam de terra quam de pratis et omnes facultates nostras...:

1 Ort mit Kirche: N. d. Tr. o. Z.: 1 mal.[1])

II. talem proprietatem et habuit ad .. et mancipia...;... terram cum domibus et mancipiis silvis cum campis...; ...aliquid de hereditate mea... cum... utensilibus aedificiorum molibus cum pratis... et mancipiis simul cum uxoribus et cum omni suppelectile sua...:

a) 1 Ort:
1. N. d. Tr. o. Z.: 3 mal.[2])
2. Nobilis: 2 mal.[3])

b) 1 Ort mit Kirche:
N. d. Tr. o. Z.: 1 mal.[4])

c) 4 Orte: N. d. Tr. o. Z.: 1 mal.

III. ...hereditatem... quicquid ibi visus sum habere... haec sunt nomina manentium cum reliquis mancipiis... et cum ceteris aedificiis cum campis...; ...hereditatem... id est manentes ...cum mancipiis et domibus curtes... et terras campis...; ...ex suo proprio... in... mansos... cum casis et reliquis aedificiis et curtiferis cum terris...:

a) 1 Ort:
1. N. d. Tr. o. Z.: 2 mal.[5])
2. Vir illuster: 1 mal.[6])

b) 2 Orte: Abbas: 1 mal.

---

[1]) = 1/3.
[2]) 1 mal: dimidiam substantiam; 5 manc.; 1 mal: 6 manc.
[3]) 1 mal: 4 manc.; 1 mal: mehr als 6 manc.
[4]) 5 manc. [5]) 1 mal: 10 servi; 1 mal: 7 manc.
[6]) 6 mansi.

§ 18. VOLLFREIENQUALITÄT UND BÄUERLICHE BERUFSSTELLUNG.

Wenn wir von der Grundherrneigenschaft des Vollfreien reden, so kommt in diesem Schlagwort der Durchschnittscharakter zum Ausdruck, der sich aus der Mehrheit der Quellen für den sozialen Typus dieser Klasse ergibt. Will man ein Gesamturteil aufstellen, so darf man Erscheinungen, die jenseits der gefundenen Mittellinie liegen, nicht beachten. Diese existieren, aber sie können sich kein Ansehen verschaffen. Man darf also nicht behaupten, daß man mit der Umschreibung eines Typus eine Regel gewonnen hätte, die keine Ausnahmen zuläßt. Unsere Aufgabe führt uns mitten hinein in das wirtschaftliche Dasein eines Volkes. Alle streben nach demselben Ziele, aber nicht jeder hat das gleiche Schicksal. Das Leben läßt sich nicht in starre Formeln bringen und auch die Lebensbedingungen, die in unserer Frage bestimmend sind, sind beweglich und vielgestaltig.

Die soziale Bewertung des Freien geht aus von seiner Stellung im Arbeitsprozeß und diese wieder ist abhängig von der Menge produktiver Güter, die sich in seinem Besitze vereinigen. Der soziale Typus der Vollfreienklasse wird also dann von Ausnahmen durchbrochen, wenn sich einzelne Wirtschaftskomplexe in erheblichem Grade von der durchschnittlichen Besitzgröße entfernen.

Anormale Besitzgrößen sind in doppelter Beziehung möglich. Sie gravitieren nach entgegengesetzten Richtungen. In einer Besitzeinheit häuft sich eine ungewöhnlich große Masse von Grund und Boden an: die Abweichung erhebt sich über das normale Maß, sie ist eine überdurchschnittliche. Eine Wirtschaft muß sich mit einem ungewöhnlich geringen Immobiliarbestand begnügen: die Abweichung sinkt unter das normale Maß, sie ist eine unterdurchschnittliche.

Die Nutzbarmachung besonders ausgedehnter Liegenschaften vollzieht sich natürlich erst recht nach den Grundsätzen des grundherrlichen Betriebssystems. Auf solch umfangreichen Ländereien entsteht die Großgrundherrschaft. Sie ist weiter nichts wie eine Vergrößerung einer einfachen Grundherrschaft. Das Einteilungsprinzip der Grundherrschaft gelangt an einem umfassenderen Gebiete zu gesteigerter Wirksamkeit. Zwischen einzelnen Gliedern kann sich wieder ein innigerer, durch die Regelung der Konsumtion bedingter Zusammenhang entwickeln. Das Ganze aber wird zusammengehalten durch das Recht des Grundherrn.

Im zweiten Falle jedoch verbindet sich mit der quantitativen Differenz ein prinzipieller und notwendiger Unterschied in der organisatorischen Verwendung der Produktionsmittel. Der Grundbesitz des Vollfreien ist zu klein, als daß sich an ihm die Voraussetzungen der grundherrlichen Arbeitsverfassung verwirklichen könnten. Man geht daher gewissermaßen zwangsweise zu einer anderen Betriebsgestaltung über. Die Wirtschaftsführung wird eine bäuerliche. Eine mit einem Hufenterminus gekennzeichnete Wirtschaft ist zwar niemals die Wirtschaft eines bäuerlichen Vollfreien. Dies ist begrifflich ausgeschlossen. Es gibt aber auch wirtschaftliche Termini, deren Anwendungsgebiet nicht so streng begrenzt ist, und diese können zur Beschreibung von Wirtschaften dienen, die dem Vorbilde der Hufe sachlich völlig gleichen. Verringert sich der Umfang einer Vollfreienwirtschaft bis zur verhältnismäßigen Bedeutungslosigkeit einer bäuerlichen Sassenstelle, so ändert der vollfreie Inhaber den präsumtiven sozialen Charakter seines Rechtsstandes. Er kommt in unmittelbare Berührung mit dem Boden. Er wird sein eigener Bauer. Für Ackerknechte ist kein Platz mehr. Eine solch folgenschwere Umkehrung seiner ökonomischen Lage liegt im Bereiche der Möglichkeit. Ärger kann ein Vollfreier nicht verarmen. Denn eine Hufengröße ist die Minimalbedingung wirtschaftlicher und damit rechtlicher Selbständigkeit. Zur Armut kommt aber noch die Schande. Mit dem Verlassen der seinem Stande vorbehaltenen Lebensgewohnheiten gelangt der Vollfreie in einen Gegensatz sozialer Minderwertigkeit zu seinen Rechtsgenossen. Wirtschaftliche Arbeit ist Knechtsarbeit und Knechtsarbeit ist verachtet. Der bäuerliche Vollfreie gehört sozial auf die Seite der Kolonen und unfreien Hintersassen. Dem Bauern steht der Grundherr ebenso fremd gegenüber wie etwa in einer späteren Verfassung der Bauer dem Söldner.

Das Volksrecht rechnet mit der Existenz quantitativ unterdurchschnittlicher Besitzunterschiede innerhalb der Klasse der Vollfreien. Wie stark die Verbreitung dieser Abstufungen ist und wie weit sie sich vom Mittel entfernen, läßt sich dabei nicht ohne weiteres feststellen. Die Normierung der Bußensummen geschieht im Hinblick auf die durchschnittliche Vermögenskraft des grundherrlichen Klassentypus. Wie bei Zahlungsunfähigkeit der Ersatz zu bewirken ist, wird schon im voraus bestimmt. Ein Bauer kann solche Strafgelder nicht erschwingen. Der Eintritt einer derartigen Eventualität ist aber ein Ausnahmefall.

Das Gesetz verspricht dem vollfreien liber den Schutz von Freiheit und Eigen, quamvis pauper sit.[1]) Der pauper liber ist nicht völlig mittellos. Aber ein positiver Hinweis auf die Größe seiner hereditas wird an dieser Stelle nicht gegeben. Wie beschränkt jemand in seinem Vermögen sein muß, um als pauper zu gelten, das läßt sich nur von einem anderen Standpunkt aus erkennen. Pauper ist ein relativer Begriff. Er enthält ein allgemeines Werturteil und paßt die Intensität seiner Grundbedeutung den fraglichen Beziehungen derjenigen Verhältnisse an, die zum Vergleiche herangezogen werden. Er umschließt so Schattierungen von vergleichsweise bescheidenen Vermögensbedingungen bis zu wirklicher Dürftigkeit. An dem Reichtum eines Grundherrn gemessen, kann ein Bauer ein pauper genannt werden und doch hat ein solcher genug zum Leben. Ein kleiner Grundherr verleiht seiner Persönlichkeit mehr Gewicht wie ein mittlerer Bauer. Der bäuerliche pauper aber würde dieses Prädikat nicht mehr verdienen neben einem Eigentümer, dessen Besitz nur aus ein paar Ackerstreifen besteht.

Der Gebrauch des Wortes pauper bringt uns so an und für sich nicht weiter. Dies ist erst dann möglich, wenn die Basis für den Maßstab ermittelt ist, von der aus die Bewertung der Vermögensgrößen ihren Ausgang nimmt. Dadurch erfüllt

---

[1]) L. Baj. VII, 4.

sich der an sich vage Begriff der Paupertät mit festem Inhalt. Es ist aber nirgends davon die Rede, daß der pauper in seiner Armut von einem bäuerlichen Durchschnittsvollfreien absteche. Der Typus des Vollfreien ist in sozialer Beziehung Grundherr. Dieser verfügt über eine Hufenmehrheit. Der auf eine Hufeneinheit beschränkte Bauer macht ihm gegenüber den Eindruck eines pauper. Die Ausnahmeerscheinung des vollfreien liber pauper muß aber mindestens eine vollkommene Hufe besessen haben und der normale vollfreie liber stellt sich hiernach auf eine grundherrlich verfaßte Hufenvielheit. Ist nämlich das Einkommen, das der Freie aus eigenen Gütern beziehen kann, geringer als der Durchschnittsertrag einer Hufe, so sieht er sich genötigt, die erforderliche Ergänzung aus der Verbindung mit einem Grundherrn zu gewinnen. Er wendet sich an die Kirche, empfängt von dieser eine Hufe und findet so sein Auskommen. Die Beleihung des Freien mit einer Hufe zu benefizialem Recht erheischt eine entsprechende Gegengabe. Weiß der Freie kein Äquivalent dafür zu bieten, so erlangt er eine Hufe nur dann, wenn er die Verbindlichkeiten eines Grundholden übernimmt. Er wird also Hintersasse der Kirche und damit ist seine ungeschmälerte Freiheit verletzt. Auf ihm lastet die Pflicht des liberum servitium; die Scholle fesselt ihn; das Band, das ihn an seine Rechtsgenossen knüpft, zerreißt. Er wird minderfreier Kolone.

Dies wäre der Schicksalslauf verarmter Freibauern, der also gleichbedeutend wäre mit dem Verschwinden des vollfreien Standes und dem Aufgehen desselben in der Klasse der Hörigen. Nur um die Freienehre zu retten, verzichtet die Kirche, die sich nichts um den Staat zu kümmern hat, nicht auf ihre gerechten Ansprüche. Durch die Schenkungen wird aber eine unmittelbare juristische Minderung des Personenstandes nicht herbeigeführt. Da nun der Erwerb eines Hufenrechtes ohne äquivalente Gegengabe den Rechtscharakter des Hufeninhabers verschlechtern würde, so müssen bereits die kleinsten der tradierten und zu Benefiz zurückverliehenen Totalallode das Volumen bäuerlicher Stellen erreicht haben. In der Regel aber treten die Tradenten der

Kirche mit weit beträchtlicheren Mitteln gegenüber. Vollfreie Hintersassen gibt es nicht. Der Kolone ist Freier minderen Ranges. Alle Sassen, die den Rechtsbedingungen des colonus unterliegen, müssen vermöge der bekannten terminologischen Verhältnisse als Minderfreie betrachtet werden. —

Einzelne Urkunden sind in ihrer Fassung so allgemein gehalten oder einer Interpretation gegenüber derartig gefügig, daß sie sich ohne Schwierigkeiten im Sinne der freibäuerlichen Theorie deuten lassen. Man denke an die Vielseitigkeit des curtis-Begriffes. Andere Dokumente scheinen eine dahin zielende Auslegung geradezu dringend zu verlangen. Es sind dies die Ausnahmefälle, in denen eine Vollfreienfamilie tatsächlich zur Haltung einer bäuerlichen Wirtschaft herabgesunken ist. Aber auch derartigen scheinbar einwandfreien Stellen gegenüber ist Vorsicht am Platze. Bei der sprachlichen Kürze der Schenkungsvermerke und der Unvollständigkeit, mit welcher Veränderungen des Besitzganzen und andere juristische Eingriffe behandelt werden, muß man beispielsweise immer die Möglichkeit von Teilschenkungen im Auge behalten und sich dann den eventuellen Umfang einer Vermögensmasse vor Verwirklichung der Traditionsabsicht vergegenwärtigen.

Luithram, quidam nobilis vir, nach der herrschenden Definition ein Adeliger, übergibt der Kirche eine curtis cum domo und 30 Joch.[1]) Ohne dem Text Gewalt anzutun, kann man die curtis als den Mittelpunkt einer freibäuerlichen Wirtschaft von der Ausdehnung einer Hufe erklären. Aber die Modalitäten, unter welchen die Schenkung erfolgt, erregen Zweifel über die bäuerliche Natur des Tradenten. Die Stiftung tritt ohne Vorbehalt sofort in Kraft, und da auch die benefiziale Beleihungsklausel fehlt, so muß man annehmen, daß Luithram noch weitere Eigengüter in Reserve hat.

Der Laie Isanperht tradiert bedingungslos ... territorium possessionis meae ... iurnales 30 et 20 perticas in latum de pratis et mancipia 2 ...[2]) Ob damit der gesamte Grundbesitz

---

[1]) Mb. 611. [2]) Mb. 136.

des Stifters gemeint ist oder nur ein Ausschnitt seines Gesamtareals, darüber läßt sich dem Wortlaut des Textes nach streiten. Ist man der ersteren Auffassung, dann ist Isanperht Bauer. Im entgegengesetzten Falle aber tritt der Grundherr Isanperht das Eigentum an einer seiner Hufen ab. Es stellen sich nun die nämlichen Erwägungen wie bei dem vorigen Beispiel ein. Ganz abgesehen davon aber ist es fraglich, ob eine derartige Betriebsgröße imstande ist, neben einer Freienfamilie zwei Leibeigene, die vielleicht selbst wieder eine selbständige Haushaltung bilden, zu versorgen.[1])

Anders liegt die Sache bei Isanker. Er überläßt der Kirche ... quicquid habuisse videretur in Pinuzolfingarodorf: id est curtem cum domo et cum omnibus aedificiis et iugeres XXXV ... et de pratis carradas X mancipia II ... Wolfswind et Luiprat caballum I armentas IV verbices V porcos V ...[2]) Es ist nun freilich nicht gesagt, daß Isanker sich seines Totalallodes entäußert habe. Er kann geradesogut an einem zweiten oder dritten Orte Grundstücke besessen haben. Aber es ist immerhin gewagt, sich in allen Fällen auf dieses argumentum ex silentio zu stützen. Isanker ist Kleriker und behält sich die lebenslängliche Nutznießung seiner Schenkungsmaterie vor. Es ist also sehr wohl denkbar, daß er mit seinen Bedürfnissen auf diese einzige Stelle angewiesen ist, deren Bestellung durch das erwähnte Unfreienpaar vollzogen wird.

Perahart ist ein völlig verarmter Freier. Was er noch an Eigenbesitz hat, beträgt weniger als eine Hufengröße und vermag ihn deshalb nicht zu ernähren. Er schenkt den ganzen Rest an Freising, ... omnia eo die ad eum pertinentia quicquid ipso die propriae hereditatis se habere videbatur totum ex integro ... curtem medium et domum mediam cum alia aedificia tota media cum armentis ovibus porcis unum servum iurnales XII de pratis quasi carradas XXX ...[3]) Zu diesem Schritt sieht er sich aus rein materiell egoistischen Motiven veranlaßt; er sucht die Hilfe der Kirche. Se ipsum tradidit in servitium sanctae Mariae. Ganz offen erklärt der Tradent am

[1]) Vgl. Mb. 172. [2]) Mb. 511. [3]) Mb. 377.

Schlusse der Urkunde: . . . haec omnia ego Perahart feci ut victum et vestimentum in hac domo (nämlich sanctae Mariae) habuissem et si minus exinde quam necessitas mihi esset in meo proprio ad vitam meam hoc conquirere mihi licuisset.

Die nobilis femina nomine Reginhilt, Mutter des Wenilo, überläßt der Kirche, quicquid propriae hereditatis vel adquisitionis habuit ad Herilinhuson curtem cum domo et cum aliis aedificiis iornales XX de pratis carradas X mancipia I. . .[1]) Das Schenkungsobjekt besteht zum Teil aus Neuerworbenem, wahrscheinlich einer Errungenschaft durch Rodungsarbeit. Vielleicht gehört nur der Leibeigene zur hereditas, der nun auf eine neugebildete Hufe gesetzt wurde. Noch jetzt, wo der Rodungsprozeß seinem Abschluß ganz nahe gerückt ist, ist der Umkreis der Wirtschaft allzu eng begrenzt. In einem früheren Zeitpunkte, in dem die Konsolidierung der Stelle noch nicht so weit gediehen war, konnte die Stifterin ihren Unterhalt noch viel weniger mit derartig beschränkten Mitteln bestritten haben. Der Hauptsitz ihrer Vermögensgüter muß in einer anderen Gemarkung gelegen haben. Einer nobilis femina nomine Reginhilt begegnen wir schon vorher als Tradentin: . . . tradidit propriam hereditatem suam in loco . . . ad Humplum quicquid proprietatis ibidem habuit . . .[2]) Gegen ein jährliches Zinsversprechen ob recordationem traditionis bleibt sie im Genusse ihrer Schenkung. In diesem Zusammenhang findet sich allerdings kein Hinweis auf die verwandtschaftlichen Beziehungen der Reginhilt, allein vielleicht gestattet gerade die Kombination der Tatberichte eine Identifizierung der beiden Personen. Das wiederholte Auftreten ein und desselben Tradenten ist, wie wir wissen, nichts Außergewöhnliches.

Dem vir nobilis Engilperht und seinem Sohne Rihperht verdankt das Freisinger Bistum . . . totam hereditatem suam quam ad Eigingon habuerunt curtem cum domo et aliis aedificiis atque mancipiis terris cultis et incultis pratis pascuis silvis . . .[3]) Die Zahl der Unfreien ist nicht genau bestimmt.

---

[1]) Mb. 664. [2]) Mb. 564. [3]) Mb. 725.

Eine derartige Pertinenzbeschreibung läßt eine doppelte Auffassung zu, je nachdem man die Summe der veräußerten mancipia hoch oder nieder einschätzt. Man kann sagen: die Tradition von zwei oder drei unfreien Gesindeknechten verlangt so gut die Pluralform wie die Übernahme mehrerer unfreien Sassenfamilien, an welche sich der Übergang der Hufen als selbstverständlich anschließt. Im einen Fall kann man in der curtis den Bauernhof des Engilperht erblicken, der, von wenigen Knechten unterstützt, selbst den lebhaftesten Anteil an der Wirtschaft nimmt. Im anderen Fall bezeichnet man die curtis als die Zentrale eines grundherrschaftlichen Betriebes, der in der Hauptsache auf den Schultern der bäuerlichen mancipia lastet. Schon früher hatte Engilperht dem Bischof vier mancipia überwiesen, deren Nutzung dem Kleriker Adalhoh, Engilperhts Bruder, übertragen wurde.[1]) Später fiel das Benefiz an Engilperht zurück.[2]) Wäre mit den unfreien Arbeitskräften nicht zugleich eine hufenmäßige Ausstattung an Land vereinigt gewesen, so hätte die Benefizialverleihung an den Kleriker ihren Zweck nicht zu erfüllen vermocht und ihre Einfügung in die bäuerliche Wirtschaft des Engilperht wäre für diese nur eine Beschwerde, aber keine Wohltat gewesen. In Wirklichkeit ist die Rückkehr der mancipia in den Wirtschaftsbereich Engilperhts als eine Mehrung der grundherrlich organisierten Betriebsmittel des Tradenten anzusehen. Dies geht auch daraus hervor, daß Bischof Erchanperht diesen Fonds um eine weitere colonia zu Eginga bereichert, ein Zeichen, daß die Organisation des Grundbesitzes Engilperhts bereits nach grundherrschaftlichem Prinzip geregelt war.

Von Helidmunt heißt es: . . . tradidit proprietatem suam in . . . Heriperhteshusir . . . hoc est colonia una et mancipias III.[3]) Was an der Tradition auffällt, sind die Bedingungen, unter welchen die Rückverleihung des Schenkungsobjektes erfolgt. Außer der jährlichen Zahlung eines Silbersolidus wird der Beliehene verpflichtet, im Frühjahr, Sommer und Herbst zwei Tage Pflugdienst zu verrichten; zwei Tage soll er heuen, zwei Tage

---

[1]) Mb. 605. [2]) Mb. 683. [3]) Mb. 505.

Getreide mähen und dann die Ernte mit seinem eigenen Wagen zum granarium des Fronhofes führen.

Diese Stelle scheint auf den ersten Blick unserer Theorie und ihrer Begründung gefährlich zu sein. Helidmunt, der sich als Wohltäter der Kirche erwiesen hat, muß sich vertragsmäßigen Fronden unterwerfen. Selbst wenn er ein schon vorher zum Bauer verarmter Vollfreier ist, so zeigt diese Auflage, die in hundert anderen Fällen nicht verlangt wird, so wenig Achtung vor den angeblichen Gewohnheiten des vollfreien Standes, daß die persönliche Verrichtung von Feldarbeit unmöglich die behauptete entwürdigende Rolle spielen konnte. Demgegenüber würde der Einwurf, daß der freie Mann sich dieser Dienste vertretungsweise durch seine Unfreien entledigen konnte, keine große Kraft besitzen. So verführerisch derartige Schlüsse auch sein mögen, sie werden hinfällig durch das richtige Verständnis der Sachlage. Es ist zuzugeben, daß die Gestaltung des Vertragsverhältnisses die Grundherrneigenschaft des Tradenten illusorisch macht. Sie beseitigt aber auch zugleich die Vollfreienqualität desselben. Die Schenkung stammt, wie sich aus der Terminologie ergibt, aus einer grundherrlich verfaßten Betriebseinheit. Aber Helidmunt ist nicht Eigentümer der Betriebsgesamtheit, sondern lediglich dieser einzigen Hufe, die den Namen einer abhängigen Wirtschaftsgröße noch nicht abgelegt hat. Der quidam homo Helidmunt schenkt der Kirche, was er aus grundherrschaftlichem Vermögen durch Kauf erworben hat, quod conparabit de nobilibus viris cum sua propria pecunia . . . Die terminologische Verschiedenartigkeit, mit welcher die beiden Kontrahenten eingeführt werden, macht den Eindruck so gesuchter Absichtlichkeit, daß sie zweifellos die Betonung rechtsständischer Gegensätze bezweckt. Helidmunt ist kein verarmter Vollfreier, der den bescheidenen Anteil an seinem grundherrlichen Familienallod der Kirche zediert, sondern im Gegenteil ein wohlhabender Minderfreier, der seine erübrigten Mittel zu einer frommen Stiftung verwenden will. Den Schenkungsgegenstand verschafft er sich bei vollfreien Grundherrn, vielleicht den domini, deren Bauer er bisher gewesen ist. Deshalb bedeutet auch die Übernahme des Leistungsversprechens für ihn weder eine rechtliche noch soziale Standesminderung. Er bleibt nach wie vor minderfreier Bauer. Während er jedoch früher Zinsbauer gewesen ist, tritt er nunmehr in ein pachtähnliches Verhältnis zur Kirche. Daher die gewohnheitswidrige Zusammensetzung des census de beneficio.[1])

Hält man die einzelnen Beziehungen auseinander, in denen Helidmunt nacheinander zur tradierten Hufe steht, so ist er vermutlich anfangs der Kolone der Stelle, auf deren Nutzung er ein dingliches Anrecht hat. Auf kurze Zeit ist er dann unbeschränkter Eigentümer derselben, um sich schließlich wieder in deren persönlich berechtigten Besitzer zu verändern. Hinsichtlich seines Rechtsstandes ist er während all dieser Phasen Minderfreier.

Dieselbe prononzierte Gegenüberstellung terminologischer Bezeichnungen findet sich in einem Falle, dessen juristische und tatsächliche Verhältnisse ebenso gelagert sind wie bei dem eben beschriebenen Schenkungsakte, nur daß die Rechtsqualität der beteiligten Personen zu noch bestimmterem Ausdruck kommt.

Der quidam laicus nomine Engilpoto übergibt der Kirche . . . suam . . . conparationem . . . quam de nobili vero femina nomine Alpswind et defensore eius Ascoz sibi in propriam comparavit hereditatem in loco nominato Khinzinpah . . .[2]) Wie aus der folgenden Urkunde[3]) hervorgeht, war Engilpoto vom proprius servus der Keyla, der Gemahlin Audulfs, zum liber dimissus aufgestiegen und der Mundschaft der Kirche anvertraut worden. Engilpoto setzt sich in den Besitz eines Allods und reicht dasselbe dem Bischof Hitto. Das bewußte Umgehen einer einheitlichen Terminologie beruht also auf den juristisch verschiedenen Eigenschaften der handelnden Personen. Hinter quidam steht ein minderfreier frilaz; die ihm rechtlich übergeordneten Vollfreien tragen den Titel von viri nobiles.

Die besondere Natur der für den Genuß einer einzelnen Hufe geschuldeten Leistungen bildet das Korrelat zu dem rechtlich nicht mehr völlig intakten Wesen des Hufeninhabers bezw. seiner Nachkommen. Daß dieses Merkmal auch dann zutrifft,

---

[1]) Vgl. Mb. 262. [2]) Mb. 372. [3]) Mb. 373.

wenn die Begründung des Nutzungsentgeltes erst an einen Traditionsvorgang anknüpft, läßt sich an einem weiteren Beispiel erkennen.[1]) Tota tradiert dem Bischof: colonicam unam . . . cum curtiferis et cum omnibus aedificiis superinpositis . . . et servum nomine Peruni . . . Sie selbst erwirbt gleichzeitig das Recht des Hufenbesitzes bis zu ihrem Tode, ohne einen Gegenwert dafür entrichten zu müssen. Von ihren Kindern aber heißt es: filii mei subiecti sunt servitio sanctae Mariae. Sobald daher ihr Sohn Trunheri in ihre Stelle einrückt, . . . annis singulis tres dies arat et hoc colligat domumque reducat unum diem fenum secat domumque recolligat et caballum suum habeat ad servitium sanctae Mariae . . . et fideliter impleat servitium sibi iniunctum . . . Ihre Tochter Luiphilt soll jedes Jahr am St. Martinstag einen Kopfzins von vier Denaren zahlen et sic posteritas filiorum meorum in ipso servitio vel censo in aevum permaneant. Totas Freiheit ist noch unberührt. Selbst wenn sie sich in einer verhältnismäßig dürftigen Lage befindet, so bringt man ihr dennoch die Rücksicht entgegen, die man einer Wohltäterin der Kirche und dem Respekt vor ihrer vollfreien Geburt schuldet. Man hält wenigstens in der rechtlichen Behandlung der Tradentin den, wenn auch nur fiktiven, sozialen Zusammenhang aufrecht, der sie mit ihren Rechtsgenossen verbindet. Demgemäß ist ihre Stellung der Schenkungsmasse gegenüber die gleiche wie die der übrigen vollfreien Tradenten, welche im benefizialen Besitze derselben verbleiben. Daß diese milde Beschränkung auch auf die nachfolgenden Inhaber der Hufe übertragen wird, fordert Tota nicht. Erst unter diesen kommt die Kirche so zur Ausnützung ihres Eigentums. Totas Kinder, vielleicht den Stand der ärgeren Hand erbend, können nicht als vollfrei gelten. Die ihnen auferlegten Leistungsbedingungen sind aus diesem Grunde der sozialen Durchschnittsart ihrer Rechtsklasse angepaßt.

Auf zweierlei Weise vermag der Freie, dem die Gefahr der Armut droht, einer völligen Entblößung von Gebrauchsgütern vorzubeugen. Wir wollen die eine Möglichkeit als reine

[1]) Mb. 563.

Autotradition, die andere als symbolische Autotradition bezeichnen. Die Einreihung beider Vorgänge unter den gleichen Oberbegriff beruht auf der Identität der Formulierung, mit welcher der Eintritt der beiden Rechtsakte bekräftigt wird. Innerlich besteht zwischen diesen, was Zweck und Wirkung betrifft, nur eine symbolische Ähnlichkeit, aus der sich eben die Verwendung dieser einheitlichen Formulierung erklärt.

Den Ausgangspunkt bildet die reine Autotradition. Ein Vollfreier unterwirft sich unter Preisgabe seiner Standesrechte als Höriger dem Dienste der kirchlichen Grundherrschaft. Dieser Verzicht auf persönliche Vorzüge fällt in der Regel zusammen mit der Tradition allodialer Restgüter. Auf diesem Wege soll eine große Anzahl Vollfreier dem Zwiespalt entgangen sein, in welchen sie dadurch geraten seien, daß ihre ungenügenden wirtschaftlichen Mittel den politischen und rechtlichen Konsequenzen ihres Standes nicht mehr gewachsen waren. Es wäre eine unbegreifliche Unterlassung gewesen, wenn die rechtssetzende Klasse im Staate ein tatsächlich bestehendes Mißverhältnis zwischen privatem Vermögen und öffentlichen Pflichten nicht beseitigt hätte, das ihre eigenen Elemente des höchsten Gutes berauben und so Stärke und Einfluß des ganzen Standes untergraben mußte. In Wirklichkeit war auch, wie wir wissen, ein derartiges Mißverhältnis gar nicht gegeben.

Auch bei der symbolischen Autotradition opfert der Vollfreie seine Person dem servitium der Kirche, allerdings in einem ganz anderen Sinne. Er wird nicht Grundholde und damit weltlicher Untertan der kirchlichen Territorialherrschaft, sondern findet als aktives Glied der hierarchischen Organisation Aufnahme in das geistliche Leben der Kirche. Er stellt sich als Kleriker unter die disziplinare Ordnungsgewalt der Kirche. Seine Stellung im Volke entspricht dem ihm angeborenen ständischen Range auch weiterhin. Mit besonderer Sorgfalt wacht sogar die Kirche über dem Rechtsschutz ihrer Angehörigen. Denn es liegt in ihrem eigenen Interesse, das Schicksal möglichst angesehener Elemente mit dem ihrigen zu verflechten. Aber die inneren Beziehungen zwischen Kirche und Klerus haben doch die innigsten Berührungspunkte mit dem Rangverhältnis, das den Herrn über den Diener hebt. Wer sich den Aufgaben der Kirche widmet, leiht alle seine persönlichen Kräfte der kirchlichen Sache und dies bedeutet für ihn das Gelübde der Selbstlosigkeit und die Entäußerung eigenen Willens. Man kann daher bildlich von der Hingabe der eigenen Persönlichkeit mit den gleichen Worten sprechen wie bei der reinen Autotradition. Der Diener der Kirche hat einen ihm zugewiesenen Wirkungskreis, den er erfüllen muß, wie in weltlichen Dingen der servus dem Befehle seines Herrn zu gehorchen hat. In Analogie mit der ständischen Abstufung im Volke steht er unter geringerem Rechte wie sein kirchlicher Oberer.

Öfters verbindet sich eine Autotraditionsformel mit der Schenkung eines Vollfreien, der bereits innerhalb des Traditionsinstrumentes den Titel seines geistlichen Berufsstandes führt.[1]) Scheinbar ist also die Deutung dieses Rechtsaktes als symbolische Autotradition unzulässig. Aber nichtsdestoweniger sind auch diese Fälle, denen unter Umständen eine mit der Tradition vereinigte und deshalb verspätete Beurkundung der Autotradition zuteil wurde, nicht im buchstäblichen Sinne aufzufassen. Vermutlich sind viele symbolische Autotraditionen, soweit sie nicht mit einer Sachtradition verknüpft waren, als interne kirchliche Angelegenheiten überhaupt nicht urkundlich überliefert worden. Den betreffenden Klerikertradenten wird nun bereits antizipierend die Bezeichnung beigelegt, die sie eigentlich erst durch die rechtskräftige Verwirklichung des beurkundeten Vorganges erwerben. Die Kirche würde durch die ständische Ergebung ihrer Kleriker nicht den leisesten Vorteil erlangt haben. Der Mönch und der Priester haben keinen Platz unter den hörigen Untertanen der kirchlichen Grund-

[1]) Vgl. Mb. 70; 379; 422; 495. — Brev. not. XVIII, 8. — Mon. Scheftl. 1. — Cod. Pat. 34. — Über den Eintritt einzelner Eigentümer von Eigenkirchen in den geistlichen Stand und den Zweck dieses Schrittes vgl. Stutz, Geschichte, p. 144. — Über die Möglichkeit, daß Kleriker ohne Einhaltung der Durchgangsstufen einen höheren ordo erlangen s. Hinschius, System d. kathol. Kirchenrechts, I, pag. 112.

herrschaft.[1]) Auch fehlt ihnen die Nachkommenschaft, auf die sie ihren juristischen Rang hätten vererben und wodurch sie die Reihen der geistlichen Grundholden hätten vermehren können.

Auch bei der symbolischen Autotradition mag manchmal der Wunsch, sich einen beständigen Unterhalt zu sichern, eine Rolle gespielt haben. Allein das primäre Motiv haben wir doch in dem religiösen Hange des Freien zu erblicken, ein besonders gottgefälliges Werk zu begehen. Nicht der materielle Trieb nach erleichterter Lebensführung wie bei der reinen Autotradition, sondern im Gegenteil der Gedanke der Weltentsagung und des Gottesdienstes in klösterlicher Arbeit oder priesterlicher Seelsorge als einer lohnenderen Pflicht ist der Anlaß zur symbolischen Autotradition. Daher kommt es, daß sich Autotraditionsformeln häufig an umfassende Schenkungsverträge anschließen, nach deren Inhalt von einer Notlage des Tradenten gar nicht die Rede sein kann.

Die Zahl der Autotraditionen ist eine verhältnismäßig geringe. Bei der Identität des Wortlautes ist eine bestimmte Sonderung der beiden Gruppen undurchführbar. Sicher sind aber viele Fälle nicht als reine, sondern als symbolische Autotraditionen gemeint. Es handelt sich dabei also nicht um die Aufgabe rechtlicher Freiheit, sondern lediglich um den Verzicht auf den eigenen Willen und um eine disziplinäre Unterwerfung. Denn die Zahl der Vollfreien, welche der Idee der symbolischen Autotradition zugänglich waren, war zweifellos eine erheblichere als die Zahl derjenigen, welche unter dem Drucke wirtschaftlicher Not ihre Rettung in der reinen Autotradition suchen mußten.

Raholf, dem im Urkundentitel die Bezeichnung presbyter beigelegt wird, sagt von sich: non tantum opes sed etiam proprium corpus huius ecclesiae servituti subiugavi . . .[2]) — Die brüderlichen Stifter von Schliersee verkünden ihren Entschluß, sich in die Abgeschiedenheit des Klosters zurückzuziehen, mit

[1]) Der Priester soll ja gerade Vollfreier sein. vgl. Hinschius, l. c. I, pag. 32.

[2]) Mb. 42.

den Worten: ... secularia negotia deserentes locum nobis eligimus ... cellulam more solito construximus ... deinde sub ditione ipsius episcopi nosmetipsos commendavimus per omnia ...[1]) — Schon als Kinder unterstellte man die zum Klerikerberuf Bestimmten der Obhut der Kirche: ... commendaverunt nepotes ad discendum et ad totendum ad Salzburch monasterium.[2]) — Der presbyter Waninc übergibt zugleich mit einer Eigenkirche in loco qui dicitur Stroga den Deotpald in manus ... episcopi sibi ad serviendum ...[3]) Sieben Jahre später wird wie damals ad Isana monasterio eine Stiftung aufgenommen, deren Urheber der vir venerandus presbyter nomine Deotpald ist. Auch hinsichtlich der Lage des Schenkungsgegenstandes besteht Übereinstimmung.[4]) — In der folgenden Urkunde erhält der durch die eigentliche Traditionsformel nur bildlich angedeutete Vorgang durch eine wiederholte sachliche Umschreibung seiner Rechtswirkung eine unzweideutige Interpretation. Er gehört in die Klasse der symbolischen Autotraditionen. Sigmunt offerebat filium suum nomine Iwan cum omni parte hereditatis ... ad altare sanctae Mariae ... Eo modo hoc fecit ut ipse Iwan ab eo die in servitio huius domui indubitanter persisteret cum omnia quae habuisset usque ad finem vitae suae; ... et coram misso Tassiloni hoc actum est ... ut ... ipse Iwan clericatus et offeratus ad altare sanctae Mariae fuisset.[5])

Der Bischof verleiht Rihperht den Benefizialbesitz einer Kirche, ut ei deserviret sicut aliis clericis in canone iussum est.[6]) — Hrimcrim tradiert sein grundherrliches Allod.[7]) Er selbst begibt sich in die Gemeinschaft des Schlehdorfer Klosters: ut locum meum ad supradicto domo Dei vivens vel mortuus paratam habuissem ... cum conventione omnium fratrum ibidem Deo devote servientium me memetipsum commendavi ... — Die Schenkung Cuntperhts soll sofort in Kraft treten, si licet mihi secularem habitum dimittere.[8]) Andernfalls gilt sie als donatio mortis causa. Während sonst die Autotraditionsformel die Innenseite des neuen Verhältnisses berührt, wird hier der

[1]) Mb. I, pag. 79. [2]) Ind. Arn. VIII. [3]) Mb. 332. [4]) Mb. 433.
[5]) Mb. 93. — vgl. Mb. 104. [6]) Mb. 127. [7]) Mb. 114. [8]) Mb. 64.

Wechsel, der in das Leben des Tradenten eingreift, charakterisiert durch die äußerliche Veränderung, die dessen zukünftige Stellung mit sich bringt. Der Standpunkt, von dem aus die Kennzeichnung des Rechtsaktes erfolgt, ist ein verschiedener. Der Effekt war also der gleiche, wie wenn etwa von einem vir nobilis berichtet wird: seipsum inclinavit in altarem sanctae Mariae et seipsum tradidit in servitium sancti Dei genetricis Mariae,[1]) oder wenn ein reichbegüterter Vollfreier nach Gründung einer Kirche sich dem servitium Dei unterwarf.[2]) Die Kirche lehrt die Nichtigkeit irdischer Güter und der Vollfreie gelobt, seinem Wirken neue, edlere Ziele zu geben.

David tradiert dem Bischof zwei Drittel seines Erbes zu Mammindorf.[3]) Mit Genugtuung bemerkt er: me ipsum sanctissimis orationibus suis commendans et ipse me in sanctas ac venerabiles manus suas fideliter accepit. Obwohl auch diese sachlich völlig bedeutungslose Wendung an den Wortlaut einer Autotradition anklingt, hat man es doch mit einer solchen weder in der einen noch in der anderen Form zu tun. Der beschenkte Bischof versichert den Stifter seiner Fürsprache und Gnade, um die dieser gebeten hatte.

Autotraditionen gehen auf Personen ohne rechtlichen Zusatz, auf viri nobiles, liberi und homines potestativi zurück.[4]) Da nun die herrschende Schule diese Typen nicht als die Vertreter einer einheitlichen rechtlich-sozialen Klasse anerkennt, so wäre ihrer Terminologie zufolge, wenn man die Deutung der symbolischen Autotradition ablehnt, das Motiv zur Vornahme reiner Autotraditionen in sozial wie rechtlich gegensätzlichen Schichten der Volksgliederung wirksam gewesen. Von unserem Standpunkte aus würde sich in diesem Falle die Herbeiführung reiner Autotraditionen nicht nur für verarmte Vollfreie, sondern auch für vollfreie Angehörige grundherrlicher Familien ergeben.[5]) —

[1]) Mb. 633. [2]) Mb. 97. [3]) Mb. 10.

[4]) Brev. not. XIV, 7; 11; 21; 25; 26; 30; 42; 47; 48; XVII, 1; XIX, 2; XXI, 1; XXII. — Mb. 202; 520; 581; 695.

[5]) Mb. 97; 202; 332; 379; 495; 633.

Einzelne Sätze der lex behandeln bei der Konstruktion des für einen Rechtsspruch maßgebenden Tatbestandes Vorfälle, wie sie sich nur im Berufsleben bäuerlicher Personen zu ereignen scheinen. Die Tatbestandsmerkmale werden verwirklicht innerhalb der ländlichen Wirtschaft durch bewußt schädigende oder widerrechtliche Verrichtung der Feldarbeit. Ein wichtiges Argument der freibäuerlichen Theorie besteht nun darin, diese Sätze nicht nur in der Hauptsache auf Vollfreie zu beziehen, sondern auch die unmittelbare Realisierung der Tatbestandsmerkmale durch Handgriffe des verantwortlichen Rechtssubjektes, also durch Vollfreie, zu behaupten.

Es konnte nun bereits darauf hingewiesen werden, daß die Flüssigkeit der Terminologie einer sicheren ständischen Qualifizierung der in den konditionalen Vordersätzen als delinquierend angenommenen Personen dann besondere Schwierigkeiten bereitet, wenn anderweitige Anhaltspunkte für die Erkenntnis ihrer Rechtsnatur nicht gegeben sind. Mit Bestimmtheit dagegen konnte in einem sachlich ähnlich gelagerten Falle der die Sonntagsruhe brechende liber als minderfreier Kolone interpretiert werden. Die Auffassung jener Stellen, in denen die Zusammenfassung aller in Betracht kommenden Personen ohne Präzisierung ihrer rechtlichen und sozialen Position erfolgt, darf sich nicht an eine wörtliche Übersetzung der Gesetzesparagraphen halten. Eine Auslegung, die sich von dem strengen Wortlaut der gerade hier ohne Rücksicht auf einen juristisch genauen Stil gebrauchten Redewendungen nicht losmachen kann, ist hier nicht am Platze; sie muß vielmehr dem Sinne einer jedermann geläufigen Alltagssprache, deren eigene Art in die Sprache des Gesetzes übernommen wurde, gerecht werden. Ein derartiges Verfahren eröffnet weit befriedigendere Erklärungsmöglichkeiten. Denn am Ende ist auch hier die Stimmung des ökonomischen Gesamtbildes das Entscheidende.

Die absichtliche Vernichtung besitzscheidender Grenzen,[1]) das eigenmächtige Setzen neuer Marken[2]) ist sowohl für den

---

[1]) L. Baj. XII, 1; 2. [2]) Ibid. 5; 6; 7.

ingenuus bezw. liber wie für den servus mit Strafe bedroht. Am besten gelingt ein solcher Betrug, wenn man, wie dies XII, 3 wohl auch annimmt, bei der Arbeit auf dem Acker ganz unauffällig in das Nachbargewann übergreift. Für die Verurteilung des Täters muß dessen dolus erwiesen sein. Nur wer in freiem Willensentschluß gehandelt hat, ist strafbar. Dieser Grundsatz, dessen Geltung aus diesem Zusammenhang klar hervorgeht, hat seine doppelte Bedeutung: für den Vollfreien und für den Unfreien.

Der unfreie Hufenbauer, der seine colonia bestellen soll, hat unter Umständen, unabhängig von seinem Herrn, ein eigenes Interesse daran, die Grenzen seiner Felder hinauszurücken. Seine Stelle gehört zwar in vollem Umfange dem Grundherrn. Sein Verlangen geht aber auch gar nicht nach dem Erwerbe eines Rechtstitels am Boden. Je mehr der Ertrag der Ernte in seiner Wirtschaft das Quantum der von ihm geschuldeten Abgaben übersteigt, desto eher ist er imstande, sich ein peculium auf die Seite zu bringen, dessen Ursprung sein Herr gar nicht kennt, das aber vielleicht eine Besserung seiner Lage begründen hilft. Der servus handelt dabei aus einem lebhaften Triebe heraus, aus Habsucht, vielleicht auch aus bloßer Schadenfreude, die irgendwie befriedigt sein will. Der Zuwachs, den sein Nutzungsbestand erfährt, ist gering, unmerklich; denn sonst müßte die Täuschung sofort auffallen. Deshalb wird er auch mit der Bestellung der zugeschlagenen Stücke leicht fertig. Der Herr braucht von diesem Bodenraub nichts zu wissen. Der servus begeht die Tat aus eigener Initiative und mit eigenen Händen, nesciente domino. Nur wenn diese beiden Bedingungen zusammentreffen, ist er straffällig. Er ist straffrei, sobald er sciente domino handelt. Er kann also an der Verschiebung der Grenzzeichen beteiligt sein, ohne daß er selbst in Strafe genommen wird: wenn er nämlich die Tat ausführt ohne eigenen Vorbedacht. Dann fehlt der eigene Vorsatz. Er steht unter fremdem Zwange; er wird als einfaches Werkzeug tätig. In dieser Weise muß man sich den Willen des schuldigen Vollfreien realisiert denken. Beim Herrn liegt das Motiv für die Tat, der Entschluß zur Tat; er bestimmt die Art der Verwirklichung: er hat die Verantwortlichkeit. Der servus vollzieht willenlos den Auftrag seines dominus; nach Gründen hat er nicht zu fragen. In diesem Falle ist also der servus ebenfalls im Spiel; der unmittelbare Effekt, bei dessen Eintritt der dominus gar nicht anwesend sein muß, wird sogar gerade durch ihn bewirkt. Aber er gehorcht dabei nur einem Befehle und die verbrecherische Absicht ist es, die geahndet wird. Aus der Bestrafung für ein derartiges Vergehen kann daher die Bauerneigenschaft des Vollfreien nicht gefolgert werden. Derjenige liber, der seinen widerrechtlichen Plan selbsttätig vollendet, ist Minderfreier. Der vollfreie liber kommt lediglich als Anstifter in Betracht, der aber infolge des besonderen Verhältnisses, das zwischen ihm und dem servus besteht, die ganze Last der Schuld zu tragen hat. Er bedient sich der Vermittlung des servus, der in seinem Sinne die Furchen des Pfluges zieht. Er selbst geht ja nicht als Bauer auf den Acker.

Diese Verteilung der Rollen ist aber bei allen jenen Anklagen festzuhalten, deren Tatbestand sich aus selbständigen wirtschaftlichen Verrichtungen des Beschuldigten zu ergeben scheint. Der minderfreie liber handelt als Bauer eigenhändig, der vollfreie liber als Grundherr durch seine Knechte.

Wer wider besseres Wissen fremden Grundbesitz als sein Eigentum beansprucht, zahlt sechs solidi Buße. Si autem suum voluerit vindicare illum agrum aut pratum vel exaratum, vel unde illa contentio est, taliter vindicet. Juret cum VI sacramentales et dicat: Ut ego in tua opera priore non invasi contra legem, nec cum VI solidis conponere debeo nec exire, quia mea opera et labor prior hic est quam tuus. Tunc dicat ille qui quaerit: Ego habeo testes, qui hoc sciunt, quod labores de isto agro semper ego tuli nemine contradicente, exaravi, mundavi, possessi usque hodie, et pater meus reliquid mihi in possessione sua. Ille homo, qui hoc testificare voluerit, conmarcanus eius debet esse, et debet habere VI solidorum pecunia et similem agrum ...[1])

---

[1]) L. Baj. XVII, 1. 2.

In dieser stehenden Form verläuft der Kampf zwischen den streitenden Parteien. In concreto kann jeder Angehörige der großen Freienklasse in einen derartigen Prozeß verwickelt werden. Der minderfreie Bauer hat natürlich die Fassung der Stelle mitbeeinflußt. Aber auch der Vollfreie verteidigt sein gutes Recht damit, daß er die Mühe und Arbeit, die er an den Acker gewendet hat, vor Augen führt. Es wäre aber trotzdem falsch, hierin eine physische Anteilnahme des Vollfreien an den Anforderungen der Wirtschaft erkennen und daraus den bäuerlichen Beruf desselben ableiten zu wollen. Auch der Adelige einer genealogia kann sich selbstverständlich in die Notwendigkeit versetzt sehen, einmal ungerechtfertigte Angriffe auf sein Vermögensgut abwehren zu müssen. Dann muß er seinem Rechte mit den nämlichen Worten Geltung verschaffen wie die übrigen Vollfreien und doch wird niemand um deswillen behaupten, er sei ein Bauer gewesen. Die Formel legt aber überhaupt kein Gewicht auf die persönliche Verrichtung wirtschaftlicher Arbeit durch den seinen Anspruch schützenden Eigentümer. Es soll lediglich gesagt werden, daß die fragliche Fläche, wie durch Zeugen bestätigt werden kann, bisher, vielleicht schon vom ersten rodenden Spatenstiche an, ungehindert dem Wirtschaftsbetriebe des Klägers unterlegen hatte. Dies ist als Beweis für die Rechtmäßigkeit seines Titels anzusehen. Weder soll hierbei die technische Regelung des Betriebes beschrieben werden, noch hat diese irgend etwas mit der Entscheidung zu tun. Man bedient sich nun einer den Sachverhalt nicht ganz genau wiedergebenden Redeweise, wie sie der temperamentvolle Ton der Verteidigung mit sich bringt. Der Eigentümer hat den Boden nicht selbst bestellt, sondern er hat ihn bestellen lassen. Die Arbeitsteilung zwischen Freien und Unfreien ist die nämliche, wie sie schon so oft geschildert wurde. Der Freie ist der leitende und erntende, der Knecht der ausführende Teil. Alles geht von der Anregung des Grundherrn aus. Er bestimmt, wo der Bifang geschlagen werden und die Rodung entstehen soll. Die servi sind Instrumente, die er nach seinem Willen in Bewegung setzt. Er kann daher von seiner Thätigkeit und ihren Wirkungen sprechen, als ob er in jedem Stadium des Wirtschaftsprozesses aktiv zugegriffen hätte. Der Initiative gehört die Verantwortlichkeit, dafür gehört ihr aber auch der Erfolg. Wir verfahren im heutigen Sprachgebrauch nach ebendemselben Prinzip. Der Unternehmer bezeichnet alles, was in seinem Betriebe geschieht, die Produktionsorganisation und die Produkte dieser Organisation, als sein Werk. Er bringt seine Ware auf den Markt; in seiner Person verkörpert sich das Gelingen der Unternehmung.

Aber auch wenn der Eigentümer des strittigen Grundstücks ein Bauer gewesen ist, so brauchen die genannten Redewendungen deshalb noch nicht in allen Einzelheiten mit dem wirklichen Tatbestand übereinzustimmen. Denn vielleicht war gerade die Besorgung jenes Feldes, auf welchem die Unregelmäßigkeiten vorgekommen sind, eine Aufgabe seiner Gesindeknechte.

Die Zulassung zur Zeugschaft in einer solchen Angelegenheit ist von der Erfüllung einiger besonderer Voraussetzungen abhängig gemacht. Zeuge kann nur ein conmarcanus sein. Der conmarcanus ist am besten über die Besitz- und Nachbarverhältnisse auf der Flur orientiert. Aber nicht jeder Markgenosse ist zeugnisfähig, sondern nur derjenige, der sechs solidi et similem agrum in seinem Eigenvermögen hat. Auch der Minderfreie ist kraft seines innerhalb der Mark befindlichen Rechtsbesitzes Genosse der Markgemeinde. Dieser Rechtsbesitz erstreckt sich aber mindestens auf eine Hufe, deren Wert und Umfang die angegebenen Bedingungen um vieles übertrifft. Denn jeder Markgenosse ist im ungünstigsten Falle berechtigter Nutznießer eines Hufenkomplexes. Es scheint also gerade auf den Eigentumscharakter des Besitztitels anzukommen. Nicht jeder Markgenosse ist nämlich Eigentümer von beweglichem oder unbeweglichem Gute. Der vollfreie Markgenosse ist regelmäßig, der minderfreie ausnahmsweise Eigentümer. Da nun der Zeuge zu der an der ungefährdeten Erhaltung des Vermögens besonders interessierten Gruppe der Eigentümer gehören soll, so bedeutet dies die Wahrscheinlichkeit seiner Vollfreieneigenschaft.

Aber die Höhe des verlangten Eigenbesitzes läßt keinen

einheitlichen Schluß auf die wirtschaftliche Stellung aller Vollfreien zu. Sie folgt nämlich in ihrer Fixierung keineswegs dem Durchschnittseigenbesitz der Vollfreienklasse, sondern stellt lediglich eine Minimalgrenze dar, von der sich die Fälle der Wirklichkeit in steigendem Maße entfernen. Die Mehrzahl der zur Zeugschaft Berufenen verfügt über weit umfassendere Besitzgrößen. Wer der Norm des Gesetzes, die einer in negativer Richtung liegenden Ausnahmeerscheinung gleicht, zu genügen vermag, dessen Aussage ist gerade noch beweisgültig. Der Zeuge kann aber auch beispielsweise grundherrlicher Lehensträger sein, der zum Zeichen seiner vollfreien Abstammung ein kleines Stück Land auf der Flur zu vollem Recht zurückbehalten hat. Oder der Grundbesitz des Zeugen kann über mehrere Gemarkungen verstreut sein und die Hauptmasse desselben in einer anderen als der fraglichen Mark gelegen sein.[1]) —

Der Wirkungskreis des Vollfreien liegt nicht in der Be-

---

[1]) In welchem Sinne similis zu interpretieren ist, ist für die Vorstellung, die man sich von dem Gesamtbesitz des Zeugen und der Betriebsorganisation seiner Wirtschaft machen muß, unerheblich. Bezieht sich die Ähnlichkeit auf Lage und Qualität des Ackers, so fehlt uns die Kenntnis des Vergleichsobjektes. Es ist aber klar, daß es sich stets auf beiden Seiten nur um einzelne Betriebsbestandteile handelt. Der Entlastungszeuge besitzt ebenso wie der Kläger außer dem Acker, der im Prozesse eine Rolle spielt, noch mehrere andere Äcker. Nur einer derselben soll den Voraussetzungen der Rechtsnorm entsprechen. Ist jedoch similis so gemeint, daß der Wert des Ackers dem Betrage von 6 solidi gleichkommen soll, und nimmt man an, daß ein solcher Ackerstreifen das gesamte Grundeigentum des Zeugen bildet, so ist damit lediglich die Größe der zu Eigentum besessenen Liegenschaften angegeben, nicht aber, wie im Text bereits angedeutet, die Größe des in der Wirtschaft vereinigten Flurbodens. Veranschlagt man den Preis von 30 iugera auf durchschnittlich 40 solidi, so würde einem Geldwerte von 6 solidi eine Fläche von etwa 4,5 iugera entsprechen. Ein derartiger Gewannstreifen erinnert an die Größe eines Ackerloses. Entledigt sich ein Vollfreier seines Totalallodes zugunsten der Kirche, deren Benefiziar er wird, und behält er gleichzeitig seinem Eigentum einen Flurstreifen vom Umfange eines einzigen Loses, der innerhalb des Wirtschaftsganzen verbleibt, als hantgemal vor, so wahrt er sich damit die Fähigkeit eines in jeder Beziehung vollwertigen conmarcanus.

sorgung der häuslichen Eigenwirtschaft, sondern in der Teilnahme am staatlichen Betriebe. Dies ist sein altererbtes Ehrenrecht, das seiner Natur folgt und seinen Stand erhebt. Er hat das Volksleben geschaffen, erneuert und erhält es. Das Ansehen des Stammes ist das Ansehen des Freien. Wer an der Lösung jener Aufgaben, die den Zusammenschluß des Stammes erzeugen, mitarbeitet, ist ein Glied der volkbildenden Klasse. Hier eignet er sich Mut und Opfersinn, Selbstgefühl und Geburtsstolz an, es entwickelt sich die Lebhaftigkeit seines Selbständigkeits- und Freiheitsdranges, Eigenschaften, die er als ständiger Knecht seines Ackers nie gewinnen könnte. Die Öffentlichkeit ist die Schule seines Charakters und seiner Fähigkeiten. Hierauf beruht das Klassenbewußtsein innerer Verwandtschaft und ständischer Zusammengehörigkeit. Stets bereit stellt der Vollfreie seinen Mann im Rat und im Gericht, im Heer und im Krieg.[1]) In dieser Beschäftigung konzentriert er seine ganze Kraft; durch die Hingabe an diese Zwecke wird er nützlich. Er will im Rat geachtet und im Kampf tapfer sein. Abgesehen davon, daß sich diese Sinnesrichtung nicht von Anfang an in jeder Umgebung erziehen läßt, erfordert die Bewährung auf diesem Gebiet auch eine gewisse Unabhängigkeit im Erwerb der nötigen Bedarfsgüter. Wo die Hände für die Befriedigung körperlicher Bedürfnisse beansprucht werden, da ist kein Raum für vornehme Wünsche und Bestrebungen. Die Hufe nimmt die volle Arbeitskraft ihres Bebauers in Beschlag und ihre Bestellung verträgt keine plötzlichen Unterbrechungen. Eine soziale Stellung, wie wir sie dem unfreien oder minderfreien Hintersassen zusprechen, gibt dem Vollfreien nicht die für seine politische Betätigung unentbehrliche Ungebundenheit. Eine Entlastung des Vollfreien von wirtschaftlicher Arbeit bringt allein das Vorhandensein grundherrschaftlich organisierter Besitzgrößen mit sich.

Ursprünglich war jeder Freie zum persönlichen Heeresdienst verpflichtet. Es gab keine Ausnahmen. Alle hatten das gleich starke Verlangen und die ausreichenden Mittel zur Er-

---

[1]) Vgl. Waitz, l. c. I., pag. 344.

füllung dieser Aufgabe. In der Periode der Wanderungen, als die Gemeinwirtschaften der Sippenverbände noch bestanden, ermöglichte die Sippe jedem Vollfreien die Lasten des Kriegsdienstes zu tragen. Die Kriegsgefahr war für alle gleich nah und gleich schwer. Jeder hatte mit dem Bestand des Stammes gleich viel zu verlieren. Gemeinschafts- und Individualinteresse fielen zusammen.

Eine Änderung in diesen Beziehungen trat erst nach und nach, immer nur in Einzelfällen und niemals durchgreifend ein mit den Verhältnissen der festen Siedelung. Die Sippen lösen sich auf. Die Einzelfamilie wird auf sich selbst gestellt. Das Volk wird auf einem ausgedehnten Niederlassungsgebiete auseinandergezogen. Anfangs ist jeder Vollfreie vermöge seines Sonderbesitzes imstande, der Heerespflicht zu genügen. Denn das Prinzip der Bedarfsdeckung, unter welchem die Aufteilung des Landes erfolgt, trägt der gesamten, gerade von der öffentlichen Wirksamkeit beherrschten Lebensführung des Vollfreien Rechnung. Der Freie verteidigt im Heeresdienst seinen eigenen Grund und Boden. In der lex Angl. et Werin. 31 heißt es: ... ad quemcumque hereditas terrae pervenerit, ad illum vestis bellica id est lorica ... debet pertinere.[1]) Die persönliche Leistungsverpflichtung im Heer erfuhr auch dann noch keine Einschränkung, als sich ab und zu eine Umgestaltung der Rechts- und Größenverhältnisse des Besitzes bemerkbar machte. Die rechtlichen Wandlungen des Besitztitels waren ohne Einfluß auf die wirtschaftliche Fähigkeit des Possidenten und eine Korrektur der traditionellen Heerdienstbestimmungen war daher aus diesem Grunde nicht geboten. Um dem Zerfall des Eigentums zu begegnen und die Heerdienstfähigkeit der Nachkommenschaft ungeschwächt zu erhalten, gab man sich zwar alle Mühe. Der ins Heer tretende Sohn genießt ein Vorzugsrecht vor den Töchtern am väterlichen Grundbesitz. Allein es ist immerhin möglich, daß bisweilen die Gegenmittel nicht stark genug sind und daß dann der Gehalt des Eigentums unter jenes Maß sinkt,

[1]) Waitz, l. c. I. pag. 66.

dem die persönliche Dienstpflicht erträglich war und das als die selbstverständliche Voraussetzung dieser Anforderung galt. Dann kreuzten sich Kollektiv- und Individualinteresse. Und wenn der Freie auch noch so sehr darauf hielt, dem alten Ehrenrechte seiner Geburt gerecht zu werden, dessen Erfüllung wurde schwer und drückend, manchmal vielleicht sogar unmöglich. Allein dies waren Ausnahmeerscheinungen, die man zunächst nicht beachtete, und die Regel blieb immer noch die materielle Bereitschaft des Vollfreien zur Übernahme des Kriegsdienstes. Die Fälle, die eine übermäßige Belastung des Freien bedeuteten, drängten jedoch nach einer Lösung, durch welche das ständische Wesen auch der schwächeren Elemente salviert werden sollte. Diese wurde versucht im capitulare missorum de exercitu promovendo vom Jahre 808, das für die ganze östliche Reichshälfte die Bedingungen der Wehrpflicht regelt. Die tatsächlichen Zustände, die für die Neuordnung bestimmend waren, sind die eben geschilderten. Wie schon Wittich ausführlich erörtert hat,[1]) gewährt dieser Erlaß einen instruktiven Einblick in die Beziehungen des Grundbesitzes der Vollfreien hinsichtlich dessen Durchschnittsdimensionen und grundsätzlicher Betriebsgestaltung.

Der liber homo, der Eigentümer oder Lehensbesitzer von vier mansi vestiti ist, muß persönlich in den Krieg. Ihm obliegt die vollkommene, restlose Waffenpflicht. Der Freie, der über drei Hufen verfügt, rüstet den freien Einhufenbesitzer fürs Feld aus. Ferner helfen die Besitzer von je zwei Hufen paarweise zusammen: der eine zieht mit dem Heer, der andere trägt die Rüstungslast. Die Einhufenbesitzer, sofern sie nicht die eben genannte Verwendung finden, ergänzen sich in der Art, daß drei Leute zusammensteuern, um einen vierten ins Feld zu schicken.

Die Tendenz dieser Sätze deckt sich völlig mit unserer Auffassung vom Immobiliarvermögen des Vollfreien und seiner organisatorischen Gliederung.

---

[1]) l. c. pag. 101 ff.; vgl. ibid. pag. 86 ff.

Das Capitulare ist ein durch die historische Entwicklung gefordertes Ausnahmegesetz. Grundsatz ist, daß jeder Vollfreie an der Aufstellung des Truppenkörpers teilnimmt. Das Heer besteht aus Vollfreien und der Ausgangspunkt der Beitragspflicht ist der alten Überlieferung gemäß der persönliche Heeresdienst mit Selbstbewaffnung. Hierzu ist ein Mindestmaß von Vermögensbesitz unentbehrlich. Die rechtlich anerkannte ökonomische Voraussetzung für die vollständige Erfüllung der Wehrpflicht ist ein Grundbesitz von vier Hufen. Die juristische Beschaffenheit des Besitztitels ist unwesentlich. Ein derartiger Besitzkomplex unterliegt, wie ja auch die Terminologie verrät, grundherrschaftlicher Betriebsorganisation. Der vollkommen Heerdienstpflichtige ist also seiner sozialen Stellung nach Grundherr. Früher, als die Bestellung des Bodens eine noch extensivere gewesen ist, muß ebenfalls der Vierhufenbesitz die mindeste, aber noch allgemein verbreitete Grundlage des einheitlich persönlichen Heerdienstes gewesen sein. Da nun diese Art des Aufgebots jetzt noch die Regel ist, so ist der Grundherr der soziale Typus der Vollfreienklasse.

Die ausnahmsweise vorhandenen Größenunterschiede im Freienbesitze, derentwegen das Capitulare erlassen wurde, veranlassen eine differentielle Behandlung der minderbemittelten Vollfreien. Diesen sind im Vergleich zur totalen Wehrpflicht nur partielle Auflagen gemacht. Der Maßstab, in welchem sie herangezogen werden, greift zurück auf die Bedingungen des Normalfalles, also auf eine grundherrschaftlich organisierte Liegenschaftsmasse. Zu diesem Zwecke werden fiktive Wirtschaftseinheiten im Umfange von vier Hufen konstruiert. Es werden so viele Personen zu einer Leistungsgemeinschaft vereinigt, daß durch deren Gesamtbesitz die materielle Voraussetzung für eine komplete Leistungsquote geschaffen wird. Der Einzelne wird in genauem Verhältnis zu seinem Vermögen belastet. Seine Leistungspflicht entspricht dem Bruchteil, in dem er zur Bildung des fiktiven Durchschnittsvermögens beigesteuert hat.

Welches zahlenmäßige Ergebnis auf diese Weise erzielt wird, läßt sich nicht ersehen. Das Interesse des Staates verlangte eine starke Truppenmacht. Die Grenze mußte gegen unruhige Nachbarn verteidigt werden, man unternahm Eroberungszüge gegen die Slaven, man trieb eine kolonisierende Mission. Es ist daher ausgeschlossen, daß die Mehrzahl der vollfreien Leute, von der persönlichen Dienstverpflichtung nicht erfaßt, dem Heerbann hätte fernbleiben können. —

In Übereinstimmung mit dem eben gekennzeichneten Sachverhalt finden sich immer wieder Andeutungen dafür, daß die Neigungen des vollfreien Bajuwaren auf Dinge gehen, die dem Wesen eines in harter Berufsarbeit stehenden Bauernvolkes nur fern liegen können. Das Urteil, das Cäsar über die Lebensart der Germanen gefällt hat, scheint noch für den Freien unserer Periode teilweise Geltung zu besitzen: vita omnis in venationibus atque in studiis rei militaris consistit.[1])

Scuta et lancea haben für den Freien einen so hohen Wert, daß er dagegen den Besitz von Grund und Boden abtritt.[2]) — Bischof Atto befriedigt die Ansprüche zweier Brüder damit, daß er ihnen außer einer Anzahl Tagwerke unum caballum cum scuto et lancea überläßt.[3]) — Hroadachar übergibt der Kirche territorium und empfängt dafür unum toracem.[4])

Wer die Hand eines Vollfreien durch Abhauen der Finger verstümmelt, wird nach den Sätzen des Volksrechtes leichter bestraft, als wer durch eine Verletzung eine Lähmung ihrer Glieder verursacht.[5]) Denn es ist besonders schmerzlich, wenn die vorhandenen Gliedmaßen zur Führung der Waffen untauglich sind. Waffenruhm zu ernten, sein höchster Ehrgeiz, ist dem Vollfreien dann versagt: hoc impedimentum est ad arma baiulare. Diese Empfindungen sind nicht angebracht, wenn einem frilaz oder servus ein ähnlicher Schaden zugefügt wird. In diesen Fällen fehlt bezeichnenderweise bei den Strafbestimmungen der lex eine derartige Bemerkung und Bußendifferenzierung.

Neben der Überwachung des Rechtsschutzes ist das arma vivaciter baiulare die vornehmste Pflicht des Herzogs. Solange

---

[1]) Comment. de bello Gall. VI, 21.

[2]) Pez. l. c. T. VI. P. 1. pag. 14. [3]) Mb. 250. [4]) Mb. 252.

[5]) L. Baj. IV, 11.

er hierin noch seinen Freien ein Beispiel geben kann, ist er seines Amtes, der Erste Gleiches übender Stammesgenossen zu sein, würdig.[1])

Wer einem im Felde brauchbaren Pferde, einer tüchtigen Mähre oder einem mittelmäßigen wilz, die Ohren oder den Schwanz abschneidet, macht sich eines schwereren Vergehens schuldig, als wer auf diese Weise einen minderwertigen angargnago, einen Angernager,[2]) qui in hoste utilis non est, verunstaltet.[3])

Es gibt Freie, deren Macht und Einfluß sie zu ganz verwegenen Taten treiben könnte. Die lex trifft Präventivmaßregeln für den Fall, daß im Heer ein Mann talis potens sein könnte, daß er sich der Amtsgewalt des Grafen zu widersetzen wagt und nur das persönliche Dazwischentreten des Herzogs ihn gefügig machen kann.[4]) — Das Vergehen der heriraita zeugt in seinen Tatbestandsmerkmalen von dem starken Selbstgefühl des Vollfreien, seinem ungestümen Selbständigkeitsdrang und seiner durch nichts behinderten Kampflust.[5]) Die Angriffs- und Verteidigungsmittel der sich in privater Fehde gegenüberstehenden Gegner scheinen ziemlich bedeutende zu sein. Ein in den Hof gesandter Pfeilschuß kündigt den Frieden auf. Mit 42 clypeis wird die curtis des liber umzingelt. —

Mit wahrer Leidenschaft ergab sich der Freie dem Vergnügen der Jagd. Dem Krieg verwandt, nimmt sie einen wichtigen Platz in seinem Leben ein. Dafür spricht die große Sorgfalt und Umständlichkeit, mit der die Verletzung von Hunden und Falken im Gesetzbuch behandelt wird.[6]) Im Vergleich zu anderen Gegenständen ist dieser Materie ein übergroßer Raum gewährt. Da gibt es Leit-, Treib-, Spürhunde, einen piparhunt, canis veltrix, hapuhhunt und canes, qui ursis vel bubulis, id est maioris feris, quod swarzwild dicimus, persecuntur. Sie genießen einen Wert von 3—6 solidi, während der Wert des bos domitus doch nur 5 solidi beträgt. Diese genaue Spezialisierung verrät

[1]) Ibid., II, 9.

[2]) Mederer, leges Baiuuarorum oder ältestes Gesetzbuch . . . 1793. pag. 210.

[3]) L. Baj. XIV, 11; 12. [4]) Ibid. II, 5. [5]) Ibid. IV, 23. [6]) Ibid. XX; XXI.

ein geradezu sportsmäßiges Kennertum, das alle Freuden der Jagd auskosten wollte. Man muß zugeben, daß eine bis zu so verfeinertem Raffinement gesteigerte Liebhaberei nur schlecht zu dem Bilde paßt, das man sich von dem Charakter und den Wünschen eines Bauernvolkes machen muß.

§ 19. WERGELD UND GRUNDBESITZ.

Es wurde schon wiederholt daran erinnert, daß im großen Ganzen ein Verhältnis bestehen muß zwischen der durchschnittlichen Größe des Freienvermögens und der Höhe der für diese Klasse in Ansatz gebrachten Strafgelder. Es wäre widersinnig, wenn die Bußsummen, die von dem als delinquierend angenommenen Vollfreien geschuldet werden, die durchschnittliche wirtschaftliche Leistungsfähigkeit seiner Rechtsgenossen übersteigen würden.

Etwas ganz anderes ist es mit der Frage, in welcher Weise eine genaue rechnerische Inbeziehungsetzung zwischen dem Betrage des einer Person zustehenden Wergeldsatzes und dem Flächengehalte des durch sie vertretenen Grundbesitzes hergestellt werden kann. Der Nachweis einer derartigen geheimen Abhängigkeit wäre für die Prüfung unserer sozialen Theorie von erheblicher Wichtigkeit. Geht nämlich die Bemessung der Wergelder ursprünglich von dem Werte des Durchschnittsgrundbesitzes der einzelnen Rechtsstände aus und bleibt der Abstand, in welchem sie diesem für die verschiedenen Rechtsklassen quantitativ veränderlichen Faktor folgt, prinzipiell der jenem inneren Verhältnis entsprechende, so äußert sich in diesem Verfahren für alle Rechtsgruppen der ihnen eigene, auf dem Grundbesitz fußende soziale Durchschnittscharakter. Ohne auf eine vollständige Lösung dieses komplizierten Kapitels Anspruch zu erheben, begnügen wir uns mit einigen, vielleicht nicht ganz wertlosen Andeutungen.

Zunächst muß festgestellt werden, ob die Quellen irgendwelche Nachrichten über den gewohnheitsmäßigen Geldwert einer bestimmten Bodenfläche enthalten. Aus dem ermittelten

Bodenpreise ergibt sich dann mit Rücksicht auf dieses Objekt die Kaufkraft der Wergeldbeträge. Den Wergeldsummen gleichen ihrem Werte nach Liegenschaftskomplexe von annähernd konstantem Umfang. Es frägt sich nun, ob diese Gleichung das Resultat liefert, daß das Äquivalent eines Wergeldes jeweils gerade durch eine betriebsmäßig abgerundete Besitzgröße gebildet werden könnte. Je nachdem man im Wergeldsatz des einen oder anderen Rechtsstandes die grundlegende Wergeldeinheit sieht, erfährt die Wergeldeinheit in ihrer Anwendung auf die verschiedenen Rechtsklassen eine Erhöhung oder Verminderung. Es gibt demnach für den Fall, daß die erwähnte Voraussetzung zutreffen sollte, einen doppelten Standpunkt. Entweder es steht die angenommene Wergeldeinheit mit dem Werte einer Einzelhufe, das Vielfache der Wergeldeinheit mit dem Werte einer Hufenmehrheit im Einklang. Oder es stimmt die Wergeldnorm mit dem Werte einer zusammengesetzten Besitzorganisation überein, während der Teilbetrag der Wergeldeinheit immer noch dem Werte eines aliquoten, organisatorisch geschlossenen Teilbetriebes der aus Hufen kompilierten Wirtschaft gleichkommt. Die Angehörigen derjenigen Rechtsklasse, deren Wergeldhöhe dem Werte einer Hufe analog ist, sind Bauern, die anderen Grundherrn. Schließlich wäre noch zu untersuchen, ob irgendwie Wergeldforderungen tatsächlich durch die unmittelbare Hingabe betriebsfertiger Besitzgrößen getilgt werden. Der Umfang der in dieser Absicht übertragenen Grundkomplexe müßte dabei je nach dem juristischen Rang der zu sühnenden Person in demselben numerischen Verhältnis wechseln, in dem sich das Wergeld dem vorliegenden Tatbestand nach vergleichsweise erhöht oder vermindert. —

v. Inama schätzt den Wert eines Morgens Ackerlandes in der karolingischen Periode auf höchstens 2 solidi.[1]) Zu der Zeit, in welcher der Überfluß an günstig gelegenen Rodungsterritorien noch größer war, wird man weniger gefordert haben. Die ganze Hufe repräsentierte nach v. Inama bis ins 9. Jahrhundert hinein einen Durchschnittswert von etwa 30 solidi.

---

[1]) l. c. I. pag. 113.

Urkundliche Berichte über Preise, die für einzelne Grundstücke bezahlt wurden, sind selten. Für acht iurnales werden einmal 12 solidi gegeben.[1]) Ein Joch kommt also auf 1,5 solidi zu stehen. Für 40 solidi hätte man etwa 27 Joch gleicher Bonität erhalten, also eine Fläche von bereits hufenmäßiger Ausdehnung. Die 107 Joch, die man dann ungefähr für 160 solidi bekäme, müßten zum Zwecke der Betriebsorganisation in etwa vier Hufen einer grundherrschaftlichen Gesamtwirtschaft zerlegt werden.

Ein andermal werden für 12 iurnales zwei Viehhäupter in Zahlung genommen.[2]) Deren in Währung umgerechneter Durchschnittswert beträgt je 5 solidi.[3]) Der Preis des verkauften Grundstücks darf also auf etwa 10 solidi veranschlagt werden. Es scheint sich um Boden geringerer Güte, vielleicht noch nicht völlig entwickeltes Rodland zu handeln. Der Normalertrag einer Hufe konnte also nur von einer entsprechend größeren Fläche dieser Ackerqualität aufgebracht werden. Die aus so geringwertigem Boden gebildete Hufe umfaßte so eine erheblich bedeutendere Anzahl Morgen. Um den gewöhnlichen Durchschnittspreis einer Hufeneinheit erwarb man dann ein umfangreicheres Ackerareal. Für 40 solidi würde man sich von der fraglichen Bodenart 48, für 160 solidi 192 Joch verschafft haben. Die betriebsmäßige Austeilung dieses Grundbesitzes würde ein dem obigen Fall ähnliches organisatorisches Ergebnis liefern.

Die Brüder monahus Egino und Reginolt verkaufen ihr väterliches Erbteil um zweihundert solidi an die Kirche: ... donavi ... sicut ipse postulaverat plus minus solidos ex sanctae Mariae rebus CC ...[4]) Zu der über zwei Gemarkungen sich erstreckenden Besitzmasse gehört eine Eigenkirche: ... propriam hereditatem ... in locis quae appellantur Irmina seu Perahhah cum eadem basilica quae ibi fundata esse videtur...

---

[1]) Urk. o. E. I. cod. trad. mon. Lun. 109.
[2]) Ibid. 5. — Pez. l. c. T. 6. P. 1. pag. 14. [3]) Vgl. L. Baj. IX, 2.
[4]) Mb. 15.

Der Kaufgegenstand hat also grundherrschaftlichen Charakter. Dem entspricht die Höhe der Kosten. Die zweihundert solidi, die der Wergeldsumme eines Vollfreien zuzüglich eines Friedensgeldes von vierzig solidi gleichkommen, lassen auf das Vorhandensein einer durch den Besitz zusammengehaltenen Hufenmehrheit schließen.

Gegen dreißig Morgen Waldes tauscht Anno Güter ein, deren Geldwert sich auf insgesamt 15 solidi beläuft.[1]) — Siebzig Carraden Wieswuchs werden mit 12 solidi bezahlt.[2]) Es ist klar, daß sich eine vollkommen ausgestattete Hufe im Preise um vieles höher stellen mußte. Sie enthält ja alle für eine bäuerliche Wirtschaft erforderlichen Sonder- und Gemeinheitsrechte. In ihrem Acker verbirgt sich eine Summe aufgewendeter Mühe und Arbeit. Ihr Gegenwartsbestand aber bietet die Gewähr für ein erträgliches Auskommen.

Es ergibt sich also etwa Folgendes: Der Preis einzelner aus der organisatorischen Verbindung losgelöster Ackerparzellen schwankt zwar je nach der Güte des Bodens. Ganze Hufen aber müssen einander wertgleich sein, da der Ertrag der an Flächengehalt wechselnden Hufenbetriebe prinzipiell ein einheitlicher ist. Eine Ausgleichung zwischen Bodenquantität und Bodenqualität der Ackerstreifen vollzieht sich in dem durchschnittlich unveränderlichen Hufenwert durch die organisatorische Vereinigung der Gewanne. Es gibt für die Hufe einen regulären Preissatz. Würde die Hufe zerschlagen, so würden die Preise der einzelnen Gewannstreifen unter sich differieren. Es läßt sich infolgedessen der gesamte Flächeninhalt einer Hufe, auch wenn der Preis eines flächenmäßig begrenzten Hufenteiles sowie der Durchschnittspreis einer Hufe bekannt ist, nicht durch einfache Gleichung mit Genauigkeit errechnen, sondern nur annähernd bestimmen. Auch bei homogener Zusammensetzung der Hufe ließe sich wahrscheinlich der Umfang der Gesamthufe nicht mit absoluter Sicherheit ermitteln. Denn wenn auch das Flurland das wichtigste Element der Hufe ausmacht, so ist doch

[1]) Mb. 546. [2]) Mb. 516. — vgl. Mb. 711; 713.

im Preise der kompleten Hufe neben dem vervielfachten Preise ihrer Teile ein durch die organisatorische Vollendung der Hufe gerechtfertigter Zuschlag enthalten.

Eines läßt sich jedoch aus den zitierten Preisnotizen mit Bestimmtheit folgern: Um den Wergeldsatz von vierzig solidi erhält man allgemein nicht mehr und nicht weniger als eine bäuerliche Wirtschaft vom Umfang einer Hufe. Dem Wergeldsatz von 160 solidi entspricht eine aus mehreren Hufenbetrieben kombinierte grundherrschaftliche Wirtschaft. Setzt man versuchsweise vierzig solidi als den Durchschnittspreis einer Hufe, so ergeben sich vermittelst der Preisangaben Hufengrößen, die sich innerhalb der hinsichtlich der Hufendimensionen bestehenden beweglichen Grenzen halten. Gerade diese Annahme scheint die infolge des wechselnden Flächengehaltes der Hufen notwendige Spannung in ausreichendem Maße zu gewähren.

Wäre der bayrische Vollfreie Freibauer gewesen, so besäße er hiernach ein immobiles Vermögen im Durchschnittswerte von lediglich vierzig solidi. Demgegenüber spielt der unfundierte Besitz damals eine nur verschwindende Rolle. Diese engen Verhältnisse stünden aber, wie gesagt, in einem unbegreiflichen Widerspruche zu den Bußsätzen des Volksrechtes. Die Zahlung von vierzig solidi, der Betrag des öffentlichen Friedensgeldes, ist eine häufige Strafgebühr der lex. Das Vergehen ist in diesen Fällen kein besonders schweres gewesen. Es gibt aber eine Anzahl Delikte, auf denen eine viel höhere Buße steht. Außerdem betont aber das Rechtsbuch ausdrücklich, daß der vollfreie liber nur für ausnehmend schwerwiegende Exzesse seiner ganzen hereditas verlustig gehen solle. Bei geringeren Anlässen soll demgemäß nur eine teilweise Schädigung seines Eigenbesitzes bewirkt werden, die das Gesamtvermögen schmälert, aber nicht konsumiert. Wenn nun der Freie für gewöhnlich nur Werte in der beiläufigen Höhe von vierzig solidi in seinem Vermögen hätte, so wäre die Fixierung gesteigerter Bußsummen geradezu illusorisch gewesen. Er würde unter diesen Umständen aber auch schon zur Strafe für weniger erhebliche Ausschreitungen zur Aufgabe seines Totalvermögens gezwungen sein.

Die Zusicherung prinzipieller Schonung des Vollfreien wäre also vollständig wirkungslos.

Ist dagegen der Vollfreie Grundherr, der als solcher über eine Mehrheit hintersässiger Hufenbetriebe und über das Vielfache eines Hufenwertes verfügen kann, so bedeutet die Einziehung von Gütern im Werte von vierzig solidi tatsächlich nur eine partielle Minderung seines Vermögens, die Wegnahme einer Hufe. Das Strafensystem wäre dann auch der für Kapitalverbrechen erforderlichen Steigerung fähig, die in einer folgenreichen Totalkonfiskation des Allods bestünde. Die Bemessung der Bußsummen geht sonach von der Voraussetzung eines potenzierten Hufenbesitzes in den Händen der Vollfreien aus.

Macht man nun einen Schritt weiter, so fällt der merkwürdige Zusammenhang auf, der sich zwischen Hufenwert, Wergeldsatz und den für die soziale Stellung der in Betracht kommenden Rechtssubjekte charakteristischen Wirtschaftsgrundlagen herstellen läßt. Der Minderfreie gehört beispielsweise der sozialen Kategorie der zinsbäuerlichen Kolonen an. Er bebaut eine Hufe, auf deren Besitz er ein Recht hat. Der Durchschnittswert einer Hufe läßt sich auf vierzig solidi schätzen. Vierzig solidi beträgt das Wergeld des Minderfreien. Ist dies alles nur Zufall oder handelt es sich hier um intimere Beziehungen, deren Entstehungsgründe deshalb noch nicht ins Bewußtsein des Volkes getreten sein mußten? Vielleicht steht dem Minderfreien ein Wergeld von vierzig solidi zu, weil er als Bauer auf einen Besitz Anspruch hat, der einen Wert von vierzig solidi darstellt. Die Herrschaft über vier Hufen ist, wie wir wissen, die früher innerhalb der Vollfreienklasse allgemein verbreitete materielle Bedingung, die dem Vollfreien die Erfüllung seiner Standespflichten und die Führung der ihm eigenen Lebenshaltung gestattet. Der Vollfreie muß mindestens vier Hufen besitzen, um die Eigenschaften seines Standes voll entfalten zu können.[1]) Vier Hufen haben einen Wert von etwa 160 solidi. 160 solidi beträgt das Wergeld des Vollfreien: Vielleicht genießt der Vollfreie das ihm zukommende Wergeld, weil der

[1]) S. o. pag. 253 ff.

soziale Typus seiner Rechtsklasse als Grundherr über einen solchen Besitzkomplex gebietet.

Waitz,[1]) Brunner,[2]) Schröder[3]) vertreten im Gegensatz zu v. Inama[4]) die Ansicht, daß zwischen dem Hufenwerte und der Wergeldtaxe eine Verbindung anzuerkennen sei. Ihre Auffassung hält sich natürlich an den Gedankengang der freibäuerlichen Theorie: Der Freie ist Hufenbauer. Das Recht auf die Hufe bekundet den Rechtsstand der Person. Seine Wirkung ist der Wergeldanspruch. Wie die Quellenstellen zeigen, kann jedoch davon keine Rede sein, daß „der Gesamtwert einer Hufe mit Zubehör und Inventar... dem Wergeld eines freien Mannes" entsprochen habe oder daß „Hörige, die nur ein halbes Freienwergeld hatten,... in der Regel auch nur eine halbe Hufe besessen haben".[5])

Der Sklave ist eine Sache, die nach ihrem Marktpreise gewertet wird. Der leitende Gesichtspunkt aber, unter dem die Wergeldschätzung der Rechtssubjekte erfolgt, ist vielleicht dann faßbar, wenn man einen Grund findet für das zahlenmäßige Verhältnis der Wergeldsätze unter sich. Ähnlich wie der friesische nobilis das Vierfache des Litenwergeldes gilt,[6]) gebührt dem bayrischen Vollfreien ein viermal so hohes Wergeld wie dem Minderfreien. Dieses Verhältnis ist deshalb so bemessen, weil der Vollfreie seiner sozialen Stellung zufolge etwa viermal so viel besitzt wie der Minderfreie. Der Maßstab des Wergeldes wird also gebildet durch den Wert des Grundbesitzes überhaupt. Daß aber Einhufenbesitz und Vollfreiheit Korrelate sind, widerspricht den Tatsachen. Der Wert des gesamten Grundbesitzes wird nur errechnet aus dem Durchschnittswert der Hufe.

Wittich[7]) erzielt auf diesem Wege eine völlig befriedigende Erklärung dieser zweifellos bestehenden Beziehungen. Die Konsequenzen seines Prinzips fügen sich nicht nur der grundherrlichen Theorie ein, sie stützen auch dieselbe.

---

[1]) l. c. I., pag. 127; II, 1., pag. 278. [2]) l. c. I., pag. 198.
[3]) Lehrbuch d. deutsch. Rechtsgesch. pag. 203.
[4]) l. c. I., pag. 113. [5]) Schröder, l. c. [6]) Boos, l. c. pag. 18.
[7]) l. c. pag. 50 ff.

Die Bemessung des Wergeldes nach dem Grundbesitz ist, wie Wittich hervorhebt, nichts Ursprüngliches. Sie „konnte erst dann eintreten, wenn der Grundbesitz für die wirtschaftliche und soziale Gliederung der deutschen Stämme bedeutsam geworden war“. In den niederdeutschen Volksrechten ist dieser Zusammenhang nicht zu verkennen. „Allerdings läßt sich nicht behaupten, daß gerade der Wert einer Hufe das Wergeld des Gemeinfreien bildete. Allein in dem dem sächsischen Recht so nahe verwandten angelsächsischen findet sich die Bemessung des Wergeldes nach Maßgabe des Grundbesitzes. In Westsachsen soll der Wälsche, der fünf Hyden (besetzte Hufen = familiae) Landes besitzt, ein Wergeld von 600 Schillingen beziehen. Das Wergeld des Wälschen, der nur eine Hyde besitzt, beträgt 120 Schillinge. Mit Recht sagt Maurer, das Wergeld des Besitzers einer Hyde ist offenbar nach dem Verhältnis der Anzahl der Hyden von da (d. h. vom Fünfhydenmann) aus berechnet, indem 5 mal 120 eben 600 Schillinge gibt... Endlich weist auch die Bemessung des Wergeldes bei den Langobarden auf diesen Zusammenhang hin, wenn die Übersetzung Bruckners von angargathungi nach der Angergröße richtig ist. Denn immer wird das Wergeld der freien Langobarden in angargathungi (secundum qualitatem personae, wie die lateinischen Glossen sagen) festgesetzt.“

Wendet man diesen Maßstab auf die soziale Gliederung des bayrischen Stammes an, so muß der Minderfreie ein Wergeld im Werte einer Hufe, der Vollfreie im Werte einer Hufenmehrheit beziehen. Das Wergeld des ersteren muß also durch die Hingabe einer colonia, das des letzteren durch die Hingabe einer grundherrschaftlichen Wirtschaft ersetzbar sein.

Die breves notitiae verzeichnen einmal die kurze Geschichte einer Hufenerwerbung: Saxo quidam debuit unum weregildum solvere ad Salzburch; comparavit ad Milonem colon. I. in Hohindorf deditque ibidem.[1]) Eine Ergänzung findet dieser Tatbestand in dem offenbar auf den nämlichen Vorgang gehenden Berichte:

[1]) Brev. not. XIV, 51.

Placitum est habitum et quaesitio Ilbungi fabri qualiter Sacco eum conquisiverit in servum; aliudque placitum de weregildo Wichelmi fratre; tertium placitum qualiter dedit Sacco territorium eius ad Salzburg pro anima Wichelmi.[1]) Saxo schuldet dem Salzburger Hochstift ein Wergeld für Wichelm. Wichelm scheint als minderfreier Laie unter der muntpurt des Bischofs zu stehen. Deshalb fällt sein Wergeld der Kirche zu. Die Höhe des Wergeldes beträgt vierzig Schillinge. An Geldesstatt kann auch eine gleichwertige Hufe tradiert werden. Saxo verschafft sich also eine colonia, auf welcher der nunmehr dem neuen Herrn untertane faber Ilbunc sitzt. Mittels dieses territorium tilgt er seine Wergeldschuld. — Noch klarer tritt der Sachverhalt in einem analog gelagerten Falle hervor.[2]) Zur Begleichung einer Wergeldforderung, zu welcher der dominus eines Barschalken als dessen Vormund legitimiert ist, wird als ausreichendes Äquivalent eine colonia verwendet. Barschalk ist, wie ausführlich erörtert wurde, der Terminus für den zinsenden Hufenbauer minderfreien Standes.

An die Traditionsurkunde des Kerhoh schließt sich eine Notiz an, aus der deutlich hervorgeht, daß man sich der Wergeldpflicht durch Abtretung eines bestimmt bemessenen Grundkomplexes entledigen kann:[3]) Haec sunt testes quos tradidit Hleoperht propter territorium quam tradidit in manus Kernandi per wergeldum Hroadolfi presbyteri in loco Adalhareshusum. Das Kompensationsobjekt wird in seiner Ausdehnung und Zusammensetzung nicht beschrieben. Es ist dies dadurch entbehrlich gemacht, daß durch die Formalitäten der Besitzübertragung eine genaue Kenntnis seines Inhalts allgemein vermittelt wird. Außerdem ist ja der Wert der Sache durch die Höhe des fälligen Wergeldes gebunden und darnach kann man sich auf Grund der herrschenden Preisverhältnisse eine annähernde Vorstellung von den wesentlichen Eigenschaften derselben machen. Ist Hroadolf, was wahrscheinlich ist, Vollfreier gewesen, so muß

[1]) Ibid. XIV, 55.

[2]) Hundt, Abhandl. d. k. b. Akad. XIII, 1. pag. 4. Nr. 25.

[3]) Mb. 303.

das territorium einen Wert von 160 solidi repräsentiert haben. Dies bedeutet eine so intensive Bodenhäufung, daß die Aufteilung des Areals in einer grundherrschaftlichen Organisation nicht bloß möglich, sondern sogar unumgänglich ist.

Die vollfreie Tochter des vir nobilis nomine Engilperht wird durch eine Leibeigene des Freisinger Stiftes vergiftet: filiam veneno percussam per molimina vel machinationes malivole ancille de familia sancte Marie.[1]) Für die Handlungen der Unfreien hat der Bischof einzustehen. Die Tat ist offenkundig. Der Bischof wird also der Wergeldschuldner des Freien. Nun war gerade Engilperht durch die Betätigung frommer Gesinnung in nahe Beziehungen zum Bischof getreten.[2]) Nichtsdestoweniger wäre aber die Überlassung einer einzigen colonia eine zu geringe Entschädigung der väterlichen Rechte. Man trifft komplizierte Verabredungen juristisch verschiedener Natur. Der Werteffekt der stipulierten Nutzungsberechtigungen läßt sich nicht ohne weiteres feststellen. Möglicherweise kommt derselbe im ganzen genommen der Rente gleich, den ein grundherrschaftlicher Wirtschaftsbetrieb im Werte von 160 solidi abwirft. Auf jeden Fall erfährt der Güterbestand Engilperhts einen Zuwachs von mehreren Hufen. Außer einer colonia erhält Engilperht den bisherigen Benefizialbesitz seines Bruders Adalhoh verliehen. Indem er auf diese verwickelten Bedingungen eingeht, erweist er jedoch zweifellos dem Bischof ein besonderes Zugeständnis und nachsichtige Mäßigung seiner Ansprüche: . . . praestitit eidem . . . unam coloniam in loco qui dicitur Eginga ut eandem habuisset . . . quasi hereditario jure usque ad terminum vite possideat. Insuper beneficium quod habuit presbyter Adalhoh cum tali censu sicut ipse annis singulis persolvere debitor est habeat teneat possideat utatur sicut velit ea vero ratione si se ipsum serviturum Frisingensis ecclesiae episcopo profitetur. Et post istam complacitationem idem En-

[1]) Mb. 683.

[2]) Vgl. Mb. 605. Aus dem gleichen Grunde scheint Engilperht auf die eigentumsrechtliche Übertragung des Wergeldersatzes zu verzichten, weshalb sofort diese Form der Entschädigungspflicht gewählt und beurkundet wurde.

gilbertus totum quicquid contra se iniuste fuerat factum reconplacitavit.

Dem oben erwähnten Rechtsgeschäfte, in welchem ein Liegenschaftskomplex grundherrlichen Stils mit zweihundert Schillingen bezahlt wurde, läßt sich ein dem Geltungsbereich des alemannischen Rechtes entnommenes Beispiel an die Seite setzen.[1]) Dem Schenkungsbericht des vollfreien Warino ist die Klausel angefügt, daß der Stifter den Gegenstand der Tradition um den Preis von 160 solidi wieder an sich bringen könne. Sicher würde die Kirche bei diesem Handel zum mindesten nichts verlieren. Die Summe deckt sich nun gerade mit dem Wergeld des Vollfreien. Der Grund und Boden aber, der unter diesen Bedingungen dem Rückkauf unterliegt, verrät schon in der Terminologie des Referates seinen unzweideutig grundherrschaftlichen Charakter. Um den Betrag eines Vollfreienwergeldes ist eine grundherrschaftliche Wirtschaft mittleren Umfanges feil, . . . id est hobas 5, excepto ea, quae in usus proprios colere videtur, et una hoba in villa, quae vocatur Conninga, cum omnibus ad eam pertinentibus vel quicquid ab his duobus denominatis locis aspicientibus mei alodis esse dinoscitur. Et si aliquanto . . . ipsas res redemere voluero, tunc . . . liceat mihi hoc facere cum 160 solidis.

Starcholf tradiert der Kirche sein väterliches Vermögen.[2]) Die Pertinenzen zerfallen in . . . mancipia servos tributales casas curtes . . . Man hat es also mit der Schenkung eines grundherrschaftlichen Betriebes zu tun. Am Ende der Urkunde nun steht die Warnung: ut donatio haec firma et stabilis permaneat pro me et meis antecessoribus. Nam si quis contra haec donationem frangere vel venire conaverit prolatum et districtum sibi Dei iudicium faciat et cum agmina angelorum habeat causam et sciat se alienam invasisse et iudice terreno solvat ut mos est suum wergelt. Mit falschen Ansprüchen auf derartig umfangreiche Kirchengüter können höchstens Vollfreie hervortreten. Denn nur bei ihnen erscheinen sie in Anbetracht des sozialen Wesens ihres Standes glaubhaft. Der Betrag eines

[1]) St. Gallener Urkundenbuch Nr. 143. [2]) Mb. I. pag. 54.

Vollfreienwergeldes muß aber einen angemessenen Wertersatz für grundherrschaftliche Wirtschaftsorganisationen dargestellt haben.

Der Preis des Bodens läßt sich also durch Bezugnahme auf das Wergeld des einen oder anderen Standes ausdrücken. Sind in Art und Gestalt des Bodens gewisse Voraussetzungen verwirklicht, so kann der Bodenwert eine einem bestimmten Wergeldsatze adäquate Größe bilden. Der Persönlichkeitswert richtet sich nämlich ursprünglich nach dem Geldwert, der in einem gegebenen Zeitpunkt dem typischen Liegenschaftsbesitz derjenigen Rechtsklasse eigen ist, zu welcher die betreffende Person in ständischer Beziehung gehört. Die Motive für diese Identifizierung sind nicht schwer zu erraten.

Ob diese Reduzierung des Persönlichkeitswertes auch in sprachlichen Anklängen zutage tritt, dies zu entscheiden fehlt uns die Kompetenz. Were bedeutet nach Waitz[1]) das Recht der Hufe am Gemeinland, gewere auch Haus und Hof. Gewere ist neben der Besitzeinweisung auch der an einer Immobiliarsache rechtlich begründete Besitzanspruch, ohne Rücksicht auf die eigentümliche juristische Natur der Nutzungsberechtigung.[2]) Wer die gewere hat, hat momentan das Recht auf wirtschaftliche Verwendung eines Gutes. Das ist der praktische Vorteil der gewere. Wer eine ausreichende gewere besitzt, ist ökonomisch gesichert. Die wirtschaftliche Macht einer Person, die Beurteilung ihrer Lebenshaltung hängt so an den ökonomischen Konsequenzen ihrer gewere. Die juristische Intensität des Rechtes ist ohne Einfluß auf den augenblicklichen ökonomischen Effekt.

Wergeld ist vielleicht zunächst dasjenige, womit die were entgolten wird, der für den Besitz eines Bodenrechtes hingegebene Wertersatz. Dieser Begriffsinhalt scheint uns einmal noch in seiner Ursprünglichkeit entgegenzutreten.[3]) Es handelt sich um die Beurkundung eines Kaufvertrages. Die viri nobiles Pezzi und Managolt überlassen dem Bischof das Eigentum an einer Fläche Waldes. Für den dadurch erlittenen Nutzungsentgang, pro hoc, händigt ihnen Hitto einen Gegenwert aus,

[1]) l. c. I., pag. 127. Anm. 3. [2]) Schröder, l. c. pag. 267 f.; 271.
[3]) Mb. 552.

der seiner Bestimmung nach als wergeld bezeichnet wird. Von der Ablösung einer Wergeldschuld im Sinne des Gesetzes ist nicht die Rede: ... nobiles viri ... tradiderunt ad domum sanctae Mariae propriae hereditatis silvam in loco quae dicitur Calcunpergun mensure iugerum L ut in perpetuum permaneret ad domum sanctae Mariae ad Frigisingas et pro hoc acceperunt caballum I et alia pecunia wergeldum reddendum.

Man muß nun bedenken, daß bei der Fixierung der Persönlichkeitswerte feinere Empfindungselemente noch nicht maßgebend waren. Auf Individualisierungen konnte man sich nicht einlassen. Das Gesetz bedurfte einer Schätzungsmethode, die, auf schematischen, äußerlichen Merkmalen beruhend, leicht zu handhaben war.

Das Volk zerfällt in Klassen. Der Wert, der dem typischen Repräsentanten der einzelnen Klasse zugesprochen wird, überträgt sich auf alle Angehörigen der ganzen Gruppe. Man geht aus von der rechtlichen Qualität der Person. Diese soll einer zahlenmäßigen Wertung unterworfen werden. Zu diesem Zwecke läßt sich an die Erscheinung anknüpfen, daß der rechtsständische Typus jeweils zugleich einen sozialen Typus vorstellt. Jedem Rechtsstand ist ein innerhalb der Klasse allgemein verbreiteter Durchschnittsbesitz eigen, auf welchen sich das dem betreffenden Stande typische soziale Leben gründet. Die Entfaltung politischer Wirksamkeit muß der rechtlich herrschenden Schicht von vornherein durch eine die Erfüllung dieser Aufgaben zulassende wirtschaftliche Ausstattung garantiert sein. Unter diesem Gesichtspunkt werden die wirtschaftlichen Normalbedingungen für den Vollfreien durch Einhaltung eines gleichartigen Teilungsprinzips bei der Niederlassung bewußt geschaffen. Hiermit hängt dann wieder der soziale Rang des Minderfreien und die Einheitlichkeit seiner ökonomischen Grundlage aufs engste zusammen. Wer rechtlich vollkommen ist, ist in der Regel auch im gleichen Grade vermögend. Der rechtlich Schwächere besitzt weniger. Der Bewertungsmodus, den man für den sozialen Typus findet, erfaßt also in analoger Weise auch den rechtsständischen Typus. Da nun die soziale Stellung durch die Besitzverhältnisse bestimmt wird, kann sie auch allgemein nach diesem Kriterium bewertet werden. Und da rechtsständische und soziale Stellung im Klassentypus zusammenfallen, so wird mit der Bewertung einer Person nach ihrem Besitz die Gesamtpersönlichkeit nach allen Seiten hin durch dieses Schätzungsverfahren ergriffen. Der wirtschaftliche Wert des Durchschnittsbesitzes einer Klasse läßt sich zahlenmäßig fixieren durch Angabe seines Geldwertes. Damit ist zugleich der Wert der were gekennzeichnet, auf welche sich die ökonomische Nutznießung des Bodens stützt. Wenn nun für die Gesamtbewertung einer Person der Grundbesitz am Ende das ausschlaggebende Moment ist, so läßt sich der Wert der Person ebenfalls zahlenmäßig ausdrücken durch den Geldwert ihres Grundbesitzes, ihrer were.

Die Bewertung der Unfreien und des Adels vollzieht sich nach anderen Grundsätzen. Wie schon öfters hervorgehoben wurde, scheidet der Unfreie aus einer eigentlichen Wergelduntersuchung völlig aus, weil er kein Rechtssubjekt ist. Beim Adel spielt das in seiner Abstammung ruhende besondere Ansehen eine wertsteigernde Rolle. Man vermehrt das Wergeld, das sich für den Vollfreien ergeben hat, in dem Maße, wie man es zur Qualifizierung seines außerordentlichen Ranges für billig hält.

Der Wert der übrigen Personen der Rechtsgliederung verkörpert sich im ermittelten Werte ihrer were. Wie viel einer nach seiner were gilt, gilt er als Person. Der Vollfreie wird in demselben Maße höher eingeschätzt wie der Minderfreie, als er durchschnittlich mehr besitzt wie dieser. Der im Währungsgelde taxierte Wert seines Grundbesitzes ist sein Wergeld. Wergeld ist nicht nur die Summe, womit der Wert der were entgolten wird, sondern auch der Betrag, womit der nach der were gewertete Besitzer der were gewissermaßen entgolten wird.

Diesen Zusammenhang hat man nicht ausgeklügelt. Mit naiver Natürlichkeit hat er sich ganz einfach und von selbst ergeben.

Nur wer rechtsfähig ist, kann eine were besitzen. Wer eine were besitzt, ist rechtsfähig. Im Gothischen heißt vair der

Mann,[1]) vairts der Wert; gavairthi aber ist gleichbedeutend mit der deutschrechtlichen gewere, der possessio.[2]) Der Minderfreie führt seine were zurück auf rechtskräftige Verleihung. Der Vollfreie hat kraft seiner Geburt einen Anspruch auf einen Teil des Gesamtlandes. Dieser unterliegt mit fortschreitender Entwicklung dem Sondereigentum, dem sich die ideell bemessene Gemeinheitsberechtigung verbindet. Die Zahl der Hufen bestimmt sich nach dem Bedürfnis. Dessen Faktoren werden gebildet durch eine der Lebenshaltung genügende Minimalbegabung mit Land, im übrigen durch die Menge der dem einzelnen Freien zugeteilten Unfreien. Der Wert der were ergibt sich so aus der Zahl der in Lose zerfallenden Hufen. Der Wert des Vollfreien selbst, die qualitas personae, ist im Augenblicke der Bodenteilung tatsächlich ausgedrückt durch die Zahl der auf ihn durchschnittlich treffenden Angerlose, durch die Angergröße.[3])

Die were des Vollfreien hat einen Durchschnittswert von 160 solidi. Sie wird mit einem Wergeld von 160 solidi entgolten. Sein eigener Wert ist an dem Werte dieses Besitzes meßbar. Sein Wergeld beträgt ebenfalls 160 solidi. Grundbesitz im Werte von 160 solidi stellt ein grundherrschaftlich organisiertes Wirtschaftsganzes dar. Der Vollfreie ist Grundherr.

Aus dem nämlichen Zusammenhang resultiert die Bauernqualität des Minderfreien.

---

[1]) Graff, Althochd. Sprachschatz I., pag. 931; 1011.

[2]) Schmeller, l. c. II., pag. 972.

[3]) Eine Urkundenüberschrift (Hundt, Abhandl. XIII, 10) lautet: traditio ... ad Mohingas hluzum I quod angar dicimus. Wenn die qualitas personae nach der Angergröße bemessen wird (s. o. pag. 266), so ist damit gesagt, daß der Rechtsstand einer Person erkennbar ist an der Anzahl Lose (= angar), welche sie bei der Landverteilung erwirbt. Die Angergröße ergibt sich aus der Loszahl. Mit der bleibenden Niederlassung des Stammes kann also der Wert des vollfreien Mannes ausgedrückt werden nach dem Werte der Angergrößen, an denen er eine gewere hat. Die qualitas personae ist gleich dem Werte der im Besitz vereinigten Lose, der angargathungi.

§ 20. DER EINFLUSS DER TRADITIONEN AUF DIE SOZIALE GLIEDERUNG.

Die von uns entwickelte Auffassung vom sozialen Wesen des vollfreien Tradenten verleiht der gesellschaftlichen Struktur des Stammes ein wesentlich anderes Gepräge wie die herrschende Anschauung. Beide Ansichten operieren mit gerade entgegengesetzten Typen.

Nach der herrschenden Meinung ist der Vollfreie der Karolingerzeit, der von der kirchlichen Großgrundherrschaft aufgenommen wird, ein ärmlicher, schutzsuchender Bauer.[1]) „Die Wirtschaft des kleinen gemeinfreien Grundbesitzers beruhte in der Regel ausschließlich auf den Arbeitskräften seiner Familie, auf der Produktivität seiner Hufe und dem dazu gehörigen Marknutzen. Er war hier auf das Dringendste veranlaßt, selbst Hand an die Wirtschaft zu legen, mit Weib und Kindern, zuweilen auch mit Mutter, Geschwistern oder nahen Verwandten bebaute er das Feld, besorgte das Vieh im Stalle und auf der Weide und schuf sich selbst den kärglichen Hausrat, sowie die wenigen Genüsse, die solch einfaches Leben erheischte“. „So war der gemeine Freie der eigentliche Bauer jener Zeit; in ärmlichem und mühevollem Dasein verbrachte er das Leben und fand kaum die Zeit, die Rechte auszuüben, die ihn als freien Volksgenossen in die Versammlung der Gemeinde und des Gaues riefen, damit er dort seinen Platz einnehme und seine Stimme zu Rat und Urteil erhebe.“

v. Luschin[2]) spricht von dem Erliegen des „freien Bauernstandes,“ von dem Anschluß „der einzelnen Kleingrundbesitzer“ an irgend einen mächtigeren Herrn. Dieser Prozeß, der durch äußere und innere Fehden, durch Mißwachs, Übergriffe der Beamten, steigende Bedürfnisse und technische Überlegenheit des Großgrundbesitzes beschleunigt worden sei, gilt zur Zeit Ludwigs des Kindes bereits für beendet.

Der Gemeinfreie bleibt also auch in seiner neuen Stellung im Grunde das, was er früher gewesen ist, ein zu eigener

[1]) v. Inama-Sternegg, l. c. I., pag. 147. [2]) Lehrbuch pag. 77.

Arbeitsleistung verpflichteter Bauer. Während aber die Not und die Sorge, die ihn bisher bedrückten, zu weichen beginnen, sinkt er von seinem freibäuerlichen Range zum Status eines grundherrlich abhängigen Hufners herab.

Die sozialen Bedingungen, unter welchen der grundherrlichen Theorie zufolge der Vollfreie in den kirchlichen Territorialverband eintritt, sind ganz anders geartet. Der Vollfreie befindet sich in der Regel in der Lage eines kleinen oder mittleren Grundherrn. Ausnahmen kommen vor, heben jedoch die Regel nicht auf. Er ist Herr über eine größere Anzahl unfreier oder minderfreier Hintersassen. Seine Wirtschaft setzt sich aus einer Hufenmehrheit zusammen. Die überschüssigen Kräfte werden zu Rodungen herangezogen und auf neu errichteten Ackerstellen angesiedelt. Durch diese Erweiterung ihres Gebietes bewahrt die Grundherrschaft für den Fall der Eigentumszerschlagung den entstehenden Teilbetrieben den grundherrschaftlichen Charakter. Der Freie lebt auf der Herrenhufe. Sein Wirkungskreis ist der öffentliche Dienst. Seine Freude ist die Jagd. Das Feld seiner Ehre ist der Kampf. Die Pflugarbeit ist als die Tätigkeit unfreier Knechte verachtet.

Der Vollfreie entäußert sich nun seines Eigentumsrechtes zugunsten einer kirchlichen Korporation. In den Motiven mischt sich religiöses Empfinden mit sozialem Selbsterhaltungstrieb. Die soziale Qualität des Vollfreien wird durch den Schenkungsakt nicht berührt. Er bleibt nach wie vor Grundherr. Was sich ändert, ist lediglich der Rechtstitel, zu welchem er seine grundherrschaftliche Wirtschaft besitzt. Das Schenkungsobjekt erfährt keine organisatorische Umgestaltung. Es ist ein Vorgang, der äußerlich eigentlich gar nicht sichtbar wird. Der vollfreie Tradent wird gewöhnlich aus einem grundherrschaftlichen Eigentümer ein grundherrschaftlicher Lehensträger. Erfaßt die Schenkung das Totalallod des Tradenten und tritt sie sofort in Kraft, so muß dieser, um nicht brotlos zu werden, von der Kirche ein wirtschaftliches Äquivalent beziehen. Dabei nimmt man schonende Rücksicht auf seinen bisherigen Stand.

Vielleicht eröffnet sich gerade durch die Art, wie die

Schenkungen befestigt werden, ein Ausblick auf die ersten Anfänge der kirchlichen Ministerialität. Hier wäre ein Punkt, mit dem sich die keimhafte Entwicklung dieser aufstrebenden Institution in Verbindung bringen ließe. Eine Sammlung und Neubildung ministerialer Grundherrschaften wäre nicht mehr erforderlich. Ihre Grundlagen sind mit den Traditionen in dem organisatorisch notwendigen Zustande gegeben. Die Unterbrechung der Besitz- und Betriebsregelung käme in Wegfall. Die Kirche könnte darauf verzichten, nach einem gewissen Zeitraum die geschenkten Grundherrschaften aufzulösen, um aus ihren Territorien dann wieder ähnliche Gebilde künstlich erstehen zu lassen. Die Herkunft der ministerialen Elemente aber fände durch einen derartigen Zusammenhang ebenso ihre Erklärung wie das Schicksal der Nachkommenschaft der grundherrlichen Tradenten.

Bis zur Mitte des 9. Jahrhunderts [1]) sind die bei Meichelbeck edierten Urkunden zumeist Zeugnisse einseitiger Schenkungsakte Vollfreier. Von da an reiht sich fast ununterbrochen die große Menge der Tauschverträge an. Die Kommutationen sind zwar ebenfalls für die Kirche eine fructuosa valde ac nimium utilis consuetudo; [2]) sie sind gewöhnlich utiliter domui Dei ... peractae. [3]) Die Kirche empfängt oft mehr, als sie hingibt. [4]) Allein auch die Gegenpartei findet dann ihren Vorteil in der Arrondierung ihres Wirtschaftskomplexes.

Am kräftigsten jedoch wird das Gedeihen der kirchlichen Macht gefördert durch die unentgeltlichen Zuwendungen von seiten Gläubiger. Die Bedingungen, unter denen der Besitzwechsel erfolgt, sind keine einheitlichen.

Die Schenkung wird häufig erst wirksam mit dem Todesfall des Tradenten oder eines seiner Verwandten. Bis dahin untersteht sie noch dem proprium ius des bisherigen Eigentümers. [5]) Oder der Tradent behält das Gut bis zu seinem Ab-

[1]) Etwa bis Mb. 720. [2]) Pez, l. c. T. 1. P. 3. pag. 203. [3]) Cod. Odalb. 1.
[4]) Vgl. Mb. 700; 739; 936; 941; 996; 997; 998.
[5]) Mb. 32; 53; 57; 62; 65; 91; 108; 318; 399; 556; 570. — Cod. Rat. I, 43.

leben zu eigenem Recht, während es von da an als Benefiz an seine Deszendenz kommen soll.[1]) Besonders gebräuchlich ist die Methode, dem Tradenten sein ehemaliges Allod in seinem ganzen Umfang in beneficium usque ad finem vitae suae zu verleihen. Die Belehnung kann auch auf Deszendenten oder andere Verwandte weiterwirken. Der Bestand der geschenkten Wirtschaft kann bei der Rückverleihung eventuell durch erweiterte Benefizialverleihung vergrößert oder durch benefiziale Übertragung vollständig ersetzt werden. Vereinigung von Benefizialbesitz und propria hereditas in einheitlicher Betriebsgemeinschaft ist natürlich ebenfalls möglich.[2])

Überweisung zu Benefiz berechtigt zum usus fructuarius, usus beneficiarius.[3]) Der Beliehene hat den Ertrag des Bodens. Er stellt sich im großen und ganzen ökonomisch wie der Eigentümer. Er muß bestrebt sein, das Gut zu bessern und zu mehren.[4]) Er hat für dessen Instandhaltung zu sorgen und eine Verminderung desselben zu verhüten. Aller während der Nutzungsperiode sich ergebende Zuwachs fällt durch Vermittlung des Obereigentums dem Verleihenden anheim. So tradiert der Bischof einen servus ... natum de beneficio quod vocatur Ruodineshova.[5]) Aus dem Ertrag des beneficium soll der Nutznießer nicht wieder eine Quelle neuen Eigentums gewinnen. Dies wird meistens ausdrücklich bestimmt. Es ist dadurch dem Freien, der einmal in den Bann der kirchlichen Grundherrschaft getreten ist, schwer gemacht, wieder wirtschaftliche Unabhängigkeit zu erringen.

Die Verleihung praestaria vice kann ohne jede Gegenleistung geschehen, sine censu.[6]) Wird ein Zins ausbedungen, so stellt derselbe lediglich eine Gebühr in recognitionem dominii dar. Es handelt sich um eine Gilt, praecavens ut nulla omnino inde emergere potuisset contentio vel alitergatio,[7]) ob recorda-

---

[1]) Mb. 631.

[2]) Mb. 230; 289; 306; 449; 558b; 576; 596; 620; 635; 651; 654; 655; 661.

[3]) Mb. 591; 638. — Form. Sal. Lind. 3. [4]) Mb. 367; 378.

[5]) Mb. 993. [6]) 31; 540. [7]) Mb. 380.

tionem traditionis.[1]) Eine derartige Auflage wird einmal im Jahr am bestimmten Termin abgetragen, wenn die Ernte eingebracht ist, an Mariä Geburt, zum St. Michaels- oder Martinstag.[2]) Sie besteht entweder in einer Naturallieferung[3]) oder einer Geldleistung.[4]) Das tributum bleibt für die Nachkommenschaft, auf

---

[1]) Mb. 564.

[2]) Mb. 114; 155; 505; 527; 534; 563; 620; 655; 697. — Urk. o. E. I. cod. trad. mon. Lun. 110 b.

[3]) Ein Unterschied zwischen Natural- und Geldleistungen besteht nicht. Da Bargeld ziemlich selten ist, können die Geldabgaben ersetzt werden durch Lieferung von Lebensmitteln, Kleidungsstücken, Wachs u. dgl. (Mb. 68; 274; 593.)

Mb. 212: 12 Scheffel Spelz, 12 Scheffel Hafer, 2 Frischlinge.
„ 336: 2 „ Mehl, 1 Carrade Bier, 1 Frischling, 2 Hühner, 1 Gans.
„ 426: 12 „ Hafer.
„ 445: 20 „ Mehl.
„ 476: 12 „ Mehl.
„ 477: 12 „ Mehl, 1 Mönchsgewand, 60 Eimer Bier, 20 Hühner, 5 Gänse, 50 Schafe.
„ 480: 3 „ Spelzmehl, 4 Hühner, 1 Schinken.
„ 577: leinenes Gewand.
„ 589: alle 2 Jahre 4 Scheffel Mehl, 40 Eimer Bier, 2 Frischlinge.
„ 591: 2 Scheffel Mehl, 12 situlae de cervisa, 1 Frischling.
„ 627: Mönchsgewand.
„ 712: 12 Scheffel Korn, 2 Scheffel Mehl, 2 Frischlinge, 1 Gans, 2 Hühner.
„ 720: 12 „ Spelz, 10 de sigali, 1 Malz, 1 Schinken.
Urk. o. E. I. cod. trad. mon. Lun. 110 b: 1 Carr. Wein und Honig.

[4]) Mb. 380; 564; 631; 669; 981: 1 Denar.
Mb. 454; 527; 528; 595; 602; 620; 628; 652; 675: 2 Den.
„ 433: 3 Den.
„ 418; 496; 534; 563; 640: 4 Den.
„ 449: 5 Den.
„ 68; 354; 412; 432; 436; 578; 678: 6 Den.
„ 697: 8 Den.
„ 446: 10 Den.
„ 89; 448; 576; 677; 725: 12 Den.
„ 655: 15 Den.
„ 566: 20 „
„ 677: 24 „

welche die Belehnung ausgedehnt wird, entweder das gleiche oder es wird für diesen Fall gesteigert[1]) bezw. vermindert.[2])

Es sind also ungefähr folgende Schenkungsmodifikationen möglich:

I. Die Tradition tritt sofort in Kraft:

1. ohne benefiziale Rückverleihung der Schenkungsmasse.
2. mit benefizialer Rückverleihung der Schenkungsmasse ev. benefizialer Ersatzverleihung:
   a) auf Lebenszeit des Tradenten:
      α) ohne Zinserhebung,
      β) gegen Zinsleistung.
   b) auf Lebenszeit irgendwelcher Verwandten:
      α) ohne Zinserhebung,
      β) gegen Zinsleistung, ev. Zinssteigerung bezw. Zinsminderung.
3. mit benefizialer Rück- und Ergänzungsverleihung. Weitere Unterteilung wie sub 2.

II. Die Schenkung tritt in Kraft nach dem Tode des Tradenten (donatio mortis causa):

1. ohne sofortige benefiziale Ergänzungsverleihung.
2. mit sofortiger benefizialer Ergänzungsverleihung. Weitere Unterteilung wie sub I, 2.
3. mit benefizialer Weiterverleihung der Schenkungsmasse an Verwandte:
   a) ohne Zinserhebung,
   b) gegen Zinsleistung.

Bei Tauschverträgen erfolgt die Erfüllung der Verbindlichkeiten durch die beiden Kontrahenten Zug um Zug pro eorum opportunitatibus.

Mb. 428: 30 Den.

Solidi de argento:

Mb. 274; 390: 1/2. — Mb. 114; 339; 415; 505; 583; 593: 1. — Mb. 155; 350; 445; 629; 651: 2. — Mb. 455: 3. — Mb. 634; 651: 4. — Mb. 299; 323; 441; 589: 10. — Mb. 426: 12.

Solidi de auro: Mb. 457: 2. — Mb. 157: 3. — Mb. 686: 5.

[1]) Mb. 677. — [2]) Mb. 651.

Der Vorteil, der in formelhafter Weise in den Urkunden als die eigentliche Belohnung des Tradenten hingestellt wird, ist erst in der Zukunft zu erwarten. Der Tradent erwirbt ein Anrecht auf unvergängliche Ewigkeitsgüter. Cum mortales animarum lucra querere satagebant quid aliud faciebant nisi regnum celorum possidere cupiebant. Hodierni namque veterum vestigia sequentes ad loco sanctorum propria sua pro animarum requiem collocant et usufructuario partem accipiunt ecclesiasticam.[1])

Die Kirche erwirbt den ihr zukommenden Preis sofort: Stärkung ihrer materiellen Machtmittel durch Erweiterung ihres territorialen Herrschaftsbezirkes, Steigerung ihres Einflusses und Ansehens als Sondergewalt innerhalb des Staates, Ausdehnung ihres Immunitätsbereiches, Mehrung der von ihr durch Benefizialverleihung abhängigen Gefolgschaft. Verumtamen ex postulatione nostra istam . . . traditionem in beneficio ab episcopo . . . nepus meus . . . ut a diebus suis concessum habeat et ad eum locum querat defensionem et cum iusto famulatu proserviat et licentiam non habeat vendendi . . . nec exinde in publico aliquid faciendum sed sub defensione episcopi permaneat . . .[2])

Die Eigenwirtschaft der Kirche wird durch die Schenkungsbereicherungen gewöhnlich nicht umgestaltet. Die Grenzen der Fronhofswirtschaft sind schon vorher geschlossen. Ihr Umfang wird nicht durch die Summe der tradierten Einzelwirtschaften bestimmt. Die Verwaltung dieser kleinen Grundherrschaften bleibt in den alten Händen. Ihre Organisation ist keine originale Schöpfung der Kirche. Sie stammt aus den Zeiten, in denen die Vollfreien die ihren Zwecken genügende Produktionstechnik unter Anwendung des Hufenprinzips verwirklichten. Die Klöster schaffen sich ihre Eigenwirtschaft durch vorbildliche kolonisierende Tätigkeit selbst. Die kirchliche Großgrundherrschaft bildet sich durch Häufung von Eigentumsrechten an selbständigen, kleineren Grundherrschaften. Die aus denselben eingehenden Gefälle sind zwar im ganzen genommen bedeutend,

---

[1]) Mb. 725. [2]) Mb. 230.

aber in ihrem Bezug liegt nicht der Hauptwert des kirchlichen Obereigentums. Dieser liegt in der steigenden Befähigung zu politischer Machtentwicklung.

Wenn wir nun auf den Gang unserer Untersuchung noch einmal zurückblicken, so läßt sich deren Ergebnis in den Hauptzügen folgendermaßen zusammenfassen:

Der bayrische Volksstamm zerfällt in rechtsständischer Beziehung in Adelige, Vollfreie, Minderfreie und Unfreie. Die Rolle, die der Adel spielt, ist seiner beschränkten Zahl zufolge keine besonders hervortretende. Der im nördlichen Deutschland heimische Lite fehlt der bayrischen Gliederung. Die Unterscheidung der rechtsterminologischen Bezeichnungen ist nur bei der Klasse der Minderfreien einigermaßen verwickelt. Mit Hilfe bestimmter Merkmale ist jedoch in den meisten Fällen eine zweifelsfreie Auslegung möglich. Der Minderfreie bildet als minor populus die unterste Schicht der umfassenden liberi-Klasse. Zur Kategorie der Vollfreien im weiteren Sinne gehört auch der Adel. Aus der Masse der vollberechtigten Bevölkerung die Mitglieder des Adels herauszufühlen, gelingt bei dem Mangel von Zunamen nur ausnahmsweise. Nobilis bedeutet lediglich den vollfreien Volksgenossen im weiteren Sinne. Der nobilis steht im gleichen Rang mit dem vollfreien liber und dem ohne terminologischen Zusatz auftretenden Tradenten der Schenkungsurkunden.

Es handelt sich nun darum, diese verschiedenen rechtsständischen Typen nach dem einem jeden von ihnen eigenen sozialen Durchschnittswerte zu erkennen. Die soziale Qualität derselben soll durch einen ihnen beigelegten sozialen Gattungsbegriff sofort deutlich werden. Aus dem Ineinandergreifen der einzelnen rechtlich-sozialen Gruppen erwächst dann das Gesamtbild vom Wesen und Wirken des Stammes. Man sieht, auf welcher organisatorischen Stufe seine Wirtschaft steht und unter welchen persönlichen Bedingungen sich seine Entwicklung vollzieht. Jeder Rechtsstand hat seine besonderen Aufgaben und Interessen im inneren Leben des Volkes. Voraussetzung ist eine dieser Arbeitsteilung angepaßte, bestimmte Organisation der Bedürfnisbefriedigung. Je mehr die herrschende Klasse dieser Sorge enthoben wird, um so eher werden ihre Kräfte für allmeine, erhöhtes Ansehen verschaffende Zwecke frei, um so stärker ist sie Trägerin des politischen Einflusses.

Die soziale Eigenschaft einer Rechtsklasse ergibt sich aus der Stellung, die sie der produktiven Verwertung der Sachgüter gegenüber gewohnheitsgemäß einnimmt. Wer mit eigener Hand den Boden eines wirtschaftlich selbständigen Betriebes bebaut, ist Bauer. Wer seinen Acker grundsätzlich nur durch fremde, bäuerliche Arbeitskräfte in geschlossenen Betrieben bestellen läßt, nicht selbst dabei zugreift und nur die überwachende Leitung ausübt, ist Grundherr.

Der Vollfreie ist die maßgebende Klasse im Volk. Der Charakter des Volksganzen erhält Stimmung und Farbe durch die soziale Qualität des Vollfreien. Es ist daher besonders wichtig, die wirtschaftliche Tätigkeit des Vollfreien festzulegen. Je nachdem er unmittelbar an der Gütererzeugung beteiligt ist oder nicht, wird man von einem Volke vollfreier Bauern oder vollfreier Grundherrn reden können. Die soziale Lage des Adels gleicht im Prinzip derjenigen des Vollfreien. Was bei diesem in kleineren Verhältnissen vorhanden ist, findet sich bei jenem in vergrößertem Maßstab.

Die zur Fixierung dieser Beziehungen wesentlichen Momente lassen sich in der Hauptsache aus dem Tatbestand der Traditionsberichte ableiten. Natürlich werden auch alle aus anderen Quellen fließenden Andeutungen gleichmäßig herangezogen.

Das anbaufähige Land sammelt sich vor allem im Eigentum der vollfreien Leute. Diese schenken ihr Liegenschaftsvermögen ganz oder teilweise der Kirche. Weite Kreise werden von diesem Schenkungseifer erfaßt. Doch strömt nicht alles freie Eigen der Kirche zu. Anläßlich der Beurkundung des Traditionsaktes erfährt nun das Schenkungsobjekt vielfach eine ausführliche Beschreibung. Dabei kommt dann auch die betriebsmäßige Organisation des geschenkten Gutes zum Ausdruck. Diese ist als die allgemein verbreitete Betriebsverfassung anzusehen.

Das Gesamtareal einer Siedelung unterliegt teils dem Gemeinbesitz, teils dem Sonderbesitz. Die rechtliche Nutzung des ersteren hängt am Rechtsbesitz des letzteren. Im Vermögen eines Eigentümers befindet sich eine bestimmte Bodenfläche mit den dieser adhärierenden Gemeinheitsnutzungen. Die organisatorische Gliederung dieser Besitzeinheit ist eine grundherrschaftliche. Sie bezweckt, den zur Verwertung des Bodens nötigen Arbeitsaufwand auf fremde Schultern abzuwälzen. Der gesamte Liegenschaftskomplex wird deshalb in einzelne einander ergänzende, wirtschaftlich selbständige bäuerliche Betriebe kleineren Umfangs untergeteilt. Jeder derselben wird an eine bäuerliche Familie ausgetan. Dies sind die vom Grundherrn abhängigen Hintersassen. Die auf dem Boden des Eigentümers errichteten Stellen machen zusammen die grundherrschaftliche Wirtschaft aus. Was sie zusammenhält, ist das grundherrliche Eigentumsrecht und der Dienst im Interesse der nämlichen grundherrlichen Genußwirtschaft. Auch mit dem Wohnsitz des Grundherrn ist regelmäßig eine produzierende Eigenwirtschaft verbunden. Die Zahl des hier beschäftigten Hausgesindes ist unerheblich.

Einteilungsprinzip für die Bildung der bäuerlichen Wirtschaften ist die Hufe. Die abhängige bäuerliche Stelle heißt Hufe. Bei ihrer Bemessung und Ausstattung wirken verschiedene Gesichtspunkte zusammen. Die Arbeitskraft ihres Inhabers soll ausgenützt werden. Bei einer gegebenen Arbeitsmenge müssen die in ihr vereinigten Produktionsmittel zu voller Entwicklung gebracht werden können. Sie soll in gutem Zustand erhalten werden können und ihre Bestellung doch noch Zeit übrig lassen zum Gang auf den Herrenhof. Sie soll ihren Sassen ernähren und einen Beitrag liefern zu den Einkünften des grundherrschaftlichen Haushaltes. Die Hufe umfaßt alle wesentlichen Bestandteile eines bäuerlichen Betriebes. Die Aufteilung des Gemeinschaftsbesitzes erfolgt nach Hufengrößen. Zu jeder Hufe gehört eine ideell bemessene, hufenmäßige Allmendnutzung. Das bei der Hufe befindliche Flurland besitzt typische Ausdehnung und führt mit Rücksicht auf seine Größe selbst wieder den Namen Hufe. Der Spielraum in der flächenmäßigen Begrenzung einer Hufe ist bedingt durch die wechselnde Güte des Bodens. Man kann also mit annähernder Sicherheit berechnen, in wie viel Hufen eine bestimmte Fläche Ackerlandes zum Zwecke des Betriebes zerlegt werden muß. Die Terminologie des Hufenbegriffes ist ungleichartig. Sie ist teils unzweideutig, teils an sich indifferenter Natur. Eine „Hufe“ kann nur einen Hintersassen zum Bebauer haben. Aber auch die anderen Termini sind des nämlichen Inhalts fähig wie die spezifischen Hufenbezeichnungen und meist mit diesen begrifflich identisch.

Der Vollfreie ist der Eigentümer dieser Betriebskomplexe. Er ist also Grundherr. Seine Arbeitsorgane sind die minderfreien und unfreien Bevölkerungselemente. Sie sind die Bauern der Hufen. Die Besitzverhältnisse sind rechtlich verschieden geregelt je nach dem Rechtsstande des Hufeninhabers. Hierauf beruht die qualitativ und quantitativ unterschiedliche Beschaffenheit der grundherrlichen Dienste und Lasten. Der Bodenbesitz des Vollfreien verlangt seinen Dimensionen nach seine Auflösung in bäuerliche Stellen grundherrschaftlichen Ursprungs. Die zahlenmäßige Überlegenheit der nicht vollfreien Klassen gegenüber den Vollfreien ermöglicht die Anwendung des grundherrschaftlichen Betriebssystems. Die Verteilung der Rollen entspricht auf beiden Seiten einer alten Gewohnheit. Auch die vielgestaltige soziale Terminologie basiert auf dem grundsätzlichen Gegensatz zwischen hintersässigem Bauer und grundherrlichem Eigentümer. Es gibt sowohl für den minderfreien wie für den unfreien Bauer eine Reihe von Bezeichnungen, in denen zugleich das soziale wie das rechtliche Wesen der Person ausgedrückt erscheint. Die enge Beziehung, die zwischen dem Sassen beider Rechtsklassen und seiner Hufe besteht, äußert sich unbewußt in einzelnen charakteristischen sprachlichen Wendungen.

Für den Minderfreien ist die Hufe regelmäßig Heimat und Wirkungskreis. Er ist das Abbild des romanischen colonus, dessen Spuren noch ab und zu zu erkennen sind. Der Unfreie ist in den meisten Fällen mit der Bestellung einer Hufe beauftragt. Er kann jedoch auch ausschließlich in der grundherrlichen Eigenwirtschaft Verwendung finden. Eine Anzahl Unfreier, die ein nur geringes Maß übersteigt, muß auf Hufen untergebracht werden. Sie wäre unvereinbar mit einem hufengleichen, bäuerlichen Eigenbetriebe eines Vollfreien. Sie ist daher ein Zeichen für die Grundherrnqualität ihres Eigentümers.

Auf die Grundherrneigenschaft des Vollfreien gründet sich die Erfüllung seiner politischen Rechte und Pflichten; seine Stellung im Heer und im Gericht sucht er sich durch Erhaltung der wirtschaftlichen Grundlagen zu sichern. Daß Ausnahmen vorkommen und einzelne Vollfreie in den bäuerlichen Stand herabsinken, soll nicht bestritten werden. Die Stellen des Gesetzbuches jedoch, die die bäuerliche Tätigkeit des Vollfreien zu erweisen scheinen, gehen entweder nur auf die bäuerlichen Klassen der Minderfreien und Unfreien oder sie sind, soweit sie sich auf den Vollfreien beziehen, nicht wörtlich zu interpretieren. Durch die Traditionen verliert der Vollfreie seinen grundherrschaftlichen Charakter nicht.

Die Interpretation der Traditionsurkunden ergibt gemäß der in ihnen verwendeten Terminologie teils unzweideutig und augenblicklich die Grundherrneigenschaft des vollfreien Tradenten, teils folgt dieselbe aus der Kombination verschiedener Kriterien (Renovationen, Exemtionen, Teilschenkungen, Schenkungsergänzungen, Eigenkirchen, Flächenangaben des tradierten Ackerlandes, Zahl der tradierten Unfreien). Eine genaue Beschreibung der Schenkungsmasse erscheint in sehr vielen Fällen durch die Anwesenheit der Zeugen überflüssig. Die wirtschaftliche Anschauungsweise sieht ganz selbstverständlich eben nur die herrschende grundherrschaftliche Organisation, ohne daß eine begriffliche Erwähnung derselben für notwendig befunden wird. Diejenigen Urkunden, die keines der angegebenen Kennzeichen in sich tragen, dürfen nun keinesfalls unter einer vorgefaßten Ansicht beurteilt werden. Es ist unrichtig, diese Urkunden unter Anwendung des den einwandfreien Instrumenten gegenteiligen Prinzips interpretieren zu wollen. Die Frage geht vielmehr dahin, ob das als vorherrschend anerkannte Wirtschaftssystem sich auf diese dunklere Urkundengruppe übertragen läßt. Es ist nun in der Tat möglich, diese Urkunden mit den Begriffen der grundherrlichen Wirtschaftsverfassung in Einklang zu bringen.

Verfährt man nach dieser Methode, so resultiert aus der überwiegenden Mehrheit der Urkunden die Grundherrnqualität des Vollfreien. Auch die Bemessung des Vollfreienwergeldes scheint mittelbar auf diese Tatsache zurückzuführen zu sein.

Nicht nur die Zeit und ihre Veränderungen, mit denen wir es zu tun haben, gewinnen im Lichte unserer Auffassung an folgerichtiger Geschlossenheit und Anschaulichkeit. Die grundherrliche Theorie schlägt auch die Brücke zum Verständnis späterer Zustände. Wittich hat in seinem jüngsten Werke [1]), zunächst wieder für Niedersachsen, deutlich gezeigt, daß die grundherrliche Theorie in rechtlicher und sozialer Beziehung eine restlose Erklärungsmöglichkeit bietet für den Ursprung und die Vergangenheit des ministerialen Adels.[2]) —

---

[1]) Altfreiheit und Dienstbarkeit des Uradels in Niedersachsen i. Vierteljahrsschrift f. Sozial- und Wirtschaftsgesch. IV, 1 (mit einer äußerst instruktiven Beilage auch im Sonderdruck erschienen).

[2]) Während der Drucklegung dieser Arbeit erschien der erste Band der Bitteraufschen Edition der „Traditionen des Hochstiftes Freising“ (Quellen und Erörterungen zur bayerischen und deutschen Geschichte N. F. 4. Bd.). Diese gibt eine textlich vollkommene und inhaltlich lückenlose Sammlung der Instrumente dieses Quellenbereiches. Die Urkunden sind in chronologische Ordnung gebracht. Die örtlichen Beziehungen werden, soweit dies überhaupt möglich ist, genau festgestellt. Für die Lokalforschung sowohl wie für genealogische Kombinationen ist dadurch in erheblichem Maße Vorarbeit geleistet. Detaillierten Untersuchungen ist erst jetzt die Bahn geöffnet.

Die Grundlagen, auf welchen sich unsere Untersuchung aufbaut, sind durch die Edition nicht beeinflußt worden. Für die von uns eingeschlagene Art der Beweisführung war auch das bei Meichelbeck gebotene Material vollkommen ausreichend. Die textuellen Verbesserungen sind weniger sachlicher als diplomatischer Natur. Der Inhalt der Pertinenzreihen ist der alte geblieben. Die Rechtsverhältnisse der Tradenten haben sich nicht geändert. Die wertvollen ortsgeschichtlichen Erläuterungen hätten einer mehr auf allgemeine Gesichtspunkte gerichteten Methode nur verhältnismäßig geringe Unterstützung leisten können. Die wenigen neu aufgenommenen Urkunden waren dem Verfasser zum größten Teil durch die Hundtschen Ergänzungen bereits bekannt. Durch sie gewinnt das aus der Gesamtheit der Urkunden resultierende Ergebnis noch an Geschlossenheit. Die Zahl der Urkunden, die zu den terminologisch bestimmten zu rechnen sind und dadurch ihren grundherrschaftlichen Ursprung verraten, erhöht sich. Das Verhältnis der unfreien Bevölkerung den vollfreien Elementen gegenüber korrigiert sich in einem unseren Behauptungen nur günstigen Sinne.

Der Urkundensammlung selbst schickt Bitterauf eine allgemein orientierende Zusammenstellung wirtschaftlich hervorstechender Tatsachen „Zur Wirtschaftsgeschichte“ (pag. LX ff.) voraus. Eine Verarbeitung des gesamten Materials wird in nahe Aussicht gestellt (pag. LXXVI, Anm. 1.). Ganz selbstverständlich mußte sich Bitterauf neben der sorgfältigen Bewältigung einer so umfassenden Edition auf einen mehr notizenhaften Überblick beschränken. Es fehlt der leitende Gedanke, der die aneinandergereihten Tatsachen gruppiert, innerlich verbindet und eine Fragestellung aufwirft, welche die prinzipiell möglichen Verhältnisse aufklärt. Nur hieraus entspringt aber die Unmittelbarkeit und Lebhaftigkeit der Anschauung.

Aber auch bei dieser Gelegenheit konnte Bitterauf es natürlich nicht vermeiden, hie und da den Eindruck durchblicken zu lassen, der sich ihm bei der Sichtung des überreichen Materials aufgedrängt hat. Da ist es nun wertvoll, festzustellen, daß ein so genauer Kenner der Quellen sich mit seiner Ansicht der von Wittich begründeten Auffassung wesentlich zu nähern scheint.

Gleich am Anfang stellt Bitterauf den Satz auf, daß die Verhältnisse für die kleinen freien Grundbesitzer in Bayern viel günstiger gelagert waren als anderwärts (pag. LXI). Man dürfe nicht überall kleine Leute, Bauern, wittern wollen. Ungleich schwieriger als Großgrundbesitzer ließe sich aus den Quellen das Vermögen der kleinen Bauern feststellen (pag. LXXXVII). Bitterauf spricht zwar (pag. LXXXVI) vom Herrenhofe als dem Sitze des Betriebsleiters und scheidet von ihm die Kolonien, Nebenhöfe, die an abhängige Bauern, Freie, Hörige, Sklaven, ausgetan waren. Aber er gibt einer so gearteten Betriebsverfassung nicht den für sie allein passenden Namen. So kommt er in der Frage der Grundbesitzverteilung und in der Bestimmung des rechtlich-sozialen Ranges der Tradenten nicht zu der wünschenswerten klaren Formulierung und Entscheidung. Dieser scharfen terminologischen Analyse und begrifflichen Trennung entbehren auch andere Stellen, z. B. die Fassung der rechtlichen Beziehungen der Kolonen und Barschalken, wie der ständischen Beziehungen der (minder-) freien Hintersassenbevölkerung überhaupt (pag. LXXVI), oder die Deutung der juristischen Natur des Unfreienbesitzes (pag. LXXIV).

In vielen wichtigen Punkten jedoch ist Bitterauf zu dem nämlichen

Ergebnis gekommen wie die vorliegende Untersuchung. So betont er die prinzipielle Bedeutung der Aussonderung der portio legitima für die Auffassung des quantitativen und damit organisatorischen Gehaltes der Pertinenzformeln (pag. LXI). Er weist auf den Mangel von Autotraditionen hin und sieht zudem, wie wir, in einer großen Anzahl scheinbar „reiner“ Autotraditionen lediglich „symbolische“ Autotraditionen, Ergebungen in das servitium dei oder Begründungen benefizialer Leistungsverpflichtungen (pag. LXVI ff.). In einzelnen Fällen wieder (B. I, Nr. 553) handelt es sich nicht um die ständische Erniedrigung Vollfreier, sondern um die Sicherung eines Herrschaftsrechtes über Unfreie. Dem Vollfreien wird ferner bei Bitterauf der ihm zukommende Anteil an der Kolonisierung des Bodens zugesprochen und diese nicht allein auf die Tätigkeit klösterlicher Organisationen zurückgeführt (pag. LXXXIV). In der Würdigung der sozialen Qualität der Inhaber und Stifter von Eigenkirchen (pag. LXXXVIII) wie in der Interpretation des nobilis-Begriffes (pag. LXXVIII) einigt sich die Bitteraufsche Auffassung mit der unsrigen. Auch hinsichtlich der bei der Interpretation der Pertinenzen anzuwendenden Kriterien (pag. LXXXVII), die dann den Umfang der mobilen (mancipia) und immobilen Besitzgrößen erweitern und deren Deutung in grundherrschaftlichem Sinne nahe legen, besteht eine vielsagende Übereinstimmung. —

Exkurs I.

DIE FASTLINGERSCHE HYPOTHESE VOM RECHTSSTANDE DER TRADENTEN UND IHRE KRITIK.

§ 1. DER INHALT DER FASTLINGERSCHEN HYPOTHESE UND DIE ANLAGE IHRER BEWEISFÜHRUNG.

In dem Buche „Die wirtschaftliche Bedeutung der bayrischen Klöster in der Zeit der Agilulfinger"[1]) stellt Fastlinger die Hypothese auf, daß die Kirche ihre umfassenden Landschenkungen vor allem den Angehörigen der fünf genealogiae zu verdanken habe. Für die reichen Stiftungen im Bezirke der Freisinger Diözese kommen sogar nur die Huosi und Fagana als hauptsächliche Tradenten in Betracht. Das Stammgebiet der Drozza, dessen Lage ohnehin höchst zweifelhaft ist, liegt, wie Fastlinger selbst einräumt, außerhalb der Freisinger Interessensphäre.[2]) Die Bestimmung der Gütermarken der Hahilinga und Anniona ist vollständig unsicher[3]) und keinesfalls für einen exakten Beweis verwendbar. Nach Roth[4]) ist in den um die Mitte des 8. Jahrhunderts einsetzenden bayerischen Urkunden das Auftreten der Fagana nur ein einziges Mal mit Genauigkeit zu erkennen. Nach den Huosi ist ein Gau benannt. Bei zweimaliger Erwähnung ist an den betreffenden Stellen die Übereinstimmung mit den gleichnamigen Geschlechtsedlen keine zwingende. Es könne auch nur die Bewohnerschaft des Gaues gemeint sein. „Die drei anderen Geschlechter sind spurlos verschwunden."

[1]) Freiburg, 1903. [2]) Fastlinger, loc. cit. pag. 14. [3]) Ibid. pag. 18.
[4]) P. R. Roth, Über Entstehung der lex Baiuvariorum 1848. pag. 58.

Fastlinger sagt: „Die Adeligen treten. . ., soweit man ihren Spuren folgen kann, als die eigentlichen Großgrundbesitzer überall hervor. Sie stellen wie zum geistlichen Stand, so zu den Stiftern und Dotatoren der Kirchen und Klöster das größte Kontingent.[1])" Hinsichtlich der Würdigung der wirtschaftlichen Position der Tradenten im allgemeinen, ihren Rechtsstand aus dem Spiele gelassen, befinden wir uns in Übereinstimmung mit Fastlinger. Die Bezeichnung des Durchschnittsbesitzes eines Vollfreien als den eines Großgrundbesitzertums lehnen wir ab. Bezüglich der Formulierung sozialer Rangstufen und Gegensätze jedoch bringt Fastlinger seine Ansicht nicht klar und durchsichtig genug zum Ausdruck. Dieselbe scheint vielmehr innerlich widerspruchsvoll zu sein. So schreibt er von den Fagana,[2]) daß sich die religiöse Begeisterung dieser bäuerlichen Großgrundbesitzer vor allem in Landschenkungen und Errichtung klösterlicher Zentralen Luft verschafft habe und daß die Urgroßväter der Fagana-Dotatoren bäuerliche Niederlassungen gegründet haben.

Die von Heck angeregte ständische Theorie fertigt er in einer Anmerkung[3]) einfach mit dem Satze ab: „Heck identifiziert die Adligen mit den Gemeinfreien überhaupt, was für Bayern keinesfalls zutrifft." Er selbst geht auf die rechtliche Gliederung des Volksstammes nicht ein.

Die Fastlingersche Hypothese entwickelt sich konsequent aus der Methode der Identifizierung von Personen, testes und Tradenten, die gleichlautende, zusatzlose Rufnamen tragen. Als nicht beweisbedürftig gilt die Tatsache, daß die Urkundspersonen stets der Sippe der Tradenten entnommen sind und daß die Dotatoren, deren Grundbesitz im Gebiete der Fagana und Huosi liegt,[4]) gleichfalls Angehörige der adeligen Geschlechter sind.[5]) Aus diesen Voraussetzungen ergibt sich dann Folgendes: Führt ein testis den Namen eines für adelig erklärten Tradenten, so

---

[1]) loc. cit. pag. 8. [2]) l. c. pag. 17.

[3]) l. c. pag. 8. Anm. 7.

[4]) Es kommen immer nur diese beiden genealogiae in Frage.

[5]) Vgl. l. c. pag. 11; 97. Anm. 6.

findet eine Identifizierung von Zeuge und Tradent statt. Dieser testis ist der angeblichen Sitte gemäß Verwandter seines Dotators, die Adelsqualität des letzteren also damit ebenfalls besiegelt. Das gleiche Experiment vollzieht sich nun mit den Urkundspersonen des so als adelig angenommenen Tradenten. Diese sind notwendig wieder seine Geschlechtsgenossen. Leute ihres Namens sind mit ihnen subjektsgleich. Erscheinen diese als Stifter, so teilen sie ihre rechtsständische Eigenschaft auch ihren testes mit. Erscheinen sie als Zeugen, so erben der Tradent und ihre Zeugengenossen ihre eigene Rechtsqualität.[1]) Und so pflanzt sich dies wie eine ewige Krankheit fort.

Diese Methode ist aber so glücklich, daß ihr sogar die Rekonstruktion ganzer genealogischer Stifterfamilien für Benediktbeuren, Scharnitz, Schlehdorf, Schäftlarn und Tegernsee gelingt.

Es soll nun zunächst geprüft werden, ob die Voraussetzung verwandtschaftlicher Beziehungen zwischen Tradenten und Zeugen allgemein zulässig ist; ferner, ob die Möglichkeit, bei Personen gleichen Namens ohne weiteres die Identität der Individuen festzustellen, eine so bestimmte ist, daß sie beweisfähig ist. Zu diesem Zwecke wurden die Zeugenreihen von gegen dreihundert fortlaufenden Urkunden, die sich etwa auf einen Zeitraum von zwei Generationen erstrecken, herangezogen. Gestattet das hierbei gewonnene Resultat eine definitive Stellungnahme zu der von Fastlinger gewählten Beweismethode, so wird an der Hand einzelner seiner genealogischen Kombinationen ihre praktische Verwendung verfolgt.

Zuvor sei noch kurz auf Eines hingewiesen. Die Behauptung, der Priesterstand habe sich vor allem aus den Angehörigen der adeligen Geschlechter ergänzt,[2]) steht nicht im Einklang mit den für die Mitglieder des geistlichen Berufes in Anschlag gebrachten Wergeldsätzen.

Der vollfreie Bayer hat 160, der Edle 320 solidi Wergeld. Für die ministri ecclesiae, subdiaconus, lector, exorcista, acolitus, hostiarius, ebenso für die Klostermönche ist das Wergeld

---

[1]) l. c. pag. 11; 15; 16. [2]) l. c. pag. 8.

ihres Geburtsstandes zu verdoppeln.[1]) Presbyteri werden ein für alle Male mit 300, diaconi mit 200 solidi gesühnt, zuzüglich 40 solidi Friedensgeld.[2])

Es besteht also die Tendenz eines besonders wirksamen Schutzes der Kleriker mittels Erhöhung ihres Wergeldes gegenüber dem ständischen Normalsatze. Wären nun die höheren Kleriker ihrer juristischen Abstammung nach in ihrer Mehrheit Adelige gewesen, so hätte die überwiegende Zahl der Geistlichen mit ihrem Eintritt in das von ihnen erwählte Leben weniger Buße bezogen als ihre weltlichen Verwandten. Es wäre also gerade das Gegenteil von dem erreicht worden, was beabsichtigt ist. Der Effekt ist nur dann der gewollte, wenn der Priester in seinem Laienstande gewöhnlich das Wergeld des vollfreien liber genießen würde.

§ 2. DIE BEZIEHUNGEN DER URKUNDSPERSONEN ZU DEN TRADENTEN.

Trotz der Schwierigkeiten in der Bewältigung eines so unübersichtlichen Materials lassen sich doch aus der Vergleichung der bald mehr, bald weniger umfangreichen Zeugenreihen einzelne Tatsachen als feststehend herausschälen. Hier können nur diejenigen berücksichtigt werden, welche auf die Kritik der Fastlingerschen Hypothese Bezug haben.

Die örtliche Beurkundung der den Freisinger Bistumssprengel betreffenden Rechtsakte regelt sich nicht nach einheitlichen Grundsätzen. Sie kann anknüpfen an die ordentliche Versammlung des Gaues oder an das gebotene Gericht von Sendgrafen. Kraft Gesetzes haben alle Vollfreien des Bezirkes an der Tagung teilzunehmen.[3]) Die Befestigung des formbedürftigen Vorgangs kann auch da erfolgen, wo sich das fragliche Objekt befindet, am forum rei sitae der freiwilligen Gerichtsbarkeit. Dies geschieht besonders dann, wenn der Stifter einer neuerbauten Kirche den Bischof zu deren Weihe einlädt und dann

[1]) L. Baj. I, 8. [2]) Ibid. I, 9. [3]) Mb. 212; 244; 253.

in dessen Gegenwart die materielle Dotation der Pfründe vollzieht.[1]) Die dritte Möglichkeit ist die Beurkundung der Rechtshandlung am Wohnsitz des neuen Berechtigten. Dies ist mit der bischöflichen Residenz Freising an der Spitze der häufigste Ausstellungsort. Die große Mehrzahl der örtlich datierten Urkunden ist in Freising entstanden, mag ein hohes Kirchenfest, eine öffentliche Synode oder nur der Drang zu einer Schenkung den Gläubigen nach dieser Stadt geführt haben. Es ist daher anzunehmen, daß die meisten derjenigen Urkunden, die über die Abfassungsörtlichkeit nichts verlautbaren, ebenfalls in Freising aufgenommen worden sind.

Schon dieser Umstand allein, der neben dem Tradenten auch seine ganze nähere Verwandtschaft in Bewegung gesetzt hätte, muß die Existenz und Realisierbarkeit des Brauches, Schenkungen durch Familienangehörige bestätigen zu lassen, unwahrscheinlich machen. Man hat dabei noch gar nicht nötig, an die Wirksamkeit des Sippenverbandes bis auf den siebenten Grad zu denken.[2])

Das Volksrecht verlangt nicht im geringsten einen verwandtschaftlichen Zusammenhang zwischen den Zeugen und den vertragsschließenden Personen. Überweisungen von Privatvermögen an die Kirche sollen schriftlich stipuliert werden et testes adhibeat sex vel amplius si voluerint, inponant manus suas in epistola et nomina eorum notent ibi, quos ipse rogaverit.[3])

Die Zeugenreihen der Freisinger Traditionen setzen sich meist aus Klerikern und Laien, in der Aufzählung nach diesen Berufsständen getrennt[4]), zusammen. Sie enthalten die von beiden Parteien herangezogenen Urkundspersonen. An ihrer Spitze werden die durch Amt und Würden ausgezeichneten Männer aufgeführt, die bischöflichen advocati, Erzpriester, Äbte, Grafen und Richter. Die Notizen Kozrohs sind nicht lückenlos. Öfters wird nur ein Teil der testes mit Namen erwähnt, der Rest wird in einer hierüber orientierenden Bemerkung kursorisch ab-

[1]) Vgl. Mb. 14; 17; 19; 21; 33; 60; 71; 146; 160; 166; 173; 179; 198; 263; 291; 293; 304.

[2]) L. Baj. XV, 10. [3]) Ibid. I, 1. [4]) Vgl. z. B. Mb. 16; 44; 88.

getan: et ceteri qui aderant sine numero,[1]) et reliqui multi,[2]) et ceteri multi quorum non est facile dinumerare vel scribere nomina,[3]) et ceteri absque numero.[4]) Zeugenreihen mit weniger als sechs Namen haben, als dem Gesetze nicht genügend, insbesondere wenn die gewöhnliche Form der Abkürzung fehlt,[5]) als mangelhaft zu gelten. Es kommt auch vor, daß die Namen der Zeugen unter dem Hinweis: nomina testium in libro traditionum habentur vollständig verschwiegen werden.[6]) Manche Zeugenreihen enthalten nur Angehörige des geistlichen Standes.[7]) Vielleicht hat hier der Tradent auf die Beglaubigung durch selbst gewählte testes verzichtet.

Nun ist es natürlich nicht im mindesten ausgeschlossen, daß auch Verwandte des Tradenten beim Vollzug von Schenkungsakten anwesend sind und durch die Beurkundung von vornherein etwaige Intestatansprüche ihrerseits aufgeben. Für Alpun zeugt zum Beispiel ihr Sohn.[8]) Alpruh und Ascruh[9]) werden durch mehrere Verwandte, Kysalheri[10]) wird durch seinen Sohn Crimheri unterstützt. Bei Cundhart,[11]) Chuno,[12]) Deotpurc,[13]) Tiso,[14]) Hroadswind[15]) und Waldman[16]) sind deren bekannte Familienangehörige mit einiger Sicherheit unter den Namen anderer Zeugen festzustellen. Bei Isanharts[17]) Schenkung wird die Mitwirkung der Verwandtschaft bei der Bestätigung der Tradition, die sich bezeichnenderweise am Orte des überwiesenen Objektes abspielt, besonders hervorgehoben: ... testificantibus proximis suis et consentientibus. . .

Peigiris[18]) Verwandte sind bei seiner Stiftung zwar aktiv als Zeugen tätig, doch bilden sie eine gegen die übrigen testes äußerlich scharf abgegrenzte Gruppe. Dies bedeutet eine derartige Abweichung von der sonst üblichen unterschiedslosen Notierung der Urkundspersonen, daß man in der prononcierten Betonung ihrer Beteiligung weit eher ein Durchbrechen be-

---

[1]) Mb. 21; 36. [2]) Mb. 19; 42. [3]) Mb. 58. [4]) Mb. 12.
[5]) Z. B. Mb. 18; 37; 48; 82. [6]) Mb. 46; 49; 56.
[7]) Mb. 57; 70; 182; 183. [8]) Mb. 30. [9]) Mb. 75. [10]) Mb. 261.
[11]) Mb. 37. [12]) Mb. 186. [13]) Mb. 153. [14]) Mb. 146. [15]) Mb. 61.
[16]) Mb. 204. [17]) Mb. 263. [18]) Mb. 19.

stehender Gewohnheiten sehen könnte. Auch hier findet die Eigentumsübertragung am Orte der belegenen Sache statt: ... actum in villa Holzhusir per consensu filiorum meorum atque fratri qui et ipsi per aures tracti sunt rem ad confirmandam ... Inprimis Eodunc testis deinde Oslant postea Oadalhart in conspectu cuncto clero. Dann erst folgt in gewohnter Weise die Bekanntgabe der übrigen Zeugen.

Ein größeres Kontingent von Beispielen ist aber für jene Fälle verfügbar, in welchen persönlich genannte Blutsverwandte von schenkenden Freien in der Reihe der testes fehlen. So stimmen die proximi des Waldker[1]) seiner Schenkung zu; die Zeugen für den eigentlichen Besitzwechsel sind separat aufgeführt: ... et haec sunt nomina proximorum suorum qui hanc convenientiam cum ipso Waldkero fecerunt: Wolfheri Lantolt et alii plures... Et haec testes et eorum nomina... Wolfheri und Lantolt sind nicht darunter verzeichnet. — Tozi, Hrimcrims Sohn,[2]) wohnt der Stiftung seines Vaters an: presens fuit filius meus Tozi et hanc traditionem consensit. Als Zeuge fungiert Tozi nicht. — Scrot, des noch lebenden Toto Sohn, Wagos Bruder,[3]) erledigt eine Schenkung ceteris consentientibus sobolis nec non et parentorum turma adstante. Ebendieser Wago[4]) tradiert adstantibus cunctis finitimis. Keiner der uns bekannten Namen erscheint jedoch als Zeuge. — Oft sind filii, fratres, nepotes die einzigen aus den Urkunden feststellbaren Familiengenossen des Tradenten. Zeugschaftsdienste aber leisten sie nicht. Dies ist u. a. der Fall bei Rihpalds Brüdern Ermperht und Peigiri,[5]) bei Piettos Sohn Hununc und seinen Verwandten Milo und Friduperht,[6]) bei Freidos[7]) proximi et vicini, bei den nepotes von Peradeo,[8]) Swidhart,[9]) Engilperht.[10])

Gegen die Verwandtschaft von Zeugen und Tradenten spricht ferner die verschiedenartige Zusammensetzung der testis-Reihen von Ersttraditionen und Renovationsurkunden. Bestünde die Sitte der Testierung durch Verwandte, so müßten sich wenigstens einige der Zeugennamen wiederholen. Der Personenkreis,

[1]) Mb. 80. [2]) Mb. 114. [3]) Mb. 50. [4]) Ibid. [5]) Mb. 306.
[6]) Mb. 300. [7]) Mb. 308. [8]) Mb. 184. [9]) Mb. 289. [10]) Mb. 170.

der für die Zeugenfunktion in Betracht käme, bleibt in der zwischen den beiden Rechtsakten liegenden Frist der gleiche oder ändert sich nur wenig. Die Zeugenreihe der Ersttradition des presbyter Adalfrid[1]) hat aber beispielsweise mit jener seiner Renovation[2]) nur den einzigen Wolfpero bezw. Wolfperht gemeinsam. Einige Jahre später errichtet Adalfrid eine weitere Schenkung.[3]) Von den Zeugen aus dem Jahre 803[4]) ist nur der vielgenannte, vielleicht mit dem bischöflichen advocatus gleichen Namens identische Einhart vertreten, obwohl es sich, wie damals, um Poahloh handelt.[5]) — Aso überläßt der Kirche Grundbesitz zu Mammindorf,[6]) um im folgenden Jahre die Schenkung zu erneuern. Die mitwirkenden Zeugen sind aber für die beiden Rechtshandlungen vollkommen andere. So steht es auch mit den Testisreihen des Chuniperht.[7])

Eine Konsequenz der Fastlingerschen Voraussetzung wäre die Verwendung der gleichen Urkundspersonen durch mehrere einander verwandte Tradenten. Dies trifft jedoch in Wirklichkeit nicht zu. Hiltimaria tradiert[8]), wie ihr Vater Helzuni[9]), Eigengut in Zidalpah, Reginperht gleichzeitig mit seinem Bruder Otperht.[10]) Die Zeugenreihen für alle diese Stifter sind aber einander vollkommen unähnlich. — Adalker und Meginperht, Söhne des Isanperht, sind Brüder.[11]) In der nämlichen Periode kommen beide Namen häufig unter den testes vor. Identifiziert man nach dem gewöhnlichen Verfahren Fastlingers diese Individuen miteinander, so müßten diese testes auch zusammen im Gefolge gleich naher Verwandter auftreten. Als testis erscheint nun Adalker niemals neben Meginperht. — Die Namen der sieben proximi des presbyter Freido[12]) wiederholen sich als Namen für Zeugen. Aber den vorliegenden Fall ausgenommen, befinden sie sich stets in anderer Gesellschaft. Nur Hadolt wird einmal zusammen mit Ekkihart erwähnt. — An den Tradenten Adalo[13]) erinnert der öfters testierende Adalo. Eine innere Beziehung

---

[1]) Mb. 79. [2]) Mb. 131. [3]) Mb. 238. [4]) Mb. 131.
[5]) Vgl. Mb. 290; 293; — 139; 173; 225; — 316; 439. [6]) Mb. 154.
[7]) Mb. 6; 43. [8]) Mb. 292. [9]) Mb. 31. [10]) Mb. 202. [11]) Mb. 198.
[12]) Mb. 308. [13]) Mb. 187.

zwischen diesen Personen gleichen Namens könnte aber nur der immer wieder zur Zeugenschaft verwendete Reginperht herstellen. — Ein Ampricho versieht viermal Zeugendienst, ohne daß die Verbindung mit seinen jeweiligen contestes anhielte.

Fürs erste scheint die Annahme Fastlingers öfters zuzutreffen. Tradenten gleichen Namens verfügen über analoge Zeugen und die Konstanz derselben scheint auf verwandtschaftlicher Unterstützung des Tradenten zu beruhen. Aber bei genauerem Zusehen verbietet verschiedener Berufsstand oder spezieller verwandtschaftlicher Zusammenhang die Identifizierung der Tradenten und die so versagende Voraussetzung Fastlingers wendet sich dann gegen seine eigene Behauptung. Altman, Vater mehrerer Söhne,[1]) hat zum Beispiel zu Namen wie Hitto, Memmo, Einhart, Sindeo die gleichen Beziehungen wie der mehrfach dotierende Altman diaconus. — Engilperht[2]) hat mit dem gleichnamigen Tradenten von Mb. 170 den Zeugen Einhart gemeinsam. Der hier schenkende Engilperht ist aber clericus. Die Zeugenreihe für Engilperht, Vater des presbyter Isso,[3]) weist andere Personen auf als die des Laientradenten von Tegarinwac und Marzilling.[4]) Dagegen heißt einer seiner Zeugen Perhtolf und ein Perhtolt ist ein Bruder des tradierenden Priesters Engilperht.[5]) — Anno presbyter, Tradent von Crimhareshusir,[6]) hat wie der a. 767 dotierende Anno Zeugen namens Pern und Poapo. Auf testis Anno, den Gemahl der Tradentin Deotpurc,[7]) würde dessen Zeugengenosse Adalhart bezw. Adalheri deuten, auf Anno, den Sohn des Helmuni,[8]) testis Engilperht. — Cundhart presbyter[9]) wäre durch eine derartige Namensgemeinschaft in Verbindung zu bringen mit dem Tradenten Cundhart,[10]) den testes Cundheri, Cundheri subdiaconus, Cundheri abbas, Cundhart comes. Vermittelt würde dieselbe durch die in den Zeugenreihen ständig verzeichneten Heriperht bezw. comes, Adalperht bezw. comes, Reginperht, Hroadperht, Haholt, Emicho, Wituchi. Bei einem erneuten Auftreten des Cundhart presbyter[11]) ist der einzige Willipald bezw.

[1]) Mb. 188. [2]) Mb. 200. [3]) Mb. 265. [4]) Mb. 258. [5]) Mb. 158. [6]) Mb. 208. [7]) Mb. 153. [8]) Mb. 108. [9]) Mb. 290. [10]) Mb. 266. [11]) Mb. 293.

Willipato ein schon früher für den Priester tätig gewesener testis. — Die Zeugenreihen des Tradenten Ejo presbyter[1]) und des gleichnamigen Interpellanten[2]) enthalten beide als testes: Pernolf, Tuto, Reginperht. Dies gestattet jedoch noch keinen Schluß auf die Identität der beiden Personen. Der Tradent hat einen Bruder Alphart, der Interpellant zwei Brüder Isangrim und Erchanperht. Von den letzteren aber hört man nichts in der Traditionsurkunde und Alphart befindet sich nicht unter den prozessierenden Miterben Ejos. Gerade die nächsten Verwandten würden also unter den testes, coheredes und Kontradenten fehlen.

Die Identität von Zeugen verschiedener Rechtsakte gründet sich auf ganz äußerliche Merkmale. Es werden zu gleicher Zeit mehrere Urkunden aufgenommen. Die Anwohner ein und derselben Gegend veräußern Vermögensstücke am Orte der belegenen Güter. Hier können dann besonders leicht verwandtschaftliche Beziehungen zwischen Zeugen und Tradenten tatsächlich bestehen. Die stereotype Umgebung des Bischofs oder Abtes, die angesehensten Freien einer Versammlung beteiligen sich an der Signierung der Urkunden.

Deotperht überläßt der Kirche Eigen zu Etinesloh.[3]) Hier vollzieht sich auch die Schenkung seines Verwandten Isanhart.[4]) Außer Isanhart selbst, dem seinerseits Deotperht wieder testiert, sind von Deotperhts Verwandten Rincholf, Hamadeo und Pirhtilo bei der Beurkundung seiner Tradition anwesend. Auch bei Isanharts Renovation helfen sie als Zeugen aus. — Der Priester Erchanher[5]) verbrieft in Alahmunting den Besitzwechsel von an diesem Platz gelegenem Eigengut. Später kauft er von den Brüdern Kysalheri und Irminheri Land, das ebenfalls zur Alahmuntingischen Mark gehört.[6]) Wahrscheinlich wird auch hier das Rechtsgeschäft beurkundet. Ein Vergleich beider Dokumente ergibt die Wiederholung der Namen des Kysalhart und Irminheri,[7]) Ernust, Putilo, Wicheri. Heriwin, nepos des Erchanher, der einzige legitimierte Verwandte des Priesters, ist in keinem Falle als testis verwendet.

[1]) Mb. 302. [2]) Mb. 129. [3]) Mb. 262. [4]) Mb. 263. [5]) Mb. 173.
[6]) Mb. 261. [7]) Die Verkäufer von Mb. 261.

In einer Traditionsurkunde Kozrohs[1]) sind zwei verschiedene Stiftungshandlungen zusammengefaßt. Die zweite ist einen Tag nach der ersten vollzogen worden. Die frühere Tradition zählt mehr Zeugen namentlich auf als die folgende. Beide Zeugenreihen weisen untereinander mehrere gemeinsame testes auf. Der Grund für das wiederholte Auftreten derselben liegt aber nicht etwa in ihrer Familienzugehörigkeit zu den beiden Dotanten. Er ist vielmehr der gleiche, mit welchem der Schreiber die abgekürzte Notierung der zweiten Zeugenreihe rechtfertigt: ... et ceteri multi tempore enim ut supra ...

Die Annahme regelmäßiger verwandtschaftlicher Verbindungen zwischen den Tradenten und ihren Zeugen muß demnach abgelehnt werden. Aber selbst die gegenteilige Überzeugung könnte die genealogischen Verhältnisse der tradierenden Freien nur bedingungsweise motivieren. Die absolut sichere Identifizierung von Personen, die neben ihrem Rufnamen keinen unterscheidenden Zusatz tragen, scheitert nämlich an der sprachlichen Beschaffenheit der Namensbezeichnungen.

§ 3. DIE IDENTITÄT DER PERSONENNAMEN.

Die Gesamtheit der untersuchten Urkunden enthält unter den testes gegen 800 verschieden lautende Namen. Eine genauere Bestimmung juristischer oder sozialer Natur ist denselben nicht beigefügt. Die Häufigkeit, mit welcher sich die einzelnen Namen wiederholen, weist nun ganz erhebliche Gegensätze auf. Weitaus die Mehrheit kommt nur ein- oder zweimal in den Zeugenreihen vor. Die Zahl der öfter zitierten Namen steht in umgekehrtem Verhältnis zur Zahl der Fälle, in welchen scheinbar gleiche Personen zu wiederholten Malen zeugenamtlich auftreten.

368	Namen	sind	1 mal	33	Namen	sind	5 mal
118	„	„	2 „	23	„	„	6 „
81	„	„	3 „	27	„	„	7 „
45	„	„	4 „	15	„	„	8 „

[1]) Mb. 61.

15	Namen sind	9	mal		3	Namen sind	21	mal
8	„ „	10	„		2	„ „	22	„
3	„ „	11	„		2	„ „	23	„
6	„ „	12	„		2	„ „	24	„
8	„ „	13	„		2	„ „	27	„
4	„ „	14	„		2	„ „	29	„
2	„ „	15	„		1	Name ist	31	„
4	„ „	16	„		1	„ „	34	„
1	Name ist	17	„		1	„ „	43	„
3	Namen sind	18	„		2	Namen sind	44	„
2	„ „	19	„		1	Name ist	50	„
3	„ „	20	„		1	„ „	51	„

genannt.

Über 15 mal erwähnt sind die Namen:

Alprih, Emicho, Heripalt, Hroadperht, Hununc, Lantfrid, Liutprant, Luitfrid, Memmo, Rihhart, Reginpald, Waltrih, Wichart.

Über 20 mal:

Adalhart, Adalker, Arbeo, Engilperht, Arn, Hitto, Pern, Poapo, Reginolf, Reginhart, Rihpald, Sindeo, Wolfperht.

Über 30 mal:

Adalperht, Cundhart, Einhart, Kaganhart, Ratolt, Reginperht, Toto.

Es frägt sich nun, ob es erlaubt ist, ohne weiteres die öfter hervortretenden Personen gleichen Namens als einander identisch aufzufassen. Vielleicht liegt das Überwiegen einzelner Namen und die Seltenheit anderer an Erscheinungen, die trotz gleicher Namen das Vorhandensein nicht immer derselben, sondern verschiedener Subjekte nahelegen.

Die Ursachen für den bevorzugten Gebrauch gewisser Namen fließen ineinander über und lassen sich kaum reinlich von einander scheiden. Wie dies auch heutzutage immer wieder beobachtet werden kann, erfreuen sich bestimmte Namen eben einer besonderen Beliebtheit und genießen so eine ausgedehntere Verbreitung als andere. Dies scheinen damals die in den Zeugenreihen stationären Namen gewesen zu sein. Mit der Zeit hat sich aber auch am Freisinger Bischofssitze, namentlich bei feierlichen Anlässen, ein gewisser Stamm von Zeugen herausgebildet, dessen Mitwirkung vielleicht als eine öffentliche Ehre angesehen wurde oder dessen Kennerschaft die Formalität des Verfahrens erleichterte und sicherte. Dies sind nun Leute, durch ihre Amtsstellung am Bischofshof oder im Gau bedeutend, welche eben wieder diese am häufigsten vorkommenden Namen führen. Sie stehen in der Regel in den Zeugenreihen in erster Linie. Es ist ohne Zweifel kein Zufall, daß die innerhalb ein und derselben Zeugenreihe zur Zitierung verschiedener testes mehrmals wiederkehrenden Namen gerade zusammenfallen mit den bereits aufgezählten mehr als 15 mal erwähnten oder anderen besonders gerne verwendeten Namen. So stößt man dreimal neben einem testis Einhart auch auf einen alius Einhart [1]) und neben einem testis Kaganhart auf einen alius Kaganhart. [2]) Ebenso oft trifft man neben einem Zeugen Toto [3]) einen zweiten Toato, Tuto oder Toto. Unter Alpruhs [4]) Urkundspersonen findet sich ein Adalperht und ein Adalperht clericus, bei Rihpald [5]) ein Adalperht und alius Adalperht, bei Heripald [6]) ein Reginperht und Reginperht presbyter. Innerhalb einer fortlaufenden Zeugennotierung begegnen ferner nebeneinander Emihho und Imihho [7]), Adalhart und Oadalhart, [8]) Adalker und Oadalker, [9]) Cundachar und Cundachar clericus, [10]) Cundachar und Cundheri, [11]) Cozperht und alius Cozperht, [12]) Cuniperht und alius Cuniperht. [13]) Das Gleiche gilt für Reginhart, [14]) Engilperht, [15]) Alphart, [16]) Adalo, [17]) Luitpald, [18]) Egolf, [19]) Lantfrid, [20]) Otperht, [21]) Heripald [22]) und einzelne andere Namen.

Ein bezeichnendes Ergebnis bietet ein Vergleich der als bevorzugt charakterisierten Personennamen Freier mit den für die Bezeichnung Unfreier in den Freisinger Urkunden üblichen Rufnamen. Die Unfreien tragen nämlich mit besonderer Vorliebe die Namen,

---

[1]) Mb. 153; 159; 188. [2]) Mb. 170; 260; 262.
[3]) Mb. 195; 284; 292. [4]) Mb. 75. [5]) Mb. 306. [6]) Mb. 44.
[7]) Mb. 279. [8]) Mb. 172. [9]) Mb. 264. [10]) Mb. 209. [11]) Mb. 238.
[12]) Mb. 300 (14 mal erwähnter Name).
[13]) Mb. 149 (14 mal erwähnter Name).
[14]) Mb. 274. [15]) Mb. 274; 265. [16]) Mb. 302. [17]) Mb. 105.
[18]) Mb. 197. [19]) Mb. 295. [20]) Mb. 115. [21]) Mb. 55; 198. [22]) Mb. 55.

welche auch bei den Freien in überwiegender Verwendung stehen, während die seltener gebräuchlichen Freiennamen ganz analog auch bei den Unfreien von einer prozentual verhältnismäßigen Minderheit geführt werden. Namen wie Adalfrid, Adalhart, Adalker, Adalperht, Alprih, Engilperht, Cozperht, Cundhart, Cuniperht, Ellanperht, Engilhart, Erchanperht, Haholf, Hatto, Heripald, Hroadperht, Hrodolf, Kaganhart, Luitfrid, Meginhart, Poapo, Ratolt, Reginperht, Rihheri, Rihpald, Tato, Waltrih, Wolfperht kommen auch bei der Klasse der Unfreien am öftesten vor.

Von den 171 erwähnten Namen Unfreier fallen sprachlich zusammen:

36	mit	einem	von	den	368	1	mal	genannten	Freiennamen
25	„	„	„	„	118	2	„	„	„
24	„	„	„	„	81	3	„	„	„
15	„	„	„	„	45	4	„	„	„
11	„	„	„	„	33	5	„	„	„
8	„	„	„	„	23	6	„	„	„
10	„	„	„	„	27	7	„	„	„
3	„	„	„	„	15	8	„	„	„
7	„	„	„	„	15	9	„	„	„
2	„	„	„	„	8	10	„	„	„
2	„	„	„	„	3	11	„	„	„
1	„	„	„	„	6	12	„	„	„
2	„	„	„	„	8	13	„	„	„
2	„	„	„	„	4	14	„	„	„
1	„	„	„	„	2	15	„	„	„
3	„	„	„	„	4	16	„	„	„
1	„	dem einen				17	„	„	„
1	„	einem	von	den	3	18	„	„	„
1	„	„	„	„	2	19	„	„	„
3	„	den			3	20	„	„	„
1	„	einem	„	„	2	21	„	„	„
2	„	den			2	22	„	„	„
2	„	„			2	24	„	„	„
2	„	„			2	27	„	„	„

1	mit dem einen		31	mal genannten Freiennamen
1	„ „ „		43	„ „ „
2	„ den	2	44	„ „ „
1	„ dem einen		50	„ „ „
1	„ „ „		51	„ „ „

Es wird also nur ein geringer Bruchteil der zahlreichen einmal auftretenden Freiennamen auch von Unfreien geführt. Der Prozentsatz der Fälle, in denen Freien- und Unfreiennamen gleichlauten, steigert sich mit der stärkeren Verwendung der Freiennamen und die besonders festwurzelnden Testisnamen dienen ausnahmslos auch zur Bezeichnung von servi.

Auch die Tradentennamen anderer Codices entsprechen der Manier der Freisinger Testisbezeichnungen. So begegnet man beispielsweise immer wieder Namen wie Adalhart, Engilperht, Ato, Cozperht, Cundhar, Cundpald, Einhart, Heripald, Heriperht, Hrodheri, Hroadperht, Lantperht, Liutprant, Meginhart, Reginhart, Rihhart, Rihpald, Tato, Walto, Williperht.

Gerade bei diesen von aller Welt getragenen Namen werden die Schwierigkeiten, welche die Enthüllung der individuellen Identität verhindern, vervielfacht. Dies lehrt ein Blick auf die durch die Urkunden fixierbaren verwandtschaftlichen Kreise der Tradenten. Es gibt zum Beispiel einen Adalperht, Vater des Cuniperht,[1] und einen Oadalperht, Vater des Tradenten Oadalperht,[2] einen Alpruh, Bruder des diaconus Ascruh,[3] einen Alpruh, filius des Cundpato,[4] und einen Alprih, Neffen des Otuni.[5] Innerhalb des nämlichen Zeitraums begegnet ein Engilperht presbyter, Bruder des Perhtolt,[6] und ein Laie Engilperht, Gemahl der Perhtswind und Vater des Isso.[7] Mit Adalunc kann gemeint sein der Vater des Hroadunc,[8] der Vater des Hununc,[9] sowie der Bruder des Hiltipald, Anton, Kerpald und Otakir. Cundhart kann sein ein Bruder des Lantfrid,[10] ein Verwandter des Tradenten Helmuni oder ein solcher des Tradenten Chuno,[11] als presbyter ein Onkel des diaconus Luithram,[12] als Dotator

[1]) Mb. 6. [2]) Mb. 19. [3]) Mb. 75. [4]) Mb. 21. [5]) Mb. 309. [6]) Mb. 158. [7]) Mb. 265. [8]) Mb. 41. [9]) Mb. 7. [10]) Mb. 37. [11]) Mb. 108; 186. [12]) Mb. 290; 293.

Sohn des Deotto und nepos des Priesters Oadalscalh.[1]) Cuniperht heißt ein filius des Adalperht und ein filius des Carthari, Deodolt ein clericus und Sohn der Irminrat[2]) sowie der genitor der Tradenten Luitfrid und Erchanfrid.[3]) Heripald bezeichnet den Vater des Tradenten Ramwolf,[4]) einen presbyter, Sohn des Lantpald,[5]) einen clericus, Enkel des Sicco, Sohn des Hrodheri und der Waltina,[6]) Hrodperht den Gatten der Hiltitrud und verstorbenen Vater des Sindilo,[7]) den Sohn des Tradenten Egilperht,[8]) den proximus des Tiso, Madalhart, Eginolf.[9]) Sowohl Reginwiz wie Oatila haben einen Gatten namens Isanperht.[10]) In Poapo bezw. Papo könnte man ebenso den Vater des Kejo wie den des Tuto und Friduperht sehen.[11]) Toti bedeutet den Vater Onolfs,[12]) ein andermal den Gatten der Galilea, Tozi den Sohn des Tradenten Hrimcrim.[13]) Wolfperht ist als comes Gatte der Altis,[14]) als presbyter der Sohn des Erchanperht,[15]) als gewöhnlicher Laie der Vater des Amilo oder der genitor von Rumolt und dessen Brüdern.[16]) Ein Wolfperht, Sohn des Erchanperht, erscheint späterhin einmal als Tradent von Wolfperhteshusir.[17])

Ein und derselbe Rufname wird nun selbstverständlich auch von gleichzeitig lebenden Angehörigen verschiedener Berufsstände getragen. Dem Namen Cundheri zum Beispiel ist abwechselnd das Prädikat eines presbyter, diaconus, subdiaconus, clericus, abbas, iudex, centenarius, comes oder laicus beigefügt. Mit Adalker, Pern und Ratolt kann ein presbyter, diaconus oder laicus bezeichnet werden, mit Arbeo ein archipresbyter, presbyter, clericus, laicus, mit Einhart ein laicus, advocatus, diaconus, presbyter, mit Wolfperht ein abbas, presbyter, iudex oder ein gewöhnlicher Laie. Reginhart bezieht sich möglicherweise auf einen Laien, Grafen, sculhaisus, presbyter. Ähnlich verhält es sich bei Adalperht, Meginhart, Cundpald, Helmuni,

---

[1]) Mb. 307. [2]) Mb. 172. [3]) Mb. 201. [4]) Mb. 36. [5]) Mb. 44.
[6]) Mb. 14. [7]) Mb. 34. [8]) Mb. 105. [9]) Mb. 146.
[10]) Mb. 189; 198. [11]) Mb. 117; 258; 268. [12]) Mb. 29.
[13]) Mb. 114; 210. [14]) Mb. 155. [15]) Mb. 32. [16]) Mb. 124.
[17]) Mb. 194.

Luitfrid, Hatto und noch vielen anderen. Diese Personen werden nun bald mit dem Titel ihres Amtes oder Standes, bald ohne diesen in den Urkunden erwähnt. Der einfache Reginhart von Mb. 296 erscheint zum Beispiel in Mb. 521 als Reginhart clericus, Kysalrih quidam presbyter von Mb. 615 in Mb. 665 als quidam vir nobilis Kysalrih. Es ist daher in den meisten Fällen schlechterdings ausgeschlossen, mit Sicherheit festzustellen, um welche individuelle Persönlichkeit es sich in Wirklichkeit an der betreffenden Stelle handelt.

Ein weiteres die Identifizierung hemmendes Moment liegt in der sprachlichen Vielgestaltigkeit und dialektischen Beweglichkeit der Namensbezeichnungen. Dazu kommt noch der für den Schreiber jedenfalls sehr unangenehme Umstand, daß so viele dieser Wörter im Ohre gleichen oder ähnlichen Klang zurücklassen.

Bei vielen Namen ist der Stamm unveränderlich. Die Endung wird dagegen in wechselnden Formen variiert. Zum Beispiel: —gar, —har, —hart, —heri, — rih, —ker, —ger; —pald —pato; —olh, —olf, —olt; —perht, —parto; —win, —uni, latinisiert —inus; —tto, —zzo; —ti, —zi.

Es entstehen so Namengruppen, die teils dasselbe bedeuten, teils in der Auffassung des Gehörs aneinander erinnern. Cundhar, Cundhart, Cundheri; ähnlich klingen Cundachar, Cuniheri, Cunihard; — Eparheri, Eparachar, Eparhart; — Ermperht, Erimperht; Heriperht, Heriperaht; — Erlolf, Herolf, Heriolf, Heriolt: — Herirat, Herirah; Erachar, Erchanhart; Perahart, Pernhart; — Rato, Ratolh, Ratolf, Ratolt; Randolf; Chadolt, Chadol; Hadolt, Haholf, Haholt; — Madalcoz, Mahalcoz; Adalcoz: — Madalgar, Madalhart, Madalheri, Madalker; Adalker, Oadalker; — Augilperht, Engilperht, Egilperht, Egiperht, Egisperht; — Coteperht, Cotperht, Cozperht; — Immo, Immino; Imicho, Emicho; Memmo, Menimo; — Hitto, Hisso, Isso; Hidolt, Hidolf; Isolf; — Ejo, Eccho; Haio, Hejo, Haito, Heito, Heipo; Keio, Gaio; — Drudolt, Duidolf; — Aso, Ato, Atti; Hatto, Hazzo; Hetto; Etti; — Edilo; Egilolf, Egolf, Ekkolf; Hegilo; Helicho; — Alprih, Alpruh; Altrih; Ascrih, Ascruh; — Isanhart, Isanheri, Isanher, Isanker, Isanger; —

Meginhart, Meginrat, Meginher: — Toto, Tuto, Tuoto, Tuato, Toato, Tato, Tatto, Tetto, Teto, Teito, Toti, Tozi. —

Wo beginnt hier die Identität der Wörter? Und wo dann die der Persönlichkeiten? Sind Willipald und Willipato Synonyma, wie unterscheiden sich dann die beiden tradierenden Brüder presbyter Deotpald und presbyter Deotpato,[1]) wenn die Endsilben ihrer Namen verändert werden?

Die gebräuchlichsten Zeugennamen stehen fast regelmäßig in einer Reihe. Sie mischen sich nicht unter die seltener verwendeten Testisbezeichnungen, sondern befinden sich meist in ihrer eigenen Gesellschaft. Man kann die Zusammensetzung gewisser Zeugenreihen förmlich erraten. Die Namen, in deren Umgebung sich zum Beispiel Engilperht immer wieder bewegt, sind Poapo, Hununc, Arn, Ratolt, Pern, Chuno, Perhtolf, Kaganhart, Adalo, Adalperht, Arperht, Hroadperht, Helmuni, Waldperht, Hato, Engilhart, Cundhart, Kepahart, Sindeo, Meginhart, Ellanod, Luitfrid, Cundpald, Crimperht, Adalunc, Reginperht, Einhart, Nothart, Adalhart. Das gleiche gilt für die anderen Namen der bevorzugten Gruppe.

Es liegt daher der Gedanke nahe, daß neben der weiten Verbreitung dieser Namen eine andere bereits bemerkte Tatsache für ihre Wiederholung wirksam ist. Sie räumt die Identität gleichbenannter Personen bis zu einem gewissen Grade ein. Die Ähnlichkeit der Zeugenreihen erklärt sich dann, wie gesagt, aus der Funktion eines bleibenden Stammes von Zeugen, der bei feierlichen Beurkundungen geschlossen in Tätigkeit tritt, Grafen, Äbte, Richter, Vögte, Mitglieder der Freisinger familia. Hierher gehören Männer wie Alprih, Ellanod, Reginperht, Ellanperht, Hroadperht, Meginhart, Kaganhart, Adalperht, Engilperht, Nothart, Cundheri, Einhart, Memmo, Sindeo, Lantfrid, Luitpald, Reginhart, Rihpald, Engilhart. Die Möglichkeit einer Identifizierung dieser Personen mit testes gleichen Namens muß beurteilt werden aus der typischen Zusammensetzung der Zeugenreihen eines bestimmten Zeitraums. Zur Grundlage genealogischer

---

[1]) Mb. 301.

Kombinationen dürfen sie natürlich nicht genommen werden. Kaganhart versieht beispielsweise in den von uns herangezogenen Urkunden bei fünfzig verschiedenen Rechtsakten das Zeugenamt. Sein Name ist unter die beliebtesten zu rechnen. Ein Kaganhart ist auch advocatus des Freisinger Stiftes gewesen. Es geht deshalb nicht an, zwischen ihm und anderen Personen der betreffenden Rechtsgeschäfte verwandtschaftliche Beziehungen zu konstruieren. Denn er ist vielfach nicht gelegentlicher Gefälligkeitszeuge, sondern Gewohnheits- oder Amtszeuge. Fehlt dem testis aber sein beruflicher Titel, so wird die Identifizierung zum mindesten unsicher. Die Einhaltung der Fastlingerschen Methode müßte also gerade in solchen Fällen höchst zweifelhafte genealogische Schlüsse produzieren. —

Mithin ist der Wert der Zeugenreihen als Erkenntnismittel genealogischer Zusammenhänge ein illusorischer. Die Wirksamkeit und Verbreitung der hier in Frage stehenden Sippenverbände der Huosi und Fagana kann aus ihnen nicht erkannt werden. Man vergegenwärtige sich doch einmal die Konsequenz, die aus der Befolgung des Fastlingerschen Prinzips hätte hervorgehen müssen. Wenn einmal verwandtschaftliche Beziehungen zwischen Zeugen und Tradenten angenommen werden, so darf man sie nicht das eine Mal willkürlich voraussetzen, das andere Mal aber ablehnen. Wie unermeßlich würde bei dem bunten Gemisch der Urkundspersonen und bei der Unmöglichkeit der individuellen Identifizierung die Menge des Adels werden! Und wer gibt dann Antwort auf die Frage, wo denn die volkbildende Klasse der vollfreien Bayern zu suchen sei!

§ 4. DIE GENEALOGISCHEN KOMBINATIONEN FASTLINGERS.

Es kommt hier nicht darauf an, die mühsamen genealogischen Rekonstruktionen Fastlingers nacheinander zu zerstören. Nur einzelne derselben sollen auf ihre Berechtigung hin geprüft und damit das Fehlerhafte der Tendenz auch in ihrer praktischen Verwirklichung nachgewiesen werden. Zuerst wird dabei immer das von Fastlinger gewonnene Resultat fixiert, wie es sich in den Stammtafeln „der Stifterfamilien von Benediktbeuren, Scharnitz und Schlehdorf"[1]) darstellt. Hieran anschließend wird gezeigt, auf welche Weise sich Fastlinger nach Zitierung der einschlägigen Belege den Stoff zu denselben zu verschaffen scheint.

I. Waldker, Scatto und Poapo sind Brüder. Jeder derselben hat mehrere Söhne.

Wie sich aus den Quellen ergibt, sind Scatto, Vater des Reginperht, und Poapo, Vater des Kejo, Brüder.[2]) Aber die Identität von Kejos Vater mit dem sub Mb. 13 erwähnten Poapo ist keineswegs feststehend. Bei der Tradition des letztgenannten Poapo ist seine Familie versammelt. Scatto aber findet sich entgegen dem Fastlingerschen Prinzipe nicht unter den testes. Auch Kejo und seine Brüder werden, wie Poapos Neffe Reginperht, übergangen, obwohl sie bereits das handlungsfähige Alter erreicht haben mußten. Reginperht soll schon a. 763 tradiert haben,[3]) Poapos Schenkung fällt ins Jahr 765. — Waldker gilt als dritter, früher verstorbener Bruder des Geschwisterpaares, weil zwischen dem Scharnitzer und Schlehdorfer Klosterbesitz sich das Familiengut eines Waldker eingeschoben habe und Waldker gelegentlich für die Poaponen Zeugschaft leiste.[4]) Es gibt einen Tradenten Waldker, Vater der Priester Kerolt und Lantfrid.[5]) Er hat, wie noch viele andere Freie, Grundbesitz in jener Gegend. Zu Ehren St. Peters baut er ad Wirma ein Kirchlein und stattet dasselbe mit einer colonia und der dazu gehörigen Unfreienfamilie nebst dem Drittel eigenen dort gelegenen Landes aus. Er teilt also offenbar sein Gut mit seinen zwei erwachsenen Söhnen, die ebenfalls ihre Portionen der dortigen ecclesia überlassen. Ein Waldker ist allerdings Zeuge bei Poapos Schenkung,[6]) während Herolt und Lantfrid fehlen. Aber weiterhin läßt sich zwischen keinem von ihnen eine Verbindung, sei es mit Poapo, sei es mit Kejo, Reginperht oder Scatto nachweisen.

Waldker[7]) soll nun außer den genannten Söhnen nach Mb. 216

[1]) l. c. pag. 12. [2]) Mb. 117. [3]) Mb. 12. [4]) l. c. pag. 11.
[5]) Mb. 73. [6]) Mb. 13. [7]) Mb. 73.

und 198 drei weitere Deszendenten gehabt haben: Walhram, Cundhram, Elilant. Dieser Sachlage scheint aber bereits die Situation bei der oben erwähnten Drittelsteilung der hereditas des in reifem Alter stehenden Waldker zu widersprechen.

In Mb. 216 zediert presbyter Adalunc Eigengut zu Zezinhusir. Neben anderen testieren Walahram laicus und Cundhram laicus und, getrennt von diesen, ein Priester Lantfrid. — Mk. 198 dotiert Isanperht, der Vater von Adalker und Meginperht, Gemahl der Oatila. Niemand aus Waldkers Familie erscheint unter den Zeugen, auch Walahram und Cundhram nicht. Einer der testes heißt Elilant.

Hieraus soll das bezeichnete Verwandtschaftssystem hervorgehen. Elilant steht isoliert. Von Walahrams und Cundhrams Abstammung und gemeinschaftlicher Abstammung ist nicht die Rede.[1]) Die Annahme eines Verwandtschaftsverhältnisses zu presbyter Lantfrid entbehrt der zwingenden Begründung.

II. Scatto, Gemahl der Ackilinda, Bruder Poapos, ist Vater von Reginperht abbas, David und Irminfrid, der wieder einen Sohn namens Lantfrid hat. Beweisstellen sind Mb. 12; 117; 248; 10; 16. —

Mb. 12 ist die wichtige Gründungsurkunde des Klosters Scharnitz. Die Brüder Reginperht und Irminfrid, zweifellos Angehörige einer genealogia, machen die Stiftung im Vereine mit ihrer Mutter Ackilinda und ihren parentes Cros und Otilo. Nach Fastlinger ist auch der comes Keparoh, der die schwere Verwundung des Cros verschuldet hat, ein naher Verwandter der Familie gewesen. Von Scatto und einem dritten Bruder David wird weder im Text noch in der Zeugenreihe auch nur andeutungsweise gesprochen. —

Nach Mb. 117 ist der dort interpellierte quidam homo Reginperht ein Sohn Scattos. Dieser ist ein Bruder Poapos, des Vaters von Kejo. Beide überleben einen dritten Bruder unbekannten Namens. Poapo und Scatto sind a. 802 bereits gestorben. Nach der Konstellation der Stammtafeln hätten David

[1]) Das Zitat aus Pez läßt sich mit dieser Kombination nicht ohne weiteres in Zusammenhang bringen.

und Irminfrid Scatto gegenüber einen gesetzlichen Anspruch auf Erbschaft gehabt. Sie sind aber nicht als Scattos Erben genannt. Ackilinda wird nicht erwähnt. Die Zeugenreihe bietet nichts Bemerkenswertes. Die Interpellation geht auf ganz andere Örtlichkeiten als die in Mb. 12 enthaltenen. —

Mb. 248 bestätigt nur, daß Reginperht Scattos Sohn ist. — Durch Mb. 10 tradiert David sein Eigen zu Mammindorf. Sein Bruder Irminfrid beurkundet die Schenkung. Ein Zeuge Reginperht ist in seinem Berufe presbyter, also nicht ohne weiteres mit dem Dotator Reginperht zu identifizieren. Weitere Anhaltspunkte werden durch die Urkunden nicht beigebracht. Der öfter verzeichnete testis David befindet sich nie in Gesellschaft seiner angeblichen Sippegenossen. —

Durch Mb. 116 erfahren wir, daß der Tradent Irminfrid von Mb. 12 in Lantfrid noch einen Erben erhalten hat.

Da so die Identität der in Mb. 12 aufgeführten Reginperht und Irminfrid mit den gleichnamigen Personen von Mb. 117, 248 und 10 nicht stichhaltig ist, erweisen sich auch die an Reginperht und Irminfrid anknüpfenden Kombinationen als hinfällig.

III. Poapo, Scattos Bruder, hat zur Gemahlin Liutpurc, zu Söhnen Kejo monach., Isancrim, Erchanperht, Ejo presb. und Alphart, von dem wieder mehrere Söhne abstammen. Zitiert werden hierfür: Mb. 790; 117; 302; 129; 514. —

Mb. 790. Der nobilis vir Waltfrid tauscht von Bischof Anno gegen Grundstücke in Menzing solche in Sickereshusun ein. Zeugen fehlen. —

Mb. 117. s. sub II. —

Mb. 302. Ejo presbyter, Alpharts Bruder, erneuert die Schenkung seines Vaters Poapo ad Holze.[1]) Er scheint jedoch mit Alphart der einzige Nachkomme dieses Poapo zu sein. Zu Kejo, Poapos Sohn von Mb. 117, ist keine Beziehung gegeben, ebensowenig zu Isancrim und Erchanperht, die weder Mb. 117 noch Mb. 302 auch nur unter den Zeugen genannt sind. —

---

[1]) Mb. 13.

Mb. 129. Presbyter Ejo und seine Brüder Isancrim und Erchanperht erben gemeinsam mit Hiltiport, Cunzo und Egilolf die Martinskirche in Awigozeshusir. Es entsteht darüber ein Streit et tunc congregati fuerunt Huosi et fecerunt concilium inter illos et non potuerunt se pro ipsam ecclesiam coadunare vel reconciliari et dicebant Ejoni presbytero Oadalker et Reginhart vel Nibulunc ut veniret ad suum episcopum et nuntiaret illi .... Der Bischof schickt Ejo und seine Miterben vor das Gericht der missi dominici zu Lorch. Drei Tage wogt der Prozeßkampf hin und her. Endlich werden Hiltiport und Egilolf ihres Unrechts überführt und geben die Kirche zurück, in die nun eine billige Erbteilung stattfindet.

Die Urkunde ist für Fastlinger wichtig. Seiner Ansicht nach bezeichnen sich hier Ejo und Isancrim „ausdrücklich als Huosi."[1]) Da sie aber auch für Abkömmlinge Poapos erklärt werden, so wird auch dieser zum Huosisprossen gemacht und mit ihm wird seine ganze angebliche Verwandtschaft zu Gliedern der adeligen genealogia erhoben.

Die Stelle ist aber anders zu interpretieren. Nicht Ejo und seine Genossen sind Huosi, sondern die streitenden Parteien kommen vor ein placitum des Huosi-Gaues. Oadalker, Reginhart und Nibulunc, offenbar die einflußreichsten Leute des Gerichts, mögen Huosier gewesen sein. Der Vermittlungsvorschlag geht von der Versammlung aus und richtet sich an die Erben, die ausdrücklich in Gegensatz zu dieser gebracht werden: tunc congregati fuerunt Huosi et fecerunt concilium i n t e r i l l o s .... Das durch tunc eingeleitete neue Stadium im Rechtsstreit ist aber von einem Erfolg nicht begleitet. Da raten Oadalker und die andern Huosi Ejoni presbytero, den Fall vor die Instanz des Bischofs zu bringen, der die Entscheidung des Sendgrafengerichts herbeiführt. Die Versammlung der Huosi verläuft ergebnislos. In Lorch wird der Prozeß geschlichtet.

Wäre nun presbyter Ejo identisch mit Poapos Sohn Ejo[2]) und dieser Poapo mit Kejos Vater,[3]) dann hätten auch Alphart

---

[1]) l. c. pag. 12. [2]) Mb. 302. [3]) Mb. 117.

und Kejo an diesem Prozesse „aller Erben“ beteiligt sein müssen. Dies ist aber nicht der Fall. —

Mb. 514 tradiert ein quidam Alphart filiis et parentibus consentientibus ohne Erwähnung der hier in Frage stehenden Namen.

Die Verwandtschaft dieses Personenkreises ist also nur sprachlicher und nicht genealogischer Natur. —

IV. Toti, Gatte der Galilea, hat einen Sohn Onolf, der sich mit Alpswind, der Tochter des comes Keparoh und Schwester des presbyter Atto verheiratet. Aus dieser Ehe stammen Keparoh, Hrodinc, Nendinc. Zur Widerlegung dieser Kombination genügt die Nachprüfung der Belegstellen aus Meichelbeck: Mb. 29; 210.

Mb. 29. Onolf, der Schwiegersohn des ohne den comes-Titel eingeführten Keparoh, verliert durch Tod seinen Sohn Keparoh. Hrodinus verbleibt ihm noch. Aus diesem Anlaß gibt er a. 774, quod Toti genitor meus mihi reliquit, nebst dem Erbe seiner Frau an die Röhrmooser Kirche.

Mb. 210 spielt unter Bischof Atto, also zwischen 784 und 810. Toti, der Gemahl der Galilea, dotiert Eigen zu Ahaloh und Wilpah.

Die Unmöglichkeit der Kombination resultiert aus dem Vergleich der Daten beider Urkunden. Onolf tradiert a. 774 schon aus dem Erbe seines verstorbenen Vaters, dessen Identität mit dem um mindestens ein Jahrzehnt später auftretenden Stifter also schlechterdings ausgeschlossen ist.[1]) —

V. Isanperht und Isanhart sind Brüder. Aus der Ehe des Ersteren mit Oatilo gehen Mekinperht und Adalker hervor. Isanharts Sohn ist Reginhart, seine Enkel Crimheri, Isanhart, Ellanhart. Zum Belege werden zitiert Mb. 263; 67; 261; 198; 601.

Mb. 263. a. 805—810. Isanhart vergabt ohne erbschaftliche Auseinandersetzung seine und seines Bruders Isanperht hereditas für die Zeit nach seinem Tode dem Priester Erchanher. Deszendenz wird nicht erwähnt. Die testificantes et consentientes proximi heißen Hamadeo, Pirhtilo, Rincholf, Deotperht,

[1]) Die zitierte Stelle aus Hundt besagt, daß Ellanod und Kaganhart die Söhne zweier Brüder Hroadinc und Nendinc sind.

Aran, Meginperht. Von den oben genannten Namen findet sich also nur Meginperht und bei einer Renovation Crimheri. Vor allem vermißt man Adalker und Reginhart.

Mb. 67. Reginhart, Sohn des von Fastlinger als Grafen bezeichneten,[1]) güterreichen Isanhart verbrieft bereits a. 776 seine Schenkung zu Dorfingeshusun und Reistingun an Schlehdorf.[2])

Mb. 261. a. 805—810. Die Brüder Kysalheri und Irminheri verkaufen Grundbesitz zu Alahmunting an Erchanher. Die Zeugenreihe lautet bei Meichelbeck: per haec testes firmavimus idem Kysalheri testis, Reginhart, Crimheri filius ipsius, Kysalheri, Wicheri ... Crimheri wäre hiernach, wie auch Fastlinger interpretiert, der Sohn dieses Reginhart. Das Außergewöhnliche, das aber in der Angabe verwandtschaftlicher Verhältnisse von Zeugen zu anderen testes liegt, kann durch eine zwanglose Korrektur der Meichelbeckschen Interpunktierung behoben werden. Streicht man das Komma hinter ipsius und zieht das Wort Kysalheri noch zur Apposition für Crimheri, so hat die Stelle nichts Auffallendes mehr an sich: Dies habe ich, Kysalheri, durch Zeugen bestätigen lassen: Zeuge Reginhart,[3]) Crimheri, Sohn eben dieses Kysalheri, Wicheri ... In Gesellschaft Kysalheris erscheint Crimheri, noch dazu bei Beurkundungen, die sich in der gleichen Gegend vollziehen, noch weitere dreimal[4]) innerhalb dieser Periode. —

Mb. 198. a. 806 Isanperht, Gatte der Oatila, Vater von Mekinperht und Adalker, tradiert eine Kirche zu Phrumari. —

Mb. 601. a. 837. Isanhart und Ellanhart, Enkel Isanharts, Söhne Reginharts, werden vom bischöflichen advocatus aufgefordert, Schenkungen ihrer Familie an das Kloster Schlehdorf zurückzugeben.

Die Art, wie sich die sub Mb. 263 beurkundete Tradition abwickelt, spricht gegen die Identität der tradierenden Brüder mit den gleichnamigen Personen von Mb. 198 bezw. 67. Zwischen den in Mb. 263 erwähnten proximi und den Zeugenreihen der anderen Instrumente besteht kein nachweisbarer Zusammenhang.

---

[1]) l. c. pag. 11.

[2]) Isanhart, Reginharts Vater, ist a. 776 wahrscheinlich schon gestorben.

[3]) Wohl amtlicher Solennitätszeuge. [4]) Mb. 262; 263; 282.

Auch das zeitliche Verhältnis der Urkunden zu einander darf nicht übersehen werden.[1]) Wieso Elilant zum proximus der Linie wird, ist unverständlich. Ein Elilant, in jener Periode ein einziges Mal erwähnt, steht mitten unter den Zeugen von Mb. 198, ohne mehr als diese zu bedeuten. —

VI. Coteperht und Liutto presbyter sind Geschwister. Die Kinder des ersteren heißen Oadalker, Pilicrim, Sicca, Erchanfrita. Der mit Alta verehelichte Pilicrim hat einen Sohn namens Reginperht. Als Beweisstellen werden angeführt: Mb. 338; 313; 510; 627; 673; 698.

Mb. 338. a. 816. Liutto macht eine Schenkung zu Croaninpah mit Hilfe seines frater und advocatus Cotabert. —

Mb. 313. a. 814. Cotabert, Vater Oadalkers, erhält tauschweise ein bischöfliches Lehen zu Otmareshard. Andere Nachkommen Cotaberts kommen nicht in Frage. Liutto wird nicht genannt. —

Mb. 510. a. 827. Piligrim, Vater des Reginperht, Bruder der Erchanfrita, coheres und deshalb jedenfalls Verwandter von Hartnid, Luitpald, Poapo und Heriolt überläßt der Kirche sein Erbteil zu Adalhareshusum. Alle an der Erbschaft Beteiligten schließen sich der Dotation an. Oadalker und Sicca allein müßten den umfassenden Frömmigkeitsakt der Familie versäumt haben. —

Mb. 627. a. 843. Piligrim, Gatte der Alta, Reginperhts Vater, spendet der Kirche von seinem Eigentum mit vollen Händen praeter id quod ad Rihperhte et ad sororem suam Siccam concambiavit et Ekkimunteshopa quam uxori suae tradidit . . . Sicca soll die bei der Erbschaftsschenkung fehlende Schwester Piligrims gewesen sein. Gerade dieses Fernbleiben legt den Gedanken nahe, in Sicca nicht Piligrims, sondern Rihperhts Schwester zu sehen, — wenn sich auch diese Auslegung über eine grammatikalische Regel hinwegsetzt. —

Mb. 673 und 698 bestätigen Piligrims Ehe mit Alta. —

Sowohl für die Identifizierung des Cotabert von Mb. 313 und 338 wie für die Verbrüderung Piligrims mit Oadalker müßte also die Lücke in der Beweisführung noch ausgefüllt werden.

---

[1]) S. o. p. 313. Anm. 2.

VII. Helmperht besitzt drei Söhne, Neuo, Cunzo und Sundarheri, durch Cunzo Enkelkinder. Proximi dieses Zweiges sind die Huosier Waldker und seine Söhne, die Geistlichen Kerolt und Lantfrid. Das Beweismaterial besteht in Mb. 73; 39; 388; 129; 216.

Mb. 73. a. 764—784. Helmperht stiftet an die von Waldker erbaute Kirche eine colonia. Auch andere Freie folgen Waldkers Beispiel. Aber nur Helmperhts Schenkung wird auf verwandtschaftliche Beziehungen zum Gründer der Kirche zurückgeführt. Ein Anlaß hierzu ist in der Urkunde nicht gegeben. Von etwaigen Kindern Helmperhts wird nur Cunzo erwähnt.

Mb. 39. a. 773. Cunzo hat einen germanus Neuo. Cunzo ist bereits gestorben. —

Mb. 388. a. 818. Sundarheri diaconus und sein Bruder Cunzo errichten Schenkungen an Bischof Hitto. —

Mb. 129. Cunzo und seine Söhne sind Miterben des vermeintlichen Huosiers Ejo presbyter.[1]) Von seinen angeblichen Brüdern ist dabei nicht die Rede. —

Mb. 216. Adtelunc presbyter dotiert zu Zezinhusir. —

Cunzo ist a. 773 bereits tot. Damit fallen von selbst alle Beziehungen Neuos zu Sundarheri und Sundarheris zu Helmperht. Es ist also auch überflüssig, sich auf den Zweck der Zitierung von Mb. 216 zu besinnen. —

Wir wenden uns nun der Rekonstruktion der Faganasippe mit einigen Bemerkungen zu.

Im Jahre 750[2]) überlassen die Fagana Ragino, Anulo, Wetti, Wurmhart et participes eorum die Erchinger Mark an Freising. Fastlinger rechnet nun ohne weiteres alle dabei als testes fungierenden Personen zu den Fagana: Oadalhart, Alawih, Tato, Cuniperht, Petto, Hrodhard iudex, Odalfrid, Reginperht und Einhart.[3]) Man könnte sie ebensogut für Agilulfinger halten. Es ist nämlich Tassilo selbst an dieser Schenkung beteiligt und vollzieht dieselbe pariter ipsis consentientibus Alfrid cum fratribus suis et participibus eorum atque consortiis. Daß

[1]) Vgl. o. sub. III. [2]) Mb. I. pag. 49. [3]) l. c. pag. 14.

aber die Zeugen eben diese participes sind, kann nicht behauptet werden, mag auch für diese Beurkundung eine auserlesene Wahl der Zeugen getroffen worden sein. Die zur Zeugenreihe überleitende Formel besagt nämlich nur: ... praesente domno inlustrissimo duce nostro Tassilone et iudicum eius consentientibus cum illo pariter quorum nomina ex parte scripta hic retinentur qui signum manuum eorum firmaverunt ...

Wer nun innerhalb dieser Periode in Gesellschaft dieser wirklichen oder vermeintlichen Fagananamen, hinter denen immer auch die gleichen Individuen vermutet werden, erscheint, wird ebenfalls als Angehöriger dieser Sippe betrachtet.

So wird „durch die Fagana Anulo, Wurmhart, Regino, Petto auch Zolling als Faganasiedelung erkannt."[1]) Petto, der Vater des Tradenten von Zolling,[2]) ist aber a. 744 schon gestorben, während die obenerwähnte Schenkung, in der ein Petto Zeugenschaft leistet, erst ins Jahr 750 fällt. Anulo und Regino hingegen tragen den Amtstitel eines iudex und sind deshalb auch wohl in amtlicher Eigenschaft bei dem Hergang anwesend.

Poch wird durch die Identifizierung des zum Fagana gestempelten testis Chuniperht von 750 mit dem Tradenten gleichen Namens[3]) gleichfalls zu einer Niederlassnng dieser genealogia. Eröffnet doch der als praeses bezeichnete Fagan Ragino die Reihe der Laienzeugen. — Wohin aber eine derartige Methode führen kann, zeigt die Hypothese,[4]) Haselbach erweise sich durch die Zeugenschaft Reginos und seiner angeblichen Sippegenossen Reginperht, Alawih und Puni als Faganische Besitzung. In Wirklichkeit ist es nämlich eine alte Schenkung des Agilulfingischen Herzogs Oatilo, die durch Herzog Tassilo ihre Erneuerung erfährt.[5])

Diese Kombinationen werden nun zu solch feiner Gliederung gesteigert, daß innerhalb des großen Sippeverbandes sogar einzelne Linien unterschieden und gegeneinander abgegrenzt werden.

---

[1]) l. c. pag. 14. [2]) Mb. I. pag. 44. [3]) Mb. 6.
[4]) l. c. pag. 14. [5]) Mb. 11.

„Durch seine Sippegenossen, den Grafen Cundhart und dessen Bruder Lantfrid, die wir an der Stiftung des Fagan Wurmhart zu Feldkirchen bei Rott am Inn beteiligt sehen, leitet der Fagan Einhart auf eine Faganalinie, die Preisinger, über, die von ihrem Stammsitz Preising bei Moosburg den Namen tragen und in dem Grafen Helmuni eines ihrer Stammeshäupter verehren".[1]) — Dies wird gefolgert aus Mb. 315; 37; 18; 317; 180; 14.

Mb. 315. a. 814. Mezzi und dessen Bruder Pirtilo veräußern ihr Eigen in loco nominato Undeoinga. Unter den Zeugen steht an 7. Stelle ein Cundhart, der aber nicht als comes charakterisiert ist, an 13. Stelle ein Einhart, dessen Name als einer der am häufigsten verwendeten bekannt ist. Die Annahme eines verwandtschaftlichen Verhältnisses zwischen beiden erscheint durch nichts veranlaßt. Das zeitliche Auseinanderliegen der Urkunden verbietet von selbst die Identifizierung dieses Einhart mit dem Zeugen der Faganischen Sippenschenkung aus dem Jahre 750.

Mb. 37. a. 773. Cundhart, wieder ohne den Grafentitel eingeführt, schenkt zugleich mit seinem Bruder Lantfrid Teile seines Erbes an die Marienkirche zu Rott. Aus der Namensgemeinschaft Cundharts mit dem oben genannten testis vom Jahre 814 wird auf deren Subjektsgemeinschaft geschlossen. Seine Faganaeigenschaft aber wird dadurch bekräftigt, daß er die Stiftung Wurmharts[2]) bereichert, in dem der Faganatradent von 750 wieder erkannt wird.

Mb. 317. Presbyter Zeizo macht eine Tradition zu Rott. Im Zeugenverzeichnis findet sich ein Cunhart.

Mb. 180. Der advocatus Einhart, Sohn des bereits verstorbenen Cundalperht, Gemahl der Erchanpurc, trifft mit Bischof Atto ein gütliches Abkommen wegen zweier coloniae zu Swindkirchen. Neben anderen verrichtet Vagan, ein nicht mehr wiederkehrender Name, Zeugendienste. Abgesehen vom prinzipiellen Standpunkte, der schon Einharts Identifizierung mit dem testis von Mb. 315 verhindert, würde auch die Identität mit dem Zeugen vom Jahre 750 dadurch unsicher sein, daß Einharts Vater Cundalperht zur Zeit dieses Übertragungsaktes noch am

[1]) l. c. pag. 14. [2]) Mb. 18.

Leben war. Cundalperht tradiert noch unter Bischof Aribo,[1]) und, obwohl er so seine Rechte noch persönlich ausgeübt hat, verzichtet er doch nicht als Zeuge auf die Ansprüche der Faganagenossen an der Erchinger Mark. Einhart soll dies getan haben. Man müßte sich daher mit der Erklärung abfinden, daß Einhart, noch nicht im Besitze seines Erbes, damals in Vertretungsbefugnis seines Vaters dieser wichtigen Schenkungshandlung beigewohnt habe.

Nach Mb. 14 sollen die Prisinger von ihrem Stammsitz Prising bei Moosburg ihren Namen herleiten. Die Urkunde enthält die Schenkung des Hrodheri in Swindaha und Pohloh. Die dazu gehörige Überschrift aber lautet: traditio Hroadheri de Swindaha et Pohloh seu Annonis de Prisinga. Annos Fall wird aber erst sub Mb. 16 behandelt.

Die Bezeichnung der einzelnen Personen im Texte des in Betracht kommenden Urkundenbereichs geschieht, wie bereits bekannt ist, durch den schlichten Vornamen. Zusätze, gebildet durch Angabe des Wohnsitzes oder der Herkunft, kommen nicht einmal als Seltenheit vor. In der Kozrohschen Sammlung wird jedes Dokument unter einer besonderen Aufschrift registriert. Diese gibt kurz Auskunft über die juristische Qualität des beurkundeten Rechtsgeschäftes oder über den anderweitigen Inhalt eines Tatberichtes, über die Namen der aktiv beteiligten Rechtssubjekte, sehr oft auch über die Örtlichkeit, an welchem das Objekt des Rechtsaktes gelegen ist, zum Beispiel: traditio Raholfi presbyteri de Oasinwanc.[2]) Die Ortsbezeichnung ist demnach nicht auf die Person zu beziehen, sondern auf traditio, renovatio, commutatio. Dies geht ganz unzweideutig aus folgenden, oft zu vollständigen Sätzen erweiterten Titeln hervor, in denen dann die Konstruktion besonders klar wird: traditio Huniperhti de loco Sweinpah;[3]) traditio Lantperhti presbyteri et Tarcholfi de d u o b u s locis Azalinga et de Riutte;[4]) Meginharti traditio Winimunteshusir;[5]) Wolfolt ad Paingun tradidit;[6]) traditio quam fecit Otuni ad Mosahun;[7]) Fritilo presbyter reno-

[1]) 764—784. [2]) Mb. 42. [3]) Mb. 40. [4]) Mb. 59.
[5]) Mb. 140. [6]) Mb. 213. [7]) Mb. 309.

vavit traditionem de Prisinga.[1]) — Fastlinger aber schreibt wörtlich:[2]) „Namentlich als Preisinger werden bezeichnet: Der Centenar Anno ... und ein Priester Fritilo."

Entscheidend jedoch ist, daß es sich hier nicht um zeitgenössische Vermerke, sondern um Zutaten einer etwas späteren Sammlung handelt. Würde man in jeder derartigen Überschrift die Sitte feststehender Geschlechterbezeichnungen anerkennen, so wäre die Konsequenz die Entdeckung von Doppelnamen nach Art der adeligen: traditio Reginharti ad Dorfingeshusun et ad Reistingun;[3]) traditio Willipatonis presbyteri de Rupilinga et Agusinga.[4]) Auch in der Zusammensetzung: isti Romani de Fischaha[5]) müßte man analog ein solches Sippenmerkmal sehen.

Für den Grafen Helmuni, ein „Stammeshaupt" der Prisinger, ergeben sich nach Fastlinger durch die Vermittlung von Mb. 206; 108; 103; 16; 378; 153; 330; 208; 37 folgende Beziehungen.[6]) Er ist verheiratet mit Cundpirc und hat zu Kindern Hadumar, presbyter Liutfrid, den mit Deotpurc vermählten centenarius Anno und Situli, den Vater des presbyter Anno. Seine proximi sind Cundhart und Lantfrid, die mit dem Fagan Einhart in Sippegemeinschaft gebracht,[7]) die Verbindung der sogenannten Prisinger mit den Faganagenossen übernehmen.

Mb. 206. a. 804—810. Helmuni comes gibt Cundpirc, seiner Gattin, als dos legitima die curtis in loco Filusa. Diese überläßt den Hof ihrem schwächlichen und kranken Sohne Hadumar, der um seiner Genesung willen noch bei Lebzeiten seines Vaters das Gut an Freising weiterschenkt. Die Nutzung soll jedoch ihm und Helmuni lebenslänglich vorbehalten bleiben. Nach dem vorzeitigen Tode Hadumars veranlaßt Helmuni eine Renovation der Schenkung. Andere Kinder des Grafen werden nicht erwähnt. Unter den Zeugen ist an erster Stelle Lantfrid notiert, jedenfalls der von Amtswegen anwesende gleichnamige advocatus des Bischofs Atto.

Mb. 108. Ein Helmuni stiftet a. 792 seine propria hereditas in Tegarinwac. Anno, ein minderjähriger Knabe, scheint

[1]) Mb. 445. [2]) l. c. pag. 15. [3]) Mb. 67. [4]) Mb. 78.
[5]) Brev. not. XIV, 54. [6]) l. c. pag. 14. [7]) s. o.

das einzige Kind dieses Helmuni zu sein. Die gesetzlich notwendige Erbteilung wird dadurch vermieden, daß die Schenkung erst mit Annos Tode in Kraft treten soll. Andere Deszendenten werden nicht berücksichtigt. Helmuni scheint im Gegensatz zu dem später tradierenden Grafen bald nach diesem Vorgang gestorben zu sein. Denn eine am Ende der Urkunde angefügte kurze Notiz berichtet, daß Cundhart nach dem Ableben seines Verwandten Helmuni dessen Sohn Anno dem Bischof gebracht habe, offenbar zur Vorbildung für den geistlichen Stand: Post obitum vero supradicti Helmuni proximus eius Cundhart tulit carissimum filium eius Annonem et cum omnibus rebus eius commendavit illum in manus supradicti venerabilis atque piissimi Attonis episcopi ad docendum et ad nutriendum. Bei Fastlinger ist der betreffende Anno verheiratet und bekleidet das Amt eines centenarius. Die Tatsachen sprechen also gegen die Identität des Grafen mit dem einfachen Tradenten Helmuni. Es gab damals innerhalb des Freisinger Sprengels noch mehr vollfreie Träger dieses Namens, die der Identitätssuche noch ein weiteres Feld geboten hätten. Der aus seinem großen Vermögen dotierende Helmuni,[1]) Gemahl der Irminswind, besitzt männliche Nachkommenschaft. Im Zeugenverzeichnis der zu Tegarinwac vorgenommenen Schenkungsbeurkundung des clericus Rihperht[2]) findet sich der Name Helmuni zweimal.

Mb. 103. Den Tradenten Tutilo presbyter und Cozzilo, nach Fastlinger[3]) Huosier, wird eine Schenkung unter anderen vom Grafen Helmuni beglaubigt.

Mb. 16. a. 767. Ein Anno übergibt der Kirche sein Vatergut zu Prising, quam genitor meus in hereditatem reliquit. Annos ungenannter Vater muß also schon gestorben sein, was weder für den comes Helmuni noch für den Tradenten von Mb. 108 zutrifft. Helmunis[4]) Sohn Anno ist überdies noch zur Zeit der Tradition seines Vaters ein unmündiges Kind.

Mb. 378. a. 817. Liutfrid presbyter, Annos Bruder, fühlt das nahe Ende seines Lebens. Er wiederholt deshalb eine alte Schenkung zu Feldmoching, die sein nepos Anno als Benefiz

[1]) Mb. 38. [2]) Mb. 104. [3]) l. c. pag. 13. [4]) Mb. 108.

zurückerhalten soll. Aus diesem Anlaß haben sich zwar die parentes und propinqui des Priesters versammelt, allein die formale Bestätigung derselben findet erst nach Liutfrids Tode statt. Die Anwesenheit der Familie bei diesem Akte wird nicht ausdrücklich betont. Durch Annos, des angeblichen Sohnes des Grafen Helmuni, Vermittlung wird auch Liutfrid zu einem Nachkommen des Grafen gemacht.

M. 153. a. 807. Deotpurc, Annos Gemahlin, entschlägt sich zugunsten des Freisinger Bistums ihres Eigens ad Wihse. Durch die berufliche Sonderstellung des jungen Anno von Mb. 108 erledigt sich der Versuch einer Identifizierung mit diesem.

Mb. 330. a. 815. Situli errichtet eine Kirche zu Freddamaringa, wogegen er nebst seinem Sohne Anno die Schenkung des presbyter Liutfrid zu Lehen erhält. Situli besitzt mehrere Kinder.

Mb. 208. a. 793—810. Anno presbyter tradiert zugleich mit seinen unbenannten Eltern eine Kirche zu Crimhareshusir ans Freisinger Stift. Damit soll die Priesterqualität des a. 815 erwähnten Anno dargetan werden. Wäre nun Situli der Vater dieses presbyter Anno, so hätte, wie dies auch in Mb. 330 geschah, mit den anderen Geschwistern eine Auseinandersetzung ins väterliche Vermögen erfolgen müssen. Dies ist aber nicht der Fall.

Ein weiteres Eingehen auf das Detail der Fastlingerschen Untersuchungen ist an dieser Stelle nicht zweckmäßig. Es würde die positive Seite unserer Aufgabe zu sehr in den Hintergrund drängen. So viel ist sicher: die Fastlingersche Hypothese überspannt den Wert der adeligen Traditionen. Die von ihm angewandte Methode ist nicht einwandfrei.

So natürlich es ist, daß gerade auch der Adel mit seinem Reichtum an Grund und Boden für das Emporblühen und die weltliche Größe der Kirche eingetreten ist, so kann er doch der Masse der Vollfreien gegenüber in seinem Schenkungseifer kein Monopol beanspruchen. Damit gewinnen wir den vollfreien Tradenten für unsere Zwecke zurück.

Exkurs II.

BEISPIELE VON ORTSNAMEN-WIEDERHOLUNGEN INNERHALB EINES EINZELNEN SCHENKUNGSBEREICHES.

In der folgenden Zusammenstellung soll der Anteil bestimmter Örtlichkeiten am Schenkungserwerbe der Freisinger Diözese zum Ausdruck kommen. So ungleichartig auch die Pertinenzreihen, welche die einzelnen aus den nämlichen Gemarkungen stammenden Traditionen verzeichnen, unter sich zu sein scheinen, immer wieder äußert sich die Herrschaft der hufenwirtschaftlichen Organisation.

Die Stiftungen beginnen in den einzelnen Gemarkungen zu verschiedenen Zeitpunkten und folgen sich innerhalb derselben in verschiedenen und ungleichmäßigen Intervallen. Der Anreiz, der in einer Schenkung liegt zur Begründung ähnlicher Stiftungen, ist ein wechselnder.

Wären die Bauern einer Gemarkung zugleich die Freieigentümer ihrer Wirtschaften gewesen, so würde die Zahl der Traditionen, in denen der Verlust der sozialen Selbständigkeit der Markgenossen sichtbar werden soll, nicht ausreichen, das Verschwinden des vollfreien Bauernstandes glaubhaft zu machen.

Es handelt sich hier nur um eine Stichprobe, die keinen Anspruch auf Vollständigkeit erhebt. Zu diesem Zwecke wurden einige Ortschaften herangezogen, so wie es der Zufall gut hieß.

Ahaloh:

Mb. 29. Onolf, Sohn des Toti, Vater des Keparoh und Hrodinus, Gemahl der Alpswinda: ... casas curtes aedificia rura... molendinarias silvas ... mancipias ...

Mb. 210. Toti, Gemahl der Galilea: ... basilica cum curte et aedificiis territorium ...

Mb. 346. Engilhart comes, Gemahl der Ermanswind: ... quantumcumque habere videntur ...

Mb. 466. Keroldus diaconus, Bruder des Kernod: ... propriam partem hereditatis suae .... terris pratis pascuis mancipiis pecodibus...

Altheim:

Mb. 100. Welto, Gatte der Pilhilth:.... propriam basilicam meam cum omni territorio adiacente ...

Mb. 337. Liutperht presbyter: ... propriam alodem ... exceptis duabus mancipiis ...

Mb. 356. Engilperht presbyter und Heriperht, Brüder: ... omnia quodcumque legibus propriae hereditatis habere viderentur ...

Anzinga:

Mb. 289. Swidhart diaconus, Sohn der Keslind, Onkel des Atto: ...propriam hereditatem meam... quam mihi mater mea... in propriam reliquit hereditatem hoc est curtem cum domo et cum omni aedificio et utensilia domus et dimidium territorium seu terminos quod pertinent ad ipsum domum mancipios quoque infra domo sex et mansos vestitos et bene ad servitium paratos quattuor...

Mb. 419. Adalfrid presbyter: ... rem propriam... quicquid ibidem presenti habere seu dominari videor...

Mb. 480. Hitto episcopus, Kauf vom Abte Adalman: ... in mancipiis in territoriis cultis et incultis pascuis pratis silvis...

Chamara:

Mb. 178. Regino, Gatte der Oaspirin: ... unum servum ... cum omnia sibi pertinentia et utensilia cum aedificiis territoriis ...

Mb. 497. Echo: ... quicquid frater eius Erchanperht presbyter ante traditum fuisset ...

Mb. 567. Leidrat: ... alodem suum ...

Hasalpah:

Mb. 11. Tassilo dux: ...territorium pratas pascua silvas...

Mb. 60. Arperht presbyter und Maginrat diaconus: quicquid emptica adquisitione proprium habuerunt vel qualibet modo... adtractum aut elaboratum et ipsum altarem cum ecclesia et cum omnibus ad haec pertinentibus mancipiis aedificiis terris pratis pascuis...

Mb. 182. Sigiheri, Vater der Ermenswind: ...territorium pratas silvas ... et haec traditio... est de medietate tradita et aliam quam inde abstuli dedi filiae meae...

Mb. 189. Isanperht, Gemahl der Reginwiz: omnia quicquid habuerunt in... tam in terris quam in mancipiis... preter IV mancipias ... et haec nomina mancipiorum... (8 Namen)

Mb. 645. Chuniperht presbyter: ...quicquid habui ...praeter mancipia III...

Mb. 720. Dietpurc: ...quicquid habuit ...totum et integrum...

Mb. 750. Altiperht, Tausch: ... ex suo proprio... iornales VII.

Mb. 757. Ampho, Tausch: domum horreum pomerium de arabili terra iugera IX ....

Humpla:

Mb. 162. Rupo diaconus, Sohn des Sigipald: ... propriam hereditatem suam quam in suam partem de suis fratribus ei evenit ... quicquid ... de propria hereditate habuit ... excepto ... duos mancipios unum virum et unam feminam ...

Mb. 550. Rubo archipresbyter: ... quicquid ... propriae hereditatis habuit ... preter unum mansum vestitum cum mancipiis ... (Renovation)

Mb. 564. Reginhilt: ... propriam hereditatem ...

Mb. 682. Engilpirn: ... quicquid habere visa est ... curtem cum casa et totis aedificiis terris ...

Inzinmos:

Mb. 61. Meginolt: ... ecclesiam vel quicquid ad ea legibus pertinere debeat ...

Mb. 578. Hahfrid clericus: ... quicquid habuerunt ...

Mb. 655. Undeo diaconus: ... proprietatem ... quicquid habere videbatur praeter XV mancipia ...

Marzilinga:

Mb. 159. Kyppo: ... suam partem hereditatis propriae...

Mb. 200. Engilperht: ... unam mansam vestitam...

Mb. 377. Perahart: ... quicquid ipso die propriae hereditatis se habere videbatur... curtem medium et domum mediam cum alia aedificia tota media cum armentis ovibus porcis unum servum iurnales XII de pratis quasi carradas XXX ...

Mb. 517. Ratperht: omnem adquisitionem ... quicquid habuit ...

Mb. 526. Ellancoz: ... quicquid de fratribus meis propriae hereditatis in partem accepi ...

Mb. 540. Memmo: ... quicquid propriae hereditatis vel adquisitionis habuimus ... preter agros incultos ... et mancipia IX ...

Mb. 638. Hunrat: ... mancipia III ... sive ... omnem adquisitionem ... propriae pecuniae comparatam ...

Mosaha:

Mb. 152. Sicco: ... quicquid ibidem habuit ...

Mb. 168. Paldhram presbyter: ... quicquid ibidem habuit ...

Mb. 264. Luitpato und Hrodperht: ... omnem hereditatem ...

Mb. 319. Cundhart comes, Gemahl der Adalfrit: ... ecclesiam ... quicquid in ipsa alode vel in adquisitione ... proprium habere videbatur ...

Mb. 681. Anno diaconus: ... quattuor partes de terra arabili ...

Niwivara:

Mb. 136. Isanperht: ... territorium possessionis meae ... hoc est iurnales XXX et XX perticas in latum de pratis et mancipia II...

Mb. 185. Sindperht, Vater des Cunduni: ... propriam hereditatem ... territorium seu pratas...

Mb. 234. Heimperht diaconus und Rihhart clericus: ... ecclesiam cum domo seu quicquid ad haec pertinet... mancipias V territorium pratis pascuis silvis cultis non cultis...

Mb. 347. Memmo, Vater des Isanhart: ... quicquid... in eodem loco habuerunt...

Mb. 435. Memmo, Vater des clericus Isanhart: ... unam coloniam...

Mb. 541. Soamperht: ... pratas quas habui...

Mb. 694. Pepo: ...ex suo proprio... de pratis carradas VI...

Peralohc:

Mb. 218. Ihcho presbyter: . . . una colonia . . .

Mb. 554. Oata: . . . quicquid in propriis causis habere videretur, cum curte et domo aliis aedificiis cum pratis et agris cultis et incultis cum armentis et aliis pecoribus cum mancipiis (6) . . .

Mb. 666. Waldunc: ... quicquid propriae hereditatis vel adquisitionis habuit . . . curtiferum I iornales X pratis carr. XII mancipia (2) . . .

Mb. 715. Walaram: ... quicquid ... in ipso loco habere videbatur nihil praetermittens nisi tantum de terra arabili iugera VI et curtiferum unum ...

Mb. 729. Engildeo: ... partem hereditatis ... iugera IV . . .

Mb. 811. Meginhar presbyter: ... iugerum I ...

Perchofa:

Mb. 375. Lantperht presbyter:... quicquid... habere proprium videtur excepto tres mancipiis... haec nomina mancipiorum (11)...

Mb. 509. Kiso, Gatte der Purcswind, Vater des Wichelm und Eigil: ... propriam hereditatem ... casas II curtiferas IV iurnales LX de pratis carradas LX ...

Mb. 610. Wichelm und Eigil: ... quicquid ipsi habuerunt ... cum curtiferis et aedificiis mancipiis et pecoribus terris farinariis et pomeriis ...

Mb. 617. Hrafolt presbyter: ... quicquid ... potenti manu habere videretur hoc est cum terris silvis pratis ...

Mb. 708. Fritilo presbyter, Bruder des Adalo: ... partem silvae...

Mb. 724. Gros: ... ex suo proprio ... quicquid ibi proprietatis habuit ...

Phetraha:

Mb. 39. Cunzo, Bruder des Neuo: . . . alodem. . .

Mb. 50. Scrot, Sohn des Toto, Bruder des Wago: ... insuper Phetaracho coniacente secus fluvio colonem Liutheri nuncupantem...

Mb. 188. Altman: ... quicquid in suam partem ei evenit hereditatis quando cum filiis suis partivit. . .

Mb. 316. Wago capellanus: ... unam coloniam...

Mb. 358. Hrodheri presbyter: ... propriam hereditatem... ecclesiam cum domo vel quicquid ad hanc ecclesiam legibus pertinere videbatur...

Mb. 410. Isanhart clericus, Neffe des Hrodheri presbyter, Bruder des Otolh: ... quicquid propriae hereditatis habere videbatur domum curtem circumcinctam cum omnibus aedificiis et utensiliis ... tam in mancipiis quam omnibus rebus territoriis pratis silvis...

Mb. 417. Tenil, Bruder des Egolt, Vater des Haguno: ... partem propriae hereditatis... proprium territorium ... partem basilicae... locum ad curtem seu aedificia ad habitandum... de territorio medietatem... tam in silvis quam agris pratis et campis...

Mb. 443. Tenil: ... medietatem omnium facultatum... hoc sunt mancipia (5) ... vel quicquid in omnibus fuerat... ex medietate ... preter silvam... vel pratas... valentes XXX carradas... et ... portionem quae me contigit in ecclesia...

Mb. 525. Waldperht presbyter: ... quicquid propriae hereditatis vel adquisitionis habui... casa cum curte et cum omnibus aedificiis... preter iugerem I...

Mb. 549. Waldperht presbyter: ... propriam hereditatem suam... quicquid in propriis causis habere videretur et parentes illius ei dimiserunt in hereditatem ad. Ph. quod dicitur Chadolesdorf ... nihil praedimisit nici mancipia III...

Mb. 579. Heriperht: ... III mancipias... X iurnales et VI carradas de feno...

Mb. 675. Wicperht, Gatte der Keila: ... quicquid propriae hereditatis vel acquisitionis habuimus... cum mancipiis...

Mb. 806. Erkanman: ... partem proprietatis suae... de terra arabili iugera X...

Pipurc:

Mb. 58. Rihheri et Wolfhart: ... titulum cum omnibus ... pertinentibus territoriis mancipiis pratis pascuis silvis cultis non cultis ...

Mb. 64. Cuntperht: ... propriam meam alodem ... tam

mancipia quam territorium cum universa utilitate ibidem pertinentia...

Mb. 147. Egilrih presbyter: ... propriam hereditatem... in basilicis in domibus in territorio in campis pascuis...

Pohloh:

Mb. 14. Hrodheri, Sohn des Sicco: ... rem propriam... casas curtes mancipias rures saltoras silvas aquarumque decursos molendinas pratas pascua... cum oratoriis quos ipse construxi et cum colonibus...

Mb. 58. Husina und Irminpald: titulum... cum territoriis mancipiis pratis ...

Mb. 131. Adalfrid presbyter, Bruder des Regindeo: ... quicquid ... de propria hereditate vel adquisitione habere videbatur ...

Mb. 238. Adalfrid presbyter, Bruder des Cozperht: ... propriam hereditatem ...

Prising:

Mb. 16. Ano: ... rem propriam et patrimonium ... cum domibus et aedificiis cum territorio et utensiliis cum famulis atque subiectis cum pratis atque pascuis...

Mb. 71. Fater: ... oratorium... cum territoriis aedificiis mancipiis silvis...

Mb. 222. Tarchanat presbyter, Bruder des Heriperht: ... rem propriam ... oratorium alias aedificias curtes mancipias pratas omnem territorium ...

Mb. 342. Fritilo presbyter: ... ecclesiam cum domo vel omnia quicquid ad ipsam ecclesiam pertinet..

Mb. 445. Fritilo presbyter: ... quicquid propriae hereditatis aut adquisitionis habere videtur ... mancipia (21)... terris silvis campis... greges cum pecoribus domibus aedificiis curtiferis ...

Mb. 808. Adalo: ... ex parte proprietatis ... de terra arabili perticas XL.

Sweinpah:

Mb. 40. Hunperht: ... villam... excepto tres puellis... aedificias curtes titulus cum sua possessione servos ancillas ruras pratas ... molendinos colones altiones pecodes...

Mb. 424. Cunzilo presbyter: ... omnia de omnibus tam de alode quam de conparato..

Mb. 432. Elizo presbyter, Onkel des Rihheri: ... rem proprietatis meae... cum edis edificiis curtis silvis campis ... mancipiis pecuniis pecoribus cultis et incultis...

Mb. 495. Engilsnot: ... quicquid habuit ... in mancipiis et in omnibus utilitatibus...; deren Neffe Erchanperht presbyter: ... mancipia X et quicquid in ipso loco habere... potuisset.

Mb. 800. Hruodold comes: ... curtem cum domo de terra arabili hobas III de pratis carradas XX de silva iugera III mancipia tria...

Tegarinwac:

Mb. 86. Friduperht presbyter: ... unam mansam vestitam et aliam absam et ecclesiam et quicquid . . . de propria hereditate habere videbatur in territoriis seu aedificiis in pratis et in mancipiis . . .

Mb. 108. Helmuni, Vater des Anno: . . . propriam hereditatem . . . cum omnia sibi pertinentia et utensilia id est terra culta et inculta mobilia et immobilia cum campis pratis ... cum mancipiis et aedificiis...

Mb. 258. Friduperht presbyter, Ato, Engilperht, Papo: . . . tam ecclesiasticam quam etiam saecularem . . . ; . . . rem ecclesiasticam . . . ; . . . unam coloniam . . . et tertiam territorii partem . . .

Mb. 268. Papo, Vater des presbyter Friduperht und des Tuto: ... de hereditate... colonias duas tertia pars quod me contingit agris cultis et incultis pratis...

Mb. 528. Salomon clericus: ... partem de sua propria silva...

Mb. 553. Ascrih presbyter, Bruder des Toto: . . . coloniam unam...

Mb. 587. Pupo: ... res proprietatis suae... quicquid habere visus fuit...

Winimunteshusir:

Mb. 140. Meginhart: . . . quicquid in eodem loco habuit tam de proprio quam de adquisito...

Mb. 166. Pernhart presbyter: ... basilicam... seu quicquid in supradicto vico de propria hereditate habere videbatur...

Mb. 318. Spulit: ... quicquid in iam dicto loco de propria hereditate habuit...

Zollinga:

Mb. 46. Roadperht presbyter: ... patrimonium suum ... cum titulo ...

Mb. 221. Fastpurc: ... propriam hereditatem ... mancipia territorium cum aedificiis ruris pratis ...

Mb. 481. Wago capellanus: ... res meas...

Mb. 707. Deotrat, Witwe des Hartperht: ... quicquid propriae hereditatis vel adquisitionis habuit ... exceptis de pratis carradas VI et sua mancipia ...

Mb. 732. Reginperht: ... curtem domum horreum sextam partem ecclesiae de terra arabili iugera XVII.